UTB 2382

Eine Arbeitsgemeinschaft der Verlage

Beltz Verlag Weinheim und Basel
Böhlau Verlag Köln · Weimar · Wien
Wilhelm Fink Verlag München
A. Francke Verlag Tübingen und Basel
Paul Haupt Verlag Bern · Stuttgart · Wien
Verlag Leske + Budrich Opladen
Lucius & Lucius Verlagsgesellschaft Stuttgart
Mohr Siebeck Tübingen
C. F. Müller Verlag Heidelberg
Ernst Reinhardt Verlag München und Basel
Ferdinand Schöningh Verlag Paderborn · München · Wien · Zürich
Eugen Ulmer Verlag Stuttgart
UVK Verlagsgesellschaft Konstanz
Vandenhoeck & Ruprecht Göttingen
WUV Facultas · Wien

Geschichte der Kontinente
Herausgegeben von Martin Krieger

Band 1

Martin Krieger

Geschichte Asiens

Eine Einführung

BÖHLAU VERLAG KÖLN WEIMAR WIEN · 2003

Bibliografische Information der Deutschen Bibliothek:
Die Deutsche Bibliothek verzeichnet diese Publikation in der Deutschen Nationalbibliografie; detaillierte bibliografische Daten sind im Internet über http://dnb.ddb.de abrufbar.

Ursulaplatz 1, D-50668 Köln
Tel. (0221) 9 13 90-0, Fax (0221) 9 13 90-11
info@boehlau.de

Einbandgestaltung: Atelier Reichert, Stuttgart
Satz: Peter Kniesche, Tönisvorst
Druck und Bindung: KRIPS b.v., NL-Meppel
Gedruckt auf chlor- und säurefreiem Papier
Printed in the Netherlands

ISBN 3-8252-2382-5

Inhalt

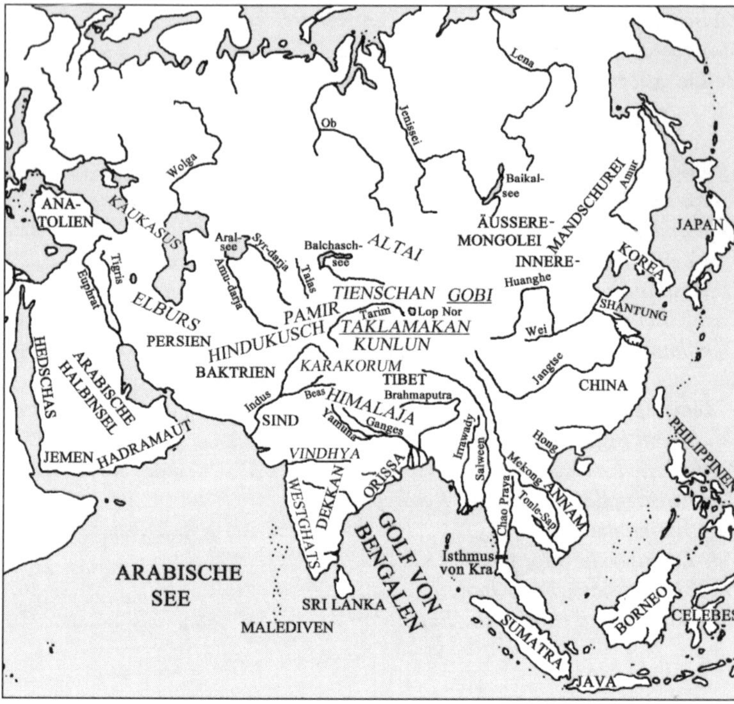

Karte 1: Asien – Geographische Übersicht

I. Einleitung

Diese „Geschichte Asiens“ wendet sich an Studierende und allgemein Interessierte, die einen knappen Überblick über die Vergangenheit des größten Kontinents der Erde erhalten wollen. Die Darstellung setzt mit dem 3. Jahrtausend v. Chr. ein und beschäftigt sich überwiegend mit den durch Schriftlichkeit geprägten historischen Epochen Asiens. Die reine Urgeschichte wird in diesem Band hingegen nicht behandelt, denn die archäologischen Erkenntnisse der vergangenen Jahrzehnte machen hier zweifellos eine eigene einführende prähistorische Darstellung notwendig. Die Fülle des Stoffes zwingt zu einer Beschränkung auf die wirklich zentralen Ereignisse und Strukturen. Vielfach werden übergreifende Tendenzen an konkreten Beispielen beleuchtet. Auf gelehrte Fußnotendiskussionen wird bewußt verzichtet, ohne damit die Notwendigkeit derartiger Erörterungen im allgemeinen in Frage zu stellen.

Der vorliegende Band hat den gesamten asiatischen Kontinent nach der heute allgemein üblichen geographischen Definition zum Gegenstand. Als westliche Grenzen werden der Ural, der Kaukasus, die Dardanellen sowie die Sinai-Halbinsel angenommen. Die Süd- und Ostgrenzen bilden der Indische Ozean sowie der Pazifik. Allein Sibirien und das geographisch zu Südostasien gehörende Neu-Guinea wurden außer Betracht gelassen und sollen in den noch erscheinenden einschlägigen Bänden zur Geschichte Australiens und Ozeaniens sowie Europas mitbehandelt werden. Am Rande wird hingegen ergänzend immer wieder Südosteuropa in das Blickfeld rücken, das seit der Antike in engem Kontakt mit Asien stand und zeitweise sogar asiatischen Herrschern unterworfen war – denken wir beispielsweise an die Hunnen im 5. Jahrhundert n. Chr. oder an die Herrschaft der Mongolen in Form der „Goldenen Horde“ im südlichen Rußland seit dem 13. Jahrhundert.

Das Buch enthält nach einer knappen Übersicht über die gängigen Quellengattungen (Kapitel II.) zunächst einen strukturgeschichtlichen Abschnitt (Kapitel III.1.-4.). Hier werden für den gesamten Kontinent 1. Umwelt und die Wechselwirkung zwischen Mensch und Natur, 2. Wirtschaft, 3. Religion und 4. kultureller Austausch untersucht. In einem chronologisch gegliederten Teil (Kapitel IV.1.-6.) folgt die nach Großregionen gegliederte politische Geschichte Asiens. Gleichsam als zeitlicher Vorspann zu den übrigen Kapiteln bietet Kapitel IV.1. einen Einblick in die Hochkulturen des Altertums in Mesopotamien, Anatolien und im Industal, ehe zeitlich daran anschließend die Geschichte

2. Westasiens, 3. Südasiens, 4. Ostasiens, 5. Südostasiens und 6. Zentralasiens bis in die Gegenwart betrachtet wird. Bewußt behandelt dieser Band Südostasien erst nach Süd- und Ostasien, um besser auf die enormen kulturellen Einflüsse Indiens und Chinas in jener Region eingehen zu können. Die einzelnen Kapitel sind in sich wiederum in mehrere Epochen gegliedert. Die Ermittlung eines Epochengerüsts für die asiatische Geschichte stellt die Historiker allerdings immer wieder vor Probleme, teilweise auch ideologischer Natur, so daß in den geschichtswissenschaftlichen Darstellungen oft mehrere Gliederungsvorschläge mehr oder weniger konkurrierend nebeneinander stehen. Die Struktur der Unterkapitel in diesem Buch versucht, den einschlägigen Modellen nach Möglichkeit gerecht zu werden, ohne allerdings in Anbetracht der Kürze der Darstellung zu viele zeitliche Zäsuren anzusetzen.

Zahlreiche Verweise zwischen den einzelnen Kapiteln erleichtern das Nachschlagen und das Erkennen der die einzelnen Großregionen überschreitenden historisch-politischen Zusammenhänge. Am Schluß jedes Kapitels befindet sich zudem eine thematisch gegliederte Bibliographie. Aufgenommen wurde grundlegende und ausgewählte weiterführende Literatur zu den behandelten Ländern und Sachthemen, die eine vertiefende Beschäftigung mit den oft nur in knapper Form angerissenen Problemen ermöglichen. Bei der Titelauswahl wurde Wert auf die Zugänglichkeit der Bücher in den Bibliotheken des deutschsprachigen Raumes gelegt. Auf Anmerkungen verzichtet dieses Buch weitgehend. Konkrete bibliographische Hinweise finden sich in Klammern im laufenden Text und beziehen sich auf die Literaturangaben jeweils am Ende des Kapitels.

Kernbegriffe sind fett hervorgehoben, während im deutschen Sprachgebrauch eher unübliche Fremdwörter kursiv gesetzt werden. Bei der Schreibweise der Herrschernamen und der aus asiatischen Sprachen übernommenen Fachbegriffe orientiert sich das Buch mit Blick auf eine gute Lesbarkeit und Verständlichkeit nicht in allen Fällen an den offiziellen Transkriptionsregeln, sondern an der in der deutsch- oder englischsprachigen Fachliteratur gebräuchlichsten Form. Auf die Verwendung spezifischer diakritischer Zeichen wurde daher weitgehend verzichtet. Die Jahreszahlen hinter den erwähnten Personen geben entweder die Lebensdaten an oder, wenn jene durch ein „r." (= regierte) ergänzt werden, die Herrschaftszeit. Konkrete Lebens- und Herrscherdaten sind in der asiatischen Geschichte oft umstritten, wobei sich dieses Buch der jeweils gängigen Forschungsmeinung anschließt oder auf entsprechende Datierungsdifferenzen hinweist.

Einen integrativen Bestandteil des Textes bilden die beigefügten Karten. Diese sind so gestaltet, daß sie sich direkt auf die Darstellung beziehen, enthalten also nur die für deren Verständnis relevanten Informationen. Eine historische Karte hat immer den Anschein einer gewissen Eindeutigkeit, die in der Realität nicht unbedingt gegeben ist. So kennen die vormodernen asiatischen Herrschaftsmodelle nur selten das Phänomen der linearen Grenze. Machtansprüche orientierten sich hingegen eher an der variablen Interventionsreichweite des jeweiligen Heeres oder am Vermögen des Herrschers, benachbarte Territorien tributpflichtig zu machen. Auch die Darstellung der Ausdehnung der einzelnen Territorien versteht sich mithin als lediglich ungefähre Rekonstruktion.

Wenn schon die Grenzen ein Problem der kartographischen Darstellung sind, trügt um so mehr auch die homogene Flächenfüllung des jeweiligen Territoriums. Was auf der Karte eindeutig erscheinen mag, war oft alles andere als klar. Zentrale Herrschaft durchdrang ein Territorium nie einheitlich, sondern die vormodernen und auch die modernen Staaten waren von tribal geprägten Regionen durchsetzt, die sich oft nicht in die zentralisierten Staatsstrukturen integrieren ließen. Besonders markant ist dieses Phänomen in Indien, wo die Stammesregionen im Nordosten und Osten des Landes nominell zwar oft zu einer indischen Großmacht gehörten, de facto aber weitgehend unbeherrscht blieben. Undurchdringlicher Dschungel oder Urwald inmitten eines Territoriums bildeten meist eine terra incognita, während sich die politische Macht eher in Flußebenen oder anderen landwirtschaftlich intensiv nutzbaren Gegenden konzentrierte. Die Karten verstehen sich also allein als Verständnishilfe beim Lesen des Textes und nicht als die kartographische Darstellung der politisch-historischen Wirklichkeit, die sich uns in vielen Fällen verschließt.

Vor einer Annäherung an die historischen Einzelheiten sollen einige einleitende Bemerkungen verdeutlichen helfen, wie zeitgebunden die historiographische Betrachtung Asiens ist. Auch ein Blick auf die moderne Weltkarte erlaubt uns einen nur scheinbar unbestechlichen Eindruck von diesem Kontinent mit seinen mächtigen Strömen, enormen Gebirgszügen und unermeßlichen Steppen und Wüsten. Denn schon dieser Blick täuscht – sind wir doch an eine winkeltreue Mercatorprojektion der Karten gewöhnt, die nördliche Weltregionen oft unproportional größer erscheinen läßt als südliche. So ist beispielsweise Grönland auf einer solchen Karte in der Regel bedeutend ausgedehnter dargestellt als Indien, obwohl die kalte Insel in der Arktis von der Fläche her um etwa ein Drittel kleiner ist als die Indische Union. Wer dann noch vor Ort eine Eisenbahnreise von Nord nach Süd, vielleicht von Delhi über Madras (Chennai) nach Kannyakumari am südindischen Kap Komorin unternimmt, erfährt zusätzlich, wie wenig reine Kilometerangaben bei einem Kontinent mit so unterschiedlichen Geschwindigkeiten aussagen, in einer Welt, in der Ochsenkarren, Hochgeschwindigkeitszug und Flugzeug friedlich nebeneinander existieren.

So ist neben dem Raum die Betrachtung weiterer Grundkonstanten zum Verständnis dieses Kontinents notwendig, allen voran das Klima, das im Zusammenspiel mit der physischen Beschaffenheit des Landes einige Gegenden Asiens mit Wasser überreichlich versorgt, während oft nur wenig entfernt jahrelange Trockenheit menschliches Leben nahezu unmöglich macht. Das spezifische Monsunklima in den südlichen Gebieten Asiens ist bis in die Gegenwart darüber hinaus der Motor des Handels auf dem Meer, der wiederum kulturellen Austausch über Tausende von Kilometern ermöglicht.

Geographie und Klima prägten weitgehend die vormodernen politischen Strukturen Asiens, also in der Zeit vor der Industrialisierung und der Entstehung von Nationalstaaten. So konnten territoriale politische Strukturen meist nur dort entstehen, wo eine intensive Landwirtschaft ein genügend hohes Abgabenaufkommen abwarf, um damit Verwaltung und Heer als Voraussetzung jeglicher Staatlichkeit zu schaffen. In dem von einem großen Maß an Spiritualität geprägten Kontinent reichte die physische Macht über das zivile und militärische Leben der Gesellschaft dann aber oft nicht aus, das Gemeinwesen auf Dauer der obrigkeitlichen Kontrolle zu unterwerfen; der Staatsgewalt mußte zusätzlich mit einer geistlichen Legitimation eine sakrale Aura verliehen werden, wobei die Religion in einem solchen Fall zu einer integrativen Klammer oftmals multiethnischer und multilingualer Gesellschaften avancierte. Entsprechend groß war die Bedeutung der Geistlichkeit, die in vielen Staaten Asiens Protektion durch die Herrscher genoß, was sich oft in der wirtschaftlichen Macht der Glaubensgemeinschaften ausdrückte. Im äußersten Fall war die Religion sogar der Vorreiter der Staatlichkeit, wie bei der Ausbreitung des Islam und der damit verbundenen Gründung des Kalifats.

„Asien“ – dieser Begriff beschreibt heute sowohl die physische Wirklichkeit einer Weltgegend, ist andererseits aber ebenso ein historisches Konstrukt. Der Kontinent wird seit dem Altertum gleichsam als Gegenwelt zum Abendland betrachtet. Europa zeigte sich befremdet über die ganz anderen Lebensweisen und Kulte, bewunderte im Stillen aber immer die mächtigen Staaten im Osten und die begehrten Handelsgüter als Quell des Reichtums. Und die Europäer hofften, vielleicht irgendwo jenseits des Osmanischen Reiches und Arabiens einen mächtigen Verbündeten in der Auseinandersetzung mit dem Islam zu finden, wie es in der Jahrhunderte andauernden Suche nach dem legendären Priesterkönig Johannes mal in Afrika, mal in Asien seinen Ausdruck fand. Diese Gegenwelt „Asien" war also kein leerer Raum, als den man die Neue Welt in den Denkkategorien der frühmodernen Staatlichkeit oft begriff.

Immer noch nicht ganz geklärt ist die Herkunft der Bezeichnung „Asien". Während im 18. Jahrhundert vermutet wurde, der Begriff stamme aus dem Phönizischen, bedeute „Mitte" und bezöge sich auf die in der Antike angenommene Lage des Kontinents zwischen Europa und Afrika, gilt heute eher die Auffassung, daß der Name für diesen Erdteil wohl aus dem Assyrischen abgeleitet ist und „Sonnenaufgang" bedeutet, also die im Osten liegenden Gegenden bezeichnet. Nichts anderes meinen letztlich auch die in Europa eingebürgerten Bezeichnungen „Morgenland" oder „Orient" (von lateinisch *oriri* = aufgehen). Demnach handelt es sich bei all diesen Begriffen um Fremdbezeichnungen, die aus einer Außenperspektive entstanden. Obwohl die Assyrer nach der heutigen geographischen Definition ebenfalls in Asien lebten, war auch für sie demnach „Asien" eine Gegend irgendwo östlich oder „dahinter". Der Begriff an sich impliziert also nach heutiger etymologischer Interpretation in jedem Fall ein Moment der Abgrenzung.

Der Bezeichnung Asien war seit der Antike der Name „Indien" untergeordnet, als Benennung des äußersten östlichen Endes Asiens und damit der Welt insgesamt. In der antiken Wahrnehmung befand sich dieses Indien irgendwo jenseits von Persien und Baktrien. Für Herodot lag es im 5. Jahrhundert v. Chr. noch am Indus, während spätestens seit dem Alexanderfeldzug schon der Norden des indischen Subkontinents bekannt war und Ptolemäus schließlich in das *India intra Gangem* – diesseits des Ganges – und *India extra Gangem* unterschied. Der intensive Handel zwischen Mittelmeerraum und Indischem Ozean bewirkte in römischer Zeit ein weites Ausgreifen des europäischen Horizonts, so daß Ptolemäus auch schon das südliche Arabien – *Arabia felix* –, Südindien und Teile Südostasiens – allerdings in spekulativer Verzerrung – bekannt waren. Mit dem „Periplus des Erythräischen Meeres", eine Art Handbuch über Handel und Handelsplätze am Indischen Ozean aus der Feder eines unbekannten Verfassers aus dem 1. Jahrhundert n. Chr., entrollt sich uns förmlich dieser Kosmos einer zusammenhängenden Welt zwischen Mittelmeer und Indischem Ozean.

Im frühen Mittelalter wurde in Europa weitgehend das antike Wissen um den großen Kontinent im Osten kolportiert, beispielsweise durch Isidor von Sevilla (ca. 560–636), ohne daß sich die Kenntnis von Asien in dieser Zeit wesentlich erweiterte. Erst seit dem hohen Mittelalter erreichte der europäische Horizont dann größere Teile Südostasiens und Ostasiens. Mit den ersten europäischen Reisenden, die Süd- und Ostasien mit eigenen Augen sahen und vor allem darüber berichteten – das bekannteste Beispiel stellt der Kaufmann Marco Polo dar –, differenzierte sich das Bild, und man lernte, den Kontinent grob nach einzelnen Völkerschaften zu unterscheiden. So entstand im hohen Mittelalter unter anderem der Name *Kathay* als Bezeichnung für das nördliche China, abgeleitet von dem Volk der an der chinesischen Nordgrenze lebenden Kitan (vgl. S. 260).

Es wurden im Mittelalter – vor allem in der Zeit der *Pax Mongolica* im 13. Jahrhundert – nicht nur kaufmännische Fahrten von Europa aus nach Asien unternommen, sondern auch politische Gesandtschaften auf den Weg an den Mongolenhof gebracht. In der Zeit nach dem Einfall der Mongolen in Mittelosteuropa ging es in diesem Kontext vor allem darum, jene vor weiteren Angriffen auf Europa abzubringen, ebenso aber auch um den Versuch, ein künftiges Bündnis zwischen europäischen Herrschern und Mongolen gegen den Islam auszuloten. Immer sollten durch die Gesandten gleichzeitig möglichst viele Details über die militärische Macht der Mongolen, aber auch über deren kulturellen Hintergrund herausgefunden werden. Die bedeutendsten diplomatischen Reisenden des 13. Jahrhunderts, die uns entsprechende schriftliche Dokumentationen ihrer Fahrten hinterlassen haben, sind Johannes von Plano Carpini und Wilhelm von Rubruk.

Unabhängig von derartigen Quellen, wie sie aus der Kaufmannspraxis oder diplomatischen Reisen hervorgegangen waren, erfuhr das Wissen um den Kontinent im Osten im Mittelalter aber auch eine Integration in den christlichen Kosmos Europas, wie er sich in der sogenannten T-Karte manifestierte. Diese mittelalterliche Weltkarte (*mappa mundi*) stellte seit dem frühen Mittelalter ein Abbild der Welt dar, welches sich aus der christlichen Heilsgeschichte ableitete. Während sich Asien meist in den oberen beiden Vierteln dieser Karten befand und im Osten an das Paradies grenzte, teilten sich Europa und Afrika die beiden verbliebenen Viertel. Europa und Asien trennte der Fluß Tanais (Don), während als Grenze zwischen Asien und Afrika der Nil angenommen wurde. Im Mittelpunkt lag Jerusalem. Derartige Darstellungen besaßen natürlich für den Reisenden keine praktische Bedeutung, vielmehr bestand ihre Funktion darin, den christlichen Kosmos visuell darzustellen.

Abb. 1: Sebastian Münster, *Tabula Oriental* aus der *Cosmographia* (Auflage von 1547)

Aus der langen Kenntnis Asiens in Europa – oder dessen, was man für Kenntnis hielt – ergab sich das grundlegende Problem, daß sich die Europäer noch in der Neuzeit mit der Legendenbildung aus dem Altertum ebenso wie mit dem mittelalterlichen Weltbild auseinanderzusetzen hatten. Lange Zeit konkurrierten in der europäischen Kartographie das antike Bild eines Claudius Ptolemäus oder eines Pomponius Mela ebenso wie die Vorstellung vom mittelalterlichen Kosmos mit den Erkenntnissen der frühmodernen europäischen Handelsfahrer. Erst allmählich verschwanden legendäre geographische Gebilde aus den Landkarten – wie die spekulative Insel „Taprobane", die mal mit Sri Lanka, mal mit Sumatra identifiziert wurde. Während beispielsweise auf der Asienkarte in Sebastian Münsters „Cosmographia" der Kontinent noch weitgehend nach antik-mittelalterlichem Schema erscheint (vgl. Abb. 1), zeigen die Karten aus der zweiten Hälfte des 16. Jahrhunderts schon ein Asienbild, das uns heute immer noch sehr vertraut vorkommt.

Asien war aber seit dem Mittelalter nicht nur ein Objekt der Entdekkungslust, sondern auch ein Medium der mentalen Abgrenzung. Immer wieder wurden im Abendland Feindbilder gegenüber den Asiaten entwikkelt, oft um im Inneren der europäischen Gemeinwesen Identität und Integration zu schaffen. Auch der deutsche Sprachraum blieb hiervon nicht ausgenommen, denken wir an die hartnäckige Erinnerungs- und Mahnkultur, die sich in Mittelalter und Neuzeit um die Schlacht von Liegnitz in Schlesien im Jahre 1241 rankte. Noch markanter ist die Betonung einer sogenannten „Türkengefahr" im Heiligen Römischen Reich in Anbetracht der steten Bedrohung durch die Osmanen im 16. und 17. Jahrhundert. Durch die publizistische Konstruktion eines Feindbildes versuchte der habsburgische Kaiser immer wieder, Steuerzahlungen und Truppenkontingente von den Reichsständen einzuwerben, um die Osmanen mit militärischen Mitteln zurückzudrängen. Während das 18. Jahrhundert zwischen der literarischen Konstruktion einer „orientalischen Despotie" und dem vereinzelten Bemühen um eine objektivere Darstellung des „Orients" schwankte, wie es meisterhaft (aber dennoch nicht diskursfrei) durch den norddeutschen Arabienreisenden Carsten Niebuhr (1733–1815) oder auch durch den französischen Gelehrten Abraham-Hyacinthe Anquetil-Duperron (1731–1805) vorgeführt wird, befindet sich Europa seit dem Zeitalter des Imperialismus und der Entstehung von Nationalstaaten teilweise wieder auf dem Weg der emotionalen Abgrenzung. Was im 19. und beginnenden 20. Jahrhundert ein möglicherweise bewußt von Engländern und Franzosen und am Rande auch von Deutschen initiierter Diskurs bewirkte – nämlich die Darstellung der asiatischen Zivilisationen als vermeintlich starre, den Traditionen verhaftete Gebilde – schafft heute die bisweilen unreflektierte Abgrenzung Europas und Nordamerikas gegenüber dem Islam.

Wie auch immer derartige Momente der Annäherung oder der Abgrenzung bewertet werden mögen, sie zeigen doch deutlich, daß „Asien“ als kulturelle Entität auch allein ein Produkt des europäischen Geistes sein kann, mit dem die Europäer sich selbst den moralischen Spiegel vorhalten, wie es meisterhafter kaum dargestellt wird als in Montesquieus „Lettres Persanes“.

Weiterführende Literatur

Das europäische Asienbild in Mittelalter und Früher Neuzeit: J. Fried, Auf der Suche nach der Wirklichkeit. Die Mongolen und die europäische Erfahrungswissenschaft im 13. Jahrhundert, in: Historische Zeitschrift 243 (1986), S. 287–332; H. Budde, G. Sievernich (Hgg.), Europa und der Orient, 800–1900, Gütersloh und München 1989; U. Bitterli, E. Schmitt (Hgg.), Die Kenntnis beider Indien im frühneuzeitlichen Europa, München 1990; J. Kreiner, Das Bild Japans in der europäischen Geistesgeschichte, in: Japanstudien 1 (1990), S. 13–42; D. Masarella, A World Elsewhere. Europe´s Encounter with Japan in the Sixteenth and Seventeenth Centuries, New Haven-London 1990; W. Demel, Als Fremde in China. Das Reich der Mitte im Spiegel frühneuzeitlicher Reiseberichte, München 1992; F. Reichert, Begegnungen mit China. Die Entdeckung Ostasiens im Mittelalter, Sigmaringen 1992; ders., Erfahrung der Welt. Reisen und Kulturbegegnung im späten Mittelalter, Stuttgart-Berlin-Köln 2001, S. 113–205; G. Dharampal-Frick, Indien im Spiegel deutscher Quellen der frühen Neuzeit (1500–1750). Studien zu einer interkulturellen Konstellation, Tübingen 1994; E.-M. Auch, S. Förster (Hgg.), „Barbaren“ und „Weiße Teufel“. Kulturkonflikte und Imperialismus in Asien vom 18. bis zum 20. Jahrhundert, Paderborn 1997; J. J. Clarke, Oriental Enlightenment. The Encounter between Asian and Western Thought, London-New York 1997; J. Osterhammel, Die Entzauberung Asiens. Europa und die asiatischen Reiche im 18. Jahrhundert, München 1998. *Orientalismus-These:* E. W. Said, Orientalismus, Frankfurt a. M. 1981 (div. weitere Auflagen in englischer und deutscher Sprache); M. Sprinker (Hg.), Edward Said. A Critical Reader, Oxford 1992; J. Osterhammel, Edward Said und die „Orientalismus“-Debatte. Ein Rückblick, in: Asien, Afrika, Lateinamerika 25 (1997), S. 597–607; S. Conermann, Carsten Niebuhr und das orientalische Potential des Aufklärungsdiskurses – oder: Ist das

Sammeln von Daten unverdächtig?, in: J. Wiesehöfer, S. Conermann (Hgg.), Carsten Niebuhr (1733–1815) und seine Zeit. Beiträge eines interdisziplinären Symposiums vom 7.–10. Oktober 1999 in Eutin, Stuttgart 2002, S. 403–432.

II. Quellen

Quellengattungen

Der Erforschung der asiatischen Geschichte liegt ein reicher Korpus materieller und immaterieller Quellen zugrunde, die an dieser Stelle allenfalls überblicksartig dargestellt werden können. Ähnlich wie auch für die europäische Geschichte lassen sich die einschlägigen Dokumente in schriftliche und materielle (v. a. archäologische) Zeugnisse sowie in Traditionen gliedern. Gerade die materielle Kultur besitzt in der historischen Betrachtung oftmals eine vergleichsweise große Bedeutung, da in einigen Gesellschaften Asiens bis in die Neuzeit hinein Schriftlichkeit kaum existiert, diese nur bruchstückhaft überliefert ist oder die dazugehörige Schrift bislang noch nicht erschlossen werden konnte.

Die Art der vorhandenen Quellen bestimmt vielfach den Blickwinkel des Historikers auf eine bestimmte Region, ein Gemeinwesen, dessen Kult oder dessen Wirtschafts- und Sozialstrukturen. So gibt die Quellenlage nämlich in vielen Fällen für möglicherweise ähnliche Gesellschaften doch sehr unterschiedliche Antworten vor, die sich oft nur unter Schwierigkeiten miteinander vergleichen lassen. Während beispielsweise die uns zugänglichen Schriften der mesopotamischen Gesellschaften für die Zeit seit dem ausgehenden 4. Jahrtausend v. Chr. Rückschlüsse auf Gesellschaftsstrukturen und Staatlichkeit im Raum zwischen Euphrat und Tigris zulassen, ist Vergleichbares für die seit dem 3. Jahrtausend v. Chr. im Industal existierende hochentwickelte Harappa-Kultur nicht möglich. Auch dort existierte zweifellos Schriftlichkeit, aber deren Verständnis verschließt sich uns bis heute, da die dortige Schrift immer noch nicht entziffert ist. Aussagen über Staatsstrukturen werden sich aber aus dem archäologischen Befund immer nur ansatzweise erschließen lassen, und man ist für das Industal im Gegensatz zu Mesopotamien auf Vermutungen angewiesen. Schriftlichkeit wurde zudem gerade in den älteren Epochen der asiatischen Geschichte oft von den weltlichen und geistlichen Eliten monopolisiert, wie noch am Beispiel Mesopotamiens und Chinas deutlich werden soll, und ermöglicht daher einen Blick auf viele Gesellschaften nur durch die Brille der Führungsschichten. Archäologische Zeugnisse ermöglichen hingegen in vielen Fällen einen darüber hinausgehenden Eindruck vom Alltag breiterer Bevölkerungsgruppen.

Schriftlichkeit und schriftliche Quellen

Schriftliche Quellen, die über die Vergangenheit Asiens und damit auch über das kulturelle Gedächtnis dieses Kontinents Auskunft geben, begegnen uns heute in unterschiedlichsten Formen und auf zahlreichen verschiedenen Schreibmaterialien. Die ältesten Schriftfunde stammen aus Mesopotamien und datieren in die Zeit um 3200 v. Chr., stellen damit aber keineswegs, wie lange Zeit behauptet, die ältesten schriftlichen Zeugnisse der Menschheit dar, die zur Zeit in Ägypten und im Donauraum (Donauzivilisation) lokalisiert werden. Die älteste sumerische Schrift Mesopotamiens stand in erster Linie im Dienste der geistlichen Herrscher und der Tempelbürokratie, die damit ein Werkzeug zur Erfassung des Abgabenaufkommens in den Händen hielten. Aus der anfänglichen sumerischen piktographischen Schrift entwickelte sich um 2700 v. Chr. die Keilschrift, mit der es erstmals möglich war, auch längere Texte niederzuschreiben. Diese verbreitete sich rasch auch in andere Sprachgebiete und sollte auf Jahrtausende die Schriftkultur zwischen Euphrat und Tigris sowie in Persien bestimmen. Mit der Möglichkeit, längere Texte niederzuschreiben, diversifizierte sich auch das Einsatzspektrum der Schrift. Im Gegensatz zur piktographischen Schrift wurde die Keilschrift im Laufe der Zeit auch für sakrale Texte sowie für profane literarische oder wissenschaftliche Darstellungen verwendet. Für die Zeit seit dem 15. Jahrhundert v. Chr. ermöglichen zudem Herrscher- und Beamtenlisten als zentrale Quelle eine recht genaue chronologische Einordnung einzelner Machthaber und ganzer Reiche in Mesopotamien. Die Kenntnis der Keilschrift ging im Laufe der Zeit verloren und bildete seit der zweiten Hälfte des 18. Jahrhunderts den Gegenstand intensiver Forschungstätigkeit. Auf der Grundlage der Inschriften-Kopien des norddeutschen Orientreisenden Carsten Niebuhr gelang dem Göttinger Gelehrten Georg Friedrich Grotefend im Jahre 1802 die partielle Entzifferung der altpersischen Keilschrift, was die Erschließung der altorientalischen Welt durch die Historiker in der Folgezeit deutlich beschleunigte. Bis 1847 entschlüsselte schließlich der britische Diplomat Henry Rawlinson ebenso die babylonische und assyrische Keilschrift.

Auch die gleichzeitig neben den Kulturen Mesopotamiens im 3. und 2. Jahrtausend v. Chr. im Industal existierende Harappa-Kultur brachte umfangreiche schriftliche Zeugnisse hervor, die möglicherweise eines Tages den Historikern tiefere Erkenntnisse über die dortige Gesellschaft vermitteln werden. Vor allem an den im heutigen Pakistan gelegenen Fundplätzen von Mohenjo Daro und Harappa stießen die Archäologen auf insgesamt nahezu 4.000 beschriebene Gegenstände; meist handelt es sich dabei um Siegel aus Steatit (Speckstein) oder Siegelabdrücke, aber vereinzelt auch um Kupfertafeln, Keramik und Fayencen. Eine mögliche Verbindung zwischen der Indusschrift und späteren indischen Schriften ist bislang rein spekulativ. So setzt eine nennenswerte schriftliche Überlieferung für das historische Nordindien erst wieder um 300 v. Chr. ein, was allerdings nicht ausschließt, daß es dort schon zuvor Schriftlichkeit gab, die möglicherweise ins 8. Jahrhundert v. Chr. zurückreicht. Ebenso wie die Keilschrift in Mesopotamien erlangte die indische Brahmi-Schrift eine große Attraktivität und entwickelte sich zu einem regelrechten Exportschlager Nordindiens. So beeinflußte diese Schrift die Herausbildung von Schriftlichkeit nicht nur in ganz Indien, sondern auch in Sri Lanka, in weiten Teilen Zentralasiens einschließlich Tibets sowie in Südostasien.

Für China ist Schrift aus der Zeit der späten Shang-Dynastie um 1200 v. Chr. überliefert, möglicherweise liegt ihre Entstehungszeit aber ähnlich wie in Nordindien deutlich weiter zurück. Jene manifestierte sich anfangs meist in den zahlreichen Orakelsprüchen in Form von Fragen und orakelhaften Antworten (s. u.), die ausschließlich den weltlichen und geistlichen Machteliten zugänglich waren. Die chinesische Schrift verbreitete sich im Laufe der Zeit weit über China hinaus und kann gewissermaßen als „Leitfossil" für die Verbreitung chinesischer Kultur (Sinisierung) nach Korea und Japan angesehen werden, wo die Schrift aus dem Reich der Mitte in der Regel entsprechend den dortigen Sprachen einen Angleichungsprozeß erfuhr. Ebenso brachte chinesischer Kulturexport seit dem 3. Jahrhundert v. Chr. erstmals Schriftlichkeit nach Südostasien. Autochthone Schriftlichkeit ist für das insulare Südostasien mit einigen Inschriften in malaiischer Sprache im Kontext der Geschichte Srivijayas denn auch erst für das ausgehende 7. Jahrhundert n. Chr. dokumentiert.

Im Gegensatz zu West-, Süd- und Ostasien setzt die indigene Schriftlichkeit auch in Zentralasien vergleichsweise spät ein. So stammen die ältesten turksprachigen Runeninschriften sowie uigurische Texte aus dem 8.–12. Jahrhundert, bieten aber kaum Ansatzpunkte für die Ermittlung eines Gesamtbildes von dieser Region. Die Historiker sind daher für die älteren Zeiträume immer wieder auf chinesische und griechisch-byzantinische Quellen sowie für das Mittelalter auf Darstellungen in arabischer Sprache angewiesen. Diese betrachten die zentralasiatischen Gemeinwesen aber aus einer Fremdperspektive und sind daher nicht selten einseitig sowie gerade in Bezug auf die Eigennamen bestimmter

Ethnien oder Herrscher irreführend. Allein die geographische Literatur aus dem arabisch-persischen Sprachraum erlaubt vor allem für die Zeit zwischen 9. und 11. Jahrhundert einen umfassenderen Einblick in die westlichen Regionen Zentralasiens.

Es läßt sich also feststellen, daß spätestens seit dem 1. Jahrtausend n. Chr. in weiten Teilen Asiens ein gewisses Schriftangebot existierte, gleich ob es autochthon entstanden oder importiert war. Es war dann letztlich offenbar eine Frage der kulturellen Selbstverortung der einzelnen Machthaber, des jeweiligen Kultes und des Grades der staatlichen Institutionalisierung, inwieweit von der Schriftlichkeit tatsächlich auch Gebrauch gemacht wurde.

Welche Materialien boten sich als Träger der Schriftlichkeit an? Am dauerhaftesten sind zweifellos in Stein gemeißelte Inschriften, gleich ob es sich dabei um großflächige Felsinschriften aus dem alten Persien oder um kleinflächige Aufschriften auf den Steatitsiegeln der Induskultur handelt. Gerade für die ältesten Epochen asiatischer Geschichte dürften Inschriften in Stein oder Ton die einzige oder zumindest die herausragende Überlieferungsform sein, was aber nicht ausschließt, daß nicht auch andere Materialien beschrieben wurden, die sich aber nicht bis in heutige Zeit erhalten haben. Vor allem Süd- und Westasien besitzen eine lange Tradition der Herstellung von Inschriften. Auch wenn diese oft einen klar ermittelbaren Wahrheitsgehalt besitzen – für die indische Tempelwirtschaft etwa in Form der Nennung konkreter (Land-) Stiftungen und der Namen der Stifter – ist es meist schwierig, diese Inhalte in einen größeren historischen Kontext zu rücken. Außerdem ist die Auswahl der Überlieferung in den Inschriften naturgemäß ausgesprochen selektiv, denn nicht alles wurde schließlich für wert erachtet, aufwendig in Stein gemeißelt zu werden. Vergleichsweise unbedeutende Sachverhalte verschließen sich uns also bei der ausschließlichen Betrachtung von Inschriften als historischer Quelle.

Zweifellos ist Schriftlichkeit in Asien aber überwiegend mit organischen Schreibmaterialen verbunden, die ihrerseits bisweilen auch ein erstaunlich hohes Überlieferungsalter aufweisen. So sind die chinesischen Orakelsprüche aus der Zeit der Shang-Dynastie seit 1200 v. Chr. als älteste überlieferte chinesische Quellen (s. o.), die bisweilen recht genaue Aussagen über frühe chinesische Staatlichkeit zulassen, meist in die Schulterknochen von Ochsen oder in Teile von Schildkrötenpanzer eingraviert. Mittlerweile sind mehr als 150.000 Fragmente dieser Knocheninschriften aus dem alten China bekannt. Diese Dokumente enthalten zweifellos ein monopolisiertes Herrschaftswissen der Eliten und waren vermutlich überwiegend im Umfeld des Hofes entstanden. So verbindet sich in China bis heute mit der Schrift als praktischem Gebrauchsinstrument eine gewisse Aura des Elitären und Magischen. Schriftlichkeit äußert sich aber auch in nur bei günstigen Überlieferungsbedingungen über längere Zeiträume konservierbaren organischen Materialien wie Papyrus oder Palmblättern. Palmblattinschriften entstanden vor allem im südlichen Indien; so stellt auch die Palmblattsammlung aus dem tamilischen Sprachraum im Archiv der Franckeschen Stiftungen in Halle einen bedeutsamen kulturellen Schatz dar.

Seit dem Mittelalter gewann das aus dem chinesischen Raum stammende Papier eine immer größere Bedeutung auch in der islamischen und europäischen Welt. Nach der historiographischen Überlieferung wurde die Papierherstellung im Jahre 105 n. Chr. vom Chinesen Cai Lun entdeckt; die Untersuchung ältester Papierfragmente macht es aber wahrscheinlich, daß sich die Kenntnis um die Herstellung dieses Schreibmaterials bereits in vorchristlicher Zeit im Reich der Mitte ausbreitete. Papier war leichter zu beschreiben als Seide und das sonst übliche Schreibmaterial aus Bambus. Sein Gebrauch erlangte während der Tang-Dynastie (7.–9. Jahrhundert) eine erste Blütephase. Spätestens seit dem 9. Jahrhundert war in China auch die Druckkunst bekannt – wie Funde aus Dunhuang belegen –, in der Mitte des 11. Jahrhunderts auch die Technik des Drucks mit beweglichen Lettern. Seit dieser Zeit wurden vor allem die Haupttexte des Konfuzianismus gedruckt und einer wachsenden Öffentlichkeit unter den Bildungseliten zugänglich gemacht.

Die schriftlichen Quellen Asiens lassen sich für die präeuropäische Zeit inhaltlich grob in religiöse (Stiftungs-) Inschriften, Gesetzestexte, historiographische Darstellungen und Chroniken sowie in Darstellungen profaner Verwaltungsakte gliedern. Vor allem die Benutzung historiographischer Quellen oder von Herrscherviten erscheint oft problematisch. So beschreiben diese meist von den Eliten selbst initiierten literarischen Projekte in der Regel Sachverhalte, die schon lange vor der Entstehungszeit der Chronik liegen oder den lebenden Herrscher zumindest in einen solchen traditionalen Kontext rücken. Derartige Zeugnisse dienten damit oft der Schaffung von Traditionen und der Legitimation der gegenwärtigen Herrscher und dürften entsprechend ein eher einseitiges Bild vermitteln. Der Quellenwert historiographischer Überlieferungen liegt also eher in der Darstellung zeitgenössischer Herrschaftsvorstellungen oder Kosmogonien als in der Beschreibung eines wie auch immer gearteten historischen Geschehens. Besonders signifikant ist dieses Charakteristikum bei der Historiographie des alten China, mit der der Übergang von einer Dynastie zur nächsten legitimiert werden sollte. Hierzu entstanden auf der Grundlage der Verwaltungsüberlieferung der vorigen Dynastie – die anschließend in der Regel vernichtet wurde – die offiziellen Geschichtsdarstellungen (*zhengshi*).

Wenn schon die Art der Quellen die Perspektive des heutigen Betrachters bestimmt, ist um so mehr Vorsicht bei der Frage nach deren geographischer Herkunft geboten. So ist bei den schriftlichen Quellen in eine protohistorische Überlieferung – in der Darstellungen ausschließlich aus einer Außenperspektive vorliegen – und in eine historische Überlieferung zu trennen, bei der das untersuchte Gemeinwesen autochthon Dokumente hervorbrachte. Wir verfügen gerade für die Zeit bis ins erste Jahrtausend n. Chr. hinein bei einigen bedeutsamen Staatswesen nur über eine indirekte Überlieferung durch fremde, auswärtige Beobachter, die das Gesehene möglicherweise in „kultureller Übersetzung“ in ihre eigenen Denkkategorien übertrugen, ohne damit aus moderner Sicht den tatsächlichen Strukturen des Beobachtungsgegenstandes gerecht zu werden (vgl. S. 88). Zentrales Beispiel ist hier die frühe Geschichte Südostasiens, zu der neben indigenen archäologischen Quellen oft nur eine indische und vor allem chinesische schriftliche Überlieferung existiert. Wenn chinesische Quellen beispielsweise in der Zeit vor dem 9. Jahrhundert n. Chr. über mächtige Staaten im festländischen Südostasien berichten, ist damit längst nicht gesagt, daß diese tatsächlich auch als institutionalisierte Territorialmächte existierten, wie sie der chinesische Beobachter vielleicht aus seinem eigenen Mutterland kannte. Möglicherweise konnte dieser sich andere Vergesellschaftungsformen als die in seiner Heimat vorherrschenden, wie beispielsweise den *mandala*-Staat (vgl. S. 223), einfach nicht vorstellen. Hinzu kommt, daß wahrscheinlich von chinesischer Seite bewußt ein Bild von Staatlichkeit nach chinesischem Vorbild auch für Südostasien konstruiert wurde, um die südostasiatischen Staaten zumindest nominell einfacher als Tributärstaaten in den chinesischen politischen Kosmos zu integrieren.

Mit dem Beginn der europäischen Handelsexpansion im 16. Jahrhundert und vor allem mit der verstärkten europäischen territorialen Expansion seit der Mitte des 18. Jahrhunderts vervielfacht sich die schriftliche Überlieferung in den von den europäischen Mächten besetzten Gebieten Asiens. Gleiches gilt für die souveränen indigenen Staaten, die in der Neuzeit oft nach europäischem Muster moderne Verwaltungsstrukturen erhielten wie China, Japan, Siam oder das Osmanische Reich. Die Akten der europäischen Kompanie- und Territorialverwaltungen befinden sich heute größtenteils in Europa und nur zu einem kleineren Teil in den Landesarchiven der asiatischen Staaten. Vor Ort bieten vor allem die indischen Archive, aber auch diejenigen im indonesischen Jakarta oder im heute chinesischen Macao eine reiche Dokumentation zur Kolonialzeit. Diese umfaßt unter anderem Verträge mit indigenen Herrschern, politische und kommerzielle Korrespondenz, Geschäfts- und Schiffstagebücher sowie Auktionsprotokolle über den Verkauf von Handelsgütern. Aus den europäischen Kompanieakten lassen sich sowohl Rückschlüsse über europäischen Asienhandel und indigenen Handel auf dem Indischen Ozean als auch über die Beziehungen zwischen den Europäern untereinander oder zwischen diesen und den einheimischen Herrschern Asiens ziehen.

Ergänzend zu den im kolonialen Kontext entstandenen Akten sind auch die aus dem Umfeld der christlichen Mission in Asien hervorgegangenen Quellen zu nennen. Während diese in traditioneller Sichtweise oft allein zur Erforschung der Missionstätigkeit selbst herangezogen wurden, zeigen neuere Untersuchungen, daß Missionsdokumente gleichfalls auch als hervorragende Quellen zur Ergänzung ethnologischer oder auch umwelthistorischer Forschungen dienen können. Oft wirkten nämlich die europäischen Missionare in Regionen, die sich lange Zeit der Kolonialherrschaft verschlossen, seien es die Jesuiten im Reich der Mitte oder pietistische und lutherische Missionare seit dem 18. Jahrhundert in Stammesrückzugsgebieten an der indischen Ostküste oder auf den Nikobarischen Inseln.

Im Zuge der Dekolonisation setzte dann in vielen Ländern Asiens in der Regel der Aufbau souveräner staatlicher Verwaltungsstrukturen mit einer umfangreichen, teilweise maßlosen Verwaltungsschriftlichkeit ein, die sich in vielen Fällen aber noch unter Verschluß befindet und dem Historiker heute noch nicht oder nur unter Schwierigkeiten zugänglich ist.

Archäologische Quellen

Der Asienhistoriker stützt sich gerade bei den frühen Epochen nicht allein auf schriftliche Quellen, sondern ist in verstärktem Maße auf die Erkenntnisse der Archäologen, Ethnologen und auf die Rückschlüsse der Philologen angewiesen. Für West-, Süd- und Ostasien existiert eine reiche archäologische Überlieferung, die teilweise schon seit Jahrhunderten bekannt ist und in Literatur und Wissenschaft rezipiert wird. Die älteste indigene archäologische Forschung fand in China statt, wo bereits im ausgehenden

11. und beginnenden 12. Jahrhundert eine akademische Beschäftigung mit vor- und frühgeschichtlichen Stein- und Bronzedenkmälern durchgeführt wurde (*jinshixue*). Diese fand in mehreren detaillierten Katalogen ihren Niederschlag, die im Bereich der Nördlichen Song-Dynastie publiziert wurden. Während daneben auch in Südostasien die Archäologie in den vergangenen Jahrzehnten große Fortschritte gemacht hat – zweifellos aber immer noch gravierende Forschungsdesiderate bestehen –, ist Zentralasien abgesehen von den traditionsreichen Grabungsstätten an der Seidenstraße vielfach noch eine prähistorische terra incognita. Dabei ist gerade die archäologische Forschung für den Erkenntnishorizont der Historiker außerordentlich bedeutsam und stellte in jüngster Zeit einige traditionell vorherrschende Lehrmeinungen in Frage. So stützten sich bislang viele historische Erkenntnisse oft vorherrschend auf die schriftliche Tradition der Quellen des Altertums, ohne aber die daraus gewonnenen Schlüsse anhand des archäologischen Befunds zu verifizieren. Ein bedeutendes Beispiel stellt in diesem Kontext die Konstatierung einer indo-aryanischen Einwanderung aus Zentral- und Westasien auf den indischen Subkontinent im 2. Jahrtausend v. Chr. gleichsam als umfangreiche Völkerwanderung dar, wie sie sich aus der Interpretation der Veden erschließt. Eine derartige Migration ist hingegen archäologisch und anthropologisch kaum nachweisbar – dafür jedoch der Transfer bestimmter Kulturgüter wie Sprache oder Herrschaftslegitimation (vgl. S. 150).

Die archäologische Überlieferung ist ähnlich vielfältig wie die schriftlichen Überreste und kann an dieser Stelle unmöglich im ganzen dargestellt werden. Bisweilen überschneiden sich beide Quellengattungen, und es kommt auf den Betrachtungswinkel an, ob man einen Untersuchungsgegenstand der einen oder der anderen Gattung zuordnen will. So bedeuten beispielsweise Tempelanlagen herausragende archäologische Quellen, die aber gleichzeitig oft über umfangreiche Inschriften verfügen. Zweifellos stellen die großen Tempelanlagen Süd- und Südostasiens oder die komplexen Palast- und Stadtstrukturen in China und Japan aber nur einen Höhepunkt der Geschichte menschlicher materieller Kultur dar. Denn bereits für die Zeit seit der Neolithischen Revolution verfügen wir über Keramikfunde, später dann auch über Metallgeräte – anfangs aus Kupfer oder Bronze, später aus Eisen – und schließlich auch über Münzen. Die Gestalt der Einzelfunde ermöglicht im jeweiligen Fundkontext in vielen Fällen eine chronologische Einordnung von Fundplätzen (relative Chronologie), die in Verbindung mit naturwissenschaftlichen Datierungsmethoden (C14-Methode, Dendrochronologie) oft auch eine absolute Datierung erleichtert.

Neben einzelnen Fundobjekten, die die Erstellung einer relativen oder absoluten Chronologie ermöglichen, bietet die archäologische Untersuchung ganzer Siedlungen (einschließlich der Friedhöfe) Aufschlüsse über Wohnstrukturen, bisweilen sogar über die Alltagswelt und Kulte breiterer Bevölkerungsgruppen, was sich uns bei der Betrachtung schriftlicher Dokumente, so sie überhaupt vorhanden sind, oft verschließt. Siedlungsfunde sind vielfältig und erstrecken sich über das gesamte Asien, angefangen von den frühen Städten in Anatolien, Mesopotamien und dem Industal bis zu den Reisbauerndörfern im festländischen Südostasien und China.

Es zeigt sich schließlich, daß gerade die gemeinsame Betrachtung von schriftlicher Dokumentation und materieller Überlieferung die Ermittlung eines ganzheitlicheren Bildes von der Geschichte Asiens ermöglicht. Ergänzend sind ebenso die Beobachtungen der Philologen beispielsweise über die Ausbreitung von Sprachen oder die Untersuchungen der Ethnologen heranzuziehen, deren Betrachtung rezenter Ethnien in Verbindung mit anderen Quellen ebenso Rückschlüsse auf die Vergangenheit zulassen. Eine besondere Aktualität erlangte im Zuge des sogenannten *cultural turn* in letzter Zeit die Untersuchung peripherer oder unterer Sozialgruppen vor allem für Südasien (*subaltern studies*), die sich nur partiell auf schriftliche und archäologische Dokumente stützt, aber in ebenso großem Maße auf die Beobachtung von Traditionen oder Wirtschafts- und Sozialstrukturen mit den Methoden der Ethnologie oder der Oral History angewiesen ist.

Weiterführende Literatur

Schriftlichkeit: D. N. Keightley, Sources of Shang History. The Oracle-Bone Inscriptions of Bronze Age China, Los Angeles-London 1985; C. B. F. Walker, Cuneiform, Berkeley ^{3}1987; H. Haarmann, Universalgeschichte der Schrift Frankfurt a. M.-New York ^{2}1992; ders., Geschichte der Schrift, München 2002; Y. Gong, Studien zur Bildung und Entwicklung der Keilschriftzeichen, Hamburg 1993; A. Parpola, Deciphering the Indus Script, Cambridge 1994; H. Günther, O. Ludwig (Hgg.), Schrift und Schriftlichkeit. Ein interdisziplinäres Handbuch, Berlin-New York 1994; P. T. Daniels, W. Bright (Hgg.), The World's Writing Systems, New York-Oxford 1996; J. Goody, I. Watt, K. Gough, Entstehung und Folgen der Schriftkultur, Frankfurt a. M. ^{3}1997; J. Assmann, Das kulturelle Gedächtnis. Schrift, Erinnerung und politische Identität in frühen Hochkulturen, München ^{4}2002; I. J. Gelb, Von der Keilschrift zum

Alphabet. Grundlagen der Schriftwissenschaft, Stuttgart 2002. *Archäologie:* H. H. E. Loofs, Archäologie der Philippinen, Leiden 1978; K. Schippmann (Hg.), Golf-Archäologie. Mesopotamien, Iran, Kuwait, Bahrain, Vereinigte Arabische Emirate und Oman, Leidorf 1991; F. R. Allchin, The Archaeology of Early Historic South Asia. The Emergence of Cities and States, Cambridge 1995; R. Ciarla (Hg.), South-East-Asian Archaeology, Roma 1997; G. L. Barnes, The Rise of Civilization in East Asia. The Archaeology of China, Korea and Japan, New York 1999; R. B. Marks Ridinger, The Archaeology of the Indian Subcontinent and Sri Lanka. A Selected Bibliography, Westport 2001; D. K. Chakrabarti, India. An Archaeological History. Palaeolithic Beginnings to Early Historic Foundations, New Delhi 2001. *Subaltern Studies:* D. Rothermund, Geschichte von unten. „Subaltern Studies" in Indien, in: Jahrbuch für Geschichte Lateinamerikas, 35 (1998), S. 301–318; R. Guha (Hg.), A Subaltern Studies Reader, 1986–1995, New Delhi 2000; D. Ludden (Hg.), Reading Subaltern Studies. Critical History, Contested Meaning and the Globalization of South Asia, London 2002.

III. Historische Grunderfahrungen

III.1. Naturräume

Mensch und Umwelt

Der Mensch ist in zweifacher Hinsicht elementar mit seiner natürlichen Umwelt verbunden. Einerseits muß er sich beim Nahrungserwerb seinem Umfeld anpassen, indem er beispielsweise in den Steppengebieten Zentralasiens nomadische Viehzucht treibt oder sich in Gegenden mit ausreichenden Bewässerungsmöglichkeiten und geeignetem Boden dem Ackerbau zuwendet. Ist eine Gesellschaft nicht in der Lage, sich den ständig ändernden natürlichen Voraussetzungen anzupassen, scheint ihr Niedergang vorgegeben. Andererseits ist der Mensch aber nicht bedingungslos den natürlichen Voraussetzungen ausgeliefert, sondern er kann – sobald er über bestimmte Techniken und Arbeitskraft verfügt – die Natur in einem gewissen Rahmen mitgestalten: er kann versuchen, Regenwasser aufzufangen und für die Trockenperiode zu speichern, er kann Land zur Be- oder Entwässerung mit Kanälen durchziehen, an den niederschlagsreichen Berghängen Terrassen anlegen oder durch die Errichtung von Steinmauern auf abschüssigem Gelände die Bodenerosion verhindern. Daneben beeinflußt er Flora und Fauna, er domestiziert Tiere und rodet Wald, um Flächen für die Landwirtschaft zu erhalten. Die Kultivierung des Landes bringt oft auch die bewußte oder unbewußte Einführung neuer Tiere und Pflanzen mit sich.

Überschreitet die menschliche Nutzung des Landes aber das Maß der natürlichen Tragfähigkeit, etwa infolge einer starken Bevölkerungszunahme, kehrt sich der Nutzen oft ins Gegenteil um, bis entwaldete und ausgelaugte Flächen dem Menschen keine Nahrung mehr abwerfen. Die Grenzen zwischen Gebrauch und Mißbrauch der Natur sind fließend, denken wir daran, daß viele Flüsse heute nicht mehr nur Wasserlieferanten sind, sondern auch Medium der Entsorgung von Zivilisationsabfällen oder daß großflächige Brandrodung wie in Südostasien in beträchtlichem Maße zur globalen Luftverschmutzung beiträgt. Bereits in vormoderner Zeit klagten die Menschen stellenweise über eine ins Unerträgliche steigende Luftverschmutzung, wie etwa in der chinesischen Porzellanstadt Jingdezhen, wo in der Zeit der Ming-Dynastie nach offizieller Überlieferung unzählige Brennöfen die Stadt in einen permanenten Gestank hüllten und ebenso nachts eine so starke Lichtquelle darstellten, daß das Schlafen angeblich unmöglich war.

All diese Problemstellungen sind Gegenstand der Umweltgeschichte, die in den vergangenen beiden Jahrzehnten einen beträchtlichen Erkenntnisfortschritt gerade auch für Asien erzielte. Im Mittelpunkt des Interesses stehen die historische Klimaforschung und Prozesse der Entwaldung in vormoderner und moderner Zeit wie auch ökologische Probleme der Landbewässerung oder der Verunreinigung der Atemluft in den Metropolen Asiens. Verstärkt wird auch die ökologische und klimatische Verflechtung Asiens im globalen Zusammenhang betrachtet, wie es beim Einfluß des Klimaphänomens *El Niño* deutlich wird.

Land und Meer

Asien, der größte Kontinent der Erde, beheimatet eine Vielfalt von Landschaftsformen und Gewässern. Den Kern des Kontinents bildet das zentral- und ostasiatische Landmassiv, an das sich im Süden drei Teilregionen anschließen, die halbinselartig in den Indischen Ozean hineinragen: im Westen die Arabische Halbinsel, in der Mitte der Indische Subkontinent und im Osten der festländische Teil Südostasiens. Der östlichen und südöstlichen Seite des kontinentalen Asien ist eine beträchtliche Anzahl kleinerer und größerer Inseln vorgelagert: Sachalin, die Kurilen und die japanischen Inseln, Taiwan, die Ryukyu-Inseln, die Philippinen sowie das südostasiatische Archipel. Geologisch gesehen zerfällt die südostasiatische Inselwelt in zwei Teile, nämlich in die zum Sundaschelf gehörenden Inseln wie Sumatra, Java oder Kalimantan (Borneo), die in vorgeschichtlicher Zeit mit dem Festland verbunden waren, und die Inseln östlich davon, die niemals über eine Landverbindung mit dem festländischen Südostasien verfügten, wie Sulawesi (Celebes), die Molukken oder die Philippinen. Zahlreiche südostasiatische Inseln sind vulkanischen Ursprungs, verfügen über fruchtbare Böden und entsprechend über eine hohe Bevölkerungsdichte, während andere in der Vergangenheit geologisch stabile tropische Inseln wie Kalimantan nicht annähernd so fruchtbar sind und bis in die Gegenwart eine entsprechend geringere Bevölkerungsdichte aufweisen. Die Hauptfläche des Indischen Ozeans zwischen der malaiischen Halbinsel, dem Indischen Subkontinent und der afrikanischen Ostküste besitzt vergleichsweise wenige Inseln, von denen hier unter anderem Andamanen und Nikobaren, Sri Lanka (Ceylon), Lakkadiven und Malediven sowie das Afrika zuzurechnende Madagaskar mit den umliegenden Inselgruppen zu nennen sind.

Der Kontinent ist durch zahlreiche Gebirge, Wüsten, Flüsse und Seen gegliedert. Während die Flüsse in der Geschichte eher ein verbindendes Element darstellten, bedeuteten die **Gebirge** für den ökonomischen und kulturellen Austausch Barrieren, die aber nur in wenigen Bereichen unüberwindbar waren. Gebirge stellten oft Kulturgrenzen und kulturelle Rückzugsgebiete dar, die die Ausbreitung einer dominierenden Kultur verhinderten oder zumindest verzögerten, wie es beim indischen Vindhya-Gebirge deutlich wird, welches die Verbreitung der nordindischen, aryanischen Kultur in Richtung Süden kanalisierte und beschränkte, so daß auch heute noch im südlichen Indien dravidische und keine indo-europäischen Sprachen vorherrschen (vgl. S. 153). Außerdem bieten Gebirgs- ebenso wie Waldland Rückzugsgebiete für Stammeskulturen, die sich oft der Integration in eine Herrschaftskultur oder in einen dominierenden Staat verschlossen.

Das größte Gebirge, der Himalaja, war zwar an einigen Stellen durchlässig, verhinderte aber größere Völkerbewegungen, wie sie sonst für die Geschichte Asiens charakteristisch sind. So fanden die bedeutenden Invasionen zentralasiatischer Völker nach Westasien und Indien nicht über den Himalaja statt, sondern erreichten diese Regionen über den Hindukusch und die im heutigen Afghanistan liegende historische Landschaft Baktrien. Zwischen Himalaja und Hindukusch liegen das Karakorum-Gebirge sowie nördlich davon der Pamir. Erst nördlich dieser gewaltigen Gebirgszüge, zwischen Tienschan und Altai-Gebirge, erstrecken sich deutlich niedrigere Höhenzüge, die eine Passage für Völkerwanderungen zwischen dem östlichen und dem westlichen Zentralasien boten; beispielsweise verlief durch diese Gegend auch die Expansion der Hsiung-nu und der Turkvölker in Richtung Westen. Hinter den Gebirgsmassiven Zentralasiens erscheinen die Höhenzüge im westlichen Asien eher nachrangig, obwohl auch diese beachtliche Höhen aufweisen und für die Bewegung von Menschen und Handelsgütern ein deutliches Hindernis darstellen. Zu nennen sind hier Zagros, Elburs, Kaukasus und Taurus-Gebirge.

Berge spielen auch in den südlichen, unmittelbar an den Indischen Ozean grenzenden Gebieten eine maßgebliche Rolle. So verhinderte etwa das gebirgige Hochland von Annam im heutigen Zentralvietnam lange Zeit die Entstehung großräumiger Staatsstrukturen, wie auch die Westghats an der indischen Malabarküste für kleinstaatlichen Partikularismus sorgten. Im festländischen Südostasien fungierten die in Nord-Südrichtung zwischen den großen Strömen verlaufenden Gebirgszüge und Hochebenen oft als Barrieren zwischen den mächtigen Regionalreichen, die sich hier seit der zweiten Hälfte des 1. Jahrtausends n. Chr. etabliert hatten, wie etwa zwischen den Staaten von Dai Viet im nördlichen Vietnam und dem kambodschanischen Reich von Angkor oder zwischen Angkor und dem im heutigen Myanmar (Birma) gelegenen Reich von Pagan.

Ebenso trennend, aber unter Schwierigkeiten überwindbar wie Gebirge, sind die asiatischen **Wüsten**. Sie befinden sich zum größten Teil in Westasien (syrische und arabische Wüsten) und im südlichen Zentralasien sowie auch in Indien (Thar). Im südlichen Zentralasien erstreckt sich über mehrere Tausend Kilometer ein Wüstenstreifen von West nach Ost, zwischen dem Kaspischen Meer und den großen Wüsten jenseits des Tienschan – der Taklamakan und der Gobi. Die das Tarimbecken ausfüllende Taklamakan, an deren Rändern die berühmte Seidenstraße verlief, gehört zu den unwirtlichsten Regionen der Erde, denn sie ist von allen Seiten von hohen Gebirgszügen umgeben. Das Kunlun-Gebirge im Süden hält die letzten Reste der über Tibet noch vom Indischen Ozean her in der Luft verbliebenen Feuchtigkeit ab. Diese Wüste war aber nicht immer derartig trocken wie heute, und um die Zeitenwende ermöglichten Wasservorkommen am Rande der Taklamakan die Entstehung einer multikulturellen Gesellschaft, die sowohl griechisch-hellenistische als auch hinduistisch-buddhistische und chinesische Züge aufwies. Erst seit dem 9. Jahrhundert setzte ein massiver Wüstungsprozeß im Tarimbecken ein, und auch gegenwärtig bewirken die steten Nordwinde noch eine Ausdehnung der großen Sandwüste in Richtung Süden.

Den asiatischen Kontinent durchziehen zahlreiche **Flüsse**, von denen die bedeutendsten schon in frühgeschichtlicher Zeit die Heimstätten der ersten asiatischen Reiche waren: im Westen Euphrat und Tigris, auf dem Indischen Subkontinent Indus, Ganges, Yamuna und Tsangpo/Brahmaputra, in Südostasien Irrawady, Salween, Menam/Chao Praya, Mekong und Roter Fluß (Hong) und in Ostasien der Jangtse sowie der Huanghe (Gelber Fluß) mit seinem Nebenfluß Wei. Von eher geringer Bedeutung für die asiatische Geschichte sind die großen Ströme des nördlichen Zentralasien wie das Flußsystem des Ob oder die Flüsse Jenissei und Lena. Die beiden kürzeren, in den Aralsee mündenden Flüsse Amu-darja (Oxus) und Syr-darja bildeten hingegen einen wichtigen Bezugspunkt für die urbane Kultur Transoxaniens im kulturellen Einflußbereich sowohl Zentralasiens als auch Persiens. Da weite Teile Zentralasiens abflußlose Gebiete sind, münden hier einige Flüsse in Binnengewässer wie in den Aralsee, das Kaspische Meer oder in den Balchaschsee. Andere Fließgewässer wie der Tarim-Fluß versickern in der Wüste.

Die großen Flüsse Asiens waren einerseits Transportwege, die Handel und Kommunikation begünstigten, andererseits versorgten sie die angrenzenden landwirtschaftlich genutzten Gebiete mit Wasser und fruchtbarem Schwemmboden. Die Kontrolle über einen Fluß bedeutete also vielfach eine herausragende Machtstellung in einer Region, gleich ob es die chinesische Kontrolle über den Huanghe oder die Macht eines Provinzfürsten über einen längeren Fluß auf Sumatra war, auf dem wertvolle Handelsgüter aus dem Hinterland zur Küste gebracht wurden. Auch wenn in den großen Flußebenen die bedeutenden frühen Hochkulturen Asiens entstanden, lag hier doch nicht die Wiege der prähistorischen Zivilisation. Denn der wechselnde Wasserstand und regelmäßige Hochwasser mußten bautechnisch beherrscht werden, was eine gewisse gesellschaftliche Organisation und Zentralität bedingte, über die die frühen, vorgeschichtlichen Kulturen Asiens noch nicht verfügten. So vollzog sich der Übergang vom Nomadentum zur Seßhaftigkeit im Grenzgebiet zwischen West- und Südasien beispielsweise nicht direkt im Industal, sondern seit dem 7. Jahrtausend v. Chr. an dessen westlichem Rand im Hochland von Balutschistan.

Während das Land oft eine Barriere für den ökonomischen und kulturellen Austausch darstellte oder diesen zumindest erheblich verlangsamte, bildete das **Meer** ein verbindendes Element. Seit dem Altertum war das System der Monsunwinde bekannt, die eine Seefahrt zwischen der afrikanischen Ostküste, Indien und Südostasien berechenbar machten. Deshalb wurde der Indische Ozean mit seinen angrenzenden Meeren – im Westen dem Roten Meer und dem Persischen Golf, im Osten der Südchinesischen See – als räumliche Einheit gesehen. So konnte auch der arabische Geograph al-Muqaddasi im 10. Jahrhundert die am Nordrand des Roten Meeres gelegene Stadt al-Qulzum als das Ende des „Chinameeres" (*bahr as-Sin*) betrachten. Durch ihre exponierte geographische Lage existierten am Indischen Ozean mehrere Schlüsselpositionen, auf die sich der Seehandel fokussierte und deren Besitz eine große handelspolitische Macht bedeutete – der Bab-el-Mandeb mit der Stadt Aden, die Straße von Hormuz sowie im Osten die Straße von Malakka und die Sundastraße.

Schon in urgeschichtlicher Zeit bildeten sich unzählige regionalspezifische Schiffstypen heraus. Seit dem Altertum wurden Segel verwendet, auf den arabischen Dhaus ebenso wie auf den großen chinesischen Dschunken, die im 15. Jahrhundert quer über den Indischen Ozean segelten. Einen Innovationsschub bildete schließlich seit dem 16. Jahrhundert das Eindringen europäisch-atlantischer Schiffstechnologie in den Indischen Ozean. Daneben existierte eine Vielfalt an kleineren Schiffen und Booten aus unterschiedlichsten Materialien, vom Reet- oder Bambusboot Mesopotamiens bis zu den aus mehreren Holzbalken bestehenden, mit Kokosbast verbundenen Katamaranen Südindiens. All diese Fahrzeuge dienten nicht allein dem Küstenhandel, sondern auch der Fischerei, die in den Küstenregionen eine bedeutende Einkommensgrundlage darstellte. Geradezu revolutionär war schließlich die Einführung der Dampfschiffahrt auf dem Indischen Ozean in der Mitte des 19. Jahrhunderts, mit der es gelang, das Monsunsystem zu überwinden – denn dieses war zwar wohl kalkulierbar, ermöglichte auf bestimmten Handelsrouten aus windtechnischen Gründen für das einzelne Schiff aber oft nur eine einzige Überfahrt im Jahr, auch wenn diese selbst eigentlich nur wenige Wochen dauerte.

Das Meer besaß in den einzelnen Gesellschaften einen jeweils unterschiedlichen Stellenwert. Im insularen Südostasien war es oft Teil des täglichen Lebens und Mittelpunkt der Machtausübung. So konzentrierten sich die frühen bedeutenden Gemeinwesen dieser Region vielfach auf die Kontrolle des Meeres wie das Inselreich von Srivijaya, das sich seit dem 7. Jahrhundert n. Chr. über weite Gebiete der westlichen indonesischen Inselwelt erstreckte (vgl. S. 227f.). Die Kontrolle der Seerouten bildete hier ein konstitutives Element der frühen Staatlichkeit (Thalassokratie). Die großen Festlandsmächte in Nordindien und China schlossen sich hingegen zeitweise in gewissem Umfang vom Überseehandel ab, da ihre Territorien ausgedehnte Binnenmärkte darstellten und der Bedarf an Importprodukten eher punktueller Natur war. So entwikkelte sich in China aus Ressentiments gegenüber fremden Einflüssen seit dem 17. Jahrhundert ein staatliches Verbot des Überseehandels. Für die Inder bestanden hingegen weniger politische als vielmehr mentale Hindernisse; so bedeutete für viele orthodoxe Hindus die Überquerung des Wassers etwas Verunreinigendes, was zur gesellschaftlichen Stigmatisation und zum Kastenausschluß führen konnte und was man daher lieber vermied. Die Küsten wurden von den indischen Landmächten – trotz eines dennoch existierenden umfangreichen Seehandels – eher als Peripherie betrachtet, die außerhalb des eigentlichen Blickfeldes lag. Diese Sichtweise entwickelte sich mit der europäischen Expansion an den indischen Küsten im 18. Jahrhundert schließlich aber zu einer existentiellen Gefahr für die indigene Herrschaft.

Klima

Asien läßt sich in zwei große Klimazonen teilen – in die vom Monsun beherrschte Region um den Indischen Ozean und die große zentral- und ostasiatische Landmasse mit einem weitgehend kontinentalen Klima. Die Trennungslinie zwischen beiden Räumen ist teilweise scharf ausgeprägt, teilweise amorph; sie erstreckt sich von der Südküste des Jemen über Nordwestindien bis nach China, also grob von Südwesten nach Nordosten. Die regionalen Unterschiede innerhalb dieser Bereiche sind aber beträchtlich.

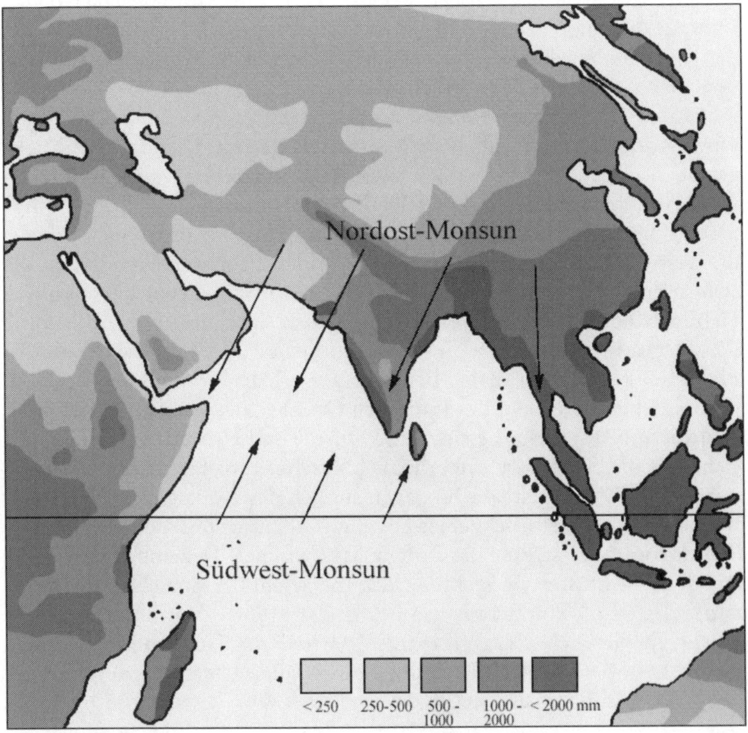

Karte 2: Jährliche Niederschläge in Asien in der Gegenwart (nach: H. Walter, Vegetation of the Earth and Ecological Systems of the Geo-Biosphere, Berlin–Heidelberg–New York–Tokyo 1994.)

Der vom **Monsunklima** geprägte südliche und südöstliche Teil Asiens wird mit mehr oder weniger zuverlässigen saisonalen Regenfällen und kontinuierlichen, vorhersagbaren Winden versorgt, was Ackerbau und Schiffahrt in diesem Bereich kalkulierbar macht. Entsprechend bedeutete der seit dem 1. Jahrhundert n. Chr. dokumentierte jährliche Zyklus der Monsunwinde einen zentralen Zeitmaßstab für das ökonomische und damit verbunden auch für das politische und sakrale Leben. Die Monsunwinde entstehen im Bereich der innertropischen Konvergenzzone, indem die starke Einstrahlung der im Zenit stehenden Sonne die Luft auf einer bestimmten geographischen Breite stärker erwärmt als anderenorts, wo die Sonne zu derselben Jahreszeit nicht senkrecht steht. Die stark erwärmte Luft steigt nach oben, wodurch sich ein Tiefdruckgebiet bildet. Luft aus den angrenzenden Regionen strömt nach, und es entsteht Wind, der eigentlich nordwärts oder südwärts wehen müßte, durch die Erdrotation aber in westliche oder östliche Richtung abgelenkt wird.

In den europäischen Sommermonaten, in denen sich der Zenit zwischen Äquator und nördlichem Wendekreis bewegt, liegt das Tiefdruckgebiet nördlich des Äquators zwischen Südarabien, dem indischen Hochland des Dekkan, dem festländischen Südostasien und den Philippinen. Die Luft, die in dieser Zeit aus Südwesten heranströmt, ist durch die weite Reise über den Indischen Ozean mit Feuchtigkeit gesättigt, die sich in einem Zeitfenster zwischen Mai und Oktober vor allem an den Gebirgshängen zwischen Jemen und China abregnet. Die Ablenkung der Monsunwinde durch die Erdrotation bewirkt, daß die Arabische Halbinsel kaum monsunale Niederschläge erhält, während der Regen in den östlichen Bereichen des Indischen Ozeans überreichlich fällt. Dieser **Südwestmonsun** bringt gleichzeitig Stürme und Unwetter (Taifune) mit sich, die die Schiffahrt oft erheblich erschweren. Steht die Sonne im nördlichen Winterhalbjahr hingegen südlich des Äquators im Zenit, befindet sich das Tiefdruckgebiet etwa auf Äquatorhöhe oder etwas südlich davon. Nun strömt die Luft meist zwischen Dezember und März aus dem Nordosten in Richtung des Indischen Ozeans (**Nordostmonsun**). Diese Luft kommt aus den Festlandsregionen Zentralasiens und ist entsprechend trocken (vgl. Karte 2). Je weiter man sich vom Äquator in nördlicher oder südlicher Richtung bewegt, um so ausgeprägter wird der saisonale Charakter der Regenzeit und Trockenzeit, während im äquatorialen Bereich (ca. 5° nB–5° sB) der Regen nahezu gleichmäßig über das ganze Jahr verteilt ist.

Die Monsunregen fallen aber nicht in allen Jahren in gleicher Stärke, sondern unterliegen in der Regel mehrjährigen Schwankungen, die mit dem klimatischen Phänomen des *El Niño* in Zusammenhang stehen. Aus diesem globalen Klimaphänomen ergeben sich immer wieder langanhaltende Dürreperioden zwischen Australien, Südost- und Südasien sowie dem südlichen und nordöstlichen Afrika, während das westliche Südamerika gleichzeitig von heftigen Regenfällen heimgesucht wird. Die Großflächigkeit dieser Klimaschwankungen bewirkt, daß deren Folgen über weite Gebiete des Indischen Ozeans gleichzeitig auftreten, seien es Hungersnöte oder Epidemien. Die Auswirkungen des *El Niño* sind bezüglich Asiens erstmals für das Jahr 1791 besonders gut dokumentiert, was zum großen Teil dem in der zweiten Hälfte des 18. Jahrhunderts entstandenen internationalen botanisch-klimatologischen Netzwerk zu verdanken ist (vgl. S. 34), mit dessen Hilfe klimatischer Wandel als wirklich globales Phänomen begriffen wurde.

Regenfälle waren aber auch in erdgeschichtlicher Perspektive nicht immer konstant. So geht man auf der Grundlage paläobotanischer Untersuchungen davon aus, daß seit etwa 3000 v. Chr. die Regenfälle in Teilen Süd- und Ostasiens beträchtlich zunahmen und den Regenfeldbau sowie damit verbunden die Seßhaftwerdung und letztlich auch die Urbanisierung begünstigten. In der ersten Hälfte des 2. Jahrtausends v. Chr. ging die Menge der Niederschläge vermutlich wieder zurück. In Gegenden, wo zuvor intensive Landwirtschaft betrieben wurde, war das nun nicht mehr möglich, was die agrarischen Überschüsse reduzierte. Vermutlich liegt hierin auch ein Grund für den Niedergang der Induskultur im 2. Jahrtausend v. Chr. (vgl. S. 114). Der Rückzug der intensiven Landnutzung begünstigte dann letztlich Viehzucht und Nomadentum.

Im Gegensatz zu den vom Monsunklima geprägten Gebieten ist Zentralasien weit vom Meer entfernt. Das dortige **kontinentale Klima** äußert sich in milden Sommern und oft sehr kalten Wintern, vor allem in den hochgelegenen und nördlichen Gebieten. Während der nördliche Teil Zentralasiens noch über ausreichende Niederschläge verfügt, um eine Steppenvegetation hervorzubringen und damit nomadisierenden Völkerschaften Lebensraum zu bieten, und auch die südwestlichen wüstenartigen Gebiete zwischen Iranischem Hochland und Amu-darja begrenzt von der feuchten atlantischen Luftströmung profitieren, sind Regen- oder Schneefälle im südöstlichen Teil zwischen Amu-darja, Taklamakan und Gobi extrem selten. Hier beschränkt sich das Leben meist auf die Oasen mit ihrer punktuellen Landwirtschaft und ihren merkantil geprägten Stadtkulturen. Allein das südliche Hochland von Tibet bildet hier eine gewisse Ausnahme. Obwohl es im Windschatten des Himalaja liegt, erhält es doch in äußerst begrenzter Menge zwischen Juni und September monsunale Regenfälle. In Verbindung mit künstlicher Bewässerung erlauben diese in den klimatisch begünstigten Flußtälern des Brahmaputra/Tsangpo und seiner Nebenflüsse intensive Landwirtschaft, beispielsweise den Anbau von Weizen, Gemüse und Obst.

Gerade in den Gebieten mit einem ohnehin schon schmalen Feuchtigkeitshaushalt können klimatische Veränderungen besonders drastische Auswirkungen haben. So bewirkte ein allmählicher Temperaturanstieg seit dem 4. Jahrhundert n. Chr. in Zentralasien ein verstärktes Abschmelzen der Gletscher im Hochgebirge, was auf lange Sicht nach dem teilweisen Verschwinden dieser Vereisungen eine Reduktion der Schmelzwassermenge im Frühjahr zur Folge hatte. Diese Tendenz hatte massive Auswirkungen auf die großen Flüsse Chinas wie den Huanghe und den Jangtse, die um 300 n. Chr. deutlich weniger Wasser führten als zuvor. Umgekehrt war auch in China im ausgehenden 16. und in der ersten Hälfte des 17. Jahrhunderts die sogenannte **kleine Eiszeit** mit ungewöhnlich kalten Wintern und langanhaltenden Dürreperioden im Sommer zu spüren, was belegt, daß dieser aus der europäischen Geschichte bekannte Temperaturrückgang durchaus ein globales Phänomen darstellte.

Wasser

Wasser bildet die unumgängliche Voraussetzung zur Existenz jeglicher menschlicher Zivilisation. Die Niederschlagsmenge oder die Verfügbarkeit von Oberflächen- und Grundwasser bestimmte meist die Bevölkerungsdichte, und diese wiederum entschied über die Höhe des Abgabenaufkommens, welches für den Staatsbildungsprozeß unabdingbar war. Oft lagen ausreichend bewässerte Gebiete mit einer hohen Bevölkerungsdichte und fast menschenleere Wüstenregionen eng beieinander, wie beispielsweise im Jemen, wo allein das südwestliche Küstengebirge mit ausreichenden Niederschlägen versorgt ist. Die Territorien aller bedeutenden vormodernen Landmächte Asiens konzentrierten sich mithin hauptsächlich auf die großen Flußtäler mit einer steten Wasserversorgung: die Reiche Babyloniens und Assyriens an Euphrat und Tigris, die Harappa-Kultur am Indus, die nordindischen Großreiche an Ganges und Yamuna, die machtvollen Dynastien Chinas meist am Huanghe und dessen Nebenfluß Wei sowie die festländischen südostasiatischen Reiche von Angkor und Pagan an Mekong und Irrawady. Aber auch in Wüstengegenden boten die Oasen die Möglichkeit einer gewissen Bevölkerungskonzentration, die aber bei weitem nicht mit dem Bevölkerungsvolumen in den großen Flußkulturen mithalten konnte.

Entsprechend bedeutend war für die Entstehung von Staaten die Kontrolle über eine geregelte Wasserzufuhr. Ein besonders markantes Wassersystem begegnet uns im Reich von Angkor (vgl. S. 224f.) am Unterlauf des Mekong und am **Tonle-Sap-See** im heutigen Kambodscha. In der saisonalen Regenzeit steigt hier der Wasserstand des Mekong stark an, sein Wasser fließt aber nicht allein ins Meer, sondern drängt auch den Verbindungsfluß zwischen Mekong und Tonle-Sap hinauf. Der See vervierfacht seine Oberfläche von etwa 2.700 qkm auf rund 10.000 qkm. Nach dem Ende der Regensaison im Oktober zieht sich das Wasser allmählich wieder zurück. Der abgelagerte Schlamm führt zu einer Düngung der nun wieder aus dem Wasser auftauchenden Felder, und die zurückbleibenden Teiche ermöglichen ebenso wie der See selbst einen reichen Fischfang. Bereits in der zweiten Hälfte des 1. Jahrtausends n. Chr. entstand um die Stadt Angkor ein großflächiges Netz von Kanälen und Dämmen, die das vom See zurückfließende Wasser kanalisierten und zur besseren Nutzung dessen Rückfluß in Richtung Mekong verzögerten.

Seit den 1980er Jahren scheint bewiesen, daß ein unter der Herrschaft Yasovarmans I. im ausgehenden 9. Jahrhundert bei Angkor entstandener künstlicher See (östlicher *Baray*) von 6,5 x 1,5 km Umfang nur unwesentlich zur Bewässerung beitrug, sondern entgegen früherer Vermutungen eher eine sakrale, „hydrotheologische" Bedeutung besaß. Die enge spirituelle Verbindung zwischen Wasser und Herrschaft wird bei der Untersuchung des etwa 50 km nordwestlich von Angkor gelegenen Hügels Phnom Kulen noch deutlicher. Hier lag nämlich nicht nur die Quelle des Siemreap-Flusses, der Angkor regelmäßig mit Wasser versorgte und schließlich in den Tonle-Sap mündete, sondern es befand sich gleichzeitig eine bedeutende Krönungsstätte der Khmer-Könige auf diesem Hügel, an der mit Jayavarman II. 802 erstmals ein Khmer-Herrscher zum Gottkönig gekrönt wurde.

Flüsse und Kanäle dienten aber nicht nur der Be- oder Entwässerung, sondern auch der Binnenschiffahrt. In China ermöglichten die seit 584 n. Chr. entstandenen Kaiserkanäle die infrastrukturelle Anbindung Südchinas an den bevölkerungsstärkeren Norden. So wurden unter der Herrschaft des Kaisers Yangdi im beginnenden 7. Jahrhundert n. Chr. Huanghe und Jangtse durch diese Kanäle miteinander verbunden und damit Südchina in den nordchinesischen Wirtschaftsraum integriert.

Um Überschwemmungen zu verhindern und Flußhochwasser in geregelte Bahnen zu lenken, entstanden auch in anderen Flußzivilisationen bedeutende Kanal- und Deichsysteme, die für die Existenz der dortigen Gemeinwesen eine elementare Bedeutung besaßen. Um so größere Krisen konnte es hervorrufen, wenn ein derartiges Flußbewässerungssystem versagte, vor allem, wenn sich große Ströme verlagerten. Gerade in geologisch aktiven Gegenden können Erdrutsche ein Flußbett verschütten, worauf es zur Anstauung von Wasser kommt. Entweder sucht sich der Fluß dann einen neuen Abfluß oder er durchbricht die entstandene natürliche Barriere, was oft verheerende Überschwemmungen zur Folge hat. Besonders gefährdet scheint in diesem Kontext der Indus mit seinen Zuflüssen zu sein, wie Überschwemmungen am Fluß Ravi in den 1830er Jahren belegen. Von eher spekulativer Natur – gleichwohl aber nicht unwahrscheinlich – ist die Vermutung, daß geologische Verwerfungen in Nordwestindien für eine Austrocknung des für die Existenz der Harappa-Kultur elementaren Ghaggar-Tals gesorgt haben, durch welches möglicherweise bis zu dieser Zeit die Yamuna westwärts floß, die heute in Richtung Osten zum Ganges hin abfließt (vgl. Karte 3).

Für China sind zahlreiche Flutkatastrophen am Huanghe bezeugt. So ereigneten sich um die Zeitenwende am Unterlauf dieses Flusses bedrohliche Überschwemmungen, die schließlich bewirkten, daß der Huanghe seinen Lauf änderte und nicht mehr in seinem eigentlichen, nördlichen Flußbett blieb, sondern durch Deichbrüche den Pien-Kanal, der den Huanghe mit dem Huai-Fluß verband, als neues Flußbett nahm. Die dazwischen liegende Shantung-Halbinsel war dadurch zeitweise vom Festland abgeschnitten. Diese Überschwemmungen führten zu Hungersnöten und Epidemien und beschleunigten schließlich die Migration großer Bevölkerungsgruppen in Richtung Süden an den Jangtse. Die heraufziehende ökonomische und soziale Krise führte außerdem zu sozialen Unruhen und zu Aufständen im Land. Immer wieder veränderte der Huanghe daraufhin im Zuge von Überschwemmungskatastrophen seinen Lauf, besonders häufig im 10. und 11. Jahrhundert, wo Laufänderungen für die Jahre 983, 1000, 1048 und 1077 bezeugt sind. Diese Katastrophen bewirkten, daß sich das ökonomische Zentrum im Reich der Mitte endgültig weiter südwärts verlagerte. Nach einer verheerenden Überschwemmungskatastrophe 1351 versuchten die chinesisch-mongolischen Herrscher, künftige Überflutungen durch ein großangelegtes Deichbauprogramm zu verhindern, was aber letztlich scheiterte. Erst im Zuge der Mandschu-Herrschaft wurden im 17. Jahrhundert erfolgreich Regulierungsmaßnahmen zwischen Huanghe, Huai und den Kaiserkanälen vorgenommen. Aber auch noch im 19. und 20. Jahrhundert kam es in dieser Region immer wieder zu Deichbrüchen, besonders dramatisch im Jahre 1898.

Auf lange Sicht zeitigen aber nicht nur Überschwemmungen, sondern auch eine zu umfangreiche Entnahme von Flußwasser für die

Landwirtschaft enorme soziale und ökonomische Spätfolgen. Zum einen führt eine übermäßige Bewässerung in Gebieten mit einer hohen Verdunstung oft zu einer Versalzung des Bodens, zum anderen kann dem Fluß in höher gelegenen Regionen ein zu großes Volumen entzogen werden, was andere, weiter flußabwärts gelegene Gemeinwesen schädigt. Deutlich wurde diese Tatsache bereits in den ersten Jahrhunderten n. Chr. in den Flußoasen am Rande der Wüste Taklamakan, wo das Wasser der aus dem Kunlun-Gebirge strömenden Flüsse stellenweise in so großer Menge entnommen wurde, daß für die niedriger gelegenen Oasen kaum mehr Wasser übrig blieb, was dort zu einer Reduktion der landwirtschaftlichen Nutzfläche führte. Heute haben derartige Probleme eine enorme politische Brisanz, denken wir an die steigende Wasserentnahme im Jordanbecken infolge intensiven Bewässerungsfeldbaus und starken Bevölkerungswachstums oder die Nutzung von Wasser aus dem Euphrat durch die Türkei im Rahmen des „Südostanatolien-Projekts", die die in Richtung Irak fließende Wassermenge erheblich reduziert. Der Irak versuchte jüngst, durch ein großes Staudammprojekt nördlich der Hauptstadt Bagdad seinerseits die kritische Wassersituation zu verbessern, hätte damit aber gleichzeitig die bedeutenden archäologischen Fundstätten des Assyrischen Reiches – vor allem auch der einstigen Hauptstadt Assur selbst – unwiederbringlich zerstört. Große soziale und ökonomische Komplikationen sowie internationale und nationale Proteste bringen auch gegenwärtige Dammbauten in Indien und China mit sich.

Wald und kolonialer Umweltdiskurs

In der umweltgeschichtlichen Wahrnehmung spielt der Wald als bedeutende natürliche, regenerative Ressource eine ebenso große Rolle wie der Wasserhaushalt. Wald stellt neben seinem Rohstoffpotential gleichzeitig auch ein Hindernis bei der Ausdehnung von Ackerbau und bei Kommunikation und Handel dar, was vor allem für die tropischen Gebiete gilt. Die Böden in den Gegenden des tropischen Regenwaldes sind oft nur wenig fruchtbar, und die Dichte des Waldes behindert die Jagd. Derartige tropische Regenwälder sind vor allem in der Äquatorialregion Südostasiens auf Sumatra, Kalimantan und der malaiischen Halbinsel beheimatet. Hier liegt die Bevölkerungsdichte bis in die Gegenwart deutlich niedriger als in den subtropischen Gebieten mit intensivem Reisanbau.

Im Gegensatz zum tropischen Regenwald begünstigen die saisonalen, monsunbedingten Regenfälle in den Subtropen – vor allem dort, wo die

Regenzeit mindestens drei Monate andauert – die Entstehung offener, zugänglicher Laubwälder und von Buschland, oft pauschal als „Dschungel" bezeichnet. Viele dieser Gebiete verfügen über fruchtbaren Boden und begünstigen damit die Landwirtschaft. Derartige Regionen finden sich im Asien nördlich des Äquators auf dem Indischen Subkontinent, in den nördlichen Teilen des festländischen Südostasien und in den westlichen Gebieten der Philippinen und südlich davon auf Java und Timor.

Die Wahrnehmung und Nutzung – oder auch Zerstörung – des Waldes besaß seit vorgeschichtlicher Zeit eine große Bedeutung für die Gesellschaften in Asien, was sich auch in den ältesten textuellen Überlieferungen widerspiegelt. So setzten die Ausbreitung der vedischen Kultur und vor allem die Seßhaftwerdung der Arya in Nordindien im 2. Jahrtausend v. Chr. die Rodung großer Wälder an Yamuna und Ganges voraus. Nach der Darstellung des altindischen Rigveda (vgl. S. 70), der über die Ausbreitung der aryanischen Kultur in Nordindien berichtet, war es der Feuergott Agni, der bei der Ostexpansion der Arya längs der großen Flüsse das Land mit Feuer für die Kolonisten und vor allem für den Zuzug von Brahmanen physisch und spirituell reinigte. Die große Bedeutung des Feuergottes bei der Darstellung dieses Landnahmeprozesses weist auf eine wichtige Rolle des Feuers in diesem Kontext hin – wohl in Form von Brandrodung. Schon in der Frühgeschichte führten menschliche Eingriffe vermutlich zu großflächigem landschaftlichem Wandel.

Die Kontrolle über den verbliebenen Wald als natürliche Ressource bedeutete darüber hinaus eine Stärkung der ökonomischen und politischen Stellung der Machteliten eines Gemeinwesens. Auch wenn dieser Zusammenhang in Asien bereits seit dem Altertum bekannt gewesen sein dürfte, stellt eine intensive intellektuelle Beschäftigung mit dem Wald und der natürlichen Umwelt allgemein ein Ergebnis der europäischen kolonialen Durchdringung Asiens dar. Einige Umwelthistoriker gehen sogar davon aus, daß das moderne europäische Umweltbewußtsein vor allem in den Kolonien in Anbetracht der dort beobachteten Entwaldung seinen Ausgang nahm (Grove 1997). So institutionalisierte sich seit der zweiten Hälfte des 18. Jahrhunderts hauptsächlich in England und Frankreich vor dem Hintergrund verschiedener Klima- und Kulturtheorien ein frühes Interesse an der Natur in den Kolonien in wissenschaftlich-geographischen Gesellschaften und in den botanischen Gärten in Übersee, die im Laufe der Zeit ein komplexes Kommunikationsnetzwerk etablierten. Als Wortführer traten in dem einsetzenden Umwelt-Diskurs die britische *Society of Arts* und die französische *Académie des Sciences* hervor.

Im Mittelpunkt des Umweltdiskurses in Asien stand die Beobachtung einer ständig voranschreitenden Entwaldung weiter Teile des Landes, vor allem in Indien. So wurde Holz in Anbetracht einer wachsenden Bevölkerung in steigendem Maße als Brenn- und Baumaterial benötigt. Im Zuge der infrastrukturellen Erschließung peripherer Gebiete durch Fahrwege und schließlich seit dem 19. Jahrhundert auch durch die Eisenbahn beschleunigte sich der Entwaldungsprozeß, der letztlich weite Teile des Landes öde und entwaldet und der Erosion schutzlos ausgesetzt zurückließ wie beispielsweise das Bergland der indischen Region Orissa. Hier wird erst in jüngster Zeit auf lokaler Ebene versucht, die Schäden der Vergangenheit zumindest punktuell wieder zu beheben.

Im Zuge dieser Entwicklung bemühten sich vor allem die Briten, den Wald dem obrigkeitlich-kolonialen Schutz zu unterstellen. Was in der Zeit nach dem Siebenjährigen Krieg zunächst auf den Karibischen Inseln einsetzte, wurde bald auch in Indien durchgeführt: eine koloniale Waldpolitik. Zweifellos bedeutete dieser Zugriff auf den Wald nicht in erster Linie den Ausdruck eines frühen ökologischen Denkens, sondern vorrangig die Hoffnung auf Erschließung einer Macht- und Einnahmequelle. So unterstand die Kontrolle des Waldes zuvor oft tribalen Gesellschaften, die sich der kolonialen Herrschaft meist durch ihre geographisch periphere Lage entzogen. Indem sich nun die Kolonialherren die Kontrolle über den Wald – also über die Quelle von Feuer- und Bauholz, aber auch von Land für den Brandrodungsfeldbau – aneigneten, erlangten sie die politisch-soziale Kontrolle über diese sozialen Entitäten und darüber hinaus durch den Verkauf von Nutzungsrechten eine finanzielle Einnahmequelle. Letztlich war die Kontrolle über den Wald auch beim Eisenbahnbau bedeutsam. So wurde Holz in großen Mengen für Bahnschwellen verwendet, diente in der Anfangszeit aber auch der Befeuerung von Lokomotiven.

Es zeigt sich also sehr klar, welch große Bedeutung die Natur in Form der Bodengestalt, des Klimas und der natürlichen Ressourcen bei der Ausübung von politischer Macht in Asien besaß. Nur das Wissen um die Natur und der sachgemäße Umgang damit ermöglichte – neben anderen sozio-ökonomischen Voraussetzungen – den Aufstieg der großen Reiche auf dem asiatischen Kontinent. Ebenso konnte die Kenntnis um Anbaumethoden der bedeutenden Handelsgüter wie unter anderem Gewürze oder Tee und um die einmalige Chance, die die Monsunwinde für eine regelmäßige Schiffahrt auf dem Indischen Ozean boten, für den lukrativen Warenaustausch innerhalb des Kontinents oder mit anderen Weltgegenden eingesetzt werden.

Weiterführende Literatur

Umweltgeschichte allgemein: R. H. Grove, Ecology, Climate and Empire. Colonialism and Global Environmental History, 1400–1940, Cambridge 1997; R. H. Grove, V. Damodaran und S. Sangwan (Hgg.), Nature and the Orient. The Environmental History of South and Southeast Asia, Delhi 1998; J. D. Hughes, An Environmental History of the World. Humankind's changing Role in the Community of Life, London-New York 2001; J. Radkau, Natur und Macht. Eine Weltgeschichte der Umwelt, München 2002; W. Siemann, N. Freytag (Hgg.), Umweltgeschichte. Themen und Perspektiven, München 2003. *Westliches Asien:* W. Frey, H.-P. Uerpmann (Hgg.), Beiträge zur Umweltgeschichte des Vorderen Orients, Wiesbaden 1981; J. T. Allan (Hg.), Water, Peace and the Middle East. Negotiating Resources in the Jordan River Basin, London 1996; J. Renger, Das Wasser im israelisch-palästinensischen Konflikt, in: R. Schmidt (Hg.), Naher Osten. Politik und Gesellschaft. Beiträge zur Debatte, Berlin 1998, S. 95–108. *Südasien:* M. Gadgil, R. Guha, This Fissured Land. An Ecological History of India, Delhi-Oxford 1992; D. Arnold, R. Guha (Hgg.), Nature, Culture, Imperialism. Essays on the Environmental History of South Asia, New Delhi ^{3}1999; S. Singh, Taming the Waters. The Political Economy of Large Dams in India, New Delhi ^{2}2002. *Ostasien:* C. Totman, The Green Archipelago. Forestry in Preindustrial Japan, Berkeley 1989; P. Adams, J. Thibodeau (Hgg.), Yangtze! Yangtze, London 1994. *Südostasien:* C. Geertz, Agricultural Involution. The Process of Ecological Change in Indonesia, Berkeley 1963; P. Boomgaard, F. Colombijn und D. Henley (Hgg.), Paper Landscapes. Explorations in the Environmental History of Indonesia, Leiden 1997; J. J. Knapen, Forests of Fortune? The Environmental History of Southeast Borneo 1600–1880, Leiden 2001.

III.2. Wirtschaft

Landwirtschaft

In Asien lassen sich drei grundlegende Formen der Landwirtschaft unterscheiden: nomadische Viehzucht, Wanderfeldbau sowie mit Seßhaftigkeit und permanentem Landbesitz verbundener intensiver Ackerbau. Nur der letztere ermöglichte die für Asien charakteristische Symbiose zwischen Agrarproduktion und Staatlichkeit.

Nomadische Viehzucht wurde vor allem in den Gebieten betrieben, deren Klima oder Bodenbeschaffenheit keinen Ackerbau zuließen, hauptsächlich also in den weiten Steppenregionen Zentralasiens. Die Ernährung der Viehzucht treibenden Bevölkerungsgruppen beruhte überwiegend auf Milch und Fleisch. Um eine bestimmte Bevölkerungszahl zu ernähren, benötigte man dabei eine erheblich größere Fläche an Land als beim intensiven Anbau von Feldfrüchten. **Wanderfeldbau** wurde und wird hingegen vorwiegend in den tropischen und subtropischen Wald- und Dschungelgebieten Asiens durchgeführt – vor allem als Subsistenzwirtschaft mit nur begrenzter Integration in überregionale Marktstrukturen. Dabei werden ein Stück Wald oder Dschungel gerodet und Holz und Gestrüpp anschließend verbrannt, was für eine Düngung des Bodens sorgt. Nach einer Bearbeitung des Landes mit der Hacke werden Trockenreis, Hirse und seit dem 16. Jahrhundert auch der aus der Neuen Welt stammende Mais kultiviert. Nach zwei bis drei Jahren muß das Land in der Regel wieder aufgegeben werden. Während die Menschen weiterziehen, um ein anderes Landstück zu bearbeiten, wuchert der Acker nach kurzer Zeit mit schnell wachsender Buschvegetation zu. Zur Regeneration benötigt der Boden mit regionalen Unterschieden ungefähr ein Jahrzehnt, was bedeutet, daß eine Bauernfamilie über etwa fünfmal mehr Land verfügen muß als zu einem bestimmten Zeitpunkt gerade bearbeitet wird. Das System funktioniert bei konstanter Bevölkerungszahl gut, bei einem Bevölkerungsanstieg sowie bei zusätzlichem kommerziellem Holzeinschlag, wie er seit dem 19. Jahrhundert beispielsweise in großem Umfang im Bergland an der indischen Ostküste stattfindet, gerät das ökologische Gleichgewicht allerdings langfristig aus den Fugen.

Die relativ größten Erträge bietet im Gegensatz zu nomadischer Viehzucht und Wanderfeldbau der stationäre, **intensive Ackerbau**. Dessen Grundlagen wurden in Asien seit dem 7. Jahrtausend v. Chr. im Zuge der **Neolithischen Revolution** mit der menschlichen Seßhaftwerdung gelegt und bestimmten das agrarische Leben über Jahrtausende bis in die Gegenwart. Mit einer Intensivierung der Landwirtschaft griff der Mensch gleichzeitig in die biologische Vielfalt ein. Verschiedene Getreidesorten wurden domestiziert und auch dort angebaut, wo sie in ihrer Wildform gar nicht vorkamen. Die Züchtung neuer Sorten wie bestimmte Varianten vom Reis erhöhte die Erträge erheblich, während durch den Anbau von importierten, zuvor unbekannten Nahrungsmitteln die Ernährungsgrundlagen weiter gesichert wurden – sei es schon in frühgeschichtlicher Zeit durch das aus Afrika stammenden Sorghum oder durch Mais und Süßkartoffeln aus der Neuen Welt im Zeitalter der kolonialen Expansion. Die Landwirtschaft in Asien wurde und wird aber nicht nur von natürlichen Faktoren wie biologischer Vielfalt, Klima und Bodenqualität geprägt, sondern auch durch die Grundbesitzverhältnisse, die darüber entscheiden, ob Landwirtschaft kleinräumig oder auf großen Ländereien betrieben wird und wem die Überschüsse letztlich zufließen.

Bezüglich der vorherrschenden Agrarprodukte läßt sich Asien heute – und mit einer gewissen Variationsbreite auch in der Vergangenheit – grob in drei Gebiete einteilen, nämlich erstens in eine Region mit überwiegendem Reisanbau, zweitens in ein Gebiet mit Anbau von Weizen, Gerste oder Hirse und schließlich drittens in eine große Region, in der die klimatischen Voraussetzungen weder das eine noch das andere zulassen. Reisanbau erstreckt sich vor allem über die mittleren und östlichen Bereiche am Indischen Ozean und an dessen Nebenmeeren, die von den monsunalen Regenfällen begünstigt werden, so über den Osten Chinas mit der Koreanischen Halbinsel, das festländische und das insulare Südostasien und Südasien. Räumlich begrenzte Reisanbauinseln finden sich darüber hinaus am Amu-darja, an der Südküste des Kaspischen Meeres sowie in Mesopotamien, wo künstliche Bewässerung möglich ist. In einigen dieser Gebiete findet gleichzeitig die Kultivierung von Weizen oder anderen Getreidesorten statt wie im nördlichen China und in Zentral- und Nordindien.

Es sind aber vor allem die westlichen und nordwestlichen Regionen Asiens, die durch den Weizenanbau geprägt sind, angefangen vom einem Landstreifen zwischen Anatolien und dem südlichen Iran bis hin zu den heutigen großen Weizenanbaugebieten im Steppengürtel Zentralasiens zwischen dem Nordrand des Kaspischen Meeres und dem Baikalsee. Das übrige Zentralasien bot und bietet nur sehr punktuell vor allem in Oasengebieten die Möglichkeit des intensiven Ackerbaus.

Die frühen Zivilisationen Mesopotamiens und des Industals basierten auf dem Anbau verschiedener Sorten von **Weizen** und **Gerste**, während hier Reis für das 3. Jahrtausend v. Chr. nicht nachweisbar ist. Der Getreideanbau im Industal profitierte von einem deutlichen Anstieg der Niederschlagsmenge um 3000 v. Chr., die sich aber nach 2000 v. Chr. wieder reduzierte und dadurch mit großer Wahrscheinlichkeit zum Niedergang der dortigen Harappa-Kultur beitrug (vgl. S. 114). Neben

Weizen bereicherten in dieser frühen Zeit eine ganze Reihe anderer Gemüse- und Obstsorten wie Linsen, Erbsen, Datteln oder Weintrauben den Speisezettel im Industal. Ebenso lassen sich Hirse und Sorghum nachweisen. Ergänzt wurde der Ackerbau durch Viehzucht, vor allem durch die Haltung von Schaf, Rind und Ziege. Daneben fanden die Archäologen innerhalb der Siedlungen der Harappa-Kultur aber auch immer wieder Knochen von Wildtieren, was darauf hindeutet, daß das archaische Jagen in der Zeit der Seßhaftigkeit immer noch eine gewisse Bedeutung besaß. Die Funde von Modellpflügen aus Terrakotta sowie von regelmäßigen Pflugspuren am Fundplatz von Kalibangan deuten auf einen hohen Entwicklungsstand der Agrartechnik in dieser Zeit und auf eine lange Tradition des Ackerbaus hin, die wahrscheinlich bis in die jungsteinzeitliche Siedlungskultur in Balutschistan westlich des Industals zurückreicht.

In Mesopotamien treffen wir auf ähnliche agrarische Strukturen, die vor allem auf dem Anbau von Weizen, Gerste und der Kultivierung von Dattelpalmen, sowie auf der Haltung von Schaf und Ziege beruhten. Der Anbau des anspruchsvollen Weizens ging allerdings mit zunehmender Versalzung der künstlich bewässerten Böden im Laufe der Zeit zugunsten von Gerste zurück. Wie Inschriften auf Tontafeln belegen, fand schon in sumerischer Zeit eine Landvermessung als mögliche Grundlage für eine Abgrenzung privaten Landbesitzes statt. Trotz ihres nomadischen oder seminomadischen kulturellen Hintergrundes erkannten auch die arabischen Eroberer, die im Laufe des 7. Jahrhunderts n. Chr. Mesopotamien unter ihre Kontrolle brachten, die existentielle Bedeutung der Getreideproduktion in dieser von ihnen al-Sawad genannten Region. Unter dem Kalifen Omar Ibn al-Chattab etablierten die neuen Herrscher hier ein moderates Steuersystem, das das Land nur insoweit belastete, daß die Bewässerungssysteme als Grundlage des Getreideanbaus auch weiterhin unterhalten werden konnten.

Bis in die Neuzeit hinein entwickelten sich in Süd- und Westasien komplexe Methoden des Weizenanbaus, die den besonderen Bedürfnissen dieses Getreides nachkamen. So kannten die Bauern im nordindischen Mogul-Reich im 16. Jahrhundert mehrere Formen der Brache und der Zwischenkulturen, die den Anbau von Weizen auf einem bestimmten Feldstück ablösten. Bisweilen wurde Weizen auch gleichzeitig mit anderen Getreide- und Gemüsesorten gesät, um diesen resistenter gegen Krankheiten zu machen.

Während der **Reis** im westlichen Asien zunächst unbekannt war, belegen archäologische Untersuchungen Reisanbau in Ostasien spätestens seit dem 5. Jahrtausend v. Chr., vor allem am Unterlauf des Jangtse (Qinglian'gang-Kultur). Allgemein wird beim Reisanbau zwischen Regen- und Bewässerungsfeldbau unterschieden. Während ersterer in Gebieten ohne Möglichkeit der künstlichen Bewässerung durch Flüsse, Kanäle oder Tanks von den saisonalen (Monsun-) Regenfällen profitierte, beruhte letzterer auf Bewässerungssystemen, die eine gleichmäßigere Versorgung des Landes und entsprechend höhere Ernteerträge durch bis zu drei Ernten im Jahr ermöglichten.

Beispielhaft wollen wir uns im folgenden zunächst etwas genauer mit China beschäftigen, um anschließend den Reisanbau in Südostasien zu betrachten. Der früheste Reisanbau in China steht in Verbindung mit der Herausbildung neolithischer, seßhafter Lebensformen. In diesem frühen Stadium handelte es sich vornehmlich um Regenfeldbau, wobei Hirse eine ebenso große Rolle spielte. Die Herausbildung von Grundherrschaft erforderte im Laufe der Zeit ein den gesellschaftlichen Strukturen angepaßtes Landregime. Spätestens im beginnenden 1. Jahrtausend v. Chr. entwickelte sich in diesem Zusammenhang im nördlichen China eine kommunale Landorganisation, wobei der bäuerliche Besitz einer Gemeinde in neun Stücke geteilt war, wovon acht Teile von jeweils einzelnen Familien bearbeitet wurden, während der neunte Teil der gemeinschaftlichen Nutzung galt und dessen Ertrag dem Grundherrn als Abgabenleistung zugute kam. Mit der wachsenden Verbreitung von Metallgeräten intensivierte und individualisierte sich die Landwirtschaft, wobei ungefähr seit dem 7. Jahrhundert v. Chr. der gemeinschaftliche Besitz weitgehend aufgegeben wurde und nun jeder bäuerliche Haushalt individuell die Abgaben erwirtschaftete. Im Kontext dieser Entwicklung wurden vermutlich auch allmählich Abgaben- und auch Arbeitsleistungen durch geregelte Steuerzahlungen ersetzt.

Die Zeitenwende verzeichnete schließlich mit der Einführung des Eisenpfluges, der verstärkten Nutzung von Zugtieren sowie einer Ausdehnung des Bewässerungsfeldbaus einen deutlichen Innovationsschub beim Reisanbau. Zwischen dem 8. und 12. Jahrhundert führten schließlich der Ausbau der Kaiserkanäle und die umfangreiche Migration von Menschen aus dem nördlichen in das dünner besiedelte südliche China, vor allem in das Gebiet am Jangtse und in die Gegend der heutigen Provinz Fujian, zu einer massiven Expansion der chinesischen Wirtschaft, verbunden mit einer markanten Erweiterung der landwirtschaftlichen Nutzflächen. Ermöglicht wurde die damit einhergehende Expansion der agrarischen Produktion im Süden durch eine großflächige Entwässerung des Marschlandes an den südöstlichen Küsten, womit gleichzeitig Krankheiten wie Malaria oder Schistosomiase zurückgedrängt wurden. Daneben erfuhr die Landwirtschaft eine Integration in überregionale Marktstrukturen. Daß diese Entwicklung nicht allein für China galt, zeigt ein Blick nach Japan. Auch hier steigerte sich die Agrarproduktion zur Zeit des Ashikaga-Shogunats durch verbesserte Bewässerungs- und Anbaumethoden signifikant, was auch in Japan die Grundlage für eine wachsende Gewerbeproduktion und eine Handelsexpansion legte.

Nach schweren Agrarkrisen infolge der mongolischen Expansion ins Reich der Mitte im 13. Jahrhundert erkannten schließlich auch die neuen mongolischen Herrscher in China die existentielle Bedeutung der Landwirtschaft für die Stabilität der eigenen Herrschaft und bemühten sich seit Khubilai Khan um deren engagierte Förderung wie beispielsweise mit einer 1261 gegründeten staatlichen Agentur zur Verbesserung der Landwirtschaft, mit Abgabensenkungen oder mit der Förderung von Landgewinnungsmaßnahmen.

Im festländischen Südostasien wurde Reis mit großer Wahrscheinlichkeit seit dem 3. Jahrtausend v. Chr. angebaut. Zunächst handelte es sich dabei meist um Regenfeldbau, der, teilweise ergänzt durch Bewässerungsfeldbau, vor allem in den Hochlandregionen stattfand. Erst in nachchristlicher Zeit entwickelte sich in Südostasien in größerem Umfang Bewässerungsfeldbau am Irrawady, am Mekong oder auf Java. In der zweiten Hälfte des 1. Jahrtausends n. Chr. avancierte der Reisanbau dann ebenso wie in China zu einer zentralen Stütze der Wirtschaft und zu einem konstitutiven Element der Staatlichkeit. So basierte die Macht der frühen südostasiatischen Landmächte auf der intensiven Landwirtschaft in einer weit ausgreifenden, künstlich bewässerten Gegend. Schätzungen gehen davon aus, daß im Khmer-Reich von Angkor zu dessen Blütezeit jährlich knapp 40.000 t Reis produziert wurden. Hier entwickelte sich ein enges Band zwischen Königtum und Bauern, wie es sich auch in obrigkeitlichen Verordnungen für die Landwirtschaft niederschlug. So spricht beispielsweise eine Inschrift aus der ersten Hälfte des 10. Jahrhunderts ein ausdrückliches Verbot im Namen des Herrschers von Angkor aus, Büffel unkontrolliert auf Reisfeldern grasen zu lassen, weil sie möglicherweise Felder und Bewässerungsanlagen beschädigen könnten.

Gleichzeitig entwickelte sich auch eine Symbiose zwischen Grundbesitzern und sakralem Bereich. Tempel avancierten im Reich von Angkor zu einem Mittler zwischen lokaler Reisproduktion und gesamtwirtschaftlichen Strukturen. In der Provinz gründeten vor allem gesellschaftlich exponierte, landbesitzende Familien kleinere Tempel und statteten diese mit regelmäßigen (Reis-) Abgaben aus. Diese waren zentralen Heiligtümern im Zentrum des Reiches untergeordnet und bezogen von hier aus ihre sakrale Legitimation. So erhielten die Priester der Familientempel das Recht, regelmäßig an den sakralen Handlungen der zentralen Tempel zu partizipieren. Im Gegenzug floß ein großer Teil der Einkünfte dieser privaten Tempel an die zentralen Heiligtümer. Der Rückfluß für die materiellen Spenden bestand also vor allem in symbolischen Handlungen, die die jeweilige Familie sozial und sakral aufwerteten. Entsprechend stellten die Tempel in der Peripherie wie im Zentrum nicht nur Heiligtümer dar, sondern gleichzeitig auch wichtige Bezugspunkte im ökonomischen Netzwerk des Khmer-Staates. Eine ähnlich herausragende Bedeutung spielten auch buddhistische Klöster im Reich von Pagan am Irrawady (vgl. S. 226).

Ein weiteres Merkmal der auf dem Anbau von Reis basierenden Gesellschaften Südostasiens war ihr enormer Bedarf an Arbeitskräften, die nicht nur in der Landwirtschaft selbst, sondern auch im städtischen Gewerbe eingesetzt wurden. Oft wurden in Ermangelung eigener Bevölkerungskapazitäten hierfür Sklaven benötigt, die vor allem aus den peripheren Gebieten Südostasiens mit vorwiegendem Wanderfeldbau oder Jäger- und Sammlerwirtschaft in die agrarisch intensiv genutzten Kerngebiete der Reiche verbracht wurden oder gar aus dem entfernten Indien stammten. Sklavenhandel und Sklaverei sind beispielsweise für Angkor seit dem Beginn des 14. Jahrhunderts schriftlich bezeugt, auch wenn jene hier möglicherweise eine wesentlich längere Tradition besitzen (Reid 2000, S. 181ff.).

Die frühen Reissorten, die anfangs im festländischen Südostasien angebaut wurden und dort zur Staatsbildung beitrugen, waren für den Anbau im äquatorialen Südostasien nur wenig geeignet und fanden erst wieder südlich des Äquators auf Java Verwendung. In der dazwischen liegenden tropischen Region wurden statt dessen seit vorgeschichtlicher Zeit Hirse, Knollenfrüchte (Yams, Taro), Sagopalmen, Kokosnuß und Bananen kultiviert. So stammen erste Belege (Pollenanalyse) für Waldrodung und eine sehr begrenzte Landwirtschaft im insularen Südostasien aus der Zeit um 4500 v. Chr. Aber nur im 1. Jahrtausend v. Chr. scheint sich die äquatoriale Landwirtschaft in stärkerem Umfang ausgedehnt zu haben.

In Südasien setzte sich der Reisanbau etwas später als in Südostasien durch, vermutlich im beginnenden 2. Jahrtausend v. Chr. im Bereich von Ganges und punktuell auch Indus. Eine großflächigere Verbreitung des Regen- und Bewässerungsfeldbaus mit diesem Getreide vollzog sich aber nur im 1. Jahrtausend n. Chr. Seit dem 8. Jahrhundert wurden größere Gebiete Indiens außerhalb der großen Flußtäler mit ihrer intensiven landwirtschaftlichen Produktion durch Bewässerungsfeldbau erschlossen wie beispielsweise Rajasthan im Nordwesten. Landwirtschaft in Indien war bis in die koloniale Zeit hinein kleinbäuerlich organisiert, während der Grundherr meist nur durch die Abschöpfung von bäuerlichen Abgaben, nicht aber durch Eigenproduktion von den Erträgen aus der Landwirtschaft profitierte. Spätestens im 3. Jahrhundert n. Chr. erreichte der Reisanbau von Nordindien aus dann auch die Täler Nepals. Vier Jahrhunderte später entstanden hier größere künstliche Bewässerungssysteme und Terrassenfeldbau, die seit dem 13. Jahrhundert zu einer Expansion der Agrarwirtschaft führten. Nepalesischer Reis avancierte zum bedeutenden Exportgut unter anderem für den Handel mit Tibet.

In Südindien begann der intensive Reisanbau im Vergleich zum Norden relativ spät erst in der Mitte des 1. Jahrtausends v. Chr. Die hier meist im Bereich der landeinwärts gelegenen Verzweigungsstelle der Flußdeltas erwirtschafteten agrarischen Überschüsse begünstigten die Entstehung der südindischen Regionalstaaten (vgl. S. 162). Gerade am Beispiel Südindiens wird die enge Verflechtung zwischen Reisanbau und souveräner Staatlichkeit deutlich. Geriet beispielsweise ein Territorium unter die Herrschaft einer Fremddynastie, die ihren Macht- und Wirtschaftsmittelpunkt anderswo besaß, war oft ein deutlicher Niedergang der Reisproduktion im eigenen Territorium die Folge. So reduzierten sich im Staat von Tanjore (vgl. S. 172) an der südostindischen Koromandelküste die Reiserträge nach dem Verlust der Eigenstaatlichkeit zwischen 1700 und 1770 um etwa ein Drittel, was mit einem deutlichen demographischen Rückgang korrespondierte.

Während Reis, Weizen oder Gerste die Nahrungsgewohnheiten der Menschen seit der Seßhaftwerdung prägten und neue Getreidesorten nur allmählich Einzug in die Landwirtschaft fanden, bedeutete die europäische Handelsexpansion in Richtung Asien für die Verbreitung neuer Lebensmittel einen raschen innovatorischen Schub. Diese kamen seit dem 16. Jahrhundert vor allem aus den spanischen Kolonien in der Neuen Welt, wobei hier die regelmäßigen Schiffsverbindungen zwischen Südamerika und den Philippinen über den Pazifik einen maßgeblichen Beitrag leisteten. So erreichte südamerikanischer Tabak erstmals 1575 von Mexiko aus die Philippinen, von wo aus sich dessen Anbau und Konsum innerhalb nur weniger Jahre über die südostasiatische Inselwelt verbreiteten.

Noch bedeutender waren aber die neuen Grundnahrungsmittel aus Amerika wie **Süßkartoffeln** und **Mais**, die maßgeblich zur Sicherung der Ernährung in weiten Teilen Asiens beitrugen und auch in Gegenden angebaut werden konnten, die für Weizen oder Reis nur wenig geeignet waren. Im nördlichen China avancierte Mais seit dem 17. Jahrhundert zu einem Grundnahrungsmittel, während in Südchina zur gleichen Zeit die ebenfalls aus Amerika stammende Süßkartoffel Verbreitung fand und dort auch der Anbau von Erdnüssen Einzug hielt. Diese neuen Produkte wurden im Reich der Mitte aber vor allem im 18. Jahrhundert im Zeichen eines beispiellosen Bevölkerungsanstiegs von großer Bedeutung, denn sie ermöglichten eine Ausdehnung der Besiedlung in bislang kaum genutzte Gebiete im südlichen Hoch- und Bergland Chinas. Aber auch in Japan und Südasien fanden diese neuen Agrargüter Verbreitung.

Neben der klassischen Produktion von Getreide und anderen Grundnahrungsmitteln, die primär die Ernährungsbedürfnisse der lokalen Bevölkerung befriedigten und von denen meist nur die Überschüsse auf den überregionalen Markt gelangten, entwickelten sich in Asien auch Sonderkulturen, deren Erträge fast ausschließlich für den Markt bestimmt waren (*cash crops*). – Zu nennen sind hier Gewürze, Baumwolle und Seide, Zuckerrohr, Tee, Kaffee, Nutzhölzer, Datteln oder Weihrauchharze. Bereits vor der Ankunft der Europäer in Asien existierte ein umfangreicher intra-asiatischer Handel mit diesen Gütern, der sich durch das Engagement der Europäer seit dem beginnenden 16. Jahrhundert erheblich beschleunigte.

Vor allem in Indien und Südostasien avancierten die „cash-crops" zu Hauptexportgütern für die europäischen Märkte. Dabei erlangten zunächst die **Gewürze** eine herausragende Bedeutung. Pfeffer als wichtigstes Gewürz des Asienhandels wurde überwiegend an der westindischen Malabarküste und auf Sumatra angebaut. Nelken, Muskatnuß und Muskatblüte stammten von den östlichen Inseln des indonesischen Archipels, während Zimt in Sri Lanka beheimatet war. Der Verkauf dieser Gewürze versprach den Europäern enorme Gewinne im Mutterland, und so stand der Versuch, Gewürzhandel und schließlich auch Gewürzproduktion zu monopolisieren, bis zum 18. Jahrhundert im Mittelpunkt der europäischen Handelsinteressen in Asien. Bereits 1504 wurden in Lissabon Festpreise für den Verkauf von Pfeffer eingeführt. Trotz dieses massiven Eingriffs der Portugiesen in die Marktstrukturen gelang es in der zweiten Hälfte des 16. Jahrhunderts dem traditionellen Gewürzhandelszentrum Venedig, noch einmal eine führende Rolle im Pfefferhandel zu spielen, wie die Portugiesen auch zu keinem Zeitpunkt in der Lage waren, Pfefferanbau und Pfefferhandel am Indischen Ozean zu monopolisieren. Auch die Niederländer erkannten im beginnenden 17. Jahrhundert denn rasch, daß die Pfefferanbaugebiete Asiens zu ausgedehnt waren, um eine wirksame Kontrolle darüber ausüben zu können, und sie beschränkten ihre Monopolisierungsversuche daher vorwiegend auf Muskat, Nelken und Zimt, die auf einigen wenigen Inseln wesentlich kleinräumiger angebaut wurden.

Zur Erlangung des angestrebten Gewürzhandelsmonopols auf den gewürzproduzierenden Molukken schloß die niederländische Ostindiengesellschaft – bisweilen mit militärischem Druck – Exklusivhandelsverträge mit den lokalen Herrschern. Gegen das Versprechen, einzelne Gewürzinseln mit Nahrungsmitteln und anderen Versorgungsgütern zu beliefern, sagten die jeweiligen Regionalfürsten den Niederländern die ausschließliche Belieferung mit Nelken, Muskatnuß und Muskatblüte zu. In der Anfangszeit gelang es aber den anderen europäischen Handelsnationen, diese Monopolbestrebungen immer wieder zu unterlaufen. 1621 griff der niederländische Generalgouverneur Coen schließlich zu massiver Gewalt, indem er die Banda-Inseln, das Zentrum des Muskatanbaus, eroberte, die dortige Bevölkerung dezimierte und die Inselgruppe direkt der Verwaltung der niederländischen Ostindienkompanie unterstellte. Was den Niederländern bei der Monopolisierung des Muskathandels mit der Inbesitznahme der Banda-Inseln früh gelang, erwies sich für Nelken ungleich schwieriger, da der Anbau dieses Gewürzes über die gesamten Molukken und die Insel Amboina verbreitet war. Seit dem Ende der 1640er Jahre unternahmen die Niederländer sogenannte *hongitochten*, Kriegszüge zu den Molukken, deren Ziel die Vernichtung von Gewürzplantagen und im Aufbringen von fremden Handelsschiffen bestand. Aber erst 1667 gelang es der niederländischen Ostindienkompanie, die Stadt Makassar – das Zentrum des aus ihrer Sicht illegalen, nichtniederländischen Gewürzhandels – gewaltsam einzunehmen und damit auch Nelkenanbau und -handel weitgehend zu monopolisieren. Im 19. Jahrhundert entwickelte sich Niederländisch-Indien ebenso zu einem bedeutenden Exporteur von Kaffee, der vor allem auf Java oft in Monokultur angebaut wurde. Auch wachsende Kritik an den dadurch hervorgerufenen sozialen Verwerfungen unter der indigenen Bevölkerung, wie sie unter anderem durch den niederländischen Schriftsteller Eduard Douwes Dekker (1820 – 1887) formuliert wurde, änderten daran zunächst wenig.

Indien hatte sich in der Zeit der britischen Territorialherrschaft zunächst zu einem Lieferanten von Textilien, später aber nur noch von billigen Agrarprodukten (z. B. Baumwolle und Indigo) entwickelt. Durch diese Beschränkung auf die Rolle des Zulieferers von Rohstoffen und des Abnehmers von europäischen gewerblichen Fertigwaren verpaßte das Land letztlich den Anschluß an die Industrialisierung. Gleichzeitig wurde damit die indische Landwirtschaft schrittweise in die globalen Agrarmärkte integriert, was das Land vor allem in der zweiten Hälfte des 19. Jahrhunderts für weltweite Preisschwankungen empfindlich machte. Im Zeichen eines deutlichen Bevölkerungsanstiegs im 20. Jahrhundert wurde immer offensichtlicher, daß die sehr kleinräumig organisierte indische Landwirtschaft in Anbetracht der riesigen Exporte nach Übersee auf Dauer kaum in der Lage war, die wachsende Bevölkerung mit Grundnahrungsmitteln zu versorgen. Dieses Problem gewann in den 1960er Jahren in Anbetracht einer großen Dürreperiode an Schärfe, als der Rückgang der Agrarerträge in großem Maße auch die Produktion im gewerblichen Sektor hemmte. Ein Anstieg der Getreidepreise infolge der aus dem Rückgang resultierenden Nahrungsmittelverknappung bewog die wohlhabenderen Bauern, durch den Einsatz technischer Geräte und von Dünger Ende der 1960er Jahre die Agrarproduktion wieder anzuheben, was in der Öffentlichkeit als „Grüne Revolution“ und großer innovativer Fortschritt dargestellt wurde.

Gewerbe und Industrie

Die Entstehung dörflichen Gewerbes fand zeitlich parallel zur Entwicklung von Seßhaftigkeit und intensivem Ackerbau statt. Dieses versorgte die Bauern mit Gerätschaften ebenso wie die Heiligtümer und weltlichen Residenzen mit einer umfassenden kunstgewerblichen Produktion. Im Neolithikum entwickelte sich erstmals die Kenntnis der Herstellung von Keramik, deren Brenntechnik, Gestalt und Farbgebung dem Archäologen wertvolle Hinweise zur Datierung vor- und frühgeschichtlicher Fundzusammenhänge bietet. Um 3000 v. Chr. erfanden schließlich die Sumerer in Mesopotamien die schnell drehende Töpferscheibe, mit der die Herstellung von Gefäßen in großer Zahl wesentlich vereinfacht wurde. Eine weitere frühgewerbliche Innovation von herausragender Bedeutung für die Entstehung von Urbanität und ersten Staaten stellt die Produktion luftgetrockneter Lehmziegel dar, die im Zuge der Neolithischen Revolution die Grundlage für den Bau fester Wohnhäuser zwischen Westasien und Nordindien bildeten. Hinzu trat seit dem 5. Jahrtausend v. Chr. ein sich immer stärker diversifizierendes Metallgewerbe, dessen Erzeugnisse in der Anfangszeit mit großer Wahrscheinlichkeit auf Grund ihres hohen Wertes den Eliten vorbehalten waren und sich erst später im Alltagsgebrauch in Haus und Landwirtschaft durchsetzten. Metallgegenstände besaßen aber nicht nur aus Verbraucherperspektive eine große Bedeutung, sondern deren Herstellung stimulierte gleichzeitig den Bergbau – der nach dem altindischen Text *Arthashastra* bereits im Altertum eine so große Rolle gespielt haben muß, daß die Obrigkeit die Kontrolle darüber zu erlangen trachtete – und den Handel, wie beispielsweise den Transport von Kupfer aus dem südlichen Arabien nach Mesopotamien zur Zeit der altorientalischen Reiche.

Zum Zentrum einer exportorientierten Gewerbeproduktion entwikkelte sich in historischer Zeit zweifellos China mit seiner großen Palette an Gewerbeprodukten von Seide über Papier (vgl. S. 15) bis Porzellan. **Seide** wird aus den Kokons der Seidenraupe hergestellt, die sich überwiegend von den Blättern des Maulbeerbaums ernährt. In China dienten die daraus gewebten Stoffe nicht allein der Bekleidung und Dekoration der Häuser, sondern auch als Mal- und Schreibmaterial. Die Seidenherstellung hat im Reich der Mitte eine außerordentlich lange Tradition, die bis in das Neolithikum zurückreicht, wie Funde von Webgerätschaften und gefärbtem Seidengewebe aus Hemudu in der heutigen Provinz Zhejiang aus der Zeit um 3600 v. Chr. belegen. Während der Han-Dynastie gelangen eine Verfeinerung und Steigerung der Haltbarkeit der Seidentuche, was diese schließlich zu einem Exportschlager für Persien und den antiken Mittelmeerraum machte.

Die gewerbsmäßige Herstellung von **Porzellan** setzte in China in der Zeit der Tang-Dynastie ein. Rasch schritt ein Diversifizierungsprozeß voran. So entstanden in der Zeit der Nördlichen Song-Dynastie im 10. Jahrhundert bei Kaifeng staatliche Brennöfen, die weißes, sehr dünnes, durchscheinendes Porzellan herstellten, welches vor dem Brennen kunstvoll bemalt wurde (Ding-Ware). Mit den Einfällen der zentralasiatischen Jurchen im beginnenden 12. Jahrhundert flohen viele in der Porzellanherstellung beschäftigte, berufserfahrene Menschen südwärts, wo in Jiangxi ein ebenso bedeutendes Porzellanzentrum entstand. Von hier aus gingen die Waren höherer Qualität in den Export, in der Anfangszeit vor allem nach Japan. Im Zuge der Herausbildung einer protoindustriellen Porzellanherstellung während der chinesischen Ming-Dynastie entstanden erste regelrechte Gewerbestädte wie beispielsweise das Porzellanzentrum Jingdezhen mit einer Bevölkerungszahl von vermutlich mehr als einer Million Einwohnern.

Neben China stellte auch Indien mit seiner umfangreichen **Textilproduktion** einen Mittelpunkt des vormodernen Gewerbelebens dar.

Tuche wurden in Indien im dörflichen Kleingewerbe produziert und fanden über lokale Kaufleute und Großhändler Eingang in die überregionalen Märkte, die in zunehmendem Maße unter die Kontrolle der Briten gerieten. Im Laufe des 19. Jahrhunderts verlagerte sich aber die Weiterverarbeitung, später auch die Produktion selbst zunehmend nach Großbritannien, wobei Indien weitgehend nur noch die Rolle eines Rohstofflieferanten blieb.

Bereits vor der Ankunft der Europäer in Asien im ausgehenden 16. Jahrhundert besaßen indische Tuche für den intra-asiatischen Handel eine große Bedeutung und fanden ihren Weg sowohl in das westliche Asien als auch nach Südostasien, wo sie in der Regel gegen Gewürze eingetauscht wurden. Seit dem ausgehenden 17. Jahrhundert gelangten die Tuche aber auch in immer größerem Umfang nach Europa. Die bedeutendsten Produktionsgebiete, in denen die europäischen Handelskompanien im 18. Jahrhundert vor allem Textilien höherer Qualität erwarben, waren Gujarat, die Koromandelküste und Bengalen. Vor allem in letzterer Region bestand neben der Herstellung von unbedruckten und bedruckten Baumwolltuchen in großer Variationsbreite auch eine umfangreiche Produktion von Seidenstoffen, wie Seide ebenfalls in China und Persien erworben werden konnte. Schon seit dem ausgehenden 17. Jahrhundert begannen die einheimischen Produzenten, sich beim Druck dieser Tuche oftmals an von den Europäern gewünschten Mustern zu orientieren, deren Vorlagen meist nicht aus Europa selbst, sondern aus China stammten. Neben den besseren Qualitäten produzierte Indien in noch größerem Umfang billigere Textilien, die vielfach über Europa Eingang in den Atlantischen Dreieckshandel fanden.

Ein starkes Bevölkerungswachstum und die Bewahrung der Eigenstaatlichkeit begünstigten schließlich in einigen Teilen Asiens die **Industrialisierung**. Diese setzte sich von Land zu Land mit jeweils sehr unterschiedlichen Geschwindigkeiten durch. Während der Prozeß in China und Japan schon seit der zweiten Hälfte des 19. Jahrhunderts als elementarer Bestandteil eines Programms zur nationalen Selbststärkung begriffen wurde, begann im westlichen Asien teilweise erst in den 1980er Jahren eine nennenswerte Industrialisierung.

Industrialisierung entwickelte sich in Ostasien infolge wachsenden Wissenstransfers aus Europa und Nordamerika (vgl. S. 99ff.). Vor allem seit dem Opium-Krieg 1840-1842 wurde die westliche technologische Überlegenheit in zunehmendem Maße in China als Bedrohung empfunden. Es etablierte sich unter chinesischen Intellektuellen und Politikern die Forderung nach „Selbststärkung" (*ziqiang*), wonach die Gesellschaft auf den traditionellen Prinzipien der konfuzianischen Ethik ruhen, sich aber gleichzeitig von fremden Kulturen das technische Wissen aneignen solle, welches gerade benötigt werde – gleichsam zur Schaffung einer utilitären Symbiose zwischen Ost und West. Im Zentrum dieses Programms stand eine obrigkeitlich kontrollierte Industrialisierung unter Integration privaten, kaufmännischen Wissens und privaten Kapitals. Erste Projekte zur Etablierung einer chinesischen Rüstungs- und Schiffbauindustrie mit Unterstützung durch westliche Spezialisten in den 1860er Jahren verliefen allerdings wenig erfolgreich. Im darauffolgenden Jahrzehnt wurde das Modernisierungsprojekt um den Ausbau der Infrastruktur und die Gründung explizit profitorientierter Verkehrs- und Industrieunternehmen ohne direkten Bezug zum Verteidigungswesen erweitert. So entstand 1872 eine erste chinesische Dampfschiffkompanie zur Bedienung der Küsten- und Flußschiffahrt als wirksame Konkurrenz gegenüber den fremden in chinesischen Gewässern operierenden Reedereien. Diese ersten Unternehmen unterstanden offiziell der Kontrolle der chinesischen Staatsverwaltung, wurden vor Ort aber von Privatkaufleuten gelenkt, die jene auch mit Kapital ausstatteten.

Ende der 1870er Jahre machten die Chinesen erste Versuche zum Aufbau einer Schwerindustrie, wozu 1878 die Eröffnung der Kohleminen von Kaiping die Energiegrundlage lieferte. In diesem Zusammenhang entstand auch eine Eisenbahnlinie, die dem Transport der abgebauten Kohle diente. Bereits 1877 wurde in einer Wollspinnerei erstmals die Dampfkraft industriell nutzbar gemacht, die den Aufbau einer leistungsfähigen Textilindustrie im Lande einleitete. Drei Jahre später begann der Aufbau eines landesweiten Telegraphennetzes. Dieses erste staatliche Industrialisierungsprogramm Chinas wurde vielfach mit Argwohn durch traditionalistische Kreise bedacht; symbolträchtiger Ausdruck dieser Strömungen waren der Kauf und die anschließende Zerstörung der von einem britischen Konsortium finanzierten und errichteten Eisenbahnstrecke zwischen Shanghai und Wusong als vermeintlich unsägliches westliches Machwerk auf chinesischem Boden.

Ein ähnlicher Prozeß der Industrialisierung ist für Japan zu beobachten. Vor allem in der Zeit der sogenannten Meiji-Restauration seit Ende der 1860er Jahre (vgl. S. 215) entstanden hier Industrieanlagen und Kohlebergwerke. Die Industrialisierung wurde weitgehend von der Regierung initiiert und finanziert und war nur durch die Steuerzahlungen möglich, die dem Staat aus dem Agrarsektor zuflossen. Erst gegen Ende des 19. Jahrhunderts wurden im Zuge einer finanziellen Konsolidierungspolitik Industriebetriebe privatisiert. Den größten Aufschwung verzeichnete in Japan die Seidenherstellung, die bis auf einige kleinere Innovationen weitgehend nach traditionellen Techniken und außerhalb der Reichweite staatlichen Interventionismus stattfand. 1880 machte die Seidenausfuhr wertmäßig 43% der gesamten japanischen Exporte aus.

In vielen anderen Regionen Asiens schritt die Industrialisierung nur langsam oder überhaupt nicht voran wie im westlichen Asien, Südost- und Zentralasien. Auch Südasien verzeichnete bis zum Zweiten Weltkrieg nur ansatzweise industriellen Fortschritt. So beschränkte sich in Indien der Einsatz moderner Techniken seit dem 19. Jahrhundert weitgehend auf den Eisenbahnbau und einige Industrieunternehmen als Zulieferer für den Handel (z. B. Kohlenabbau, Juteverarbeitung). Diese wurden vorwiegend mit europäischem Kapital von indischen Betreibergesellschaften, den sogenannten *Managing Agencies*, betrieben. Erst seit der indischen Unabhängigkeit setzte unter Jawaharlal Nehru eine massive Industrialisierungspolitik ein, die bis Ende der 1960er Jahre, teils mit westlichen Entwicklungsgeldern, vor allem die Schwerindustrie begünstigte.

Im Osmanischen Reich kann für das 19. Jahrhundert, abgesehen von einem sehr begrenzten Eisenbahnbau, kaum von Industrialisierung die Rede sein. Rohstoffabbau und Finanzwesen befanden sich weitgehend in ausländischer Hand. Mit der Gründung der Türkischen Republik 1923 begann in Anatolien im Gegensatz zu den südlichen Mandatsgebieten, die nach dem Ersten Weltkrieg vom Osmanischen Reich abgespalten worden waren (vgl. S. 140), ein allmählicher Industrialisierungsprozeß. Setzte die türkische Regierung zunächst auf privates Engagement, kehrte sich die Politik Anfang der 1930er Jahre nach der Weltwirtschaftskrise zu einem Etatismus um, der in Anlehnung an die Sowjetunion mittels Fünfjahresplänen eine eigene, leistungsfähige Industrie aufzubauen trachtete, um damit die umfangreichen, handelsbilanzschädigenden Importe zu substituieren. Erst in den 1980er Jahren änderte sich diese dirigistische Wirtschaftspolitik wieder zugunsten einer Liberalisierung. Seitdem schritt der Industrialisierungsprozeß rasch voran, wobei vor allem die Erzeugnisse der türkischen Textilproduktion zu einem Exportschlager avancierten. Der Vergleich zwischen China und Japan auf der einen und der Türkei auf der anderen Seite zeigt sehr deutlich, mit welch unterschiedlichen Geschwindigkeiten sich der Industrialisierungsprozeß in Asien vollzog.

Handel

Der Handel in Asien läßt sich in Land- und Seehandel gliedern. Während der Landhandel vor allem in Zentral- und Westasien große Bedeutung besaß, teilten sich Land- und Seehandel die Gebiete um den Indischen Ozean. Beide Systeme ergänzten einander und überschnitten sich. So fand der klassische Warenaustausch zwischen Asien und Europa vor der Entdeckung der Kaproute im ausgehenden 15. Jahrhundert sowohl auf dem Wasser – von Südostasien und Indien zum Persischen Golf und Roten Meer – als auch auf dem Land statt, je nach politischer Konjunktur über Basra und Bagdad und durch die syrischen Wüsten in Richtung Mittelmeer oder über die Karawanenwege zwischen Rotem Meer und Ägypten.

Bereits in prähistorischer Zeit existierten regionale Schiffahrt und **Seehandel** auf dem Indischen Ozean, vor allem im insularen Südostasien. Der Anstieg des Wasserspiegels vor etwa 12.000 Jahren führte zum allmählichen Verschwinden weiter südostasiatischer Festlandsgebiete im Bereich des heutigen Sundaschelfs und zur Entstehung der vielfältigen Insellandschaft, was mit großer Wahrscheinlichkeit eine Intensivierung der maritimen Kontakte bewirkte. Pioniere auf dem Meer waren die Angehörigen der austronesischen Sprachfamilie, die ihr Ursprungsgebiet wahrscheinlich im südlichen China hatte. Austronesisch sprechende Bevölkerungsgruppen expandierten seit dem Neolithikum über weite Teile des insularen Südostasien, und sogar über diesen engeren Rahmen hinaus bis nach Madagaskar und zur Osterinsel im Pazifik.

Aber auch im westlichen Indischen Ozean lassen sich Schiffahrt und Seehandel schon seit dem Übergang vom Neolithikum zu den Hochkulturen in Mesopotamien und im Industal nachweisen. Bereits im 5. Jahrtausend v. Chr. entwickelte sich in größerem Umfang Seehandel im Persischen Golf, der das südliche Mesopotamien mit dem östlichen Arabien verband, wobei in diesem Kontext vor allem Kupfervorkommen in Oman als Motor des Handels bedeutsam gewesen sein dürften. Seit etwa 3000 v. Chr. existierte darüber hinaus ein maritimer Küstenhandel zwischen Mesopotamien und dem Industal, durch den möglicherweise Rohmaterialien wie Holz und Baumwolle ins Zweistromland gelangten. Ein umfangreicher, mit dem Warenaustausch einhergehender Kulturtransfer ist für diesen frühen Handel allerdings nicht nachweisbar. Im frühen 2. Jahrtausend v. Chr. intensivierten sich dann auch die Seehandelsverbindungen zwischen Ägypten, dem Jemen und Südasien. Der Jemen exportierte seit dieser Zeit aus Eigenproduktion Weihrauchharze und Rosinen. Daneben entwickelte sich diese Region aber auch zu einem Umschlagplatz für Handelsgüter aus Indien, dem übrigen westlichen Asien und aus dem nördlichen Afrika, was dort in beträchtlicher Weise zu den Staatsbildungsprozessen beitrug (vgl. S. 121f.).

Wie eng letztlich der Seehandel mit den politischen Strukturen der einzelnen Handelspartner verbunden war, zeigt der Niedergang des Warenaustausches im Persischen Golf seit der Mitte des 2. Jahrtausends v. Chr., als Babylonien unter politischer Schwäche litt und die urbane Hochkultur im Industal bereits seit drei Jahrhunderten verschwunden war. Erst mit dem Aufstieg des Persischen Reiches im 6. Jahrhundert v. Chr. entstand im westlichen Asien wieder ein einheitlicher Handelsraum, der sich durch den Ausbau des Verkehrswegesystems zwischen Mittelmeer und Mesopotamien sowie durch eine Intensivierung des Handels bis nach Zentral- und Südasien auszeichnete. Handel mit Indien fand sowohl auf dem Landweg über das iranische Hochland und Baktrien als auch über das Wasser zwischen Rotem Meer, Persischem Golf und den Küsten Südasiens statt. In der Zeit der Achaimeniden-Herrschaft wurden vor allem Nordindien und Sri Lanka durch die Vermittlung von Kaufleuten aus Persien und den persischen Provinzen am Mittelmeer (ionische Griechen) in diesen Handelskontext dauerhaft integriert.

Um die Zeitenwende hatten sich auch indische Händlergruppen sowohl in West- als auch in Südostasien etabliert, und die indischen Hafenstädte avancierten zu wichtigen Umschlagplätzen im Austausch zwischen Ost und West. Von besonderer Bedeutung waren in diesem Kontext die Häfen von Broach und Sopara an der nördlichen Westküste, Cranganore an der Malabarküste, Arikamedu (Pudoka), Pumbuhar (Chaberis), Nagapattinam (Nigamma) und Masulipatam (Masalia) an der Koromandelküste sowie Mantai auf Sri Lanka. Aus dem westasiatisch-europäischen Raum kamen Keramik, Glas, Wein, Korallen, Kupfer, Blei und Zinn sowie römische Goldmünzen – wie sie von den Archäologen in größerer Zahl in Süd- und Ostindien gefunden wurden – nach Südasien; aus Südost- und Ostasien stammten ebenso malaiischer Zinn, chinesische Seide und Nelken von den Molukken. Diese Angebotspalette wurde durch eine eigene indische Produktion von Textilien, Edelsteinen und Halbedelsteinen, Elfenbein, Gewürzen, Perlen, Weizen und Reis bereichert. Der Handel mit Südindien war defizitär, so daß große Mengen an Gold dorthin flossen. In den ersten nachchristlichen Jahrhunderten kam dieses vor allem aus Zentralasien (Sibirien), später aus Südostasien, dem Mittelmeerraum, aber auch aus Afrika. Im Zeitalter der europäischen Expansion und der Monetarisierung der Wirtschaft im Mogul-Reich wurde hingegen Silber für den Indienhandel immer bedeutender.

In den ersten nachchristlichen Jahrhunderten bevorzugten die Kaufleute auf ihrer Reise ostwärts in Richtung China den Landübergang über die Malaiische Halbinsel (Isthmus von Kra). Diese Route begünstigte zwischen dem 2. und dem 6. Jahrhundert den Aufstieg des im heutigen Kambodscha gelegenen Hafens von Oc-eo, der über ein Kanalsystem mit dem Mekong verbunden war. Dieser Handelsplatz profitierte vor allem von der Tatsache, daß in dessen Umgebung in größerem Umfange Reis angebaut werden konnte, mit dem die Stadt versorgt wurde und welches möglicherweise auch als Handelsgut fungierte. Ebenso bot der Ort den Seeleuten Schutz nach einer Umrundung der oft unruhigen See vor der Ostküste Vietnams. Seit dem 7. Jahrhundert verlagerte sich der Handelsweg aber auf die direkte Seeroute zwischen Indien und China durch die **Straße von Malakka**.

Der Zusammenbruch des Römischen Reiches, der traditionell für eine Kontraktion des Handels auf dem Indischen Ozean in der Mitte des 1. Jahrtausends verantwortlich gemacht wurde, hatte auf lange Sicht nach neueren Forschungsergebnissen nur eine marginale Bedeutung für den Gesamtumschlag am Indischen Ozean (McPherson 2001, S. 62). Der Mittelmeerhandel wurde teils vom Byzantinischen Reich fortgeführt, teils durch reinen intra-asiatischen Handel kompensiert. Eine signifikante Handelsexpansion setzte dann aber erst mit der Ausdehnung des Islam in Westasien und mit dem fast gleichzeitigen Aufstieg der chinesischen Tang-Dynastie im 7. Jahrhundert ein. Die entstehenden islamischen Metropolen im westlichen Asien und Nordafrika zwischen Fustat und Bagdad übten eine große Nachfrage nach Luxus- und Massengütern aus. Von großem Gewinn für den Handel Dschiddas und Mekkas waren auch die Pilgerströme, die sich alljährlich aus der gesamten expandierenden islamischen Welt in Mekka einfanden. Es entwickelte sich eine Symbiose zwischen Pilgerfahrt (*hajj*) und Handelsunternehmen, wie sie beispielsweise in der überregional außerordentlich bedeutenden Tuchmesse vor den Toren Mekkas ihren Ausdruck fand. Die große Zahl der Pilger-Händler mußte natürlich auch mit Nahrungsmitteln versorgt werden, was wiederum den Getreideexport Ägyptens in Richtung Arabien stimulierte.

Gleichzeitig bedeutete die islamische Expansion eine Vereinheitlichung des Rechtswesens über einen großen Raum und damit auch eine wachsende Rechtssicherheit für den einzelnen Kaufmann, wie auch die Verbreitung der arabischen Sprache unter den Händlergemeinden zwischen dem östlichen Afrika und Indien eine enorme Erleichterung bei der kaufmännischen Kommunikation darstellte. Durch ihre Ausdehnung in Richtung Ägypten, Mesopotamien und Persischem Golf erlangten die Araber auch Zugang zu den dortigen traditionellen Schiffbau- und Seehandelskenntnissen, die letztlich die arabische Überseehandelstradition zu begründen halfen. Mit der Eroberung von Daybul in Nordwestindien und der Gründung eines islamischen Königreichs im Sind 712 erwarben die Araber einen ersten Fußhalt für ihre Handelsexpansion nach Indien. Im weiteren Verlauf des 8. Jahrhunderts gelangten arabisch-islamische Kaufleute bis nach Südostasien und China. Mit der Übernahme des Islam durch andere Ethnien war der islamische Handel schon bald nicht mehr notwendigerweise arabisch, sondern ein beträchtlicher Teil wurde unter anderem von persischen Seeleuten und Händlern getragen, wie auch Dschidda, das ökonomische Einfallstor Mekkas, im 10. Jahrhundert fest in der Hand persischer Kaufmannseliten war.

Eine besondere Bedeutung erlangte das Rote Meer für den islamisch-arabischen Handel. Dieses Gewässer war in vormoderner Zeit in den nördlichen Bereichen nur unter Schwierigkeiten zu befahren; eine erste verläßliche Seekarte des nördlichen Teils entwarf der norddeutsche Orientreisende Carsten Niebuhr nur in der zweiten Hälfte des 18. Jahrhunderts. So behinderten unberechenbare Stürme und eine große Anzahl an Korallenriffen die Entstehung eines umfangreichen Überseehandels in Nord-Süd-Richtung. Dennoch fand auch hier ein beträchtlicher Warenaustausch statt, vor allem, nachdem durch die Etablierung der Fatimiden-Herrschaft 969 das Rote Meer praktisch zu einem ägyptischen Binnenmeer geworden war. Die Städte al-Qulzum im Norden, Dschidda in der Mitte, sowie Aden im Süden avancierten zu den zentralen Umschlagplätzen.

Parallel zum reinen Seehandel entwickelte sich hier aber auf Grund der schwierigen navigatorischen Bedingungen und politischer Unwägbarkeiten, wie sie später vor allem durch den Aufstieg der Kreuzritterstaaten in Palästina entstanden, auch ein gemischter Land- und Seehandel. Einerseits wurde dieser seit dem ausgehenden 12. Jahrhundert von Alexandria aus über die oberägyptische Nilschleife, den Karawanenweg bis ans Rote Meer und von dort auf dem Wasser nach Dschidda oder Aden durchgeführt. Andererseits etablierte sich an der östlichen Seite des Meeres parallel zur Küste zwischen dem Jemen und Syrien ein System von Karawanenrouten, auf denen man die Seereise fast komplett vermeiden konnte.

Vor allem in Südostasien, aber auch in Zentralasien, überschnitten sich die Einflußbereiche arabisch-islamischen und chinesischen Handels. So kam es in der Anfangszeit der islamischen Expansion immer wieder zu direkten Überseehandelsfahrten nach Südostasien, möglicherweise sogar bis nach China. Erst mit dem Beginn des 11. Jahrhunderts änderte sich dieses Bild, und es wurden kürzere, etappenweise Reisen zwischen West und Ost bevorzugt, was gleichzeitig einen erneuten Bedeutungszuwachs von Umschlagplätzen in Indien und Südostasien zur Folge hatte.

Parallel zur islamischen Expansion vollzog sich seit dem 7. Jahrhundert auch in China eine institutionelle Verbesserung der Handelsvoraussetzungen. So wurde der Umlauf der zuvor immer knappen Kupfermünzen massiv beschleunigt, gleichzeitig kam es im Bereich der Kreditinstrumente zu Innovationen, wie beispielsweise zu einer Verbreitung von Wechseln, was mit einer massiven Ausdehnung des Kreditvolumens einherging. Zwischen dem 10. und dem 16. Jahrhundert – als keine nennenswerte japanische Produktion von Kupfermünzen existierte – gelangten die chinesischen Münzen in großem Umfang auch nach Japan, während in umgekehrter Richtung Kupfer als Rohprodukt ebenso wie Schwefel, Lackarbeiten und Waffen transportiert wurden. Schließlich entwickelte sich in China regelrechtes **Papiergeld**. Zunächst war der Wert dieses Geldes durch einen Silbervorrat gedeckt, im Zuge der Mongolen-Herrschaft – die Papiergeld als einziges Zahlungsmittel im Lande durchzusetzen versuchte – wurde dann aber in immer größerem Umfang ungedecktes Papiergeld herausgegeben, was zu Inflation und Vertrauensverlust führte.

Vor diesem Hintergrund waren chinesische Kaufleute seit der Tang-Herrschaft in großer Zahl in Südostasien, aber auch an den Küsten Indiens anzutreffen. Offiziell wurde der Außenhandel im Reich der Mitte seit dem 10. Jahrhundert als staatliches Monopol betrachtet, unter dem aber private Handelsfahrten zugelassen waren. Erst die Ming-Herrscher sprachen 1368 ein Verbot über den privaten Überseehandel aus, welches den Warenaustausch Chinas erheblich reduzierte, obwohl die chinesische Obrigkeit in begrenztem Umfang fortan selbst staatliche Handelsexpeditionen organisierte. Die Blütezeit dieses chinesischen Staatshandels fällt in die Jahre zwischen 1405 und 1433, als unter dem Admiral Zheng He (Cheng Ho) mehrere chinesische Handelsfahrten quer über den Indischen Ozean, möglicherweise bis an die afrikanische Ostküste, unternommen worden. Anschließend wurden diese Fahrten aber aus Furcht vor fremder Einflußnahme in China wieder eingestellt.

Neben dem Seehandel zwischen dem westlichen Asien, Indien und Ostasien etablierte sich seit dem Altertum auch ein umfassender **Überlandhandel**, der einerseits über kürzere Distanzen eine Zubringerfunktion zum Seehandel hatte – wie auf dem indischen Hochland des Dekkan –, andererseits aber auch Güter über Tausende von Kilometern direkt vom Erzeuger zum Konsumenten beförderte.

Das Pendant zum Überseehandel auf dem Indischen Ozean und dessen Randmeeren findet sich in dem Netzwerk der Karawanenrouten, die sich von China bis in den Mittelmeerraum erstreckten und die seit 1877 den Namen **Seidenstraße** tragen. Diese Karawanenrouten bewältigten unter Einbeziehung Südasiens einen umfangreichen Güteraustausch zwischen Ost und West und stellten damit gleichzeitig ein bedeutendes Medium für den Kulturtransfer dar. Der Osten exportierte vor allem die gerade im Römischen Reich außerordentlich begehrten Seidentuche, Metallwaren und Lackarbeiten, während aus dem europäischen und westasiatischen Bereich Bernstein, Glas, Gold und Silber, Weihrauch, Elfenbein und Sklaven befördert wurden.

Die Seidenstraße begann in China, in den Hauptstädten Luoyang und Chang'an, und führte von dort aus durch den strategisch bedeutenden Gansu-Korridor nach Dunhuang, wo das legendäre „Jadetor" den Weg zur Wüste wies. Von Dunhuang verlief eine südliche Route zwischen Taklamakan und Kunlun-Gebirge und über die Stadt Yarkand nach Kashgar. Auf der mittleren Route, die in den Jahrhunderten um die Zeitenwende ihre größte Bedeutung besaß, ging es über Loulan ebenfalls nach Kashgar, während die nördliche Route von Anxi aus (noch östlich von Dunhuang) einen Umweg über Hami und Turfan nahm, dabei aber die gefährliche Lop-Wüste nordöstlich der Taklamakan umging, ehe sie auf die mittlere Route stieß. Auf Grund einer Verlagerung des Lop-Nor-Sees mußte die mittlere Route um 330 n. Chr. aufgegeben werden, weshalb auch die Stadt Loulan langfristig an Bedeutung verlor. Von Kashgar aus ging es über den Pamir in Richtung Persien und von dort über Mesopotamien ins ägyptische Alexandria, nach Damaskus oder Konstantinopel. Von Yarkand und Kashgar aus führten zudem Zweigrouten nach Kaschmir und weiter in die Tiefebenen Nordindiens und zum Industal. Mit dem Niedergang des chinesischen Tang-Reiches im beginnenden 10. Jahrhundert und der anschließenden territorialen Zersplitterung Chinas verlor der Seidenstraßenhandel an Bedeutung und wurde erst mit dem Aufstieg der Mongolen-Herrschaft im 13. Jahrhundert wiederbelebt, als es im Rahmen der *Pax Mongolica* möglich war, ganz Ost- und Zentralasien unter einer Herrschaft mehr oder weniger sicher zu durchqueren.

Neben der Seidenstraße existierten weitere bedeutende Landhandelsrouten in Indien, die Süd- mit Zentralindien sowie die Ostküste mit der Westküste verbanden, sowie im westlichen Asien zwischen Persischem Golf und Mittelmeer wie auch längs der Arabischen Halbinsel (s. o.). Auf diesen vollzog sich auch nach der Ankunft der Europäer am Indischen Ozean um das Kap der Guten Hoffnung im ausgehenden 15. Jahrhundert ein beträchtlicher Teil des interkontinentalen Warenaustausches zwischen Ost und West. Erst die Gründung der nordwesteuropäischen

Handelskompanien als „institutionelle Innovation" begründete letztlich die Überlegenheit der Seeroute über den Atlantik. Von geradezu symbolischer Bedeutung für diesen strukturellen Wandel steht die Eroberung der portugiesisch besetzten Stadt Hormuz als Zwischenstation auf den traditionellen Handelsrouten durch englische und persische Truppen 1622 (Steensgaard 1973).

Europäischer Asienhandel

Mit dem Beginn der europäischen Seefahrt zum Indischen Ozean seit Vasco da Gamas erster Reise von Portugal um das Kap der Guten Hoffnung nach Calicut (Kozhikode) 1498 engagierten sich die Europäer in zunehmendem Maße direkt im asiatischen Handel, während sie vorher überwiegend vom Mittelmeer aus nur indirekt an diesem Warenaustausch partizipierten. Schon in der Anfangszeit bildeten sich zwei charakteristische Handelsformen heraus, zum einen der **Interkontinentalhandel**, zum anderen der **intra-asiatische Handel** (*country-trade*). Bei ersterem handelte es sich um den Transport der asiatischen Handelsgüter – vor allem im Tausch gegen Silber – von Asien nach Europa. Ein beträchtlicher Teil dieser ins jeweilige Mutterland transportierten Waren wurde in andere europäische Länder reexportiert, was der Handelsbilanz der europäischen Überseemächte zugute kam (Entrepôthandel). Im zweiten Fall nahmen die Europäer ebenso am traditionellen Seehandel allein auf dem Indischen Ozean teil. Dieser europäische intra-asiatische Handel entstand aus der Notwendigkeit, daß die begehrten Waren wie Gewürze, Textilien, Tee oder Porzellan oftmals in weit voneinander entfernten Gebieten produziert wurden und diese daher auf asiatischen oder europäischen Schiffen in die europäischen Hauptniederlassungen am Indischen Ozean transportiert werden mußten, von wo aus sie dann die weite Reise nach Europa antraten. Zum anderen ergaben sich mit einer Partizipation am intra-asiatischen Handel auch Gewinnchancen, die die umfangreichen Silbertransporte aus Europa immer wieder zu reduzieren halfen. Neben dem offiziellen Kompaniehandel etablierte sich schon in der Anfangszeit ein ausgeprägter privater Handel europäischer Kaufleute, teils gegen die Interessen der Kompanien, teils auch symbiotisch mit deren stillschweigender Duldung. Oft waren Kompaniekaufmann und Privatunternehmer ein und dieselbe Person.

Während im 16. und 17. Jahrhundert vor allem die Gewürze im Mittelpunkt des europäischen Interesses standen, stiegen im darauffolgenden Jahrhundert Textilien und Tee zu den bedeutendsten Exportgütern auf. Nelken, Muskatnuß, Muskatblüte und vor allem Pfeffer stammten vorwiegend aus der südostasiatischen Inselwelt (Molukken, Sumatra), wobei Pfeffer auch an der südwestindischen Malabarküste angebaut wurde; Zimt kam hingegen aus Sri Lanka (Ceylon).

Im 16. Jahrhundert beherrschten die **Portugiesen** das europäische Asiengeschäft. Der portugiesische Asienhandel war ein von der Krone durchgeführtes Monopolunternehmen, das auf Grund von Kapitalmangel aber immer wieder auf private Geldgeber angewiesen war, so auch auf das Engagement der oberdeutschen Fugger und Welser, die im Laufe des 16. Jahrhunderts mehrere eigene Expeditionen unter portugiesischer Flagge an den Indischen Ozean sandten. Der portugiesische Asienhandel erwirtschaftete aber nicht allein mit reinem Warenaustausch Gewinne, sondern auch durch die Kontrolle bedeutender Seerouten. So besetzten die Portugiesen seit dem beginnenden 16. Jahrhundert mehrere strategische Schlüsselstellungen am Indischen Ozean wie Malakka (1511) und Hormuz (1515) und begründeten zudem in Goa an der indischen Westküste 1510 ihre Hauptniederlassung (Estado da India, vgl. S. 174f.), während das ebenfalls strategisch wichtige Aden am Ausgang des Roten Meeres nicht eingenommen werden konnte. Von den zentralen Besitzungen sowie von einer ganzen Reihe weiterer kleinerer Handelsniederlassungen (Faktoreien) aus kontrollierten jene mit Waffengewalt wichtige Handelsrouten, indem sie Seepässe (*Cartazas*) für das Befahren dieser Routen ausstellten und in den Häfen Zölle kassierten. Wer sich nicht an diese Regelung hielt, dessen Schiff lief Gefahr, von den Portugiesen aufgebracht zu werden.

Zu den profitabelsten der von den Portugiesen befahrenen Handelsrouten gehörte der Seeweg von China nach Japan, von Macao nach Nagasaki. Da der chinesische Hof Handelsfahrten indigener Kaufleute untersagt hatte, existierte für die Portugiesen Mitte des 16. Jahrhunderts kaum Konkurrenz auf dieser Route, deren Befahren vom Vizekönig in Goa streng reglementiert wurde. Das besonders profitträchtige Moment bestand darin, daß zwischen beiden Ländern die Gold-Silber-Ratio deutlich variierte. Im Verhältnis zum Gold war Silber nämlich in Japan niedriger bewertet als in China. Im Gegenzug zum Silbertransport von Japan nach China gelangte in umgekehrter Richtung chinesische Seide nach Nagasaki, die in Japan außerordentlich begehrt war. Wachsende Ressentiments gegenüber den christlichen Missionaren führten allerdings 1638 zum Verbot jeglichen europäischen Handels in Japan, abgesehen vom Warenaustausch der niederländischen Ostindienkompanie.

Im Jahre 1602 wurde in den prosperierenden nördlichen Niederlanden die Verenigde Oost-Indische Compagnie (**VOC**) gegründet. Diese war als Aktiengesellschaft konzipiert und basierte allein auf privatem Kapital. Der Kapitalreichtum und die Innovationsfreudigkeit in den Niederlanden bewirkten, daß sich die VOC schon nach kurzer Zeit dem portugiesischen Asienunternehmen gegenüber als überlegen erwies. Bis zur Mitte des 17. Jahrhunderts fielen denn auch die bedeutendsten portugiesischen Stützpunkte (1641 Malakka und 1656 Colombo) in die Hände der Niederländer. Diese konzentrierten ihr Engagement vor allem auf das insulare Südostasien mit seiner reichen Gewürzproduktion, weniger jedoch auf Indien. Seit 1609 war es den Niederländern wie zuvor auch den Portugiesen gestattet, in Japan Handel zu treiben. Nach einer Rebellion christlich getaufter Bauern war ihre Präsenz seit 1641 aber allein auf die Insel Deshima in der Bucht von Nagasaki beschränkt. Ebenso wie die Portugiesen engagierte sich auch die VOC im Edelmetallhandel, bis die japanischen Herrscher 1668 den Export von Silber verboten.

Da die VOC über einige Handelsgüter Südostasiens und Sri Lankas eine Monopolstellung erlangte, blieb der im Jahre 1600 gegründeten englischen **East India Company** (EIC) letztlich nur noch die Konzentration auf Indien, wo mit den Städten Madras, Bombay und Kalkutta die englischen Hauptniederlassungen in Asien entstanden. Diese vermeintliche Beschränkung entwickelte sich seit dem ausgehenden 17. Jahrhundert aber zu einem entscheidenden Standortvorteil, als nämlich indische Baumwolltuche in Europa immer größeren Absatz fanden und die Briten in Indien gegen den Widerstand der Niederländer und Franzosen im Laufe des 18. Jahrhunderts ihre führende Stellung in Indien ausbauen konnten. Während die East India Company anfangs Textilien von einheimischen Kaufleuten erwarb, griff sie im Laufe der Zeit immer stärker selbst in den Vermarktungs- und schließlich in den Produktionsprozeß ein.

Neben den Textilien entwickelte sich im 18. Jahrhundert chinesischer Tee zu einem bedeutenden Exportgut, ergänzt durch das in Europa zunehmend beliebter werdende Porzellan aus dem Reich der Mitte. Hauptsächlich Engländer, aber auch kleinere Handelsnationen wie Dänemark und Schweden, engagierten sich stark im Teegeschäft mit China, während die Niederländer den Teehandel weitgehend indigenen Kaufleuten überließen und die begehrten Blätter von diesen in ihren Stützpunkten auf Java erwarben. Durch einen derartigen Zwischenhandel verteuerte sich der Tee, und auch dessen Qualität litt darunter.

Der Teehandel war durch die chinesische Obrigkeit streng reglementiert und beschränkte sich auf den südchinesischen Hafen von Guangzhou (Kanton). Als Repräsentant der chinesischen Mandschu-Herrscher residierte hier seit 1702 der sogenannte *hoppo*. Er kontrollierte die gesamte Außenwirtschaft der Stadt und war für den Einzug von Zöllen verantwortlich. Im Zuge der Expansion des Tee- und Porzellanexports nach Europa gründete sich durch Initiative des *hoppo* die Kaufmannsgilde des *co-hong*, die aus zwölf Mitgliedern bestand und zwischen 1757 und 1842 das Außenhandelsmonopol für den Warenaustausch mit den Europäern besaß. Die Hong-Kaufleute schränkten die Bewegungsfreiheit der europäischen Kaufleute in der Stadt stark ein. Lediglich in der von den Monsunwinden abhängigen Handelssaison durften die europäischen Handelskompanien die von ihnen gemieteten Faktoreigebäude in Guangzhou betreten, um dort Kontrakte für den Erwerb des Tees und Porzellans zu schließen.

Im Laufe des 18. Jahrhunderts gewann im Zuge einer massiven kolonialen Handelsexpansion der private Handel der Europäer auf dem Indischen Ozean eine immer größere Bedeutung. In den englischen Handelsplätzen, vor allem in Kalkutta, entstanden mächtige, kapitalkräftige Handelshäuser, die sogenannten *Agency Houses*, die mit Fremd- und Eigenkapital private Handelsfahrten auf dem Indischen Ozean organisierten und vor allem die engen Handelskontakte zwischen Indien und China stärkten. Diesem Privathandel gehörte letztlich nach dem Ende des Kompaniezeitalters seit dem ausgehenden 18. und den ersten Jahrzehnten des 19. Jahrhunderts die Zukunft. Mit dem Ende der Kompaniemonopole war das europäische Handelsengagement in Asien denn auch zweifellos nicht vorbei. Der Aufstieg der Dampfschiffahrt und die Eröffnung des Suezkanals 1869 beschleunigten Handel und Kommunikation in zuvor unbekannter Weise. Trotz eines weiterhin existierenden indigenen Handels unter teils mächtigen Kaufleutegruppen war der Indische Ozean im ausgehenden 19. Jahrhundert beinahe ein britisches Binnenmeer geworden. Diese Klammer wurde erst mit einer wachsenden einheimischen Schiffahrt, die sich vor allem von China und Japan aus entwickelte, und letztlich im Zuge der Dekolonisation in der zweiten Hälfte des 20. Jahrhunderts gelockert.

Entwicklungsländer und Tigerstaaten

Mehrere Länder Asiens verzeichneten seit einigen Jahrzehnten einen rasanten wirtschaftlichen Aufschwung und entwickelten sich zu den vielgenannten „Tigerstaaten", während andere Länder wiederum kaum am Fortschritt der modernern Technologien und der Dienstleistungsbranchen teilhaben und vielleicht doch existierende, moderate wirtschaftliche Steigerungsraten sogleich wieder von einem großen Bevölkerungswachstum aufgefressen werden.

Noch bevor Industrie und Computertechnik in einigen Regionen für Wohlstand gesorgt haben, bildete vor allem im westlichen Asien der Export von **Erdöl** eine bedeutende Einnahmequelle. In Westasien befinden sich mehr als 60 % der heute bekannten Erdölreserven der Welt. Aber auch die Volksrepublik China, Indonesien und Malaysia fördern in beträchtlichem Umfang Erdöl. Dieser Rohstoff wurde erstmals kommerziell Ende der 1850er Jahre gewonnen. Seit dem ausgehenden 19. Jahrhundert waren sich die Europäer um die strategische Bedeutung der Ölvorräte im westlichen Asien bewußt, deren Kontrolle man als ein bedeutendes strategisches Kapital ansah. Schon während des Ersten Weltkrieges wurden mit dem Sykes-Picot-Abkommen die Interessengebiete Frankreichs und Großbritanniens zwischen Syrien, Mesopotamien und der Arabischen Halbinsel abgesteckt, was sich nach dem Krieg in der Mandatspolitik des Völkerbundes äußern sollte (vgl. S. 140). Seit den 1920er Jahren interessierten sich auch die Amerikaner in wachsendem Maße für diese erdölreiche Region.

Die Grundlage der Erdölgewinnung und der anschließenden industriellen Weiterverarbeitung bildete seit dem Beginn des 20. Jahrhunderts der Abschluß von Ölkonzessionen großer europäischer und nordamerikanischer Konzerne mit den Regionalherrschern. Diese galten oft über lange Zeiträume und sicherten den Ausstellern eine einmalige Konzessionsgebühr sowie oft nur bescheidene prozentuale Gewinnbeteiligungen zu. So schloß *D'Arcys* 1901 mit dem Shah von Persien ein Konzessionsabkommen über eine Laufzeit von 60 Jahren, dessen Förderrechte sich über dreiviertel des persischen Staatsgebietes erstreckten. 1933 erhielt die *Standard Oil of California* ähnlich weitreichende Konzessionen vom arabischen König Ibn-Saud, während die britische *Kuwait Oil Company* nur ein Jahr später Förderrechte in Kuwait für ganze 75 Jahre zugesprochen bekam. – Es entwickelte sich ein regelrechter „Erdöl-Imperialismus".

Erst nach dem Zweiten Weltkrieg mehrten sich die Versuche der erdölexportierenden Staaten, die Rohstoffförderung zu nationalisieren und die große ökonomische Macht der Ölkonzerne zu brechen. 1951 wurde im Iran die zuvor weitgehend in britischer Hand befindliche Ölförderung nationalisiert, was das Land in die Lage versetzen sollte, frei über die Höhe der Förderquoten zu entscheiden, um damit die Staatseinkünfte zu erhöhen. Dieser Versuch scheiterte jedoch an einem westlichen Ölembargo, welches das Land in schwere politische Turbulenzen brachte und wonach die Nationalisierung wieder rückgängig gemacht werden mußte. Erst 1960 etablierte sich mit der Gründung der **OPEC** (*Organization of the Petroleum Exporting Countries*) durch Irak, Iran, Kuwait, Saudi-Arabien und Venezuela ein Interessenforum der erdölexportierenden Staaten, welches sich 1973/74 durch die einseitige Kündigung der Erdölkonzessionen erfolgreich von der Macht der großen Erdölkonzerne lösen und fortan Förderquoten und Preise für diesen Rohstoff frei gestalten konnte, was zu einem erheblichen Anstieg der Ölpreise führte („Ölkrise"). In den vergangenen beiden Jahrzehnten blieb das westliche Asien herausragender Erdöllieferant, muß sich aber in zunehmendem Maße den internationalen Markt mit anderen Förderländern teilen wie den USA, Rußland, Mexiko, der Volksrepublik China, Venezuela oder Norwegen und Großbritannien. 1998 entfielen auf die OPEC-Länder 41,1% der globalen Erdölförderung.

Einige Staaten Asiens, die nicht über Erdöl oder andere Bodenschätze verfügen, bemühten sich hingegen, niedrige Lohnkosten oder ein möglicherweise hohes Bildungsniveau der Bevölkerung zur Etablierung einer exportorientierten Wirtschaft zu nutzen. Eine am Weltmarkt orientierte Wirtschaftspolitik führte zu einer Integration der betreffenden Länder in die globalen Marktstrukturen, was gleichzeitig aber auch eine wachsende Anfälligkeit für globale Konjunkturschwankungen und teilweise hohe Verschuldung bedeutet, wie es besonders bei der dramatischen Wirtschaftskrise in Südostasien 1997 deutlich wurde.

Bei der Integration Asiens in die globalen Märkte lassen sich mehrere Entwicklungsschritte beobachten. Den Anfang machte seit dem Ende des Zweiten Weltkrieges Japan, das sich nicht nur politisch an die westliche Welt anlehnte, sondern in wachsendem Maße auch für die Märkte Westeuropas und Nordamerikas produzierte (u. a. Maschinen, Kraftfahrzeuge, elektrotechnische Erzeugnisse). Seit den 1960er Jahren gelang es dann einigen Schwellenländern, ebenfalls schnell wachsende Nationalökonomien hervorzubringen, die sich mit dem Aufbau einer Exportindustrie weitgehend an Japan orientierten, wie vor allem Südkorea, Taiwan, Hongkong und Singapur. Schließlich schaffte es seit den 1970er Jahren eine Gruppe südostasiatischer Staaten, an diesem Wachstumsschub zu partizipieren, an vorderster Stelle Indonesien, Thailand und Malaysia, während Vietnam erst nach dem Fall des Eisernen Vorhangs an diese Entwicklung anknüpfen konnte. Letztgenannte Gruppe profiliert sich nicht allein durch die Ausfuhr der klassischen Exportgüter wie Maschinen oder Elektrotechnik, sondern auch durch den Absatz von Textilien, Holz, Kautschuk und Nahrungsmitteln auf dem Weltmarkt. Darüber hinaus stieg Vietnam zu einem der weltweit größten Kaffeeproduzenten auf. Eine besondere Wachstumsdynamik entfaltete schließlich seit den 1980er Jahren die Volksrepublik China unter Deng Xiaoping, dem Generalsekretär des Zentralkomitees der chinesischen kommunistischen Partei zwischen 1977 und 1989, der unter Beibehaltung kommunistischer politischer Strukturen die nationale Wirtschaft nach außen öffnete. Im Zuge einer wirtschaftlichen Liberalisierung entstanden exportorientierte Sonderwirtschaftszonen mit kapitalistischer Wirtschaftsführung, die für eine rasche Integration des Landes in die globalen Marktstrukturen sorgten. Mit einer Verfassungsänderung wurden 1999 Privatunternehmen wesentlich größere Handlungsspielräume als zuvor eingeräumt, während der Eintritt Chinas in die Welthandelsorganisation (WTO) zwei Jahre später einen vorläufigen Höhepunkt dieser Entwicklung darstellte. Indien litt hingegen lange Zeit unter staatlichem Dirigismus und konnte erst seit den 1990er Jahren seinen am Weltmarkt orientierten Dienstleistungssektor vor allem in der Computerbranche ausbauen. Hauptexportgüter bleiben hier aber nach wie vor Textilien, Edelsteine, Schmuck sowie Maschinen. Mit dem ökonomischen Aufstieg einiger Länder Asiens avancierte der Kontinent in den vergangenen beiden Jahrzehnten zu einem Zentrum des Welthandels mit einem jährlichen Wirtschaftswachstum von durchschnittlich 8% sowie mit Exportsteigerungen von etwa 12% im Jahr.

Der zunehmenden internationalen Verflechtung der nationalen Wirtschaftsstrukturen versuchen gerade die südostasiatischen Staaten, durch eine regionenübergreifende Kooperation Rechnung zu tragen, wie es mit dem Versuch der Schaffung eines einheitlichen Wirtschaftsraumes seinen Ausdruck findet. So konnten die ASEAN-Staaten (vgl. S. 250f.) 1992 mit der Gründung der *ASEAN Free Trade Area* (**AFTA**) die Entwicklung eines gemeinsamen Binnenmarktes ins Auge fassen. Im Rahmen der regelmäßigen AFTA-Verhandlungen ist es trotz der schweren Wirtschaftskrise von 1997 bis in die Gegenwart gelungen, diesem Ziel durch zwischenstaatliche Zollerleichterungen deutlich näherzukommen. So entstand 2002 unter den Staaten Malaysia, Singapur, Thailand, Indonesien, Brunei sowie den Philippinen eine Freihandelszone, der in den folgenden Jahren weitere südostasiatische Länder wie Vietnam, Laos und Kambodscha beitreten sollen.

Auf der anderen Seite gelang es aber einer ganzen Reihe der asiatischen Staaten nicht, am wirtschaftlichen Aufstieg der vergangenen Jahrzehnte teilzuhaben, was vor allem die Länder mit nur geringen oder ganz ohne Erdölvorkommen besonders in der Entwicklung hemmte. Eine unsichere innenpolitische Lage, Kriege oder eine schlechte infrastrukturelle Anbindung an die Konsumentenmärkte verhinderten einen Anschluß dieser Entwicklungsländer an den Aufschwung der „Tigerstaaten“. Besonders trifft das heute für Afghanistan, Pakistan, Nepal, Bhutan, Bangladesh, Birma, Laos sowie Kambodscha zu, obwohl gerade in letzterem Land in jüngster Zeit Hoffnungen keimen, doch noch an das Wachstum der benachbarten Tiger heranzukommen.

Weiterführende Literatur

Allgemeines, Landwirtschaft: F. Frankel, India's Green Revolution. Economic Gains and Political Costs, Princeton 1971; K. C. Chang (Hg.), Food in Chinese Culture. Anthropological and Historical Perspectives, New Haven-London 1977; R. H. Myers, The Chinese Economy. Past and Present, Belmont 1980; D. Kumar (Hg.), The Cambridge Economic History of India, 2 Bde., Cambridge 1987–1989; A. Hayami, Y. Tsubouchi (Hgg.), Economic Development in Rice Producing Societies. Some Aspects of East Asian Economic History 1500–1900, Tokyo 1989; K. R. Hall, Economic History of Early South East Asia, in: N. Tarling (Hg.), The Cambridge History of Southeast Asia, Bd. 1, Cambridge 1999, S. 183–275; A. Reid, Economic and Social Change, in: N. Tarling (Hg.), The Cambridge History of Southeast Asia, Bd. 2, Cambridge 1999, S. 116–163. *Gewerbe:* L. M. Li, China's Silk Trade. Traditional Industry in the Modern World, 1842–1937, Harvard University 1981; S. Aiolfi, Calicos und gedrucktes Zeug. Die Entwicklung der englischen Textilveredelung und der Tuchhandel der East India Company 1650–1750, Stuttgart 1987; W. von Stromer, Gutenbergs Geheimnis. Von Turfan zum Karlstein. Die Seidenstraße als Mittler der Druckverfahren von Zentralasien nach Mitteleuropa, (hg. von D. Reitz), Genf 2000. *Handel auf dem Indischen Ozean:* K. N. Chaudhuri, Trade and Civilization in the Indian Ocean. An Economic History from the Rise of Islam to 1750, Cambridge [3]1989; ders., Asia before Europe. Economy and Civilization of the Indian Ocean from the Rise of Islam to 1750, Cambridge [4]2000; K. McPherson, The Indian Ocean. A History of People and the Sea, Oxford [2]1998; S. Conermann (Hg.), Der Indische Ozean in historischer Perspektive, Hamburg 1998; R. Ptak, China's Seaborne Trade with South and Southeast Asia (1200–1750), Aldershot 1999. *Europäischer Asienhandel:* K. Glaman, Dutch-Asiatic Trade, 1620–1740,

Kopenhagen-Den Haag 1958; M. A. P. Meilink-Roelofsz, Asian Trade and European Influence in the Indonesian Archipelago between 1500 and about 1630, Den Haag 1962; N. Steensgaard, Carracks, Caravans and Companies. The Structural Crisis in the European-Asian Trade in the Early 17th Century, Odense 1973; H. Furber, Rival Empires of Trade in the Orient 1600–1800, Minneapolis 1976; D. Rothermund, Europa und Asien im Zeitalter des Merkantilismus, Darmstadt 1978; S. Subrahmanyam, The Portuguese Empire in Asia, 1500–1700. A Political and Economic History, London-New York 1993; J. R. Bruijn, F. S. Gaastra (Hgg.), Ships, Sailors and Spices. East India Companies and their Shipping, Amsterdam 1993; K. S. Mathew, Indo-Portuguese Trade and the Fuggers of Germany, Sixteenth Century, Delhi 1997; S. Chaudhury und M. Morineau (Hgg.), Merchants, Companies and Trade. Europe and Asia in the Early Modern Era, Cambridge 1999.

III.3. Religion und Philosophie

Religiöse Vielfalt und Staatlichkeit

Asien stellt die Wiege der bedeutenden Weltreligionen dar – angefangen von Hinduismus und Buddhismus über den Daoismus bis zu Islam, Judentum und Christentum. Daneben brachte der Kontinent aber auch eine große Zahl tribaler und anderer, zahlenmäßig geringer vertretener Kulte hervor, die wie der Zarathustrismus oder der Sikhismus bis heute ihren Platz neben den Hauptreligionen behaupten. Bisweilen ist es schwierig, inhaltlich zwischen den Begriffen „Religion“ und „Philosophie“ zu unterscheiden, da sich in verschiedenen Weltgebäuden oft die sakrale Ebene mit profan-intellektuellen Gedanken vermischt, oder das Eine aus dem Anderen hervorgeht, wie es besonders beim chinesischen Daoismus deutlich wird, der zwar als weltliche Philosophie entstand, von dem sich letztlich aber eine sakrale Richtung abspaltete und eine eigene Wirkmächtigkeit entfaltete. Das sich aus dieser Vielfalt ergebende religiöse Leben äußert sich dem heutigen Betrachter immer in zweierlei Weise, zum einen als philosophisch-konzeptionelles Weltgebäude, welches sich aus den heiligen Texten erschließen läßt, zum anderen in Form der praktischen Ausübung eines Kultes, der sich in archäologisch nachweisbaren Heiligtümern und kultischen Gegenständen äußert.

Religion diente in Asien wie auch in Europa nicht allein als Ausdruck von Frömmigkeit und persönlicher Sinnstiftung, sondern stellte daneben ein probates Mittel zur Legitimation von Herrschaft dar. So konnte die Identifikation eines Herrschers oder einer Dynastie mit einem Kult oder einer Gottheit der eigenen Machtentfaltung eine sakrale Aura, gleichsam „Gottesgnadentum", verleihen. Entsprechend diente die Übereinstimmung mit einer bestimmten Religion oft der Verdichtung von Staatlichkeit, indem ein Herrscher vom sakralen Symbolhaushalt und weltlichen Wissen der Geistlichkeit profitierte. Als Gegenleistung erhielten die Geistlichen dann meist eine durch die Obrigkeit privilegierte Stellung im Gemeinwesen, womit diese oft auch zu einer ökonomischen Macht im Lande avancierten, wie die wirtschaftlich exponierte Stellung hinduistischer Tempelanlagen oder buddhistischer Klöster zeigt. Gerade Regionalherrscher mit einem begrenzten Territorium konnten sich durch die göttliche Legitimation den Schein einer sakralen Universalität geben, die sie in Wirklichkeit im politischen Leben gar nicht besaßen.

Altorientalische Kulte

In Mesopotamien stellten die Götter wie in anderen Kulturkreisen auch als Herrscher über die Naturgewalten die höchste Macht im menschlichen Dasein dar. Trotz ihrer anthropomorphen Gestalt bildeten sie weniger den Bezugspunkt einer emotionalen Hingabe der Gläubigen, sondern wurden vielmehr als unnahbare Mächte verehrt, die Respekt und Furcht verlangten. Das mesopotamische Pantheon war hierarchisch gegliedert und spiegelte die Machtstrukturen an den weltlichen Höfen der Fürsten mit dem König, seinen Angehörigen und Bediensteten wider.

Die zwischen Euphrat und Tigris angebeteten Götter hatten in der Frühphase der mesopotamischen Zivilisation größtenteils einen lokalen Bezugspunkt und waren oft Stadtgottheiten. So bildete beispielsweise der Stadtgott Enlil aus Nippur, der von seinen Brüdern Enki und Ea und der Gottheit Ischtar umgeben war, einen derartigen regionenbezogenen Gott. Mit dem Aufstieg einer Stadt zum Zentrum eines großen Reiches avancierte meist auch deren Gottheit zur überregionalen Integrationsfigur und zum Symbol für die Verbindung geistlicher und weltlicher Macht. So wurde Enlil erst durch Marduk, den Stadtgott Babylons, und später mit dem Machtzuwachs Assyriens durch den Gott Assur aus der gleichnamigen Stadt ersetzt. Parallel zum Aufstieg einer Macht erfuhr der Kult eines unterlegenen Gemeinwesens oft den Sturz von der Spitze des Pantheon, indem man symbolträchtig dessen zentrale Götterstatue – in der sich die Gottheit als Mittelpunkt kultischer Handlungen manifestierte – in das neue Machtzentrum entführte, das heißt, sie ihres weltlichen Bezugspunktes beraubte. Eine derartige Praxis hatte nicht selten soziale Unruhen zur Folge.

Im Laufe des 2. Jahrtausends v. Chr. reduzierte sich die Zahl der in Mesopotamien angebeteten Gottheiten deutlich, während einige wenige überregionale Götter an Bedeutung gewannen, die mit bestimmten Eigenschaften oder Himmelskörpern in Verbindung gebracht wurden, wie Nabu, der Gott der Schreibkunst, Ninurta als Gott der Pflanzenwelt, der Sonnengott Schamasch oder die noch immer herausragende Ischtar als Göttin der Liebe aber auch des Krieges. Zu den kultischen Mittelpunkten avancierten die zahlreichen Tempel im Lande, die neben der Bedienung spiritueller Bedürfnisse oft auch eine herausragende wirtschaftliche Bedeutung besaßen.

Während die Gottheiten Mesopotamiens des 3. und 2. Jahrtausends v. Chr. vergleichsweise gut bekannt sind, erweist es sich als problematisch, Aussagen über die zur selben Zeit in der ebenfalls urban geprägten Induskultur angebeteten Gottheiten zu machen, da die dortige Schrift immer noch nicht entschlüsselt ist. Es lassen sich allein über die materiellen, archäologisch nachweisbaren kultischen Hinterlassenschaften – sofern sie sich als solche überhaupt eindeutig identifizieren lassen – gewisse Erkenntnisse erzielen. So wurden verschiedentlich hypothetisch Menschendarstellungen auf einigen Inschriften mit Gottheiten identifiziert, die möglicherweise auch später im hinduistisch-vedischen Glauben eine wichtige Rolle spielten. Ein bedeutendes Beispiel stellt ein Siegelabdruck aus der am Mittellauf des Indus liegenden Stadt Mohenjo-Daro mit einer von mehreren Tieren umgebenen, menschenähnlichen, aber hörnertragenden Gestalt dar. Diese soll nach einer Lehrmeinung als sogenannter „Proto-Shiva" mit dem vedischen Gott Shiva in Verbindung stehen, was in jüngster Zeit allerdings zunehmend wieder in Frage gestellt wird (Stietencron 2001, S. 12f.). Etwas naheliegender scheint da schon ein Bezug zwischen den viereckigen Wasserbecken in den Zitadellen der Industädte und den Tempelbecken im späteren hinduistischen Indien, die rituellen Waschungen dienen, zu sein. Daneben sind auf den Inschriften im Industal vielleicht auch Baumgottheiten symbolisch dargestellt, die mit einer gewissen Wahrscheinlichkeit auf eine Verbindung zu tribalen Kulten im historischen Südasien schließen lassen.

Vor allem im nordöstlichen und südöstlichen Ausdehnungsgebiet der Induskultur, weniger jedoch im Zentrum, entdeckten die Archäologen Überreste von Feueraltären, auf denen Tiere geopfert wurden. So fanden jene in der Grabungsstätte von Kalibangan, auf der Zitadelle sowie in mehreren Häusern der Unterstadt, solche oft in den Boden eingelassenen Altäre in der Größe von etwa einem mal einem halben Meter. Es ist natürlich methodisch problematisch, aus diesem Befund auf bestimmte Kultformen oder gar Gottheiten zu schließen.

Tribale Kulte

Wie schon am Beispiel Mesopotamiens ersichtlich, haben überregionale Kulte ihre Wurzeln oft in einem ganz konkreten lokalen Bezugsrahmen. Was an Euphrat und Tigris der Stadtgott bedeutete, war bei den später entstehenden Großreligionen Asiens oft ein regional eng begrenzter Stammeskult. Unter bestimmten Voraussetzungen konnte sich aus einem solchen tribal bestimmten Glauben eine Weltreligion entwickeln. Daneben existieren viele dieser Stammeskulte Asiens bis heute immer noch in ihrer traditionellen Form und beeinflussen die Mehrheitsreligionen – etwa durch Integration von Stammesgottheiten in einen überregionalen, dominierenden Kult, wie es vor allem beim Hinduismus deutlich wird. Stammeskulte lassen sich für die historische Zeit im gesamten Asien, vom Schamanismus Zentralasiens bis zu den Lokalgottheiten im Bergland der indischen Ostküste oder in Vietnam, beobachten und können in ihrer Vielfalt an dieser Stelle nur exemplarisch behandelt werden. So geht es im folgenden zunächst um vorislamische Stammesreligionen in Arabien sowie anschließend um die dynamische Entwicklung der Stammeskulte in Indien.

Im arabischen Raum existierte in vorislamischer Zeit eine reiche, tribal geprägte Glaubenskultur. Arabisch-beduinische Gottheiten konnten sich in Steinen oder in Bäumen repräsentieren. In der babylonischen Überlieferung des 8. Jahrhunderts v. Chr. werden zudem auch die aus Mesopotamien bekannten anthropomorphen Götterstatuen genannt, die die Babylonier im Kontext einer militärischen Auseinandersetzung angeblich von der Arabischen Halbinsel geraubt und nach Babylonien gebracht hätten. Nach einer diplomatischen Einigung wurden die „Götter" wieder zurückgegeben. Es ist in diesem Kontext allerdings nicht eindeutig zu ermitteln, ob mit der Erwähnung derartiger Statuen auch in Arabien ähnliche Glaubensformen vorlagen wie in Mesopotamien oder ob die Herrscher Mesopotamiens in ihrer schriftlichen Überlieferung lediglich den arabischen Glauben in ihre eigenen religiösen Denkkategorien in kultureller Übersetzung uminterpretiert haben.

Im Zentrum des religiösen Lebens stand in der ersten Hälfte des 1. Jahrtausends n. Chr., schon vor der Ausbreitung des Islam, die **Kaaba** in Mekka mit dem berühmten „schwarzen Stein", in dem sich der dortige Stadtgott manifestierte. Die Kaaba war in vorislamischer Zeit ein paganer Kultmittelpunkt, in dem sich im Laufe der Zeit mehrere hundert Stammesheiligtümer versammelten, was den Grundstein für ausgeprägte Pilgerströme legte. Diese Konzentration der Stammesheiligtümer an einem Ort deutet vermutlich schon in dieser frühen Zeit auf gewisse Ansätze der Etablierung eines monotheistischen Glaubens hin, wie er möglicherweise durch die Kenntnis vom Christen- und Judentum in diese Region vermittelt wurde.

Auch Südasien ist von einer Vielfalt an Stammeskulten geprägt. Ihre Ursprünge lassen sich oft nur vermutungsweise andeuten. So hat die Verehrung von Baumgottheiten in Südasien, wie sie heute noch allenthalben in den tribalen Rückzugsgebieten Indiens beobachtet werden kann, möglicherweise eine lange Tradition. Bereits die Darstellungen auf einigen Inschriften der Induskultur des 3. Jahrtausends v. Chr. lassen die Verehrung derartiger Gottheiten vermuten (s. o.). Ob sich hinter dieser Hochkultur aber die indigene, nichtaryanische Bevölkerung der vedischen und nachvedischen Zeit Indiens verbirgt, ist unklar. Auf jeden Fall kam es seit der kulturellen Überlagerung der traditionellen Lebensformen durch die im 2. Jahrtausend v. Chr. nach Nordwestindien eingewanderte aryanische Kultur immer wieder zur Integration von Stammesgottheiten in den vedischen Glauben, was sich im Kontext der sogenannten **„Hinduisierung"** bis in die Gegenwart beobachten läßt.

So lassen sich bedeutende Hindu-Götter von lokalen Stammeskulten ableiten wie der zunächst im Hinterland der indischen Region Orissa verehrte Gott Jagannath, dessen Tempel in Puri heute einen der heiligsten Plätze des hinduistischen Indien darstellt (Kulke 1979). Vor allem im frühen Mittelalter Indiens wurden im Zuge einer wachsenden Volksfrömmigkeit (vgl. S. 72f.) immer wieder Stammesgottheiten in das hinduistische Pantheon aufgenommen. Dieser Prozeß äußert sich konkret darin, daß tribale, nichtbildhafte (anikonische) Göttersymbole zunehmend in hinduistischer Manier in bildhafter, personifizierter Gestalt auftauchten und daß die traditionellen Namen der Gottheiten ins Sanskrit als Sakralsprache des Hinduismus übertragen wurden. Es entstanden bisweilen im Zuge einer derartigen Akkulturation eigentümliche Dichotomien, wonach die lokalen Gottheiten an den hinduisierten Höfen der Stammesfürsten schon in der ikonischen Form als Hindugötter dargestellt wurden, während man im peripheren Hinterland bis in die Gegenwart die tribalen Gottheiten in anikonischer Gestalt, beispielsweise als Baum oder Stein, verehrt. Ein weiteres Kennzeichen der hinduisierten Stammeskulte ist die oft mit ihnen in Verbindung stehende nichtbrahmanische Priesterschaft, während bei den klassischen vedischen Göttern ausschließlich Brahmanen die rituellen Handlungen vollziehen.

Hindu-Religionen

Aus der Beobachtung der Stammesreligionen in Indien wird deutlich, daß der „Hinduismus“ kein starres und einheitliches Glaubensgebäude darstellt, sondern sich immer wieder für Einflüsse aus anderen Religionen öffnete und auch heute noch zahlreiche unterschiedliche Traditionen in sich vereint. Entsprechend wird die in Europa landläufige Vorstellung vom Hinduismus als einer monolithischen Religion der Realität nicht gerecht. Die ursprüngliche Bedeutung des aus dem Persischen stammenden Begriffes „Hindu“ bezieht sich denn auch primär auf die indische Herkunft eines Menschen. Erst im Laufe des 19. Jahrhunderts wurde im Rahmen des kolonialen Diskurses die Bezeichnung „Hinduismus“ für die vielfältigen spirituellen nichtislamischen und nichtchristlichen Strömungen Indiens gebräuchlich.

Als Grundlage aller weiteren Hindu-Religionen entwickelte sich seit dem 2. Jahrtausend v. Chr. die **vedische Religion**, die in engem Zusammenhang mit dem aryanischen Kulturtransfer zwischen Zentral-, West- und Südasien stand (vgl. S. 150f.). Die zentrale Quelle stellen die seit etwa 1500 v. Chr. entstandenen **Veden** (abgeleitet von *veda* = Wissen) dar, die sich in die vier zeitlich nacheinander entstandenen Textgruppen *mantra* (heilige Worte), *brahmana* (Erläuterung des Opferrituals), *upanishad* (Geheimlehren) und *sutra* (Anleitung für das Ritual und wissenschaftliche Texte) gliedern. Die Mantra-Texte, von denen der Rigveda als älteste Überlieferung die größte Bedeutung als historische Quelle besitzt, bilden als Lobeshymnen an die vedischen Götter den Kern dieser Textsammlung. Die Veden wurden schon bald nach ihrer Entstehung als heilige Texte betrachtet. Jüngere Forschungen gehen allerdings davon aus, daß sich jene auf Grund der mündlichen Überlieferung dennoch im Laufe der Zeit sprachlich verändert haben und somit nur bedingt als ein authentisches Dokument der vedischen Zeit gelten können, zumal die ältesten überlieferten Manuskripte nur aus dem 11. Jahrhundert n. Chr. stammen. Ihr Quellenwert liegt vor allem in ihrer Aussagekraft über Religion, Gesellschaftsstrukturen und Herrschaftsmodelle dieser frühen Periode indischer Geschichte (Witzel 1995, S. 90ff.).

Mit der Etablierung des vedischen Kultes war die Entstehung einer spezifischen gesellschaftlichen Schichtung (*varna*) verbunden, an deren oberster Stelle die Priester (Brahmanen) standen, gefolgt von den Kriegern (Kshatriya) und den Bauern (Vaishya). Schließlich wurden auch die nichtaryanischen Stämme Indiens als Shudra in diese sakrale Ständegesellschaft integriert. Aus dieser gesellschaftlichen Differenzierung entwikkelten sich seit der Mitte des 1. Jahrtausends v. Chr. die für die indische Gesellschaft charakteristischen **Kasten** als geburts- und berufsspezifische Sozialgruppen.

Das vedische Pantheon bestand aus einer in lockerer Hierarchie miteinander verbundenen großen Anzahl an Göttern, die in mehrere Gruppen gegliedert waren und deren Zuständigkeitsbereiche sich bisweilen überschnitten, so daß klare funktionale Abgrenzungen nicht immer möglich sind. Als herausragende Götter fungierten die als Könige bezeichneten allwissenden Mitra und Varuna, die als Herrscher über die Weltordnung, über Tag und Nacht, für die Aufdeckung menschlicher Sünden und deren Bestrafung vor allem in Friedenszeiten zuständig waren. In Kriegszeiten avancierten nach der vedischen Überlieferung hingegen der Burgenbrecher Indra und Agni als Gott des Feuers zu bedeutenden Göttergestalten.

In der Zeit der Upanishaden entwickelte sich mit der Idee vom **Brahman** ein pantheistisches Ideal, wonach es eine vereinigende und alles durchdringende Kraft gäbe, der sich letztlich auch die zahlreichen Götter unterordneten, um jener zu dienen; auch der seiner selbst bewußte Mensch sei ein Teil dieses Ganzen. Parallel hierzu verbreitete sich die Idee der Wiedergeburt und des **Karman**. Ebenso wie die belebte und die unbelebte Natur bewege sich danach der Mensch in einem Zyklus von Tod und Wiedergeburt. Dieser Kreislauf sei jedoch kein Automatismus, sondern könne nach der Karman-Lehre vom Menschen durch gute oder böse Taten in positive oder negative Richtung beeinflußt werden. Die unmittelbare Tat habe also Einfluß auf die Zukunft des Einzelnen im jetzigen oder in einem künftigen Leben. Der Mensch selbst und nicht die Götter entschieden damit in großem Maße über das Einzelschicksal, wobei das letzte Lebensziel des Weisen der Austritt aus dem Zyklus von Tod und Wiedergeburt und der Eintritt in den Brahman selbst sei.

Die Priester (Brahmanen) monopolisierten das Wissen um die heiligen Texte und um das mit dem vedischen Kult verbundene Opferritual und erlangten damit eine herausragende Machtstellung. Im 1. Jahrtausend v. Chr. erwuchs den Brahmanen aber seitens der Kshatriya und anderer Gesellschaftsgruppen wachsender Widerstand, die neue spirituelle Wege suchten, um das Wissensmonopol der Brahmanen zu umgehen. Aus diesem Reformbedürfnis entstanden schließlich die neueren Kulte des Jinismus und des Buddhismus. Einen Rückschlag erlitt die vedische Religion vor allem im 4. Jahrhundert v. Chr. mit der Expansion des buddhistischen Maurya-Reiches über ganz Nordindien, weil dadurch viele nordindische Regionalfürsten, die zuvor den vedischen Kult und das Brahmanentum gefördert hatten, entmachtet wurden und der vedischen Religion damit gleichsam der obrigkeitliche Schutz verlorenging. Mit dieser Schwächung des Brahmanentums entstanden weitere kultische Freiräume, die eine wachsende Bedeutung eher volkstümlicher Gottheiten aus dem vedischen Pantheon zur Folge hatten. So versuchten die nichtbrahmanischen Gläubigen nun vielfach, sich wieder von dem abstrakten Prinzip des Brahman zu lösen, um einen anschaulicheren Bezugspunkt ihres Glaubens zu erlangen. Zu einem derartigen Bezugspunkt entwickelten sich vor allem die Gottheiten Vishnu (und als dessen Inkarnation Krishna) und Shiva, die im orthodoxen vedischen Glauben eine eher periphere Bedeutung besessen hatten.

In der zweiten Hälfte des ersten Jahrtausends n. Chr. bildeten sich dann mit einem Wiedererstarken des Brahmanentums auf der einen und der Entstehung einer breiten hinduistischen Volksfrömmigkeit auf der anderen Seite die Voraussetzungen für eine Verdrängung des Buddhismus aus Indien und für die Herausbildung des modernen Hinduismus. In Anlehnung an die Brahman-Lehre formulierte der Brahmane Shankara (788–820) wieder ein universales, einheitliches Glaubensgebäude, wonach die vom Menschen als real begriffene Welt lediglich ein Trugbild sei. Das Verhaftetsein in diesem weltlichen Trugbild bedinge das Beharren des Menschen im Kreislauf von Tod und Wiedergeburt. Erst die Erkenntnis, daß sich das Brahman aus der Einheit von Seele und Welt konstituiere, führe zur Erlösung aus diesem Kreislauf (Advaita-Philosophie).

Parallel zu der durch Shankara mitbegründeten Renaissance der brahmanischen Religiosität entwickelte sich mit der **Bhakti-Bewegung** eine breite Volksfrömmigkeit. Im Gegensatz zur intellektuell-brahmanischen Annäherung an die höchste Wahrheit versuchte der Bhakti-Glaube, die Erlösung durch emotionale Gottesliebe ohne brahmanische Vermittlung zu finden. Auch die traditionelle Kastenordnung wurde in diesem Kontext durchlässiger. Seit dem 6. Jahrhundert n. Chr. breitete sich diese Bewegung vor allem in Südindien aus, beeinflußte schließlich aber den Hindu-Glauben auf dem gesamten Subkontinent. Es gewannen territorial gebundene Gottheiten, teilweise mit tribalem Ursprung, an Bedeutung wie der bereits vorgestellte Jagannath in Orissa oder Menakshi in Südindien. Diese Regionalität des sakralen Lebens bildete im indischen

Mittelalter schließlich den Ausgangspunkt für die Entstehung großer Tempelanlagen in den einzelnen Regionalreichen Indiens.

Der Hinduismus verlor während der islamischen Herrschaft seit dem 13. Jahrhundert in Nord-, später auch in weiten Teilen Südindiens, seine gesellschaftlich integrierende Kraft sowie seine wirtschaftliche und personelle Grundlage. So reduzierte sich die Zahl der Brahmanen, die jeweils eine immer größere Zahl an Menschen rituell zu betreuen hatten. Diese Zurückdrängung setzte sich auch im Zeitalter der britischen kolonialen Expansion fort, führte aber gleichzeitig zu einem Näherrücken von Vertretern der Bhakti-Bewegung und der Brahman-Lehre. Diese Annäherung bewirkte schließlich, daß der Hinduismus unter der Führung vishnuitischer Kreise seit dem 19. Jahrhundert im Zeichen eines sich etablierenden indischen Nationalismus eine bedeutende integrierende Wirkung entfaltete. Stimuliert durch ein wachsendes Interesse europäischer Gelehrter (z. B. Max Müller), intensivierte sich die Beschäftigung mit den klassischen vedischen Schriften, und man versuchte, die vedische Religion von allen vermeintlich späteren Auswüchsen (Kastenordnung, Witwenverbrennung) zu befreien. In diesem Kontext entstanden politisch-intellektuelle Vereinigungen, die sich gegen derartige als Mißstände begriffene Praktiken und für die alleinige Anerkennung der Veden als sakrale Texte aussprachen, vor allem 1828 der **Brahma Samaj** und 1875 der **Arya Samaj**. Schließlich wurde 1897 die **Ramakrishna-Mission** gegründet, die bis heute die Pflege des spirituellen hinduistischen Erbes mit sozialem Engagement verbindet.

Als Gegenbewegung gegen den Niedergang der Hindu-Kultur zur Zeit der islamischen Herrschaft entstand im beginnenden 16. Jahrhundert nochmals eine Reformbewegung, der **Sikhismus**. Dieser vom Glaubensstifter Nanak (1469–1539) formulierte Glaube wollte das traditionelle hinduistische Pilgerwesen durch die persönliche Meditation ersetzen und verstand sich gleichzeitig im Zeitalter der Mogul-Herrschaft als spirituelle Annäherung an den Islam. Der Sikhismus ist eine sozial ausgerichtete Religion und propagiert im großen Maße das Teilen mit anderen Menschen, lehnt aber gleichzeitig den Erwerb von Reichtum nicht ab. Heute konzentrieren sich die Sikhs vor allem auf den nordwestindischen Bundesstaat Panjab.

Buddhismus

Die oft als religiöse Erstarrung begriffene wachsende Machtstellung der Brahmanen führte um die Mitte des 1. Jahrtausends v. Chr. zur Entstehung von Reformbewegungen, die sich von der institutionalisierten vedischen Religion allmählich abwandten, ohne allerdings gleichzeitig alle Glaubensinhalte dieses Kultes aufzugeben. Die Entstehung des **Buddhismus** als Reformbewegung gründet sich nach der buddhistischen Überlieferung auf das Werk des nepalesischen Prinzen **Siddharta** aus der Familie der Gautama, der als erster Mensch durch rationale Erwägungen den Weg zur völligen Erlösung aus dem Kreislauf von Tod und Wiedergeburt gefunden haben soll. Später erhielt dieser von seinen Anhängern den Namen **Buddha** („der zur vollen Einsicht gelangte"). Die Datierung des historischen Buddha ist umstritten, eine in jüngster Zeit favorisierte Spätdatierung geht davon aus, daß dieser wohl im 5. Jahrhundert v. Chr. lebte.

Der Überlieferung nach sei Buddha zunächst in jüngeren Jahren auf Reisen den Phänomenen Alter, Krankheit, Tod sowie der Person eines Wanderasketen begegnet, wobei sich in ihm immer stärker der Wunsch nach Erlösung von allem Irdischen entwickelt habe. Auf der Suche nach der wahren Erkenntnis habe er sich daraufhin mit den gängigen Glaubensrichtungen bekannt gemacht, die ihn offenbar nicht befriedigten. Der nächste Schritt war die strenge, aber letztlich erfolglose Askese. Erst durch die Meditation unter einem Feigenbaum im nordindischen Bodh Gaya kam ihm die Erleuchtung über den rechten Weg zur Überwindung des Leidens. In der Folgezeit zog Buddha im nordindischen Territorium von Magadha umher und sammelte eine wachsende Zahl von Anhängern, aus denen später der buddhistische Orden als wesentliche Stütze des neuen Glaubens hervorging. Nach Buddhas Tod teilten sich neun Familien aus seiner Anhängerschaft das Privileg des Besitzes von Buddhas Reliquien, die in steinernen, halbkugelförmigen Gebäuden, den sogenannten **Stupas**, bestattet wurden.

Der Buddhismus geht von dem Prinzip aus, daß der Mensch allein durch eigenes Bemühen und nicht durch die Hilfe von Göttern die Befreiung aus dem irdischen Leid erfahren könne. Das sich selbst bewußte Ich sei nur ein Trugbild, in Wirklichkeit bestehe das menschliche Leben aus einer großen Anzahl sich selbst steuernder Abläufe, wie beispielsweise das Atmen, worauf das Ich keinen Einfluß habe. In dem Moment, in dem der Mensch dieses Prinzip erkenne, erlösche seine Ich-Bezogenheit und er erreiche eine höhere Ebene der Erkenntnis (Nirvana); hier seien die Gesetze des vom Buddhismus aus dem vedischen Glauben übernommenen Karman außer Kraft gesetzt.

Der frühe Buddhismus konzentrierte sich auf bestimmte intellektuelle Zentren, die regelrechte hochschulähnliche Bildungsinstitutionen hervorbrachten. Das früheste Zentrum des Buddhismus befand sich seit dem 5. Jahrhundert v. Chr. in der Stadt **Taxila** in Nordwestindien, wohin nach den buddhistischen Texten viele Menschen aus ganz Indien zur geistlichen Ausbildung zogen. Seit dem 5. Jahrhundert n. Chr. verlagerte sich der intellektuelle Schwerpunkt aber nach Nordostindien, wo mit den im heutigen indischen Bundesstaat Bihar gelegenen Städten **Nalanda** und **Sarnath** neue buddhistische Mittelpunkte aufstiegen. Schon aus der Zeit des 3. Jahrhunderts v. Chr. stammen die ersten nachweisbaren buddhistischen Monumente in Indien, wie Klöster und Kulthallen, die dem Grundprinzip des anfänglichen buddhistischen Ordens – der ständigen Wanderschaft und weitgehender Besitzlosigkeit – zwar widersprachen, dem Buddhismus aber gleichzeitig einen festen institutionellen Rahmen verliehen. Mit den Stupas entwickelten sich darüber hinaus buddhistische Verehrungsplätze, die ebenso dem eigentlichen Wesen der Lehre Buddhas fremd waren, da es diesem ausschließlich um die Erkennung des eigenen Weges gegangen war und nicht um eine buddhistische Apotheose.

Um die Mitte des 3. Jahrhunderts v. Chr. avancierte der Buddhismus unter dem nordindischen Maurya-Herrscher Ashoka erstmals zur Staatsreligion eines Großreiches. Dieser propagierte nach einer ausgreifenden territorialen Expansion – so hatte er 261 v. Chr. Kalinga erobert (vgl. S. 157) – eine buddhistische Sittenlehre (*dhamma*), mit der er die Prinzipien dieses Glaubens zur Grundlage seiner Politik machte. Daneben begründete er eine buddhistische Missionstätigkeit in Baktrien sowie in Südindien und Sri Lanka, wobei die Trennungslinie zwischen persönlichem Glauben und der Instrumentalisierung des Buddhismus als integrative Klammer zur Stärkung der eigenen innen- und außenpolitischen Macht sicherlich fließend war.

Trotz der Institutionalisierung dieses Glaubens spaltete sich der Buddhismus seit dem 1. Jahrhundert v. Chr. in zwei Hauptrichtungen auf. So entstand seit dieser Zeit die Schule des **Mahayana-Buddhismus** („großes Fahrzeug“). Diese Glaubensform öffnete sich einer breiteren Laienanhängerschaft und stellte auch ihr den Weg ins Nirvana in Aussicht, der zuvor ausschließlich den strengen Ordensmitgliedern vorbehalten war. Deren Anhänger, der Mahayanin, konnte sich auf der Suche nach der absoluten Erkenntnis nun an einem reichen Repertoire an spirituellen Bezugspunkten orientieren. Als wichtiger Vermittler der höchsten Erkenntnis fungierte in diesem Kontext der **Boddhisatva** – der eigentlich für die Erlösung vorgesehene Gläubige, der aber bewußt auf den Eingang ins Nirvana verzichtet hatte, um anderen Gläubigen, die im

Erkenntnisprozeß noch nicht so weit fortgeschritten waren wie er selbst, den rechten Weg zu weisen. Neben der Gestalt des Boddhisatva entwikkelte sich auch die von der Gandhara-Schule inspirierte Darstellung des Buddha in Menschengestalt (vgl. S. 97). Mit diesem Programm trat die neue, liberalere Ausrichtung dem nunmehrigen alten, strengeren Glauben, dem **Theravada-Buddhismus** – seit dem 2. Jahrhundert n. Chr. als **Hinayana-Buddhismus** („kleines Fahrzeug") bezeichnet – gegenüber. In den ersten nachchristlichen Jahrhunderten konkurrierten beide Glaubensrichtungen friedlich miteinander und waren auch an den bedeutenden intellektuellen Zentren oft gleichermaßen als Lehrmeinung akzeptiert.

Als nächster Schritt in der Entwicklung des Buddhismus entstand seit dem 3. Jahrhundert n. Chr. vor allem in Nordostindien das sogenannte **Tantrayana**, das weniger den Weg zur Erkenntnis in den Mittelpunkt stellte, sondern vielmehr das Erlebnis des Erlöstseins. Diese Glaubensform war also wesentlich subjektiv-gefühlsbetonter als die Lehrmeinungen des Hinayana- und des Mahayana-Buddhismus. Das Tantrayana verstand sich als Bewegung, die ebenso wie der Mahayana-Buddhismus bewußt breitere Bevölkerungsschichten ansprach, sich aber vom intellektuellen Weg der Erkenntnis entfernte. Zum Erleben des buddhistischen Weges der Erlösung dienten nun auch Zauberpraktiken, Rituale, die Herbeiführung von Trancezuständen und ebenso sexuelle Praktiken. Die Lösung von einem starren Dogma und die Betonung der praktischen Religionsausübung machten das Tantrayana letztlich auch auf andere Glaubensrichtungen übertragbar, wie beispielsweise auf den Hinduismus und den Jinismus.

Mit der Verbreitung von Schriftlichkeit in den buddhistischen Klöstern entstand seit dem 1. Jahrhundert v. Chr. eine Vielzahl an Texten, so auch die voluminösen Mahayanasutras (1. Jahrhundert v. Chr. – 6. Jahrhundert n. Chr.), die Lehrtexte des „großen Wagens". Der Buddha, der hier der Überlieferung nach seine Lehrmeinungen verkündete, war nicht mehr eine historische Person, sondern ein transzendierter, universaler Buddha (Buddha Sakyamuni). Die Mahayanasutras erfuhren eine weite Verbreitung; so tauchten diese Texte – teilweise in Übersetzung in die Lokalsprachen – im 2. Jahrhundert n. Chr. in China, im 4. Jahrhundert in Korea, im 6. Jahrhundert in Japan und im 8. Jahrhundert in Tibet auf.

Der Buddhismus stellt einen missionarischen Glauben dar, der sich nach seiner Festigung im Ursprungsland Indien über weite Teile Asiens verbreitete. Dabei sind zwei Hauptbewegungsrichtungen erkennbar; die eine verlief auf dem Landweg nach Westen und Nordosten, die zweite auf dem Wasser in Richtung Südostasien (vgl. S. 91). Die Verbreitung des Buddhismus kann dabei nicht ausschließlich als theologisches Phänomen betrachtet werden, sondern damit verband sich auch der Transfer spezifischer Schrift- und Sprachkenntnis (Pali- und Prakrit-Sprachen), der buddhistischen Kunst und auch altindischer Herrschaftsmodelle.

Die früheste Verbreitung des Buddhismus vollzog sich über Kaufleute und buddhistische Missionare, durch die der Glaube im 3. Jahrhundert v. Chr. zunächst nach Sri Lanka und ins westliche Asien, im darauffolgenden Jahrhundert nach Zentralasien gelangte. Von dort aus verbreitete er sich schließlich nach China, Korea und Japan. In China erlangte der Buddhismus eine herausragende Bedeutung, wurde aber zwischen dem 7. und dem 9. Jahrhundert n. Chr. wieder massiv durch die Herrscher zurückgedrängt. Nach Tibet drang der Kult in Form des Mahayana- und Tantrayana-Buddhismus erst im 7. Jahrhundert unter dem Herrscher Songtsen Gampo (vgl. S. 263) in größerem Umfange vor, wo er sich mit lokalen, schamanistischen Glaubensformen vermischte. Seit der zweiten Hälfte des 8. Jahrhunderts wurde Tibet systematisch durch indische Mönche missioniert. Der Glaube wurde Staatsreligion, verlor aber gleichzeitig mit dem Verfall der zentralen Königsgewalt zu Beginn des 10. Jahrhunderts wieder an Bedeutung. Erst im 11. Jahrhundert konnte sich der Buddhismus erneut in Tibet durchsetzen, wo er unterschiedliche Schulen und Traditionen ausbildete. Aus einer dieser Schulen ging als religiöse Integrationsfigur der **Dalai Lama** hervor. Diesen Titel mit der ungefähren Bedeutung eines „Lehrers mit der Weisheit von der Weite eines Ozeans" erhielt in der zweiten Hälfte des 16. Jahrhunderts erstmals der Geistliche Sönam Gyatso vom mongolisch-tibetischen Herrscher Altan Khan zugesprochen, wobei seine Nachfolger als dessen Reinkarnation betrachtet werden. Postum wurden auch seine beiden Vorgänger als einstige Leiter dieser sogenannten Gelug-Schule zu Dalai Lamas erklärt, so daß der heute lebende Dalai Lama als tibetische Integrationsfigur als vierzehnter in dieser Reihe angesehen wird.

Jinismus

Ebenso wie der Buddhismus stellte auch der Jinismus eine an der Askese orientierte Reformbewegung dar, die sich mit großer Wahrscheinlichkeit seit dem 5. Jahrhundert v. Chr. als Gegenströmung gegen den etablierten, von den Brahmanen beherrschten vedischen Kult entwickelte. Als Gründer dieser Strömung gilt **Mahavira**, dessen traditionelle Datierung

(599–527 v. Chr.) mittlerweile in Frage gestellt wird. Im Kern dieser Lehre steht der Gedanke, daß alles materielle Organische und Nichtorganische eine Seele habe. Diese an sich reine Seele werde durch bestimmte negative, weltliche Einflüsse im Sinne der Karman-Lehre (vgl. S. 71) getrübt und dadurch an den Kreislauf von Tod und Wiedergeburt gebunden. Durch Askese und die Einhaltung strenger Moralvorstellungen könne die Seele aber von den negativen Tendenzen des Karman befreit werden, um dadurch dem Kreislauf von Tod und Wiedergeburt zu entkommen. Aus dieser Lehre ergeben sich das stete Bemühen des Jinisten, andere Lebewesen nicht zu verletzen oder zu töten und das Streben nach Askese, das bisweilen bis zum Hungertod führen kann, wie angeblich auch bei Mahavira selbst.

Die Jina-Gemeinde bestand aus Mönchen, Nonnen und Laien, war auf Grund der strengen Lebenshaltung aber zahlenmäßig immer deutlich kleiner als die des Buddhismus. Im 4. und 3. Jahrhundert v. Chr. erfreuten sich die Jinisten des Schutzes von Regionalherrschern im Norden und Osten Indiens, ehe sie sich von dort aus vor allem in Richtung Westen, nach Rajasthan, Gujarat und auch weiter in Richtung Süden ausbreiteten. Im Jahre 80 n. Chr. spaltete sich diese Glaubensgemeinschaft in eine Gruppe mit strengen Askesebemühungen und völliger Nacktheit und in eine Gruppe mit etwas weniger strengen Idealen, deren Anhänger sich bekleiden durften. Durch das Verbot des Tötens waren die jinistischen Laien nur selten in der Landwirtschaft tätig, sondern zogen eher das kaufmännische Leben vor, wodurch es eine ganze Reihe von ihnen zu beträchtlichem Reichtum brachte.

Zarathustrismus

Die Entstehungszeit des aus Persien stammenden Zarathustrismus ist ebenso unklar wie die Historizität des Verkünders dieses Glaubens, Zarathustra (Zoroaster). Hat es diesen tatsächlich gegeben, so lebte er vor der Entstehung des persischen Achaimeniden-Reiches. Zwei miteinander konkurrierende Datierungen schreiben ihn einerseits dem Übergang vom 2. zum 1. vorchristlichen Jahrtausend, andererseits dem 6. oder 7. Jahrhundert v. Chr. zu. Der Zarathustrismus entwickelte sich mit großer Wahrscheinlichkeit aus frühen mesopotamischen und vedischen Kulten – unter Integration vedischer Gottheiten, die auch in der altindischen Religion von Bedeutung waren, wie die Götter Mitra und Indra. Diese archaischen Gottheiten erfuhren allerdings im Zarathustrismus bisweilen einen Bedeutungs- und Funktionswandel.

Die zarathustrische Lehre und Riten sind in der Textsammlung des **Avesta** niedergelegt, der vermutlich erst im 5. Jahrhundert n. Chr. in seiner endgültigen Form schriftlich fixiert wurde. Die ältesten Texte (Gathas) sollen der Überlieferung nach auf Zarathustra selbst zurückgehen, während die jüngeren (Jüngerer Avesta), die gleichzeitig auch neue Gottheiten einführen, erst in nachfolgender Zeit hinzugekommen sind. Mit dem jüngeren Avesta entwickelten sich gleichzeitig auch eschatologisch-apokalyptische Vorstellungen, die im Gegensatz zu Hinduismus und Buddhismus die historische, zeitliche Entwicklung der Menschheit stärker in den Mittelpunkt der spirituellen Betrachtungen rücken. Die menschliche Welt wird als steter Kampf zwischen Gut und Böse begriffen, wobei das Gute letztlich siege, während der Ausgang nach dem indischen Karman-Gedanken hingegen ungewiß ist.

Neben anderen mesopotamischen Gottheiten bedienten sich die persischen Achaimenidenherrscher auch der Götter des Avesta, während aber erst unter den frühen Sasaniden der Zarathustrismus zu einer obrigkeitlich protegierten Religion in Persien wurde, die zeitweise Freiräume auch für religiöse Minderheiten wie Christen oder Manichäer ließ. Aus dieser Zeit des 3. Jahrhunderts v. Chr. stammen weitere dogmatische Texte, die sogenannten *Pahlavi*-Schriften, die nochmals neue Gottheiten einführen, sonst aber die Traditionen des Zarathustrismus fortsetzen. Nach der Ausbreitung des Islam in Richtung Persien in der ersten Hälfte des 7. Jahrhunderts n. Chr. migrierten viele Angehörige dieser Religion nach Indien, wo diese unter der Bezeichnung **Parsen** eine bis heute aktive Glaubensgemeinschaft bilden.

Daoismus und Konfuzianismus

Auch in China entstanden ebenso wie in Indien und vermutlich in Persien um die Mitte des 1. Jahrtausends v. Chr. neue Glaubensformen. Die frühe chinesische Gesellschaft war weitgehend vom Ahnenkult geprägt. In der Zeit der Zhou-Dynastie wurde seit dem 11. Jahrhundert v. Chr. aber der durch die Ahnenverehrung vorgegebene personale religiöse Bezugsrahmen zugunsten eines abstrakten Göttlichkeitsprinzips aufgegeben. Als höchste Göttlichkeit entwickelten sich der „Himmel“ (*dao*), der den Kosmos und dessen Gesetze repräsentierte; und anstelle der Verehrung der Ahnen etablierte sich ein obrigkeitlich dominierter Kult, der auf dem Erkennen dieser Gesetze mittels ritueller Zahlenreihen basierte. Das chinesische Kaisertum monopolisierte im Laufe der Zeit viele Elemente des sich in diesem Kontext herausbildenden sakralen

Wissens, und aus dem *dao*-Kult entwickelte sich das Weltbild des Daoismus.

Der bis heute in China bedeutende **Daoismus** stellt eine ganzheitliche, philosophische Strömung dar, die sich erst später partiell zur Religion ausbildete. Das daoistische Streben ist ganz auf die subjektive, persönliche Vervollkommnung ausgerichtet, während der Konfuzianismus (s. u.) eher das gesellschaftliche Wohlergehen im Blick hat. Das Ideal des Daoismus bildet der „wahre Mensch“ (*zhenren*), der von äußeren gesellschaftlichen Einflüssen befreit, sich einfach von einer angenommenen himmlischen Urkraft treiben lasse und damit den rechten Weg zur Tugend von selbst erfahre. Als Stifter dieses Weltgebäudes gilt Lao-tzu als angeblicher Ratgeber der Herrscher der Zhou-Dynastie und Verfasser des grundlegenden Textes *Daode jing* („Buch vom Weg und von der Tugend“). Es ist allerdings umstritten, ob ein derartiger Lao-tzu tatsächlich existierte oder ob seine Biographie und seine philosophischen Lehrmeinungen nicht eher literarisch-philosophische Rückprojektionen aus dem 3. Jahrhundert v. Chr. sind (Bauer 2001).

Entgegen dem individualistisch ausgerichteten Daoismus war der **Konfuzianismus** ein am gesamtgesellschaftlichen Wohl orientiertes Weltgebäude. Er läßt sich als integrierende Kraft gegen einen wachsenden politischen Partikularismus in China um die Mitte des 1. Jahrtausends v. Chr. begreifen. Es war vor allem der namengebende Konfuzius (551–479 v. Chr.) mit der durch ihn begründeten Schule des Konfuzianismus, der dem zerfallenden Gemeinwesen das Ideal eines von Tugenden geleiteten sozialen Menschen entgegenstellte. Seine Lehrsprüche bilden ein Regelwerk des rechten, verantwortungsbewußten Umgangs der Menschen untereinander. Die Lehre wurde durch Menzius (ca. 372–289 v. Chr.) verfeinert, der dieser Philosophie eine politische Nuance gab und die Tugenden des Konfuzianismus in seinen Texten vor allem dem weltlichen Herrscher anbefahl. Im Laufe der Zeit entwickelte sich diese Strömung zu einer staatstragenden Philosophie, die die Grundlagen für die spätere Verwaltung im Reich der Mitte legte. So avancierten zeitweise Bildung und Tugend anstelle des ständischen Geburtsprinzips zu den Voraussetzungen einer Karriere in der chinesischen Administration.

Islam

Eine im Vergleich zu den vorchristlichen Glaubensformen eher junge Religion stellt der Islam dar, der sich seit dem 7. Jahrhundert n. Chr. von der Arabischen Halbinsel aus über weite Teile Asiens, das nördliche

Afrika sowie das südöstliche und südwestliche Europa ausbreitete. Durch die enorme Ausdehnung des Islam entstand zwischen der Iberischen Halbinsel und Südostasien ein mehr oder weniger kohärenter Kulturraum, in dem es zu einer Blüte der Kunst und Wissenschaften kam, die schließlich auch nichtislamische Regionen maßgeblich beeinflußte. Bevor sich der Islam im arabischen Raum herausbildete, existierten dort gleichzeitig mehrere Religionen nebeneinander, so war im Norden der arabisch besiedelten Gebiete das Christentum vertreten, wie auch der jüdische Glauben im westlichen Asien eine lange Tradition hatte. Die meisten Araber waren hingegen Anhänger paganer Stammeskulte (vgl. S. 68f.).

Als Nachkomme der Kaufmannsfamilie der Quraisch wurde **Mohammed**, der Prophet des Islam, der islamischen Überlieferung nach um 570 in der Stadt Mekka geboren. Schon früh unternahm dieser im Namen seines Onkels Abu Talib Karawanenreisen nach Gaza und Damaskus; daneben suchte er aber auch geistliche Erbauung durch Meditation. Hierzu zog sich Mohammed regelmäßig während des Monats Ramadan in eine Höhle im Berg al-Hira zurück, wo er etwa im Alter von vierzig Jahren seine ersten Offenbarungen Gottes (arabisch: Allah) erfahren haben soll. Nach deren Bekanntwerden entfalteten diese eine starke Integrationskraft, vor allem unter sozial benachteiligten Gruppen in Mekka, die sich Mohammeds Verkündungen zu eigen machten und die später als **Muslime** bezeichnet wurden. So entstand nur kurze Zeit nach Mohammeds Offenbarungen eine breit akzeptierte neue Religion, der **Islam**, abgeleitet von *aslama* (sich hingeben).

Seitens der mächtigen Quraisch-Oberhäupter erwuchs Mohammed aber ein immer heftiger werdender Widerstand. Mohammed versuchte deshalb, auch außerhalb Mekkas Verbündete zu finden. 622 begab er sich nach Medina, wo es ihm gelang, dort Menschen zu seinem neuen Glauben zu bekehren. Seine Auswanderung von Mekka nach Medina (**Hidschra**) gilt als Beginn der islamischen Zeitrechnung, die offiziell aber erst vom Kalifen Omar Ibn al-Chattab nach Mohammeds Tod eingeführt wurde. Die Konversion lokaler Stämme zum neuen Glauben machte Medina im Vergleich zu Mekka politisch immer mächtiger. Zwei Jahre nach seiner Übersiedlung und nachdem Mohammed in Medina eine bedeutende Hausmacht errichtet hatte, kam es zu einem Überfall Mekkas auf Medina, um den unliebsamen Konkurrenten auszuschalten, wobei die Muslime aber die Oberhand behalten haben sollen. Nach der Kapitulation Mekkas kehrte Mohammed vorübergehend wieder in seine Heimatstadt zurück. Dennoch blieb Medina bis zu seinem Tod 632 weiterhin der Lebensmittelpunkt.

Nach Mohammeds Tod entstand eine Sammlung seiner Offenbarungen, aus der sich schließlich das Heilige Buch der Muslime, der aus 114 Abschnitten (Suren) bestehende **Koran**, entwickelte. Hierin bündeln sich Mohammeds Offenbarungen über die göttliche Schöpfung und seine Erfahrungen mit den paganen, vorislamischen Kulten der Araber sowie mit den ökonomischen und sozialen Problemen seiner Zeit. Der Koran stellt sowohl die göttliche Schöpfung dar, ist aber auch als praktische Handlungsanweisung für den Gläubigen zu verstehen. Dessen erste standardisierte Fassung entstand vermutlich in den 650er Jahren durch Initiative des dritten Kalifen Uthman. Ergänzend zum Koran stehen Mohammeds persönliche Interpretationen seiner Offenbarungen (**Sunna**), die ebenso wie der Koran selbst in der entstehenden islamischen Gesellschaft normgebend wurden. Die islamischen Schriften formulieren fünf Pflichten des Gläubigen, so das Bekenntnis zu Allah als einzigem Gott, das Gebet fünfmal täglich, das Geben von Almosen, das Fasten im Monat Ramadan sowie die Pilgerfahrt nach Mekka.

Mit dem Islam gründete sich auf arabischem Boden erstmals eine Gesellschaft, deren Bezugspunkte nicht mehr allein die traditionellen Stammesstrukturen darstellten, sondern in erster Linie die neue Religion. Islamische Normen wurden allgemeingültig und sorgten entsprechend für die Etablierung spezifischer Rechts- und Moralvorstellungen. Es entstand eine auf einheitlichen Glaubensprinzipien ruhende islamische Gesellschaft, die **Umma**, ebenso ein einheitliches islamisches Recht, die **Scharia**.

Bei Mohammeds Tod bestand keine eindeutige Nachfolgeregelung des Propheten. Schon zu Lebzeiten hatte dieser für die Perioden seiner Abwesenheit Stellvertreter eingesetzt, die für die Durchführung der rituellen Handlungen des Islam zuständig waren. Dieses Stellvertreteramt wurde nach Mohammeds Tod transzendiert, wobei der **Kalif** als irdischer Stellvertreter des Propheten betrachtet wurde. Im Zuge der raschen Ausbreitung des Islam nicht nur als religiöser, sondern auch als politischer Kraft, erwuchs der Institution des Kalifats eine enorme Machtstellung.

Bei der Besetzung des Kalifats entwickelten sich zwei Schulen; während die medinensische Schule die Ansicht vertrat, der Kalif solle nach religiösem Verdienst eingesetzt werden, waren die Quraisch in Mekka – die letztlich auch den Islam angenommen hatten – der Auffassung, die verwandtschaftliche Nähe zum Propheten solle bei der Einsetzung maßgeblich sein. Während die ersten Kalifen nach dem medinenser Prinzip bestimmt wurden, entwickelte sich seit den Abbasiden eine regelrechte

Erbfolge bei der Besetzung des Kalifats (vgl. S. 123f.). Der sich zwischen diesen beiden Schulen anbahnende Konflikt brach erstmals beim Antritt des vierten Kalifen Ali Ibn Abu Talib in der Mitte des 7. Jahrhunderts aus, der seine Herrschaftslegitimation auf eine unmittelbare Blutsverwandtschaft zum Propheten bezog. Dieser fand vor allem Unterststützung außerhalb des arabischen Kerngebietes im Irak. Seine Parteigänger nannten sich die „Anhängerschaft Alis" (*si'at Ali*), wobei sich aus der Kurzfassung *si'a* die Bezeichnung **Schiiten** für die Anhänger dieses Verwandtschaftsprinzips entwickelte. Alis Nachfolger, die letztlich unterlagen und von der weltlichen Kalifenwürde ausgeschlossen blieben, avancierten zum geistlichen Oberhaupt der Schiiten (**Imam**). Die schiitische Gemeinde verehrt insgesamt zwölf Imame als Nachkommen Alis. Der zwölfte Imam lebe nach Ansicht der Schiiten im Verborgenen weiter und werde irgendwann als Erlöser (Mahdi) wieder auf der Erde auftauchen.

Aus der Diskussion um Mohammeds Erbfolge spaltete sich schließlich die islamische Glaubenswelt in zwei Teile auf, in die Sunniten (abgeleitet vom Begriff Sunna) und die Schiiten. Abgesehen von einigen theologischen Unterschieden – so die Ablehnung der Sunna durch die Schiiten –, auf die hier nicht näher eingegangen werden soll, besteht der Unterschied zwischen beiden Glaubensrichtungen in der Legitimationsfrage des Kalifats. Die **Sunniten** halten in Abgrenzung zu den Schiiten das Verdienstprinzip des „rechtgeleiteten Kalifen" als Legitimationsbasis für ausreichend und setzten sich damit in der Zeit der Ummayaden-Herrschaft und der Abbasiden-Dynastie auch weitgehend durch, während die Anhänger der Schia durch den Mehrheitsglauben der Sunniten oft machtpolitisch in den Hintergrund gedrängt wurden und zu Rebellionen neigten wie beispielsweise um 680 durch Alis Sohn **Hussein**. Dieser wurde durch seinen gewaltsamen Tod bei der Stadt Kerbela am Euphrat zum Märtyrer und damit zum bedeutenden sakralen Bezugspunkt der schiitischen Gemeinde. Erst seit dem 10. Jahrhundert entstanden im islamischen Raum vereinzelt schiitische Dynastien wie die ägyptischen Fatimiden oder die Buyiden in Bagdad (vgl. S. 124). Heute konzentrieren sich die Schiiten auf den Iran, Teile des Irak, aber auch auf Indien und das nördliche Afrika.

Neben diesen Hauptrichtungen entwickelte sich der schiitisch beeinflußte **Sufismus** (nach dem Begriff *suf* als Bezeichnung für den für seine Anhänger charakteristischen Wollumhang) als asketische Glaubensausprägung. Dieser ging aus einer islamischen Mystik hervor, die sich vor allem seit der Zeit der Mongolen-Herrschaft im westlichen Asien ausbreitete und sich in der Gründung zahlreicher (Derwisch-) Orden manifestierte. Die islamischen Mystiker versuchten, über die allgemeine Normgebung der Scharia hinaus zu einem innigeren Verhältnis zu Allah zu gelangen. Im Mittelpunkt dieser Frömmigkeitsbewegung standen zahlreiche Meister, die Schüler um sich sammelten und später oft als Ordensgründer eine Heiligenverehrung genossen.

Rasch erlebte der Islam weite Akzeptanz als religiös und politisch integrierende Kraft und verbreitete sich innerhalb kurzer Zeit. Schon bis zu Mohammeds Tod erstreckte sich das islamische Gebiet über nahezu die gesamte Arabische Halbinsel; und bis zur Mitte des 7. Jahrhunderts waren zudem Ägypten, Tripolitanien, die Levante, Mesopotamien sowie große Teile Persiens islamisch. In den 670er Jahren expandierten arabisch-islamische Truppen jenseits des Amu-darja und brachten die neue Religion auch in die westlichen Teile Zentralasiens, von wo aus sich der Islam als Minderheitenreligion bis nach China ausbreitete. Zu Beginn des 8. Jahrhunderts stieß dieser Glaube an die indische Westgrenze sowie weit auf die Iberische Halbinsel vor. Während die Muslime in Indien zahlenmäßig immer in der Minderheit waren, avancierte hier der Islam im beginnenden 13. Jahrhundert mit dem Aufstieg des Delhi-Sultanats zur Religion der Machteliten, wie es bis zum Ende des Mogul-Reiches im 18. Jahrhundert bleiben sollte. Mit dem beginnenden 15. Jahrhundert drang der Islam schließlich auch in größerem Umfang nach Südostasien vor, wo mehrere Sultanate entstanden.

Christen und Juden

Christen und Juden lebten seit der Spätantike als religiöse Minderheiten vor allem in West- und Südasien. Seit dem Ende des 2. Jahrhunderts hatten sich Angehörige des christlichen Glaubens in Mesopotamien angesiedelt, wo auch eine bedeutende jüdische Gemeinschaft existierte. Aber erst im Zuge der Christendeportationen aus dem Römischen Reich entstand hier bis zum 5. Jahrhundert eine größere Gemeinde von Christen (u. a. Nestorianer). Nach der apokryphen Überlieferung soll sich schon in dieser Frühzeit eine christliche Missionsbewegung in Asien gegründet haben. So hat angeblich der Apostel Thomas im Herrschaftsgebiet des Königs „Guduphar" – vermutlich der indo-parthische Herrscher Gondopharnes (vgl. S. 158) – missioniert. Möglicherweise ist es auch dieser Gondopharnes, der in Form des Königs Kaspar als einer der „Heiligen drei Könige" aus dem „Morgenland" Einzug in die christliche Überlieferung fand. Während die Thomas-Mission in Südindien eher spekulativ ist, kann mithin von frühen Kontakten Nordwestindiens mit dem Christentum ausgegangen werden. Der Legende nach soll der Apostel Thomas aber bis nach Südindien gelangt sein, wo er angeblich um 72 n. Chr. auf dem heutigen zur Stadt Chennai (Madras) gehörenden St. Thomas Mount den Märtyrertod fand. 1547 entdeckten die Portugiesen bei einer Ausgrabung an dem angeblichen Todesort des Apostels ein noch heute zu besichtigendes steinernes Kreuz (das „blutende Kreuz"), welches mit der Präsenz des Apostels in Verbindung gebracht wurde, tatsächlich aber wohl eher in das 4. Jahrhundert datiert werden dürfte.

Christliche Kaufleute aus Mesopotamien siedelten sich spätestens um 300 n. Chr. an der indischen Südwestküste im heutigen Kerala an, wo sie die syrische Kirchensprache und Liturgie pflegten und eigene Geistliche beschäftigten. Zur selben Zeit erreichten vermutlich auch persische Christen Südindien, die vor den Christenverfolgungen der Sasaniden geflohen waren. Hieraus entwickelte sich im Laufe der Zeit eine nestorianische Glaubensgemeinschaft, die durch vielfältige Heirats- und Handelsbeziehungen mit der hinduistischen Mehrheitsgesellschaft verbunden war und erst im Zeitalter der portugiesischen Handelsexpansion nach Indien in die römisch-katholische Kirche integriert wurde.

Auch in China existierte seit der ersten Hälfte des 7. Jahrhunderts eine kleine christlich-nestorianische Gemeinde, die angeblich von einem persischen Mönch namens A-lo-ben begründet worden sei. Vermutlich waren es aber eher christliche Kaufleute aus Westasien, die über die Seidenstraße nach China gelangten (wie Schriftfunde aus der Stadt Dunhuang belegen) und die Eliten im Reich der Mitte mit dem Christentum vertraut machten. Der konfessionell liberaler eingestellte Tang-Herrscher Taizong stellte 638 das Privileg zur Gründung eines Klosters in der Hauptstadt Chang'an aus. Im Zuge von religiöser Verfolgung verschwand der christliche Glaube aber um die Mitte des 9. Jahrhunderts wieder aus China.

Neben diesen frühen christlichen Gemeinschaften etablierte sich seit der Antike auch ein komplexes jüdisches Kommunikations- und Handelsnetzwerk über die Gebiete am westlichen Indischen Ozean. Herausragende Quelle ist die Korrespondenz der sogenannten Kairo-Genizah-Kaufleute aus dem 11. Jahrhundert, die über Handelskontakte dieser jüdischen Händlergemeinschaft von der nordafrikanischen Küste über das Rote Meer bis nach Südindien berichtet. Vor allem in Cochin an der Malabarküste entstand eine bedeutende jüdische Gemeinde, die noch bis vor wenigen Jahrzehnten existierte und von deren Gegenwart heute die aus dem 16. Jahrhundert stammende Synagoge zeugt.

Seit der Frühen Neuzeit setzte erneut eine christliche Missionsbewegung in Asien ein, die zunächst von den Jesuiten in Süd-, Südost- und Ostasien, seit dem 18. Jahrhundert dann in immer stärkeren Maße von reformierten und lutherischen Glaubensgemeinschaften getragen wurde. Die Mission der Jesuiten begann 1542 mit der Ankunft von Franz Xaver (1505–1555) in Indien, von wo aus sich dieser Missionar nach ersten Bekehrungsversuchen auf die Molukken und später nach Japan begab. Katholische Gemeinden entstanden durch das Wirken Xavers und seiner Nachfolger bis zum 17. Jahrhundert in Indien, Japan, China, im festländischen Südostasien und auf den Philippinen. Vor allem in Japan waren die Katholiken – denen sich sogar vereinzelt einheimische Adlige anschlossen – im Zuge von politisch-ökonomischen Abschließungstendenzen der Herrscher immer wieder von religiöser Verfolgung bedroht, ehe diese Glaubensgemeinschaft in einer langanhaltenden Auseinandersetzung mit traditionalistischen Teilen der Führungseliten bis 1652 nahezu völlig zerschlagen wurde. Vom deutschsprachigen Raum ging eine Missionstätigkeit anfangs vor allem von den pietistischen Kreisen in Halle und Herrnhut aus, im 19. Jahrhundert kamen andere lutherische Missionsgesellschaften wie die schleswig-holsteinische Missionsgesellschaft aus Breklum, die Baseler oder Leipziger Mission hinzu. In jüngster Zeit avancierte die christliche Missions- und Sozialarbeit vor allem in Indien immer stärker zu einem Politikum und führt zu wachsenden Ressentiments seitens einer Hindu-Gegenbewegung, wobei dieser Konflikt oft auf Kosten der immer noch existierenden paganen Stammesreligionen ausgetragen wird.

Weiterführende Literatur

Altertum: H. W. Haussig (Hg.), Wörterbuch der Mythologie, Bd. 1,1: Die alten Kulturvölker. Götter und Mythen im Vorderen Orient, Stuttgart 1965. *Tribale Kulte:* E. T. Dalton, Tribal History of Eastern India, Calcutta 1872 (Neudruck New Delhi 1978); E. Thurston, K. Rangachari, Castes and Tribes of Southern India, 7 Bde., Madras 1909 (Neudruck Delhi 1993). *Hinduismus:* H. Kulke, Jagannatha-Kult und Gajapati-Königtum. Ein Beitrag zur Geschichte religiöser Legitimation hinduistischer Herrscher, Wiesbaden 1979; M. Witzel, Early Indian History. Linguistic and Textual Parameters, in: G. Erdosy (Hg.), The Indo-Aryans of Ancient South Asia. Language, Material Culture und Ethnicity, Berlin-New York 1995, S. 85–125, (zur Überlieferung der Veden); M. Weber, Die Wirtschaftsethik der Weltreligionen Hinduismus und

Buddhismus, (Max Weber Gesamtausgabe, Bd. 20), Tübingen 1996 (immer noch ein Klassiker, allerdings in einigen Punkten überholt); W. Scholz, Hinduismus, Köln 2000; C. Shattuck, Hinduismus, Freiburg i. B. 2000; H. von Stietencron, Der Hinduismus, München 2001. *Buddhismus:* H. W. Schumann, Handbuch Buddhismus. Die zentralen Lehren. Ursprung und Gegenwart, Kreuzlingen-München 2000. *Zarathustrismus:* S. S. Hartman, Parsism. The Religion of Zoroaster, Leiden 1980; A. Bausani, Religion in Iran. From Zoroaster to Baha'ullah, New York 2000 (auch über den Islam im Iran). *Islam*: C. Cahen (Hg.), Der Islam I. Vom Ursprung bis zu den Anfängen des Osmanenreiches, (Fischer Weltgeschichte, Bd. 14), Frankfurt a. M. 1982; G. E. Grunebaum (Hg.), Der Islam II. Die islamischen Reiche nach dem Fall von Konstantinopel, (Fischer Weltgeschichte, Bd. 15), Frankfurt a. M. 1971; G. Endreß, Der Islam. Eine Einführung in seine Geschichte, München [3]1997; S. Faroqhi, Herrscher über Mekka. Die Geschichte der Pilgerfahrt, Düsseldorf-Zürich 2000; H. Halm, Der Islam, München 2000; H. Bobzin, Mohammed, München 2000; A. Schimmel, Sufismus, München 2000. *Daoismus, Konfuzianismus:* M. Weber, Die Wirtschaftsethik der Weltreligionen Konfuzianismus und Taoismus, (Max Weber Gesamtausgabe, Bd. 19), Tübingen 1989; I. Robinet, Geschichte des Taoismus, München 1995; L. Geldsetzer, Hong Handing, Grundlagen der chinesischen Philosophie, Stuttgart 1998; F. C. Reiter, Taoismus. Eine Einführung, Hamburg 2000; W. Bauer, Geschichte der chinesischen Philosophie. Konfuzianismus, Daoismus, Buddhismus, München 2001. *Christentum:* O. Waack, Indische Kirche und Indien-Mission, 2 Bde., Erlangen 1994-1996 (über die Breklumer Mission in Orissa); D. Jeyaraj, Inkulturation in Tranquebar. Der Beitrag der frühen dänisch-halleschen Mission zum Werden einer indisch-einheimischen Kirche (1706–1730), Erlangen 1996; P. C. Hartmann, Die Jesuiten, München 2001; F. Winkelmann, Geschichte des Frühen Christentums, München [2]2001.

III.4. Kultureller Austausch

Modelle des kulturellen Austausches

Die bedeutenden Handelsrouten, die die einzelnen Teilregionen Asiens seit vorgeschichtlicher Zeit miteinander verbanden, dienten oft auch dem Transport immaterieller Güter, gleich ob es sich dabei um Religion, Sprache, Herrschaftsmodelle oder um technisches Wissen handelte. Die

Kulturhistoriker haben zum Verständnis des kulturellen Austausches verschiedene Modelle entwickelt, die sich grob nach „Kommunikator"- und „Rezipienten"-Modellen unterscheiden lassen. Im ersten Fall übernimmt der Sender gewissermaßen die aktive Rolle und paßt sich bewußt an den Sprach- oder Symbolhaushalt des Nehmenden an, um diesem nicht nur seine Kultur friedlich oder gewaltsam zu übermitteln, sondern deren Bedeutungsinhalte in „kultureller Übersetzung" (Burke 2000) so in einen neuen Kontext zu stellen, daß diese dem Annehmenden auch verständlich und sinnhaft erscheinen. Im zweiten Fall wählt der Nehmende bewußt Kulturgüter aus einem fremden Kontext aus und integriert sie oft mit einer ganz konkreten Intention in die bereits bestehende indigene Kultur. An diese Modelle knüpfen sich ganz unterschiedliche historische Interpretationsmuster, etwa bei der Frage, ob Kultur von einer vermeintlich höherstehenden gesellschaftlichen Entität in imperialer oder zivilisatorischer Absicht exportiert wird oder ob andererseits vom Rezipienten selektiv Elemente einer anderen Kultur zu einem bestimmten Zweck ausgewählt werden. Besonders deutlich wird das sich hieraus ergebende Interpretationspotential bei der Frage nach der Indisierung Südostasiens.

Es darf also bei der Betrachtung kulturellen Austausches nicht nur darum gehen, ausschließlich die inhaltlichen Aspekte zu analysieren, sondern ebenso entscheidend sind auch die Motive der Sender und Rezipienten sowie die Art des Transfers, beispielsweise ob dieser von einer Gesellschaft bewußt als Bereicherung ihres kulturellen Horizonts eingeleitet oder ob dieser hingegen gewaltsam oktroyiert wurde. In keinem Fall kam es aber zu einer völligen Verdrängung indigener Kultur durch einen derartigen Transfer; immer entwickelte sich eine Symbiose zwischen eingewanderten und einheimischen Lebensformen, und es hing von der Überzeugungsfähigkeit oder der Macht der eingewanderten Kultur ab, in welchem Umfange diese die einzelnen Lebensbereiche des gastgebenden Landes durchdrang.

Kulturtransfer stellt oft einen mehrdimensionalen Prozeß dar. Die grundlegende Verbreitung findet in horizontaler Perspektive als räumlicher Verlagerungsprozeß statt. Zu berücksichtigen ist aber auch vertikaler Kulturtransfer, bei dem sich innerhalb eines Raumes zivilisatorische Elemente zwischen einzelnen gesellschaftlichen Schichten verlagern. Für die asiatische Geschichte ist gerade die Verbindung von horizontalem und vertikalem Kulturtransfer charakteristisch. So nahmen oftmals zugewanderte Bevölkerungsgruppen, die im Laufe der Zeit in ihrer neuen Heimat eine politisch dominierende Stellung erwarben, die Kultur der indigenen Eliten oder gar der breiten Bevölkerung an. Ein derartiges Verhalten läßt sich besonders gut bei den aus Zentralasien zugewanderten Herrscherdynastien Chinas beobachten (Sinisierung), aber auch bei der Annahme der persischen Hofkultur durch die griechisch-makedonischen Herrscher im 4. Jahrhundert v. Chr.

Kultureller Austausch fand innerhalb Asiens oder zwischen Asien und anderen Kontinenten statt. Es ließen sich unzählige Beispiele für einen derartigen Transfer nennen, von denen hier aber nur einige, repräsentative Entwicklungen herausgegriffen werden sollen. Innerhalb Asiens strahlten vor allem Indien (**Indisierung**) und China (**Sinisierung**) kulturell weit über ihr Heimatgebiet aus und berührten in vielfacher Weise die Lebensbereiche der Gastgeber vor allem in Südost- und in Zentralasien. Von außen her drangen zudem Einflüsse immer wieder aus dem Westen vor. So fand zwischen Europa und Asien zweimal ein epochaler kultureller Austausch statt, zum einen in der Antike mit der **Hellenisierung** des westlichen Asien bis nach Nordindien hinein, zum anderen mit der durch die koloniale Expansion eingeleiteten neuzeitlichen **Europäisierung**.

Indisierung

Die indischen Kulturen beeinflußten seit dem Altertum weite Gebiete des übrigen Asien. Diese sogenannte Indisierung betraf mit dem Export von Buddhismus und Hinduismus sowohl den sakralen Bereich als auch mit der Übermittlung von Formen der Herrschaftslegitimation die politische Kultur. Beide Ebenen sind kaum voneinander zu trennen.

Ein besonders markanter und in der historischen Forschung viel diskutierter Kulturtransfer stellt die Indisierung Südostasiens seit den ersten nachchristlichen Jahrhunderten dar. Auf dem Höhepunkt dieses Prozesses entstanden die von indischer Architektur und dem buddhistischen oder hinduistischen Kosmos geprägten Bauwerke des Borobodur, Prambanan oder von Angkor und Pagan. Die Art dieser kulturellen Vermittlung war lange Zeit umstritten. In einer anfänglichen, traditionellen Sicht wurde die Indisierung Südostasiens häufig als Kolonisierungsprozeß begriffen, bei dem indische Eliten die politischen und sakralen Führungsrollen in den südostasiatischen Gemeinwesen übernommen hätten. Dieser vor allem von indischen Historikern favorisierten Theorie liegt das Konzept eines „Greater India“ mit einer systematischen, geradezu imperialen Kolonisierung Südostasiens durch Indien zugrunde (Majumdar 1927, S. 21).

In der gegenwärtigen Forschung erscheint die Kolonisationstheorie indes obsolet. Auch gegen die Händlertheorie, wonach sich dieser Transformationsprozeß durch die Vermittlung von Kaufleuten vollzog, sprechen gewichtige Argumente. So wurden in die südostasiatischen Sprachen fast keine indischen Alltagsbegriffe des ökonomischen Austausches übernommen, hingegen finden sich Lehnwörter aus dem Sanskrit oder Pali, was auf eine Vermittlung durch Brahmanen oder buddhistische Mönche schließen läßt. Diese verfügten nicht allein über die Kenntnisse der heiligen indischen Texte, sondern auch über die bedeutenden weltlichen Lehrbücher zur indischen Staatstheorie. Hinzu kam ihre Kenntnis des Rechtswesens und der Baukunst.

Die Adaption des indischen Wissens fand vor allem durch die politischen Eliten Südostasiens statt, die sich die Kenntnis um die indischen Staats- und Gesellschaftsstrukturen für die Staatsbildung in ihren eigenen Territorien zunutze machten. So folgen wir heute weitgehend der These von J. C. van Leur, der schon in den 1940er Jahren die Vermutung aufstellte, nicht die Inder hätten offensiv ihr Wissen nach Südostasien transferiert, sondern die Südostasiaten hätten ihrerseits aktiv indische „Berater" ins Land geholt (van Leur 1967, S. 89ff.). Auf diese Weise gelangten die klassischen indischen Herrschaftsinstitutionen des Königtums und das Wissen um die territoriale Durchdringung auch peripherer Gebiete nach Südostasien. Im Laufe der Zeit wurde dann eine größere Zahl an südostasiatischen Gemeinwesen indisiert.

Van Leurs Theorie setzt voraus, daß bereits vor der Indisierung der politischen Strukturen ein gewisses Maß an Staatlichkeit in Südostasien vorhanden war, die es dem jeweiligen Fürsten erlaubte, ein derartiges Programm überhaupt erst zu initiieren. Grundlage dürfte eine auf Reis basierende intensive Landwirtschaft gewesen sein, deren Überschüsse dem Herrscher in Form von Abgaben- oder Arbeitsleistungen zuflossen, denn nur damit war eine Staatsbildung mit Verwaltung und Streitkräften überhaupt möglich. Die archäologische Forschung seit den 1960er Jahren – vor allem an den thailändischen Fundplätzen von Spirit Cave und Non Nok Tha – hat entsprechend auch ergeben, daß sich wichtige landwirtschaftliche Techniken als Voraussetzung jeglicher Staatlichkeit autochthon in Südostasien entwickelten und nicht erst im Zuge der Indisierung das Land erreichten.

Der Prozeß des kulturellen Austausches ist verstärkt für die Zeit seit dem 7. Jahrhundert n. Chr. durch eine vergleichsweise große Anzahl an Inschriften in Südostasien belegt. Indisierung der politischen Strukturen verlief parallel zur Übernahme indischer Religionen als Medium der

Sinnstiftung. So stützte sich der Transfer der indischen Staatsmodelle vor allem auf den Shivaismus. In der zeitgenössischen Wahrnehmung wurde der indische Gott Shiva gleichgesetzt mit einem „Schöpfer", „Allwissenden", „obersten Asketen" und „Gott der Gnade". Diese doch recht elitären Attribute machten den Shivaismus vor allem für Fürsten attraktiv wie beispielsweise für die Eliten der Khmer (vgl. S. 223ff.). Aus den Inschriften wird deutlich, daß bei jenen spätestens seit dem 7. Jahrhundert nicht mehr allein persönliche Fähigkeiten wie Tapferkeit die Herrschaft über Untertanen oder Vasallen legitimierten, sondern auch die Nähe zum Shiva-Kult. Damit beruhte die Herrschaftslegitimation wie beim Khmer-Fürsten Bhavavarman I. (um 600) kaum mehr allein auf physischer Gewalt, sondern erhielt daneben eine sakrale Aura. Als Gegenleistung für die Übermittlung dieser Aura erhielten die nach Südostasien geholten hinduistischen Geistlichen am Hof zahlreiche Privilegien wie Hofämter oder materielle Zuwendungen.

Die Träger der Indisierung waren nicht allein hinduistische Brahmanen, sondern der Buddhismus spielte eine mindestens ebenso bedeutende Rolle. Während die hinduistischen Kulte das Reisen über das Meer oft ablehnten und die Fahrt nach Südostasien eine mentale Barriere darstellte – die nur von bestimmten Brahmanen überwunden wurde – besaß der Buddhismus hingegen von seinem Wesen her eine missionarische Grundhaltung, was buddhistische Mönche zu mindestens ebenso bedeutenden Vermittlern machte. Die Voraussetzung der buddhistischen Beteiligung an diesem Prozeß war zunächst die Verlagerung des spirituellen Zentrums dieses Glaubens von Nordwestindien (Taxila) in den indischen Osten, vornehmlich an die buddhistischen Bildungsstätten von Nalanda und Sarnath – denn nur von hier aus waren direkte Kontakte mit Südostasien möglich (vgl. S. 75). Seit dem Beginn des 2. Jahrtausends spielte neben Bihar und Bengalen auch das Südindien der Chola-Dynastie eine große Rolle, wie einige auf Sumatra gefundene, von der Chola-Kunst inspirierte Skulpturen belegen. So verwundert es nicht, daß in Südostasien Hinduismus und Buddhismus als Träger des Kulturtransfers gleichermaßen bedeutsam waren, und es oft einfach ein Problem der dynastischen Identitätsbildung oder der Abgrenzung war, ob ein südostasiatischer Fürst den einen oder den anderen Glauben favorisierte. Gerade für das Reich von Angkor ist ein mehrfacher Religionswechsel belegt, wobei einzelne Herrscher wie Jayavarman III. im 9. und Suryavarman II. im 12. Jahrhundert hinduistischen Göttern huldigten, während Suryavarman I. im beginnenden 11. Jahrhundert eher dem Buddhismus zuneigte.

Ein möglicherweise bedeutendes konkretes Beispiel für die frühe Indisierung – obwohl deren Staatlichkeit immer noch nicht vollständig bewiesen ist – stellt die Thalassokratie von Srivijaya dar, die seit dem 7. Jahrhundert n. Chr. zur maritimen Vormacht des insularen Südostasien avancierte (vgl. S. 227f.). So wissen wir durch die Überlieferung des chinesischen Mönches I-ching, der sich 671 in der Stadt Srivijaya (Palembang) aufhielt, von einer großen Anzahl buddhistischer Mönche vor Ort. Für dieselbe Zeit deuten Inhalt und geographische Verbreitung mehrerer Inschriften in malaiischer Sprache auf eine markante Expansion dieses Gemeinwesens hin. Allein die Existenz dieser Inschriften, mit denen sich die Herrschaft Srivijayas über bestimmte Teile der indonesischen Inselwelt manifestiert, ist Ausdruck eines starken kulturellen Einflusses aus Indien. Konkret werden darüber hinaus in diesen Inschriften die lokalen Hofämter vor Ort in den meisten Fällen in ihrer Sanskrit-Bezeichnung genannt – abgesehen vom Herrschertitel selbst, der weiterhin unter der indigenen Bezeichnung *datu* geführt wurde. Offenbar kam es den Eliten Srivijayas auf eine Amalgamierung traditioneller Machtstrukturen mit dem importierten Know-how aus Indien an, um einerseits die traditionelle Herrschaftslegitimität als (Stammes-) Fürst nicht aufzugeben, gleichzeitig aber das Herrscheramt mit den sakralen Weihen des Buddhismus (oder Hinduismus) zu versehen sowie von dem indischen Herrschafts- und Verwaltungswissen allgemein zu profitieren.

Indisierung griff aber nicht nur nach Südostasien aus, sondern prägte auch den Raum im unmittelbaren Umfeld Indiens in entscheidendem Maße. Mit dem Buddhismus erlangten beispielsweise schon seit dem 3. Jahrhundert v. Chr. die Herrscher des Reiches von Anuradhapura auf Sri Lanka sakrale Weihen (vgl. S. 154). So entwickelte sich in der gleichnamigen Hauptstadt eine Symbiose zwischen herrschaftlicher, weltlicher Residenz und der buddhistischen Klosteranlage des Mahavihara. Die dortige Präsenz buddhistischer Reliquien verlieh der Hauptstadt sakrale Weihen und stabilisierte die Macht des Herrschers, während dieser dem Kloster Schutz bot. Auch in den Vorgebirgen des Himalaja wurde Indisierung wirksam. Im 4. Jahrhundert n. Chr. etablierten sich indischstämmige Dynastien im nepalesischen Katmandu-Tal (vgl. S. 163). Infolge dieser politischen Einflußnahme verbreitete sich auch indische Kultur rasch im nepalesischen Raum. Unter der im 5. Jahrhundert herrschenden Dynastie der Licchavi avancierte hier der hinduistische Vishnuismus zur Religion der Eliten, während gleichzeitig Sanskrit, indische Verwaltungsprinzipien und Münzgeldwirtschaft nach Nepal gelangten.

Der Prozeß der Indisierung Südostasiens und einiger anderer Regionen in Südasien endete mit dem Aufstieg des Delhi-Sultanats in Nord- und Zentralindien und dem Aufstieg des Islam als Religion der Delhi-Herrscher seit dem 13. Jahrhundert.

Sinisierung

Ebenso wie Indien strahlte auch der kulturelle Einfluß Chinas seit Beginn der historischen Epoche in weite Teile Asiens aus, vor allem nach Südost-, aber auch nach Zentralasien. Diese Sinisierung äußerte sich ähnlich wie die Indisierung in dem Transfer chinesischer Herrschafts- und Verwaltungsprinzipien, aber auch von chinesischer Schrift und Gewerbetechnik. Der Ausgangspunkt dieses Prozesses ist die Kultur der Han-Dynastie, unter der sich China seit dem 2. Jahrhundert v. Chr. erstmals zu einem einheitlichen Staats- und Kulturraum entwickelte, der allerdings vielfältigen nichtchinesischen Einflüssen unterlag.

Die frühesten Sinisierungstendenzen machten sich im nördlichen Vietnam bemerkbar, welches zwischen 111 v. Chr. und etwa 960 n. Chr. Teil des chinesischen Kaiserreiches war. Die Geschichte des nördlichen Vietnam in dieser Zeit ist gleichermaßen von einer steten Zuwanderung chinesischer Machteliten wie durch das Eindringen chinesischer Sprache, chinesisch geprägter Historiographie und Agrartechnik geprägt. Die Sinisierung rief hier in der Anfangszeit teils beträchtlichen Widerstand unter den einheimischen Eliten hervor, der sich um 40 n. Chr. in einer Adelsrevolte entlud. Die Niederschlagung dieses Aufstandes führte zu einer weitgehenden Entmachtung der indigenen Eliten und zu ihrer Ersetzung durch chinesische Verwaltungsbeamte. In der Zeit der Tang-Dynastie seit dem 7. Jahrhundert ging das nördliche Vietnam praktisch vollständig in der chinesischen Provinzadministration auf.

Was in der Zeit der chinesischen Herrschaft als kulturelle und politische Überfremdung empfunden worden sein mag, erwies sich dann seit dem ausgehenden 10. Jahrhundert für die nunmehr unabhängigen Vietnamesen durch die Übernahme der chinesischen Herrschaftsmodelle als Vorteil, der die vietnamesischen Machteliten deutlich von der Königsherrschaft im übrigen Südostasien unterschied. So schufen die Herrscher der Ly-Dynastie im 11. Jahrhundert nach chinesischem Vorbild eine vom Zentrum aus beherrschte Provinzverwaltung, was deren Einfluß im ganzen Territorium intensivierte. Schließlich imitierten die nordvietnamesischen Herrscher sogar das chinesische Kaisertum, indem sich jene seit Ly Thai Tong selbst als Kaiser von Dai Viet titulierten.

Das Muster der Sinisierung von Korea verlief ähnlich dem im nördlichen Vietnam. Bereits vor der chinesischen Eroberung der Koreanischen Halbinsel machte sich in begrenztem Umfange der kulturelle Einfluß des Reichs der Mitte bemerkbar, der sich nach der Einnahme des Landes durch die chinesischen Truppen der Han-Kaiser 108 v. Chr. signifikant verstärkte. So errichteten die Chinesen in der koreanischen Provinz Lolang nicht nur ein politisches Zentrum, sondern auch ein Zentrum chinesischer Kultur. Der Mittelpunkt von Lo-lang wird in einem archäologischen Fundplatz bei T'osong-ni südwestlich von Pjöngjang vermutet, wo bei Ausgrabungen eine spezifisch chinesische Grabkultur zutage trat und zahlreichen Grabbeigaben eine chinesische Provenienz zugeschrieben werden konnte. Während diese Kultur vermutlich von einer eingewanderten chinesischen Verwaltungselite getragen wurde, vollzog sich Sinisierung aber auch unter dem indigenen Adel, wie beispielsweise die Annahme chinesischer Eßkultur belegt.

Am Vorabend der staatlichen Unabhängigkeit der koreanischen Teilreiche im ausgehenden 4. Jahrhundert förderten die Provinzherrscher in zunehmendem Maße den Buddhismus. Sinisierung der lokalen politischen Kultur und der wachsende Einfluß des Buddhismus setzten sich in der Zeit seit der Unabhängigkeit fort, wobei beide Strömungen der Stabilisierung der souveränen Macht, etwa durch die Übernahme chinesischer Rechtstraditionen, der konfuzianischen und buddhistischen Ethik oder der Schriftlichkeit in Form der chinesischen Schrift, dienten.

Ebenfalls im 4. Jahrhundert n. Chr. erreichten chinesisch-konfuzianische Texte auch Japan. Während sich diese frühen Kulturkontakte zunächst durch die Vermittlung Koreas vollzogen, verdichteten sich erst zur Zeit der chinesischen Tang-Dynastie die direkten intellektuellen und spirituellen Verbindungen zwischen China und Japan. In dieser Zeit gelangte nicht nur verstärkt das Wissen um Buddhismus und Konfuzianismus auf die japanischen Inseln, sondern es ging damit auch ein Transfer technisch-gewerblichen Know-hows (Papier- und Seidenmalkunst, Keramik- und Bronzeverarbeitung) einher. Im 10. Jahrhundert erfuhr auch die Schriftlichkeit – die auf der chinesischen Schrift und einer vereinfachten einheimischen, vom Chinesischen abgeleiteten Schrift fußte – verstärkt Verbreitung unter den gesellschaftlichen Eliten Japans.

Sinisierung läßt sich aber nicht nur in ihrer vertikalen Ausdehnung beobachten, sondern wurde auch horizontal wirksam, wenn nichtchinesische Eliten im Reich der Mitte eigene Dynastien gründeten und sich zur Beherrschung der komplexen chinesischen Staats- und Verwaltungsstrukturen chinesische Traditionen aneignen mußten. Hier führte Sinisierung zur Assimilation zugewanderter Eliten durch die chinesische Mehrheitskultur. Das betraf nicht allein die Übernahme chinesischer Herrschaftsvorstellungen, sondern auch die Annahme der chinesischen Sprache sowie spezifischer Lebenskultur wie beispielsweise das zeremonielle Teetrinken. Diese Sinisierungstendenzen dürften der Erkenntnis der zugewanderten Herrscher entsprungen sein, daß das große Reich der Mitte auf Dauer nicht allein mit militärischen Mitteln unter Kontrolle gehalten werden könne, sondern daß man ebenso die Herrschaftsinstitutionen und -traditionen monopolisieren müsse. Die Sinisierung nichtchinesischer Eliten in China läßt sich besonders deutlich für das 4. und 5. Jahrhundert unter der Nördlichen Wei-Dynastie, im 10. Jahrhundert bei den in Nordchina herrschenden Kitan Liao, im 12. Jahrhundert bei der Jin-Dynastie sowie seit dem 17. Jahrhundert unter den Mandschu-Herrschern beobachten.

So begründeten die aus Zentralasien stammenden Toba, die die Nördliche Wei-Dynastie etablierten, mit der Stadt Pingch'eng zunächst nach chinesisch-imperialem Muster eine eigene Hauptstadt als herrschaftliches und administratives Zentrum ihres Territoriums. Die eigenen tribalen Herrschaftsstrukturen wurden zugunsten einer chinesischen, zentralisierten Bürokratie, die sich weitgehend aus Chinesen rekrutierte, aufgegeben. In der zweiten Hälfte des 5. Jahrhunderts beschleunigte sich unter dem Herrscher Xiaowen dieser Prozeß der Sinisierung durch die explizite Übernahme einer konfuzianisch geprägten Herrschaftsethik. Ebenso erzwang dieser Monarch in einem Reformprogramm die Ersetzung der tribalen Namen der Zugewanderten durch chinesische Familiennamen, während gleichzeitig Heiratsverbindungen zwischen Toba und Chinesen gefördert wurden. Das Chinesische avancierte in dieser Zeit endgültig zur Hofsprache bei den Nördlichen Wei.

Etwas anders als bei der Nördlichen Wei-Dynastie entwickelte sich der Sinisierungsprozeß bei den Kitan Liao, was sich aus der Tatsache ergab, daß sich deren Territorium auch nach der Machtübernahme im Reich der Mitte sowohl über tribales Gebiet außerhalb des chinesischen Kulturkreises als auch über Regionen innerhalb Chinas erstreckte. Die Kitan Liao entwickelten eine Strategie des Dualismus, wobei die nördlichen Stammesgebiete weiterhin nach tribalen Strukturen beherrscht wurden, während die Kitan-Herrschaft im chinesischen Gebiet selbst einem signifikanten Sinisierungsprozeß unterlag.

Die Mongolen, die im 13. und 14. Jahrhundert China beherrschten, verfochten hingegen eher eine Politik der kulturellen Separation, wie es beispielsweise mit der Etablierung zweier unterschiedlicher Rechtssysteme – das mongolische Recht für die in China lebenden Mongolen und das chinesische Recht für die Chinesen – seinen Ausdruck fand. Auch der traditionelle schamanistische Glaube der mongolischen Eliten wurde weitgehend beibehalten, während diese oft auch das Erlernen der chinesischen Schrift ablehnten. Statt dessen ließ ihr Herrscher Khubilai Khan aber immerhin bedeutende chinesisch-konfuzianische Texte ins Mongolische übersetzen. Die Mandschu erkannten wohl am nachhaltigsten die Bedeutung der Sinisierung und versuchten schon während des Eroberungsprozesses seit den 1630er Jahren, die zentralen chinesischen Herrschafts- und Verwaltungsinstitutionen zu monopolisieren.

Hellenisierung

Während die Indisierung und Sinisierung in Asien selbst ihren Ausgang nahmen, avancierte bisweilen auch Europa zum Motor kultureller Transformationsprozesse. Besonders markant ist in diesem Kontext der griechisch-hellenistische Einfluß im westlichen Asien seit dem 4. Jahrhundert v. Chr. Dieser Einfluß machte sich seit dem Alexanderfeldzug im westlichen Asien bis nach Nordindien bemerkbar und charakterisierte die Zeit der Seleukiden-Herrschaft wie auch die Geschichte des Parther-Reiches, des Graeko-Baktrischen und des Indo-Griechischen Reiches. Einen Höhepunkt erlebte der hellenistische Einfluß mit der Herausbildung der Gandhara-Kultur im baktrisch-nordindischen Raum in den ersten nachchristlichen Jahrhunderten.

Unter der Seleukiden-Herrschaft, die aus dem zerfallenden Alexander-Reich hervorgegangen war, entstanden im 3. und 2. Jahrhundert v. Chr. in Baktrien aus strategischen Gründen mehrere griechische befestigte Städte und Verteidigungsanlagen, die das Land vor nomadischen Angriffen aus Zentralasien zu schützen hatten. Diese Stadtgründungen verfügten über aus der Heimat mitgebrachte Institutionen wie Theater oder Gymnasion nach griechischem architektonischem Vorbild, aber auch unter Berücksichtigung lokaler Bautraditionen. – Bedeutendes Beispiel ist die gut erforschte Stadt Ai Xanum in Baktrien. Aber auch in Sogdien am Fluß Amu-darja (Oxus) wurden die Überreste griechischer Stadtkultur entdeckt. In all diesen Orten wohnten neben der indigenen Bevölkerung Griechen, und es deutet vieles darauf hin, daß sich auch die eingesessenen Menschen der griechischen Kultur anpassen mußten, wollten sie gesellschaftliche Aufwertung erfahren. Die Quellen geben sogar Hinweise dafür, daß griechische Gelehrte wie der aus Zypern stammende Klearchos um 300 v. Chr. Reisen in das hellenisierte Gebiet im Osten unternahmen und für die Verbreitung griechischer intellektueller Errungenschaften in diesen Regionen sorgten.

Besondere Bedeutung erlangten in diesem Kontext die Kulturkontakte zwischen Hellenismus und Buddhismus. Die im baktrischen Raum gefundenen Ashoka-Inschriften – die Gegend um Kandahar wurde an der Wende vom 4. zum 3. Jahrhundert v. Chr. durch den Maurya-Herrscher Chandragupta erobert (vgl. S. 155) – belegen eindeutig die Präsenz von Griechen in dieser Region, wobei nicht auszumachen ist, ob deren in den Inschriften dargestellte Annahme des Buddhismus nur ein frommer Wunsch des indischen Herrschers oder tatsächliche Realität war. Auf jeden Fall aber kam der Buddhismus in der Zeit des Graeko-Baktrischen Reiches und der Kushana-Herrschaft (vgl. S. 158) mit der hellenistisch-provinzialrömisch geprägten **Gandhara-Kultur** in Kontakt, die ihren Höhepunkt zwischen 1. und 3. Jahrhundert n. Chr. erlebte. Die hellenistisch inspirierte Kunst vermittelte den Buddhisten erstmals ein personifiziertes Abbild des Buddha. Während der Buddha zuvor nicht als Person dargestellt wurde, sondern allein durch die Attribute des Bodhi-Baumes, des Rades oder Fußabdruckes identifizierbar war, erschien er in der hellenistisch inspirierten künstlerischen Darstellung nun erstmals in Menschengestalt. Die Entwicklung der Buddha-Darstellung nahm im baktrischen Raum ihren Anfang.

Immer wieder zeigte sich aber auch, daß die kulturelle Präsenz der Griechen im westlichen Asien einen reziproken Akkulturationsprozeß darstellte. So brachten die Griechen und Makedonen nicht nur Kultur aus ihrer Heimat mit, sondern sie versuchten andererseits auch, sich an die Kultur und die Traditionen des eroberten Perser-Reiches anzupassen. Schon Alexander III. (der Große) erkannte die Notwendigkeit, zur Stabilisierung seiner Herrschaft das persische Hofzeremoniell zu übernehmen, wie er sich auch sonst während seines Feldzuges immer wieder in persischer Tracht zeigte. Auf diese Weise wollte er gegenüber den persischen Eliten Integration schaffen und sich selbst als persischer Herrscher legitimieren. Hier wurde Akkulturation also bewußt mit einer politischen Intention durchgeführt.

Mit dem Ende der antiken Zivilisation in Europa ebbte auch der kulturelle Einfluß des Mittelmeerraumes in Asien allmählich ab, auch wenn während des gesamten europäischen Mittelalters weiterhin ökonomischer und kultureller Austausch zwischen beiden Kontinenten existierte. Sehen wir einmal von der europäisch-levantinischen Kultur ab, die sich im Zuge der Kreuzfahrerstaaten im östlichen Mittelmeer bildete, entwickelte sich erst wieder mit der Frühen Neuzeit in größerem Umfang kultureller Austausch.

Neuzeitliche Europäisierung

Eine moderne Europäisierung Asiens setzte punktuell bereits im 16. Jahrhundert ein. In dieser Frühphase der europäischen Expansion konzentrierte sich der kulturelle Einfluß Europas vor allem auf die portugiesischen Handelsplätze am Indischen Ozean, die nicht nur die Institutionen der frühmodernen Staatlichkeit aufwiesen, sondern ebenso europäische Architektur, Wohn- und Grabkultur beheimateten sowie Ausgangspunkte der Jesuitenmission waren. So bildeten in dieser Periode vor allem die jesuitischen Missionare bedeutende Mittler europäischer (Sakral-) Kultur. Seit der zweiten Hälfte des 16. Jahrhunderts übernahmen aber vereinzelt schon Herrscher auch spezifisches weltliches Wissen aus Europa an. So rezipierten die Japaner seit dieser Zeit beispielsweise europäische Bau- und Verteidigungskunst. Seit den 1570er Jahren entstanden in Japan mehrere Festungen nach europäischem Vorbild, aber gleichzeitig unter Integration japanischer Stilelemente. Derartige europäische Einflüsse stellten aber in dieser Zeit noch weitgehend periphere Ereignisse dar.

Frühe europäische kulturelle Einflüsse gerieten aber nicht nur in Form von (Festungs-) Architektur nach Asien, sondern es fand hier spätestens seit dem 17. Jahrhundert auch eine Rezeption europäischer Kunst statt – ein Thema, welches bislang nur wenig erforscht ist. Vor allem im Rahmen des niederländischen Kompaniehandels wurden niederländische Gemälde nach Südostasien verschifft, von wo aus sie Verbreitung auch in andere Regionen am Indischen Ozean erfuhren. Europäische Kunst fand primär in europäischen, kolonialen Haushalten in Asien Aufnahme, ehe sie von hier aus dann von indigenen Kunstkennern goutiert wurde. Bilder gingen zudem als Geschenke der niederländischen Kompanieobrigkeit an lokale Fürsten. So erhielt beispielsweise der Herrscher des ceylonesischen Königreiches Kandy 1602 ein Porträt des niederländischen Statthalters Moritz von Oranien; knapp zwei Jahrzehnte später bedachte der Generalgouverneur in Batavia den Sultan von Palembang mit einer Hafenansicht von Amsterdam. Aber auch die Dänen konnten es sich in ihrem südindischen Handelsstützpunkt Tranquebar leisten, 1645 dem Nayaka von Tanjore Porträts des dänischen Königs und des Kronprinzen zu verehren. Bewußt wurden mit derartigen Geschenken diplomatische Kontakte hergestellt, womit die europäische Kunst eine nicht unbedeutende Rolle bei der europäischen Handelsexpansion im asiatischen Raum spielte.

Es migrierten aber auch in größerer Zahl niederländische Maler und Kunsthandwerker selbst nach Asien, vor allem in die niederländische

Hauptniederlassung Batavia auf Java. Niederländische Künstler arbeiteten daneben an den Höfen der asiatischen Herrscher wie am Hof der Moguln oder der persischen Safawiden. So wirkte im 17. Jahrhundert der niederländische Maler Jan Luccasz. van Hasselt am Hofe von Shah Abbas von Persien.

In den britischen Niederlassungen erlangte die Kunst erst im Laufe des 18. Jahrhunderts eine vergleichbar große Bedeutung. Seit der zweiten Hälfte jenes Jahrhunderts gelangte in großem Umfange britische Kunst in die kolonialen Haushalte Britisch-Indiens, wie noch heute die Sammlung britisch-kolonialer Kunst im Victoria-Memorial in Kalkutta zeigt. Britische Künstler arbeiteten ebenso wie die Niederländer auch für einheimische Fürsten, so der Maler Tilly Kettle (1735–1786) für den südindischen Nawab von Arcot und den nordindischen Nawab von Oudh. Indien erwies sich oft als Karrieresprungbrett für britische Künstler, denen im Mutterland der Erfolg versagt blieb.

Neben dem Transfer europäischer Kunst bereitete aber auch die Vermittlung europäischer Wohnkultur den Boden für eine weitere Europäisierung vor allem im Umfeld der europäischen kolonialen Niederlassungen. So läßt sich verstärkt seit dem ausgehenden 18. Jahrhundert der Import und der massenweise Nachbau europäischer Möbel in Asien nachweisen, die nicht nur in koloniale Haushalte, sondern auch in die Häuser der indigenen Eliten Einzug hielten. Europäisierung bedeutete in diesem Kontext oft „Bikulturalität“ (Burke 2000), wonach sich die Menschen in einer der Öffentlichkeit zugewandten Lebenssphäre (Kleidung, bestimmte Wohnräume) europäisierten, im privaten Bereich aber weiterhin ihre als traditionell begriffene Kultur pflegten.

Gleichzeitig läßt sich in Asien auch ein wachsendes Interesse an den intellektuellen Errungenschaften Europas beobachten, vor allem in den Staaten mit einer machtvollen Zentralgewalt wie China oder Japan. Diese Staaten zogen seit dem 19. Jahrhundert im Kontext umfangreicher Modernisierungsprogramme bewußt und selektiv europäisches Know-how ins Land (vgl. S. 48ff.). Im Grunde liegt hier ein mit der Indisierung oder Sinisierung vergleichbarer Prozeß vor, wonach die einheimischen Eliten mit Hilfe fremden Wissens ihre Macht zu stabilisieren trachteten.

Aber auch ein derartiger Wissenstransfer entwickelte sich nur allmählich, ehe er im 19. Jahrhundert zur vollen Blüte gelangte wie das Beispiel Japan zeigt. So veranlaßte der Shogun Yoshimune in der ersten Hälfte des 18. Jahrhunderts nicht nur die Einfuhr von Globen und astronomischen Geräten aus China – die dort nach Vorbild der von den Jesuiten importierten Gerätschaften kopiert worden waren –, sondern hob gleichzeitig das bis dahin geltende Importverbot für ausländische Bücher auf, sofern diese nicht christlich-missionarischen Inhalts waren. Die zuvor oftmals im Lande heimlich betriebene Beschäftigung mit der europäischen, vor allem der niederländischen Kultur (*rangaku*) konnte nunmehr öffentlich betrieben werden. Es waren vor allem die praktisch orientierten Wissenschaften wie Medizin, Botanik, Waffen- und Heerestechnik, aber auch Mathematik und Astronomie, die größtenteils aus den Originalwerken in niederländischer Sprache rezipiert wurden. 1758 erschien in Japan das erste niederländisch-japanische Wörterbuch, und gegen Ende des Jahrhunderts fanden sich viele europäische wissenschaftliche Standardwerke auch in japanischer Übersetzung. Es entstanden aber auch eigenständige Arbeiten, die von den europäischen Wissenschaften inspiriert waren, wie durch den herausragenden japanischen Universalwissenschaftler Hiraga Gennai (1728–1779), der sich nicht nur mit Botanik oder der neuen Elektrizitätslehre, sondern auch mit europäischer Malerei beschäftigte.

Eine deutliche Beschleunigung erlebte der Zustrom westlicher Einflüsse in Japan seit der zweiten Hälfte des 19. Jahrhunderts, wobei aber nur selektive Adaption die Innovationen aus Europa oder den Vereinigten Staaten auf Dauer mit dem entstehenden japanischen Nationalismus kompatibel machte. 1871 verließ mit der **Iwakura-Mission** eine hochrangige Gesandtschaft aus Regierungsvertretern und Studenten das Land, um sich zwei Jahre lang in Europa und in den Vereinigten Staaten aufzuhalten. Während deren Vertreter ein bedeutendes Wissenskapital zurückbringen konnten, scheiterte das zweite Ziel der Mission, nämlich den Westen von der Politik der ungleichen Verträge mit Japan abzubringen (vgl. S. 214). Frankreich, Großbritannien und das Deutsche Reich bildeten in der Folgezeit die Vorbilder für eine Modernisierung der japanischen Streitkräfte. Unter maßgeblicher Mitwirkung französischer Juristen entstand in den 1870er Jahren zudem eine neue Zivilrechtsordnung, in die später ergänzend auch deutsche Rechtstraditionen integriert wurden. Auch deutsche Ärzte wurden zur Medizinerausbildung nach Japan geholt.

Eine vergleichbare Entwicklung ist ebenso für China seit dem ausgehenden 16. Jahrhundert zu beobachten. So wurde das Reich der Mitte seit dieser Zeit das Wirkungsfeld europäischer **Jesuiten**, die sich 1598 unter Matteo Ricci in Beijing niederließen. Es war vor allem die für die chinesische Kosmologie bedeutende Kenntnis der Astronomie, die den Jesuiten einen hohen Rang am chinesischen Hofe zumaß. Seit dem Beginn der Mandschu-Herrschaft monopolisierten die Jesuiten – in der

Anfangszeit unter dem aus Köln stammenden Johann Adam Schall von Bell (1591–1666) – gegen den Widerstand chinesischer Gelehrter das astronomische Wissen am Kaiserhof. So blieb das kaiserliche Astronomische Büro auch nach dem Ende der Jesuitenmission bis 1827 in der Hand von Europäern. Die Wirkung der Jesuiten war insgesamt gesehen doch eher peripher, und ein Missionserfolg blieb aufgrund der Macht der traditionellen Weltgebäude des Konfuzianismus und Buddhismus aus.

Im Gegenzug gelangte in der Frühen Neuzeit durch die Jesuiten und später durch die europäischen Handelskompanien ein umfassendes Wissen über China und die chinesischen gewerblichen und agrarischen Exportprodukte nach Europa. China selbst blieb durch die restriktive Außenhandelspolitik, die sich weitgehend auf den Hafen von Guangzhou beschränkte, zunächst außer Reichweite eines tiefergehenden kulturellen Einflusses Europas. Erst der Opium-Krieg sowie der Vertrag von Tianjin und die Konvention von Peking (1858–1860) öffneten das Land nicht nur für wachsende ökonomische, sondern auch für kulturelle Kontakte (vgl. S. 208f.).

Neben Japan und China verzeichnete auch das Osmanische Reich im 19. Jahrhundert unter der Bezeichnung *Tanzimat* („Neuordnung") eine staatliche Reformpolitik nach europäischem Vorbild. Im Angesicht einer inneren Krise und wachsender europäischer Einflußnahme (vgl. S. 136f.) entwickelte sich ein westlich orientiertes, ganzheitliches Modernisierungsprogramm, welches die Zeit zwischen 1829 und 1909 prägte und sich über eine Erneuerung der Heeresstrukturen, der Staatsverwaltung, Rechtsprechung und des Bildungswesens erstreckte und zumindest in der Theorie auch die Garantie bürgerlicher Freiheiten und religiöse Toleranz unter Beibehaltung des Islam als Staatsreligion vorsah. Es entstanden eine Legislative, ein Staatsrat und ein oberster Gerichtshof, während aus dem Großwesir ein Premierminister wurde. 1876 erhielt das Osmanische Reich erstmals eine parlamentarische Verfassung.

Während Japan, China und das Osmanische Reich trotz wachsenden europäischen Einflusses weiterhin souveräne Staaten blieben, wurden andere Länder zu europäischen Kolonien degradiert und waren damit unmittelbar europäischem politischem und kulturellem Einfluß ausgesetzt, wie das Beispiel Indien zeigt. Dieses Land ist seit den 1960er Jahren zu einem Forschungsfeld des **Modernitätsdiskurses** geworden, wobei endgültige Antworten noch ausstehen. Primär geht es in der historischen Forschung zur Modernisierung Indiens um die Frage, ob die Briten „moderne" europäische Institutionen nach Indien transferierten, die den

Indern mit wachsendem Nationalismus für einen autochthonen Staatsbildungsprozeß zur Verfügung standen, oder ob sich im Rahmen einer bewußten Wiederbelebung des indisch-hinduistischen kulturellen Erbes eine eigene Ausprägung von Modernität entwickelte, die im wesentlichen indigenen Ursprungs war. In beiden Fällen ist auf jeden Fall die Beobachtung von Bedeutung, daß Europäisierung und die damit oft gleichgesetzte gesellschaftliche, politisch-institutionelle oder ökonomische Modernisierung neben ihrer realpolitischen Komponente gleichzeitig ein von der Kolonialobrigkeit bewußt initiierter Diskurs (**Orientalismus**) sein konnte, indem beispielsweise das indische Kastenwesen als archaisch und starr beschrieben wurde, was es in Wirklichkeit nicht war. Aus diesen Diskursen entstand letztlich ein zweifelhaftes Abbild der Wirklichkeit, mit dem eine Dichotomie zwischen asiatischer „Unmodernität" und europäischer „Modernität" entwickelt werden konnte.

Weiterführende Literatur

Theoretische Konzepte zum kulturellen Austausch: P. Burke, Kultureller Austausch, Frankfurt a. M. 2000. *Indisierung:* R. C. Majumdar, Champa. History & Culture of an Indian Colonial Kingdom in the Far East, 2nd-16th Century A. D., Lahore 1927; ders., Hindu Colonies in the Far East, Calcutta 1944; J. C. van Leur, Indonesian Trade and Society. Essays in Asian Social and Economic History, The Hague 1967; G. Coedès, The Indianized States of Southeast Asia, Honolulu 1968; I. W. Mabbett, The „Indianization" of Southeast Asia, in: Journal of Southeast Asian Studies, 8 (1977), S. 1–14 und S. 143–161. *Sinisierung:* D. Pollack, The Fracture of Meaning. Japan's Synthesis of China from the 8th through the 18th Centuries, Princeton 1986. *Hellenisierung:* A. Momigliano, Hochkulturen im Hellenismus. Die Begegnung der Griechen mit Kelten, Juden, Römern und Persern, München 1979; G. W. Bowersock, Hellenism in Late Antiquity, Cambridge 1990; W. Posch, Baktrien zwischen Griechen und Kuschan. Untersuchungen zu kulturellen und historischen Problemen einer Übergangsphase. Mit einem textkritischen Exkurs zum Shiji 123, Wiesbaden 1995. *Europäisierung:* M. Archer, India and British Portraiture, 1770–1825, London 1979; S. A. M. Adshead, China in World History, Houndsmills–London–New York ^{3}2000. *Modernisierungsmodelle und Orient-Diskurs:* J. Osterhammel (Hg.), Modernisierung und Modernität in Asien, in: Geschichte und Gesellschaft, 28,1 (2002), (mit weiterführenden Literaturhinweisen).

IV. Chronologischer Überblick

IV.1. Hochkulturen des Altertums

Raum und historische Epochen

Seit dem 7. Jahrtausend v. Chr. setzte im westlichen und südlichen Asien ein Übergang vom Jäger- und Sammlertum zu Seßhaftigkeit und intensiver Ackerwirtschaft ein. Dieser als Neolithische Revolution bezeichnete Prozeß begann zunächst mit der Einführung bestimmter Weizen- und Gerstesorten und der Domestizierung von Tieren (Ziege, Schaf), setzte sich dann mit der Begründung dauerhafter Siedlungen fort, deren bedeutendstes Charakteristikum die Verwendung luftgetrockneter Lehmziegel war. Nach einiger Zeit hielt die Herstellung von Keramik und Metallgegenständen aus Kupfer oder Bronze Einzug in diese frühen Agrargesellschaften. Als eine weitere Entwicklungsstufe entstanden mit der Ausdehnung von landwirtschaftlicher Produktion und der Ausweitung des Handels mit Rohstoffen und Gewerbeprodukten erste städtische Siedlungen, aus denen schließlich kleinere Territorialstaaten und dann seit dem 3. Jahrtausend v. Chr. die Regionalreiche des Altertums hervorgingen. Drei Regionen innerhalb Asiens machten den vollständigen Prozeß einer derartigen Vergesellschaftung über vier Jahrtausende mit: Mesopotamien, das Industal und mit einiger Verspätung auch das Hochland von Anatolien. Alle drei Regionen waren durch Handel oder durch politisch-kulturelle Austauschprozesse miteinander verbunden.

Seit dem beginnenden 3. Jahrtausend v. Chr. entwickelten sich sowohl in den flachen Schwemmlandebenen des Euphrat und Tigris – dem „Zwischenstromland“ Mesopotamien – als auch am Industal mit der Harappa-Kultur auf Landwirtschaft und Handel basierende, aber gleichwohl urban geprägte Reiche. Im Hochland von Anatolien vollzog sich ein ähnlicher Prozeß mit dem Aufstieg des Hethiter-Reiches etwa ein Jahrtausend später. Während sich die Kulturen in Mesopotamien fortentwickelten und schließlich in die Geschichte des Perser-Reiches mündeten, brach die Geschichte des anatolischen Hethiter-Reiches mit dem Einfall der sogenannten „Seevölker“ um 1200 v. Chr. ebenso ab wie die Zivilisation der Induskultur fast ein halbes Jahrtausend zuvor. Ein wesentlicher Unterschied zwischen Mesopotamien und den anatolischen Hethitern einerseits und dem Industal andererseits besteht in der Tatsache, daß die Schrift der westindischen Harappa-Kultur bis heute nicht entziffert wurde und wir somit das Industal fast ausschließlich mit archäologischen Methoden betrachten müssen. Die unterschiedlichen Quellengrundlagen erschweren eine Vergleichbarkeit dieser Räume, da Staatsbildungsprozesse im Industal und seinem weiten Umland kaum ohne schriftliche Dokumentation ermittelt werden können.

Aber selbst bei den historischen Räumen des Altertums, die über Schriftlichkeit verfügten, ist eine eindeutige chronologische Zuordnung bestimmter Sachverhalte oft kaum möglich. So können historische Ereignisse für den mesopotamischen Raum nur ab dem 15. Jahrhundert v. Chr. als sicher datiert gelten. Für die Zeiten davor ist es zwar möglich, die Herrscher der Babylonier, Assyrer und Hethiter einander relativ zuzuordnen, eine absolute Chronologie kann aber nur annäherungsweise erstellt werden, wobei sich Datierungsungenauigkeiten von bis zu einem Jahrhundert ergeben. Die in diesem Buch verwendete Datierung bezieht sich auf die Arbeiten von Barthel Hrouda.

Mesopotamien

Mesopotamien läßt sich naturräumlich in zwei Teile gliedern, in die Gebiete des Nordostens (Assyrien) mit einem eher kontinentalen Klima und in die Südregion (Babylonien) mit einem trockenen, heißen Klima. Im Neolithikum, als die Menschen noch kaum mit Be- und Entwässerungssystemen vertraut waren, bildete vor allem die erstgenannte Region am Ober- und Mittellauf von Euphrat und Tigris ein bevorzugtes Siedlungsgebiet, da hier vielerorts Regenfeldbau betrieben werden konnte. Erst seit dem 4. Jahrtausend v. Chr. zogen auch die südlichen Gebiete an beiden Strömen in größerem Umfang bäuerliche Bevölkerung an. Hier bedurfte ein intensiver Ackerbau auf dem fruchtbaren Schwemmland im Umfeld der Flüsse hochentwickelter Be- und Entwässerungssysteme. Sobald diese aber funktionierten, avancierte das Land an Euphrat und Tigris zu einer Kornkammer, zu einem Garten in der Wüste, dem berühmten Garten in Eden, wobei der aus dem Sumerischen stammende Begriff Eden in etwa „Wüste“ oder „Steppe“ bedeutet. Die Überschüsse aus der Landwirtschaft ermöglichten den Ausbau des Handels und die Anlage von Städten. Das Land entwickelte eine große Anziehungskraft auf Ethnien aus anderen, landwirtschaftlich nicht so ergiebigen Regionen und wurde seit dem Altertum oft zum Ziel der Einwanderung fremder Völkerschaften. Die Geschichte Mesopotamiens offenbart denn auch ein immer wiederkehrendes Grundmuster, nämlich die Einwanderung von größtenteils semitischen Stämmen aus dem Norden und Nordosten in das südliche Mesopotamien sowie deren kulturelle Assimilation und die sukzessive Verdrängung der vorherigen Eliten.

Die Träger des Ausbaus der ländlichen und städtischen Zivilisation im Süden waren die **Sumerer**, deren Herkunft bis heute weitgehend ungeklärt ist. Seit dem ausgehenden 4. Jahrtausend v. Chr. entstanden in ihrem Kerngebiet im südöstlichen Babylonien erste politische Strukturen im kommunalen, städtischen Bereich, ohne daß sich in dieser Zeit schon überregionale, territorialstaatliche Einheiten herausbildeten. Sowohl die weltliche und als auch die geistliche Macht in den städtischen Gemeinwesen wurde durch Priesterfürsten ausgeübt. Die wohl bedeutendste Stadt – gleichwohl aber nicht ein überregionales politisches Zentrum – war **Uruk** mit seiner großen Stadtmauer, Tempelanlagen und anderen öffentlichen Gebäuden. Unter den Sumerern entwickelte sich als herausragende kulturelle Leistung erstmals eine Schrift; aus einer anfänglichen piktographischen Schrift entstand schließlich um 2700 v. Chr. die Keilschrift, die für die gesamte folgende Geschichte des antiken Mesopotamien eine einheitliche kulturelle Klammer darstellte (vgl. S. 12).

Die Vorherrschaft der Sumerer endete bereits um etwa 3000 v. Chr. mit der Einwanderung von semitischen Nomadengruppen aus der Gegend des Flusses Dijala, der südlich des heutigen Bagdad in den Tigris mündet, in das südliche Mesopotamien. In den darauffolgenden Jahrhunderten überlagerten die semitischen Eliten vor allem in den nördlicheren Städten die traditionelle sumerische Herrschaft, während im äußersten Süden die alten sumerischen Eliten vermutlich weiterhin an der Macht blieben. Unter den Semiten als dominierender gesellschaftlicher Gruppe zerfiel die traditionelle sumerische Symbiose zwischen geistlicher und weltlicher Macht. Sichtbares Zeichen hierfür ist die Entstehung von Palästen neben den schon zuvor existierenden Tempelanlagen, die vermutlich weltlichen Herrschern als Residenz dienten. In dieser sogenannten frühdynastischen Zeit (28.–23. Jahrhundert) entwickelte sich denn auch eine Art städtisches Königtum mit einem großen weltlichen Hofstaat, während die Quellen gleichzeitig immer wieder über Kriege zwischen den einzelnen Stadtstaaten berichten.

Im 23. Jahrhundert v. Chr. entstand mit der Expansion des semitischen Königs **Sargon** von Akkad erstmals ein zusammenhängendes Territorialreich in Babylonien. Diesem gelang es, durch eine überlegene Kriegstechnik die noch in sumerischer Hand verbliebenen Städte zu erobern und diese ihm ergebenen Statthaltern zu unterstellen, was dort allerdings regelmäßige Aufstände nicht verhinderte. Zur öffentlichen

Manifestation dieses ersten territorialen Staatsbildungsprozesses gründete Sargon mit dem bis heute nicht lokalisierten **Akkad** eine Hauptstadt für sein Reich. Gleichzeitig umgab er sich zur Legitimation seiner Herrschaft vermutlich nach ägyptischem Vorbild mit einer sakralen Aura und entwickelte mit dem Titel „Herrscher der vier Weltteile" ein universalistisches Herrschaftsmodell und einen imperialen Führungsanspruch, was später von den Assyrern übernommen werden sollte.

Unter dem Herrscher Naramsin erreichte das akkadische Reich im 22. Jahrhundert v. Chr. seine größte territoriale Ausdehnung. Dieses umfaßte schließlich nicht nur Mesopotamien, sondern auch Teile Syriens und des westlichen Iran (Elam). Die große territoriale Ausdehnung stimulierte den Handel mit den Randgebieten sowie den kulturellen Austausch und damit die künstlerische Produktion in großem Maße. Bereits in dieser Blütezeit zeichnete sich aber schon der Verfall des vergleichsweise kurzlebigen, aber dennoch auf Grund seiner frühen Staatlichkeit herausragenden akkadischen Reiches ab. So fielen nach 2150 v. Chr. die **Gutäer** aus dem Zagros-Gebirge ins südliche Mesopotamien ein, während gleichzeitig Aufstände unter den entmachteten sumerischen Eliten an Kraft zunahmen, was letztlich das Auseinanderbrechen dieses Territorialreiches zur Folge hatte.

Im darauffolgenden Jahrhundert etablierten sich im Norden die Gutäer, während im südlichen Babylonien die Sumerer ihre politische Macht restituierten. So gelang es in der Mitte des 21. Jahrhunderts dem Herrscher der Stadt Uruk, Utuhengal, und seinem Bruder Urnammu aus der Stadt Ur, die Gutäer zu entmachten und in ganz Babylonien das **Neusumerische Reich** mit zentraler Königsgewalt und einem multiethnischen, sumerisch-semitischen kulturellen Hintergrund zu etablieren. Aber auch dieses Herrschaftsgebilde zerfiel um 1940 v. Chr. durch die Invasion der westiranischen Elamer, der semitischen, seminomadischen **Amurriter** und durch den Abfall des neusumerischen Provinzstatthalters Ischibierra, der sich im mittelbabylonischen Isin niederließ und dort einen eigenen Staat gründete. Dieser Zerfall und die allmähliche kulturelle Assimilation der Amurriter öffneten schließlich den Weg für deren Aufstieg zur führenden Macht in Mesopotamien und zur Begründung des Babylonischen Reiches.

Mit der politischen Karriere des amurritischen Herrschers der Stadt Babylon, Hammurabi (1728–1686 v. Chr.), verbindet sich der Aufstieg dieser zuvor politisch vergleichsweise unbedeutenden Stadt zum Zentrum eines mächtigen mesopotamischen Reiches, dem **Babylonischen Reich**. Hammurabi erweiterte die Macht der Stadt über die benachbarten

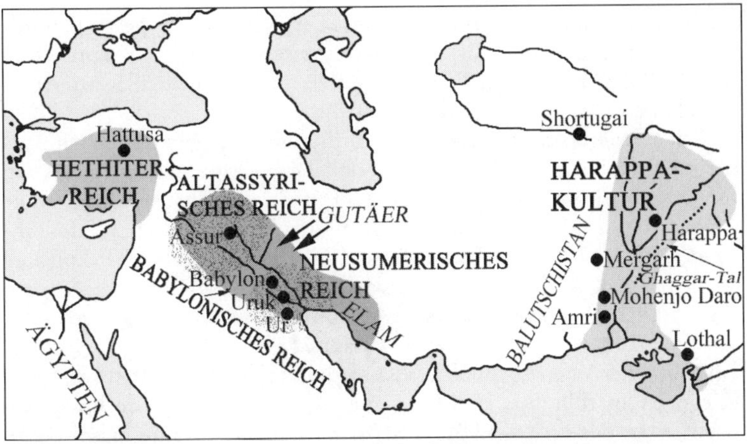

Karte 3: Frühe Hochkulturen in West- und Südasien (2100–1600 v. Chr.)

Territorien und fungierte gleichzeitig als herausragender Gesetzgeber, wie aus einer in Susa im heutigen Westiran gefundenen Gesetzesstele hervorgeht. Es ist unklar, inwieweit diese Gesetzessammlung tatsächlich zu einer Normierung des Rechts und einer wachsenden Rechtssicherheit beitrug; dennoch bedeutet die Sammlung aber zweifellos eine herausragende Quelle für die Rechtsvorstellungen dieser Zeit. Der von Hammurabi begründeten Dynastie war allerdings ein rasches Ende beschieden, als um 1530 v. Chr. die Hethiter (vgl. S. 111) Babylon eroberten. Auch wenn diese schon nach kurzer Zeit wieder abzogen, war die Herrschaft seiner Nachkommen geschwächt, was der Machtübernahme der vermutlich aus dem iranischen Hochland stammenden Völkerschaften der **Kassiter** die Tore öffnete. Ihre Herrscher hatten in der Folgezeit etwa drei Jahrhunderte lang die Macht in Babylonien inne, konnten sogar das benachbarte Elam und vermutlich zeitweilig auch das nordmesopotamische Assyrien unter ihre Kontrolle bringen.

In **Assyrien** entstand erst im beginnenden 2. Jahrtausend v. Chr. ein eigenständiges Königtum, das sich immer wieder militärisch mit dem benachbarten Babylonien im Süden auseinanderzusetzen hatte. Die politische Geschichte Assyriens konzentriert sich weitgehend auf die am Oberlauf des Tigris für den Handel günstig gelegene Stadt Assur mit dem gleichnamigen Stadtgott, die seit dem 18. Jahrhundert unter dem Herrscher Schamsi-Adad I. einen beträchtlichen Machtzuwachs verzeichnete und ihr Territorium im Laufe der Zeit über das gesamte nördliche Mesopotamien ausdehnte (**Altassyrisches Reich**). Bereits unter seinem Sohn setzte allerdings der durch Nomadeneinfälle ausgelöste Zerfall dieses kurzlebigen Reiches ein.

Ein Wiedererstarken Assyriens wurde auf lange Sicht durch den Aufstieg Babylons und des im nordwestlichen Mesopotamien gelegenen Reiches von **Mitanni** seit dem 16. Jahrhundert v. Chr. verhindert. Die Träger dieses Mitanni-Reiches waren die Hurriter, deren ethnisch-geographische Herkunft kaum ermittelt werden kann, die aber kulturell auf jeden Fall stark vom Babylonischen Reich beeinflußt wurden. Im ausgehenden 15. und beginnenden 14. Jahrhundert bestanden enge diplomatische Kontakte zwischen dem Mitanni-Reich und Ägypten, was Mitanni in einer sich anbahnenden Konfrontation mit den weiter westlich gelegenen anatolischen Hethitern eine erhebliche Rückendeckung verschaffte. In der ersten Hälfte des 14. Jahrhunderts wurde dieses Reich aber dennoch durch die Hethiter und andere hurritische, das Mitanni-Reich im Westen und Norden umgebende Gemeinwesen deutlich reduziert (vgl. S. 111). Dieser Niedergang begünstigte nach vier Jahrhunderten den Wiederaufstieg der Assyrer, deren Herrscher Salmanassar I. (r. 1263–1234 v. Chr.) Mitanni bis auf einen kleinen Reststaat zerschlug und Teile des Territoriums in das erstarkende **Mittelassyrische Reich** integrierte. Der erneute Machtzuwachs der Assyrer äußerte sich im architektonischen Ausbau Assurs sowie in der Anlage einer neuen, später wieder aufgegebenen Residenz in der Nähe dieser Stadt.

Die Machtstellung des Mittelassyrischen Reiches hatte auch Auswirkungen auf das weiter südlich gelegene Babylonien. Um 1225 v. Chr. gelang es den Assyrern, vorübergehend die Stadt Babylon zu erobern und den babylonisch-kassitischen König gefangenzunehmen. In der Mitte des 12. Jahrhunderts fielen schließlich auf Grund der dadurch hervorgerufenen Schwächung die zuvor von Babylon abhängigen Elamer in das babylonische Kerngebiet ein und stellten für einige Jahrzehnte dort die Könige. Auch eine Restauration der babylonischen Herrschaft unter Nebukadnezar I. (r. 1124–1103 v. Chr.) brachte nur eine kurzzeitige Wiederbelebung Babyloniens, ehe die semitischen **Aramäer** in dieses Reich einfielen und hier seit etwa 1067 v. Chr. selbst die Monarchen stellten. Unter dem Druck der nordwärts expandierenden Aramäer sowie vermutlich auch durch den inneren Widerstand der lokalen gesellschaftlichen Eliten ging letztlich im 11. Jahrhundert auch die territoriale Königsherrschaft im Mittelassyrischen Reich zu Ende, was die Macht der Könige Assurs auf das unmittelbare Umfeld ihrer Hauptstadt beschränkte.

Erst unter Assur-dan II. (r. 935–912 v. Chr.) konnte sich Assur wieder gegen die mittlerweile im nördlichen Mesopotamien etablierten Kleinstaaten der Aramäer durchsetzen und zur Gründung des expansiven **Neuassyrischen Reiches**, allerdings bei starker kultureller Prägung durch die Aramäer (Sprache und Schrift), ansetzen. Bis zum beginnenden 9. Jahrhundert v. Chr. brachten deren Herrscher weite Teile des nördlichen Mesopotamien wieder in ihre Hände. Unter Assurnasipal II. (r. 883–859 v. Chr.) und Salmanassar III. (r. 858–824 v. Chr.) avancierte Assyrien zur Vormacht im westlichen Asien und expandierte in Richtung Westen sowie später auch nach Babylonien, was dem Reich die Kontrolle über die bedeutenden Handelsrouten zwischen Mesopotamien und dem Mittelmeerraum einbrachte. Während Assur weiterhin spiritueller Mittelpunkt des Reiches blieb, entstand mit **Nimrud** eine riesige Palastanlage als neues politisches Zentrum.

Die Herrschaft Sargons II. (r. 722–705 v. Chr.) stellt zweifellos die Blütezeit des Neuassyrischen Reiches dar. Noch einmal konnte das Territorium in Richtung Mittelmeer erweitert werden, beispielsweise um die Inseln Zypern; auch die Oberhoheit über Babylon wurde bestätigt. Als weitere Residenz gründete sein Sohn Sanherib (r. 705–681 v. Chr.) die Stadt **Ninive**. Unter Assurbanipal (r. 669–627 v. Chr.) gelangte sogar Ägypten kurzzeitig unter die Herrschaft der Assyrer; ebenso wurden Elam und die Persis Ninive gegenüber tributpflichtig gemacht. Assurbanipal gilt in der Quellenüberlieferung aber nicht nur als Eroberer, sondern auch als Gelehrter, wofür seine umfassende Bildung und der Ausbau seiner berühmten Bibliothek sprechen.

Nach Assurbanipals Tod zerfiel sein Reich innerhalb nur zweier Jahrzehnte. Die Ursachen für diesen raschen Niedergang sind noch nicht ganz geklärt, mögen aber in der Überdehnung der eigenen wirtschaftlichen Möglichkeiten durch die Expansion und in darauffolgender Instabilität im Lande ihren Grund haben. Zunächst fiel Babylon von der assyrischen Herrschaft ab, wobei die in Südbabylonien in der Nähe des Persischen Golfes ansässigen **Chaldäer** 626 v. Chr. eine eigene Königsgewalt gründeten – das **Neubabylonische Reich**. Durch ein Bündnis der über das Iranische Hochland und Teile Anatoliens herrschenden **Meder** mit Babylon gelangen bis 609 v. Chr. die vollständige Vernichtung des Assyrischen Reiches und die Zerstörung der Städte Assur und Ninive. Assyrien wurde unter Medern und Chaldäern aufgeteilt.

Da das Neubabylonische Reich auch die ehedem zu Assyrien gehörenden syrischen und phönizischen Gebiete erbte, geriet es in das unmittelbare Machtfeld Ägyptens. 605 v. Chr. gelang es dem babylonischen

Herrscher Nebukadnezar II. (r. 605–562 v. Chr.), mit einem militärischen Sieg die ägyptischen Machtansprüche gegenüber diesem Raum zurückzuweisen. 597 v. Chr. wurden Jerusalem erobert, einige Zeit später der Vasallenstaat Juda aufgelöst und die dortige Bevölkerung in die „Babylonische Gefangenschaft" geführt. Die Stadt Babylon entwickelte sich in dieser Zeit durch Migration und Deportation auch anderer Völkerschaften zu einer multiethnischen Metropole von möglicherweise bis zu einer Million Einwohnern. Unter dem Usurpator Nabonid (r. 555–539 v. Chr.) kam es aber schließlich zu einer Schwächung des Königtums und zu inneren, teilweise religiös motivierten Unruhen. Ohne größeren Widerstand wurde das Neubabylonische Reich 539 v. Chr. Opfer des Perserkönigs Kyros II., nachdem dieser bereits zehn Jahre zuvor das Meder-Reich erobert hatte.

Hethiter

Neben Mesopotamien bildete auch das Hochland von Anatolien einen Mittelpunkt früher Staatlichkeit. Diese Region besaß seit dem Neolithikum große Bedeutung als Handelsraum und Rohstofflieferant. Bereits seit dem 7. Jahrtausend v. Chr. bildete sich in Anatolien eine hochentwickelte Urbanität heraus, wie sie beispielsweise in den Ausgrabungen von Catalhöyük in der Nähe des heutigen Konya zutage trat. In der zweiten Hälfte des 3. Jahrtausends wanderten die indogermanischen **Hethiter** weitgehend unbekannter Herkunft möglicherweise aus dem Nordosten nach Anatolien ein und überlagerten die hier bereits zuvor existierenden Gemeinwesen der indigenen (Proto-) **Hattier** durch eine zunächst kleinräumig organisierte Adelsherrschaft. Im 18. Jahrhundert v. Chr. begründeten aus dem Handelsort Kussara in der Nähe der späteren Hauptstadt Hattusa stammende hethitische Provinzfürsten durch Unterwerfung benachbarter Territorien ein überregionales Königtum, das aber weiterhin durch eine starke Adelsmacht beschränkt wurde, wie es sich in einem dem König beigeordneten Adelsrat (*pankus*) äußerte. Unter dem Herrscher Labarnas (r. ca. 1670–1640 v. Chr.) expandierte das Hethiter-Reich (Hatti) nach Süden in Richtung Mittelmeer. Dessen Nachfolger Hattusilis I. (r. ca. 1640–1615 v. Chr.) gründete mit Hattusa ein politisches Zentrum und erweiterte das Territorium bis nach Syrien. Staatliche Zentralität äußerte sich in dieser Zeit aber nicht nur durch die Anlage einer Hauptstadt und territoriale Expansion, sondern auch in der Errichtung großer Getreidemagazine, die eine gewisse Kontrolle des Agrarmarktes vor allem in Notzeiten ermöglichten. Die Überlieferung hethitischer Gesetzestexte deutet zudem auf eine Rechtsvereinheitlichung im Lande hin. Unter Mursilis I. setzten sich um 1530 v. Chr. die expansionistischen Tendenzen durch einen Feldzug nach Babylon und Syrien fort, wo die Hethiter ihre Macht aber nicht dauerhaft behaupten konnten.

Westlich und nördlich des Hethiter-Reiches etablierten sich mehrere unabhängige Fürstentümer wie Arzawa, Gaschgasch oder Ischuwa, die die Hethiter vor allem im 14. Jahrhundert immer wieder in militärische Bedrängnis brachten. Zur selben Zeit kam es auch zu wachsenden Auseinandersetzungen mit den sogenannten Ahhijava in Nordwestanatolien, hinter denen sich möglicherweise frühe griechische Kolonisten (Achaier) verbargen. Ebenso entwickelte sich zur Zeit des Herrschers Suppiluliuma I. (r. 1385–1345 v. Chr.) eine Konfrontation mit dem Mitanni-Reich. Die Interessen zwischen den Hethitern und Mitanni überschnitten sich vor allem an der syrischen Mittelmeerküste, wo die Mitanni-Herrscher im Besitz bedeutender Handelsplätze waren. Durch eine geschickte Bündnispolitik der Hethiter mit den das Mitanni-Reich umgebenden kleineren hurritischen Staaten wurde jenes schrittweise strategisch eingekreist und territorial auf ein Kerngebiet reduziert (vgl. S. 108), während die immer mächtiger werdenden Hethiter in der Folgezeit mit den Ägyptern um das Mitanni-Erbe in Syrien und Phönizien stritten.

Das beginnende 12. Jahrhundert verzeichnete eine breite Invasion von Völkerschaften aus dem Norden oder Nordwesten. Die Identität dieser in den ägyptischen Quellen als „Seevölker“ bezeichneten Gruppen ist noch nicht geklärt. Ihre Macht bewirkte nach 1200 v. Chr. die Zerstörung des Hethiter-Reiches und des Reststaates von Mitanni. Allein das mittlere und südliche Mesopotamien blieb von dieser Expansion unberührt.

Induskultur

Im Gegensatz zu Ägypten, Mesopotamien und dem Hochland von Anatolien kann die Geschichte der ebenfalls durch Urbanisierung im Altertum herausragenden Induskultur nur aus archäologischen Quellen erschlossen werden. Auch wenn dieser Kulturkreis über Schriftlichkeit verfügte, konnte die dortige Schrift bislang nicht entziffert werden (vgl. S. 12f.). Ein Vergleich über die Verbreitung dravidischer Sprachen und des am Persischen Golf im Altertum gesprochenen Elamischen erlaubt allerdings die Vermutung, daß die Eliten der Industalbewohner möglicherweise eine dravidische Sprache benutzten, wie Südindien heute noch von dieser Sprachenfamilie geprägt ist (Allchin 1997, S. 184ff.). Benannt nach der zuerst ausgegrabenen Stadt Harappa, haben die Archäologen eine vierstufige Chronologie der Induskultur entwickelt, die sich in eine Vor-Harappa-, Früh-Harappa, Harappa- und in eine Spät-Harappa-Zeit gliedert. Die **Harappa-Kultur** selbst stellt aber nur eine, zweifellos dominierende Zivilisation dar, die gerade in der Früh-Harappa-Zeit mit vielfältigen anderen, regionalen Traditionen im Industal konkurrierte.

Die Spuren erster mit Ackerbau verbundener Seßhaftigkeit im Neolithikum und wahrscheinlich die kulturellen Vorläufer der Induskultur aus dem 7. Jahrtausend v. Chr. haben sich im westlich an das Industal anschließenden Hochland von Balutschistan erhalten. Seit dem 6. Jahrtausend wurde in diesem Bereich auch Keramik hergestellt wie beispielsweise Keramikscherben vom südostafghanischen Fundplatz Aq Kupruk belegen. Mit dem Übergang zur Kupferzeit (Chalkolithikum) entwickelte sich hieraus im 5. Jahrtausend eine gewerbliche Arbeitsteilung mit Keramikherstellung, Bearbeitung von Edelsteinen und Metallen. Bereits die frühen Siedlungen Balutschistans waren durch Handel mit dem persisch-afghanischen Raum sowie mit der Küste der Arabischen See verbunden. Spätestens in der ersten Hälfte des 3. Jahrtausends entwickelten sich komplexe städtische Siedlungsmuster, unter anderem auch mit zweistöckigen Häusern, wie der Fundplatz von Mergarh belegt.

Bereits seit dem 4. Jahrtausend fand während der Vor-Harappa-Zeit eine Ausdehnung der Siedlungskultur Balutschistans weiter ostwärts an den westlichen Rand des Industals statt. In diesen Randgebieten wurde vermutlich das Wasser der vom nordwestlichen Hochland strömenden kleineren Flüsse für die Landwirtschaft genutzt, ehe sich die frühen Bewohner direkt an den Indus wagten. Am Indus war die sich entwickelnde Ackerwirtschaft erstmals mit der Notwendigkeit von Kanal- und Dammbaumaßnahmen konfrontiert, wollte sie aus dem fruchtbaren Schwemmland der Flußebene Nutzen ziehen. Seit etwa 3600 v. Chr. entstanden am Rande des Industals wie in Amri erste feste Siedlungen aus Lehmziegelhäusern.

Es ist nicht ganz klar, auf welche Weise sich schließlich die Harappa-Kultur als dominierende Zivilisationsform ausbreitete und lokale Traditionen, wie sie vor allem bei der Keramikherstellung deutlich werden, bis zum ausgehenden 3. Jahrtausend v. Chr. verdrängte. Während der archäologische Befund in Amri keinerlei Rückschlüsse auf eine gewaltsame Eroberung zuläßt – wir aber dennoch von einem demographischen

Niedergang in der Stadt ausgehen können – zeigen andere Siedlungen Spuren militärischer Auseinandersetzungen. Ohne schriftliche Quellen ist es aber problematisch, aus der Verbreitung einer bestimmten Kultur auf die Entstehung eines zentralisierten Staates zu schließen. In der gegenwärtigen Diskussion zur Frage nach der Staatlichkeit der Induskultur wird eine schlüssige These vertreten, die auf einem Vergleich mit den Staatsbildungsprozessen in Mesopotamien fußt. So entstanden möglicherweise auch im Industal zunächst kleinere Stadtstaaten, die im Laufe der Zeit einen Territorialbesitz erwarben und schließlich unter einer zentralen Macht und einer gemeinsamen Elitenkultur zusammengefaßt wurden (Allchin 1997, S. 187ff.).

Sollte eine derartige Staatlichkeit existiert haben, könnte diese mit einer offensichtlichen Verbreitungsrichtung der dominierenden Harappa-Kultur korrelieren. So ging seit 2600 v. Chr. von den Städten Harappa und Mohenjo Daro ein signifikanter Prozeß der Überlagerung lokaler Kulturen durch die Harappa-Kultur aus, der etwa zwischen 2300 und 2000 v. Chr. seinen Höhepunkt erreichte (Harappa-Zeit). Im beginnenden 2. Jahrtausend v. Chr. war die größte räumliche Ausdehnung dieser Kultur erreicht, die sich nun über ein großes Kerngebiet im Industal erstreckte und in östlicher und westlicher Richtung weit darüber hinaus strahlte. Während vor allem auch die nordwestindische Halbinsel Kathiawar ein Zentrum dieser Kultur darstellte, fanden sich Außenposten im Ganges-Yamuna-Zweistromland, in Rajasthan ebenso wie am Fuße des Himalaja, im östlichen Iran und am Amu-darja (Shortugai). Während der Blütezeit der Harappa-Kultur entstand um 2200 v. Chr. auch die Hafenstadt Lothal an der indischen Westküste, die vermutlich als Handelsplatz zur Versorgung des Industals mit Rohstoffen aus dem westlichen Indien diente. Bei den Ausgrabungen in dieser Siedlung entdeckten die Archäologen auch ein nahezu rechteckiges Bassin mit einem Umfang von ca. 215 x 35 m mit zwei größeren Öffnungen, die eine Verbindung zu einem Kanal herstellten. Dieses Becken wird gemeinhin als Dock gedeutet und weist auf Handel und Schiffbau in Lothal hin.

Charakteristische Merkmale der Harappa-Kultur sind die Etablierung planvoller, geometrischer Stadtstrukturen unter Verwendung normierter Lehmziegel ebenso wie die Vereinheitlichung der Keramik. Die größeren Städte besaßen in der Regel eine Zitadelle und eine rechteckig durch Straßen gegliederte Unterstadt, was auf eine soziale Trennung der städtischen Eliten von der einfachen Bevölkerung deutet. Die Zitadelle von Mohenjo Daro weist ein Wasserbecken, das sogenannte „große Bad“, auf, welches möglicherweise rituellen Zwecken diente, ebenso einen größeren Gebäudekomplex, der als Residenz eines weltlichen oder geistlichen Herrschers gedeutet wird. Daneben fanden sich auf der Zitadelle Kornkammern mit einem Unterbau aus Ziegelsteinen und hölzernen Aufbauten, die ebenso wie bei den Hethitern einige Jahrhunderte später (vgl. S. 110) der Bildung von Nahrungsmittelreserven und der Möglichkeit einer zentralen Kontrolle der agrarischen Marktstrukturen gedient haben mögen. Ebenso verfügten die Städte über umfassende Kanalisationssysteme. Die einfachen Wohnhäuser, wie sie unter anderem in Mohenjo-Daro ausgegraben wurden, bestanden meist aus einem geschlossenen Innenhof, um den sich die einzelnen Zimmer gruppierten. Die Häuser verfügten über Brunnen und bisweilen auch über Treppen, die dann in ein höheres Stockwerk führten. In einigen Häusern fanden die Archäologen sogar Latrinen. Die Abwässer wurden in Auffangbehälter außerhalb des Hauses oder in die Kanalisation geleitet.

Die Zeit nach 1900 v. Chr. führte zu einem raschen Niedergang der Induskultur, dessen Ursachen bis heute nicht vollständig geklärt sind. Während die Zentren von Mohenjo Daro und Harappa mehr oder weniger kurzfristig aufgegeben wurden, weisen mehrere Städte in der Peripherie Spuren einer weitgehend planlosen Nachbesiedlung auf. Entgegen der Vermutung der ersten Ausgräber der Städte am Industal seit den 1920er Jahren ist diese Kultur aber nicht gewaltsam untergegangen, etwa im Zuge einer Eroberung durch indo-aryanische Einwanderer (vgl. S. 150f.). Es ist hingegen wahrscheinlicher, daß das Ende der Induskultur weitgehend ökologische Ursachen hatte. So deuten dicke Schlammschichten, die teilweise die höchsten Siedlungsschichten von Mohenjo Daro überlagern, auf einen dramatischen Anstieg des Wasserspiegels des Indus in dieser Zeit hin, der möglicherweise auf Erdrutsche und die anschließende Anstauung von Flußwasser zurückzuführen ist. Ebenso lassen naturwissenschaftliche Untersuchungen vermuten, daß die Niederschlagsmenge in der zweiten Hälfte des 2. Jahrtausends in dieser Gegend deutlich nachließ. Der Rückgang der Wasserressourcen mag letztlich den Städten am Industal ihre zentrale Lebensgrundlage und Einnahmequelle genommen haben – die intensive Landwirtschaft –, verbunden mit einem wachsenden Mangel an Holz.

Weiterführende Literatur

Allgemein: E. Cassin, J. Bottéro, J. Vercoutter (Hgg.), Die Altorientalischen Reiche, 3 Bde., (Fischer Weltgeschichte, Bde. 2–4), Frankfurt a. M. 1965–1967; W. von Soden, Einführung in die Altorientalistik,

Darmstadt 1985; R. Herzog, Staaten der Frühzeit. Ursprünge und Herrschaftsformen, München ^{2}1998. *Mesopotamien:* B. Hrouda (Hg.), Der Alte Orient. Geschichte und Kultur des alten Vorderasien, Gütersloh 1991; ders., Mesopotamien. Die antiken Kulturen zwischen Euphrat und Tigris, München ^{2}2000; A. Kuhrt, The Ancient Near East, c. 3000–330 BC, 2 Bde., London 1995. *Hethiter:* K. Bittel, Die Hethiter, München 1976; T. Bryce, The Kingdom of the Hittites, Oxford 1998; H. Klengel, Geschichte des hethitischen Reiches, Leiden-Boston–Köln 1999. *Induskultur:* R. E. M. Wheeler, The Indus Civilization, Cambridge ^{3}1968; G. L. Possehl, Indus Age. The Beginnings, Philadelphia 1991; R. H. Meadow (Hg.), Harappa Excavations 1986–1990. A Multidisciplinary Approach to Third Millennium Urbanism, 1991; B. B. Lal, The Earliest Civilization of South Asia. Rise, Maturity and Decline, New Delhi 1997; B. und R. Allchin, Origins of a Civilization. The Prehistory and Early Archaeology of South Asia, New Delhi 1997, S. 113–222.

IV.2. Westasien

Raum und historische Epochen

Das westliche Asien wird gemeinhin oft auch als „Vorderer Orient“, „Vorderasien“ oder „Naher und Mittlerer Osten“ bezeichnet. Diese Begriffe sind jedoch in hohem Maße durch die darin deutlich werdende westliche Perspektive eurozentrisch und sollen hier durch die Benennung Westasien ersetzt werden. Die Region erstreckt sich von den Ostküsten des Mittelmeeres und dem anatolischen Hochland sowie Mesopotamien bis in das südliche Arabien und in den iranisch-afghanischen Raum. Im Norden grenzt sie an das Schwarze Meer, den Kaukasus, das Kaspischer Meer und an die Steppengebiete Zentralasiens sowie im Osten an den indischen Subkontinent. Westasien umfaßt den asiatischen Teil der heutigen Türkei, Syrien, Jordanien, Libanon, Israel, Irak, Iran, Afghanistan, Saudi-Arabien, Kuwait, den Jemen, Oman, die Vereinigten Arabischen Emirate, Katar sowie das Inselkönigreich Bahrain.

Auch wenn das westliche Asien immer fremden Einflüssen ausgesetzt war, stellen doch das persische sowie das gemeinsame arabisch-islamische Erbe eine Grundkonstante dar, die es legitimieren, diesen Raum als historische Entität zu fassen. Die naturräumliche Vielfalt bedingte dennoch unterschiedliche Zivilisations- und Staatsstrukturen innerhalb dieser Region. Während in den fruchtbaren Flußebenen Mesopotamiens schon im Altertum komplexe Staaten entstanden waren, stützten sich anderenorts die politischen Strukturen auf lokale Familienverbände wie vor allem im vorislamischen Arabien. Nomadentum konkurrierte mit hochentwickelten urbanen Kulturen, wobei sich aus dieser Dichotomie immer wieder Konfliktpotentiale ergaben, bei denen es meist um die Frage nach der Beherrschbarkeit peripherer, nomadisierender Stämme durch den zentralisierten Staat ging. Die ganze Region war zudem mit all ihren oft legendären Reichtümern und Kulturgütern immer wieder Angriffspunkt fremder Gemeinwesen, gleich ob diese mit den Römern aus dem Westen oder noch viel öfter mit zentralasiatischen Völkern aus dem Nordosten kamen. In umgekehrter Richtung ging vom westlichen Asien aber auch die epochale islamische Expansion in das übrige Asien, nach Europa sowie nach Afrika aus.

Westasien wurde mehrfach von nahezu die ganze Region umfassenden Staaten dominiert, was die Herausarbeitung einer Epochenstruktur vereinfacht. So folgt auf den langen Zeitraum, der vom **Alten Persien** (6. Jahrhundert v. Chr.–7. Jahrhundert n. Chr.) einschließlich des Parther-Reiches und des Graeko-Baktrischen Reiches beherrscht wurde, die Epoche der **islamischen Expansion und des Kalifats** (7.–13. Jahrhundert). Nach einer Unterbrechung der indigenen Herrschaftsstrukturen durch die mongolische Invasion läßt sich die **Entstehung des Osmanischen Reiches** (14.–15. Jahrhundert) beobachten, gefolgt von dessen Blütezeit und dem anfangs nur unmerklichen Zerfall, während sich gleichzeitig in Persien die **Safawiden-Herrschaft** herausbildete (16.–18. Jahrhundert). Schließlich folgte eine Epoche der **wachsenden europäischen Einflußnahme** (19.–20. Jahrhundert).

Das Zeitalter des frühen Persien

Das **Persische Reich** bildete nach den großen Zivilisationen Mesopotamiens und des Industals und noch vor Etablierung des indischen Maurya-Reiches und der chinesischen Han-Dynastie das erste historische Großreich auf asiatischem Boden. Dieses Machtgefüge dehnte sich in seiner Blütezeit zwischen der Westküste Anatoliens und dem Indus aus; das Kerngebiet bildete die Region Persis im heutigen südlichen Iran (Provinz Fars).

Die **Perser**, deren Herkunft weitgehend unbekannt ist, gründeten zunächst unter der Oberhoheit Elams (vgl. Karte 3) verschiedene semiauto-nome Dynastien. Um 550 v. Chr. setzte unter dem Perserfürsten Kyros II. (r. 558–530 v. Chr.) innerhalb nur weniger Jahrzehnte eine erstaunlich rasche Expansion ihres Gemeinwesens ein, wobei zunächst die nominelle Herrschaft Elams abgeschüttelt wurde, ehe die Perser die benachbarten Meder (vgl. S. 109) unterwarfen. Damit erlangte Kyros die Kontrolle über die zwischen Mesopotamien und dem iranischen Raum verlaufenden Handelswege. 547 v. Chr. wurde eine weitere Auseinandersetzung mit dem Lyderkönig Kroisos ausgefochten, der eigene Expansionspläne im östlichen Anatolien hatte. Mit dem berühmten zweideutigen Orakelspruch „Wenn du den Halys überschreitest, wirst du ein großes Reich zerstören" im Gepäck wandte sich Kroisos von seinem in Westanatolien gelegenen Staat mit einem Heer nach Osten. Seine Expansionspläne wurden aber durch Kyros' Kriegszüge vereitelt, die den Persern nahezu das gesamte westliche Kleinasien mit Lydien sicherten. Nach dem Einfall persischer Truppen in das Neubabylonische Reich konnte jener darüber hinaus 539 v. Chr. in die Stadt Babylon einziehen. Mit dem babylonischen Kernland fielen den Persern auch die westlichen, sich bis nach Palästina erstreckenden Gebiete dieses Reiches in die Hände. Ebenfalls in den 530er Jahren eroberten die persischen Truppen schließlich den östlichen Iran bis nach Baktrien sowie das jenseits des Amu-darja gelegene Sogdien, wobei Kyros aber zu Tode gekommen sein soll. Im Laufe der Zeit wurde das durch diese Expansion entstehende **Persische Reich** in Provinzen (**Satrapien**) gegliedert, die unmittelbar dem Herrscher gegenüber verantwortlichen Stellvertretern (**Satrapen**) unterstellt waren. Parallel zur territorialen Expansion entstand die neue persische Residenz **Pasagardai** in einer künstlich bewässerten Gartenlandschaft im Kerngebiet der Persis. Das Königtum legitimierte sich in Anlehnung an mesopotamische Vorbilder in Form des „Königs der Könige" (*basileios basileion*), womit sich der Monarch über die einfache Herrschaft der traditionellen persischen Stammesfürsten stellte.

Unter Kyros' Sohn Kambyses (r. 530–522 v. Chr.) setzte sich die persische Expansion fort. Durch eine politische Annäherung an die arabischen Stämme auf dem Sinai sowie durch den Bau einer schlagkräftigen Flotte setzten die Perser den Ägyptern – die ihrerseits ihre Streitkräfte aufrüsteten und Verbündete im östlichen Mittelmeer gewannen – eine Streitmacht entgegen, der es 525 v. Chr. in der Schlacht von Pelusion gelang, die Ägypter zu besiegen sowie anschließend Memphis zu erobern und den ägyptischen König gefangenzunehmen. Während des Ägyptenfeldzuges mehrte sich in Anbetracht der enormen Kriegskosten allerdings im Kern des Perser-Reiches die Unzufriedenheit, die zu Kambyses' politischem Sturz (der sich in dieser Zeit allerdings in Ägypten befand und auf dem Rückweg in seine Heimat starb) führte.

Nach einer Phase der politischen Unsicherheit setzte sich schließlich mit Dareios I. (r. 522–486 v. Chr.) der erste Angehörige aus der Familie der **Achaimeniden** staatsstreichartig auf den Thron. Zur Betonung der dynastischen Zäsur zu den Vorgängern entstanden seit Dareios' Herrschaft neue Residenzen im Achaimeniden-Reich. So leitete dieser den Bau der Palastanlagen von Susa und Persepolis ein, und in Rustam entstand Dareios' architektonisch bedeutende Grabanlage. Zudem brachte er dem Perser-Reich durch die Eroberung Thrakiens, Makedoniens, Teilen der nordafrikanischen Mittelmeerküste sowie einiger Gebiete am Indus die größte territoriale Ausdehnung, während ein Feldzug gegen die nördlich des Schwarzen Meeres siedelnden Skythen mißlang. Die Expansion in Richtung griechischem Einflußgebiet führte zum Ausbruch der **Perserkriege**, in denen Athen eine führende Stellung im Kampf gegen die Perser errang. Unabhängigkeitstendenzen gegen die persische Herrschaft in Kleinasien wurden trotz der verlorenen Schlacht bei Marathon 490 v. Chr. erfolgreich niedergeschlagen.

Unter seinem Sohn Xerxes I. (r. 486–465 v. Chr.) setzten jedoch wieder Abfalltendenzen in der westlichen Peripherie des Reiches ein. Große symbolische Bedeutung erlangte in diesem Zusammenhang die Niederlage der den Griechen überlegenen persischen Flotte in der Schlacht von Salamis 480 v. Chr., wonach die persische Macht in den darauffolgenden drei Jahrzehnten immer stärker aus dem ägäischen Raum zurückgedrängt wurde. Weit bedeutendere Erosionserscheinungen machten sich dann unter der Herrschaft von Artaxerxes II. (r. 404–359 v. Chr.) bemerkbar, dessen Thronfolge anfangs umstritten war und zu inneren Auseinandersetzungen führte. 401–399 v. Chr. fiel zudem Ägypten von den Persern ab, welches allerdings 343 v. Chr. noch einmal in den Reichskontext integriert werden konnte. Es folgte eine Zeit der Thronstreitigkeiten, ehe mit Dareios III. (r. 336–330 v. Chr.) der letzte Achaimenidenherrscher sein Amt antrat.

Das Achaimeniden-Reich wurde innerhalb nur weniger Jahre durch Alexander III. (der Große, r. 336–323 v. Chr.) von Makedonien erobert. Mit der Schlacht von Granikos 334 v. Chr. fielen ihm die kleinasiatischen Satrapien des Perser-Reiches in die Hände, ehe er im darauffolgenden Jahr in der Schlacht bei Issos erneut über die Truppen Dareios' III. siegte. Es folgte die Eroberung Syriens und Ägyptens, ehe Alexander nach der Schlacht bei Gaugamela in der Nähe der heutigen irakischen Stadt Mossul 331 v. Chr. den zahlenmäßig überlegenen Dareios zur Flucht zwang und sich selbst zum Herrscher des Persischen Reiches ausrufen ließ. Entgegen der antiken historiographischen Überlieferung ging die Stadt Persepolis 330 v. Chr. offenbar nicht vollständig in den von Alexander entfachten Flammen unter, sondern war auch noch nach dem Alexanderzug besiedelt. Alexanders epochaler Feldzug kam erst 326 v. Chr. am Beas (Hyphasis) in Nordwestindien durch einen Aufstand seiner Truppen zum Stillstand (vgl. S. 154). Dem geplanten anschließenden Arabienfeldzug kam sein Tod zuvor.

Nach Alexanders Tod zerfiel sein griechisch-persisches Reich beinahe ebenso schnell wie es entstanden war. Zunächst wurden vier Reichsteile, die **Diadochenreiche**, gebildet, von denen zwei in Asien lagen und je eines in Ägypten sowie eines im griechisch-makedonischen Raum. Unter deren Statthaltern entbrannten in der Folgezeit Machtkämpfe (Diadochenkämpfe). Als neue Staatenordnung entstanden schließlich durch diese Auseinandersetzungen drei souveräne Nachfolgereiche, darunter das Reich des Seleukos I. (r. 305–281 v. Chr.) in den Kerngebieten des untergegangenen Achaimeniden-Reiches sowie in Baktrien. Die Herrscher dieses **Seleukiden-Reiches** zeichneten sich durch die Pflege des persischen Kulturerbes ebenso aus wie durch einen Ausbau der Infrastruktur und die Förderung der Wirtschaft. Während die Machtbasis der Seleukiden zwischen Syrien und dem westlichen Iran lag, blieb die Herrschaft in Parthien und Baktrien auf Dauer instabil. So unterlag Seleukos in seinen ersten Regierungsjahren dem indischen Herrscher Chandragupta und mußte diesem weite Gebiete im baktrisch-indischen Grenzgebiet abtreten (vgl. S. 155).

In der Mitte des 3. Jahrhunderts v. Chr. geriet das Seleukiden-Reich in Schwierigkeiten, als die Thronfolge Seleukos' II. (r. 246–225 v. Chr.) von Familienangehörigen in Frage gestellt und bekämpft wurde. Diese Thronfolgekämpfe, die vor allem den Westen des Reiches in Unruhe stürzten, nutzten die östlichen Territorien zur Rebellion. Zunächst fiel seit 239 v. Chr. die südlich des Amu-darja gelegene Satrapie Parthien von den Seleukiden ab. Diese wurde jedoch schon kurze Zeit später von Norden her von den halbnomadischen Parnern erobert, die unter dem Namen der eroberten Ethnie – Parther – und unter ihrem Herrscher Arsakes (r. ca. 238–217 v. Chr.) das **Parther-Reich** gründeten. Arsakes ist namengebend für die parthische Dynastie der **Arsakiden**, die nahezu ein halbes Jahrtausend die Geschicke dieses Reiches als Vormacht im westlichen Asien bestimmen sollte. Mit einem Feldzug 212–204 v. Chr. zwangen die Seleukiden die Parther, vorübergehend wieder die seleukidische Oberhoheit anzuerkennen, ohne allerdings das dortige Königtum abzuschaffen. Eine seleukidische Niederlage gegen Rom 188 v. Chr. nutzten die Parther schließlich, um erneut und endgültig ihre Unabhängigkeit zu erkämpfen. In der Folgezeit dehnte sich ihr Herrschaftsgebiet unter Mithridates I. (r. 171–ca.139 v. Chr.) kräftig in Richtung Iran, Mesopotamien und Graeko-Baktrischem Reich (s. u.) aus, was letztlich das Ende des Seleukiden-Reiches besiegelte.

Durch die Expansion nach Westen geriet das Parther-Reich in immer engeren Kontakt mit Rom. Im beginnenden 1. Jahrhundert v. Chr. wurde der Euphrat als Grenze zwischen beiden Reichen vertraglich vereinbart. Ein römischer Einfall in parthisches Gebiet begründete seit der Mitte des Jahrhunderts eine Phase militärischer Auseinandersetzungen, wobei sich vor allem Armenien zu einem Streitobjekt entwickelte. Immer wieder versuchte Rom aber auch, Einfluß auf die Thronfolge im Parther-Reich zu nehmen. Unter dem Kaiser Trajan kam es 114–117 n. Chr. zu einem großangelegten römischen Ostfeldzug, der den Römern aber keine nachhaltigen Gewinne bescherte. – So mußten die beiden kurzzeitig gewonnenen Provinzen Mesopotamia und Assyria nach einiger Zeit wieder aufgegeben werden. Eine wesentlich größere Gefahr erwuchs den Parthern denn auch im Inneren. So konnte die Provinzfürsten-Dynastie der Sasaniden aus der Persis seit dem beginnenden 3. Jahrhundert benachbarte Gebiete erobern, ehe es ihr gelang, 224 n. Chr. den letzten Arsakidenherrscher Artabanos IV. (r. 213–224 n. Chr.) zu stürzen und selbst die Macht im Parther-Reich mit Ausnahme Armeniens an sich zu ziehen.

Zur selben Zeit als die Parther vom Seleukiden-Reich abfielen, lösten sich auch die **Graeko-Baktrier** von der seleukidischen Oberhoheit und gründeten um 248 v. Chr. unter Diodotos I. ein eigenes Königreich. Dieses wurde zwar von den Seleukiden ebenso wie das Parther-Reich im ausgehenden 3. Jahrhundert v. Chr. wieder zurückerobert, konnte aber nach den seleukidischen Niederlagen gegen Rom im beginnenden 2. Jahrhundert v. Chr. erneut staatliche Unabhängigkeit erlangen. Seit dieser Zeit expandierten die Graeko-Baktrier auch jenseits des Hindukusch nach Nordwestindien. Ihr Reich wurde erst durch die Invasion der zentralasiatischen Yuezhi zwischen 141 und 128 v. Chr. zerstört, die in Baktrien eine eigene Herrschaft (**Tocharistan**) gründeten. Diese zentralasiatischen Nomaden setzten in den darauffolgenden Jahrzehnten ihre Herrschaft über die dortige seßhafte, iranischsprachige Bevölkerung durch. Aus einer losen Stammeskonföderation entwickelte sich hier unter dem Herrscher Kujala Kadphises I. um 10 v. Chr. das **Kushana-Reich**, welches sich im 1. Jahrhundert n. Chr. in Richtung Osten ausdehnte (vgl. S. 158).

Nach dem Ende des Parther-Reiches setzte sich die Konfrontation Roms mit Persien unter der nachfolgenden Dynastie der **Sasaniden** fort.

So wurde unter der Herrschaft des römischen Kaisers Diokletian im ausgehenden 3. Jahrhundert die Macht der Sasaniden aus Mesopotamien und dem zwischenzeitlich eroberten Armenien zurückgedrängt. Erst in den 360er Jahren konnten die Territorialverhältnisse im Zweistromland wieder restituiert werden, was mit heftigen Christenverfolgungen durch die Perser einherging, ehe 408/409 n. Chr. eine dauerhafte Friedensregelung zwischen dem nunmehrigen Oströmischen Reich (Byzantinisches Reich) und Persien geschaffen wurde.

Seit dieser Zeit ging die äußere Gefahr für das Sasaniden-Reich nicht mehr von den Römern aus, sondern von der Dynastie der Hephtaliten, den Nachkommen der zentralasiatischen Hjono, die seit etwa 350 n. Chr. Baktrien erobert hatten und von dort aus im ausgehenden 5. Jahrhundert das Sasaniden-Reich bedrohten (vgl. S. 256). Die Sasaniden wurden von den Hephtaliten mehrfach vernichtend geschlagen und ihnen gegenüber zeitweise tributpflichtig. Gleichzeitig kam es zu sozialen Unruhen im Lande selbst, die sich gegen die Macht der Grundbesitzer richteten. Die Aufstände wurden schließlich von den beiden Sasanidenherrschern Kavad I. (r. 488–496; 499–531) und Husrav I. (r. 531–579) niedergeschlagen. Die dadurch wiedergewonnene Machtstellung nutzen die Sasaniden für nachhaltige Reformen im Bereich der Steuererhebung, des Heeres und der Verwaltung. Diese Konsolidierung im Inneren führte unter Husrav I. zu einer aggressiveren Außenpolitik, indem er zunächst die mit Byzanz verbündeten südarabischen Stämme niederschlug und um 560 gemeinsam mit den Westtürken (vgl. S. 259) den Hauptgegner, das Reich der Hephtaliten, vernichtete. Bereits unter seinem Nachfolger Hormizd IV. (r. 579–590) setzte aber der endgültige Niedergang des Sasaniden-Reiches ein, der mit Kämpfen zwischen Sasaniden und Turkvölkern sowie mit wachsendem Widerstand des einheimischen Adels gegen die zentralistische Königsherrschaft begann. Der letzte Sasanidenherrscher, Yazdgird III. (r. 633–651), mußte das geschwächte Reich schließlich bis zur Mitte des 7. Jahrhunderts den herandrängenden Arabern preisgeben.

Auch im Süden Arabiens, dem legendären *Arabia felix* der antiken Überlieferung, sind Staatsbildungsprozesse feststellbar, die durch die handelstechnisch herausragende Lage dieser Region am Ausgang des Roten Meeres begünstigt wurden. Frühe Gemeinwesen sind allerdings oft nur bruchstückhaft zu rekonstruieren, wie das Königreich von **Saba**, dessen Name seit dem ausgehenden 8. Jahrhundert v. Chr. in assyrischen Schriften sowie mehrfach auch in alttestamentlichen Bibelstellen auftaucht. Dieses Reich erstreckte sich wahrscheinlich über den heutigen

Jemen, expandierte aber unter seinem Herrscher Karib'il Watar um die Mitte des 1. Jahrtausends bis an die gegenüberliegende äthiopische Küste, ehe im 4. Jahrhundert v. Chr. die Teilregionen Hadramaut und Qataban abfielen und später eigene Königreiche gründeten, was zu einem Niedergang von Saba führte. Bis um 575 n. Chr. existierte im Jemen mehr oder wenige selbständige Staatlichkeit, ehe diese Region in die Hand der Perser fiel und schließlich seit den 630er Jahren im Rahmen des Kalifats islamisiert wurde.

Araber und Kalifat

Schon in vorislamischer Zeit war die Arabische Halbinsel von nomadischen, seminomadischen und seßhaften arabischen Stämmen besiedelt. Seit dem 8. Jahrhundert v. Chr. tauchen in der schriftlichen Überlieferung Mesopotamiens Araber (*arabi*) entweder als Feinde, Verbündete oder Hilfstruppen babylonischer Herrscher auf. Die arabischen Stämme waren in Familienverbände (Clans) gegliedert, wobei der Clan den politischen Bezugspunkt des Einzelnen darstellte. Über diesen tribal geprägten Einheiten bildeten vorislamische Kultstätten bedeutende Integrationspunkte, die oft gleichzeitig Markt- und Kommunikationszentren waren. In einer solchen Welt vielfältiger Partikularinteressen fand der Islam als gesellschaftliche Klammer rasche Akzeptanz. Die sich seit dem 7. Jahrhundert mit unglaublicher Geschwindigkeit ausbreitende neue Religion war aber auf lange Sicht nicht nur eine geistliche Strömung, sondern prägte auch die politischen Strukturen der islamischen Gemeinwesen Asiens in entscheidendem Maße.

Der geistliche und weltliche Herrscher der expandierenden islamischen Welt war der **Kalif**, der als Stellvertreter des Propheten Mohammed angesehen wurde. Dieser legitimierte seine Machtstellung entweder aus der verwandtschaftlichen Nähe zum Propheten oder durch besondere Verdienste um den Islam (vgl. S. 82f.). Der erste Kalif Abu Bakr (r. 632–634) setzte die völlige Islamisierung der Arabischen Halbinsel durch. Im Norden nahm sein Heer zudem die byzantinischen Provinzen Syrien und Palästina ein. Erste staatsähnliche Strukturen zur Beherrschung des expandierenden arabischen Territoriums etablierten sich unter dem zweiten Kalifen Omar Ibn al-Chattab (r. 634–644), der eine geregelte Rechtsprechung auf der Grundlage des islamischen Staatsrechtes durchsetzte. Der dritte Kalif Uthman (r. 644–656) bewerkstelligte schließlich die Eroberung des Persischen Reiches, eines großen Teils von Ägypten und Teilen der nordafrikanischen Küste. Unter Uthman entwickelte sich aber auch erstmals Widerstand muslimischer Kreise gegen die sich unter den ersten Kalifen etablierende, aus wenigen Familienverbänden bestehende arabische Oligarchie, der zur Ermordung des Kalifen und zur Einsetzung seines Nachfolgers Ali Ibn Abu Talib (r. 656–661) führte. Aber auch dieser Herrscher konnte den Widerstand nicht unter Kontrolle bringen, zumal der Konflikt durch theologische Diskussionen um die Legitimität des Kalifen an Schärfe gewann. So fiel auch Ali Ibn Abu Talib schließlich einem Mordanschlag durch Angehörige seiner eigenen Truppe zum Opfer.

Aus dem nachfolgenden Machtkampf ging Mu'awiya b. Abi Sufyan (r. 661–680) aus dem Familienverband der bereits in vorislamischer Zeit bedeutenden, aber nur indirekt mit dem Propheten verwandten **Ummayaden** als Herrscher hervor, der seine Residenz in Damaskus errichtete. Obwohl mit seinem Amtsantritt die Erbfolge bis 750 in den Händen dieser Familie blieb, kann dennoch kaum von der Errichtung einer regelrechten Dynastie gesprochen werden, da Herrschaftslegitimität noch nicht aus dem dynastischen Prinzip abgeleitet wurde, sondern sich meist theologisch begründete oder bisweilen nur eine reine Machtfrage war. Auch wenn die Macht der Ummayaden vor allem unter den südlichen Arabern nur schwach war, vergrößerten diese das Einflußgebiet des arabisch-islamischen Gemeinwesens weiter. So konnten sie beispielsweise die gesamte Iberische Halbinsel unter ihre Kontrolle bringen.

Obwohl das islamisierte Gebiet mittlerweile zahlreiche Ethnien umfaßte, erhielten unter den Ummayaden hauptsächlich Araber die bedeutenden Machtpositionen. Diese Politik rief vor allem im Osten, im persischen Gebiet, wachsenden Widerstand hervor, der letztlich zum erstaunlich raschen Sturz der Ummayaden führte. So entwickelte sich in Persien die Gruppe der schiitischen **Haschimiten** – die ihre Herkunft auf Mohammeds Vorfahren Haschim zurückführten – zu einer existentiellen Gefahr. Diese forderten eine enge verwandtschaftliche Nähe des herrschenden Kalifen zum Propheten, was die Ummayaden nicht bieten konnten. Seit 747 kämpften aufständische Gruppen gegen die Ummayaden, die militärisch aufgerieben wurden, bis dem letzten Ummayaden-Kalifen nur noch die Flucht blieb. Nach der Eroberung Mesopotamiens durch die Aufständischen wurde der vom Propheten abstammende Abu Abbas (r. 750–754) zum neuen Kalifen ernannt.

Erst bei den nach diesem Herrscher bezeichneten **Abbasiden** (750–1258) können wir von einer regelrechten Dynastie sprechen, deren Herrscher sich aus dem dynastischen Prinzip legitimierten. Ihr geographischer Schwerpunkt lag nicht mehr in Arabien, sondern sie besaßen einen persisch-irakischen kulturellen Hintergrund und wählten entsprechend das neugegründete Bagdad zu ihrer Residenz. Eine Konsolidierung der abbasidischen Herrschaft gelang unter Abu Abbas' Bruder und Nachfolger al-Mansur (r. 754–775), der Teile der Haschimiten-Bewegung entmachtete sowie oppositionelle Gruppierungen aus seinem familiären Umfeld beseitigte. Aus einer arabisch dominierten Herrschaft entwickelte sich im Laufe der Zeit ein multiethnisches, islamisches Machtgefüge, wobei die arabische Sprache aber weiterhin die lingua franca in Verwaltung und Kultur darstellte.

Zum Berater des Kalifen – zeitweise auch zu seinem Stellvertreter – und Leiter der Staatsverwaltung avancierte im Abbasiden-Reich der **Wesir**. Diesem war eine von Persern dominierte Staatsverwaltung untergeordnet, deren bedeutendste Aufgaben die Erfassung und der Einzug von Steuern, die Verwaltung des Staatsschatzes und die Organisation des Heerwesens waren. Zunächst wurde das Heer vor allem aus den Abgaben der Untertanen finanziert. Im Laufe der Zeit gingen die Abbasiden aber dazu über, den Soldaten Landpfründen zu übergeben, aus denen sie selbst ihre Einkünfte erwirtschaften mußten – ein Prinzip, welches sich später im Osmanischen Reich zum Timar-System entwickelte (vgl. S. 129). Das Rechtswesen der Abbasiden basierte auf der Scharia.

Seit dem Kalifen al-Mu'tasim (r. 833–842) entstand ein mächtiges Heer, welches sich zum großen Teil aus turkstämmigen Söldnern rekrutierte, die bemerkenswerte Karrieren bis zum Heerführer (**Emir**) verzeichnen konnten. Auch im zivilen Bereich erlangten die Türken zunehmend hohe Stellungen, so daß die eigentliche Macht im Staate um die Mitte des 9. Jahrhunderts zeitweise von den turkstämmigen Eliten und kaum mehr vom Kalifen selbst ausgeübt wurde. Die damit verbundene Erosion der inneren Macht äußerte sich seit der zweiten Hälfte des 9. Jahrhunderts auch im territorialen Zerfall. Während das Byzantinische Reich immer wieder in das Territorium der Abbasiden vorstieß, etablierten sich unter den **Samaniden** (875–999) im Gebiet des Amudarja und den **Buyiden** (932–1055) im westlichen Iran semi-autonome Herrschaften. Ägypten und der syrisch-palästinensische Raum fielen 969 unter der Dynastie der **Fatimiden** endgültig von den Abbasiden ab, nachdem die Region schon zuvor nur noch nominell den Herrschern in Bagdad unterstanden hatte. Mit dem Abfall Ägyptens entstand in Nordafrika unter den Fatimiden ein schiitisches Gegenkalifat, während das sunnitische Abbasiden-Kalifat in dieser Zeit nur noch ein Schatten seiner selbst war und schließlich unter die Schutzherrschaft der Buyiden gestellt wurde. Die Macht der Buyiden wurde in der Mitte des 11. Jahrhunderts durch die in den Irak einfallenden Seldschuken (vgl. S. 127) gebrochen.

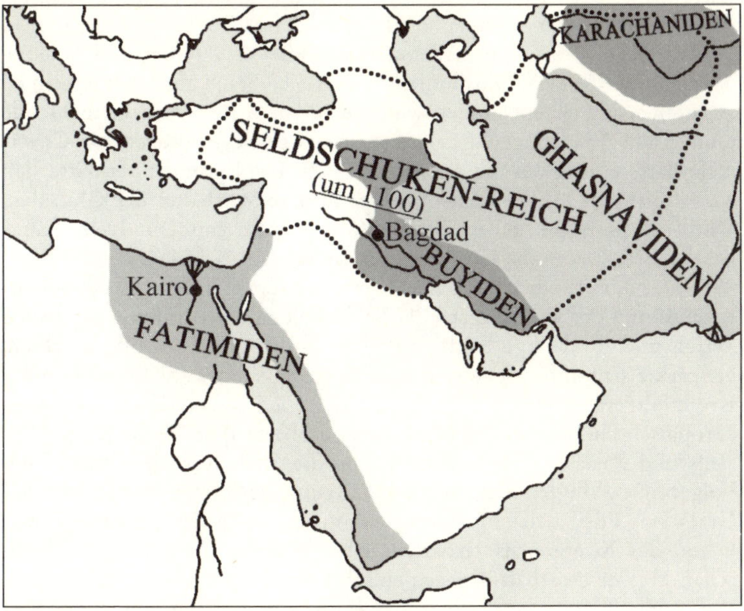

Karte 4: Das westliche Asien (11. Jahrhundert)

Während die Buyiden dem Ansturm der Seldschuken zum Opfer fielen, wurde das Samaniden-Reich infolge der Expansion der zentralasiatischen Karachaniden und der gleichzeitigen Kriegszüge Machmuds von Ghasni 999 zerstört (vgl. auch Karte 13). Dessen Vater hatte als türkischer Militärbefehlshaber im Samaniden-Reich Karriere gemacht, dann aber als unabhängiger Sultan im Osten dieses Reiches um die Stadt Ghasni einen eigenen Staat gegründet. Machmud, der Begründer der Herrschaft der **Ghasnaviden** (972–1190), dehnte seine Macht zunächst über ganz Baktrien und Teile des Iranischen Hochlandes aus, ehe er zwischen 1000 und 1027 große Gebiete Nordindiens besetzte (vgl. S. 164). In der Folgezeit wurden hingegen die westlichen Teile des Ghasnaviden-Reiches von den expandierenden Seldschuken eingenommen. Die Ghasnaviden-Herr-schaft im noch verbliebenen Restterritorium im Osten wurde schließlich im ausgehenden 12. Jahrhundert durch die Macht der aus dem westlichen Afghanistan stammenden Fürsten von Ghur ersetzt. Diese **Ghuriden** eroberten 1173 Ghasni und expandierten von hier aus unter ihrem Herrscher Muhammad Ghuri (gest. 1220) in Richtung Indien. 1192 besiegte dieser eine Allianz hinduistischer Fürsten und besetzte daraufhin weite Teile Nordindiens. Sein Reich brach aber ebenso schnell zusammen wie es entstanden war, nachdem es 1205 eine vernichtende militärische Niederlage durch das am Aralsee gelegene Reich von Chwaresm hatte einstecken müssen (vgl. S. 262). In Nordindien erklärte sich daraufhin nach Muhammads Tod der dortige Statthalter der Ghuriden, Qutb-ud-din Aibak, für unabhängig und gründete mit dem Delhi-Sultanat die erste islamische Großmacht in Indien (vgl. S. 164).

Unter dem Eindruck des im 11. Jahrhundert zerfallenden Fatimiden-Reiches und des Vordringens der Seldschuken, die vorübergehend auch Syrien und die heilige Stadt Jerusalem unter ihre Kontrolle brachten, verstärkte sich in Europa der Kreuzzugsgedanke, der zur Errichtung der **Kreuzfahrerstaaten** im syrisch-palästinischen Raum führte. Das erste europäisch-christliche Kreuzfahrerheer eroberte 1098/99 die Küsten Syriens und Palästinas und nahm zudem die Stadt Jerusalem ein. In der Folgezeit etablierten sich in diesem Raum die Kreuzfahrerstaaten der Grafschaft Edessa, des Fürstentums Antiochien, des Fürstentums Tripoli und des Königreichs Jerusalem, ohne daß die benachbarten islamischen Mächte ernsthaft dagegen einschritten. Im 13. Jahrhundert kam es aber schließlich zu einer Gegenbewegung durch die Ägypter, die 1244 Jerusalem zurückeroberten und 1291 mit Akkon, der damaligen Hauptstadt des Königreichs Jerusalem, die letzte christliche Festung in ihre Hände bekamen.

Ebenso wie weite Gebiete des übrigen Asien unterwarfen im 13. Jahrhundert die **Mongolen** auch große Teile Westasiens und zerstörten das komplexe Staatengefüge, welches sich mit dem Zerfall der Abbasiden in dieser Region etabliert hatte. Mit dem Angriff auf Chwaresm (vgl. S. 265) 1219 näherten sich Dschingis Khans Truppen erstmals dem westlichen Asien. Doch erst nach seinem Tod gelang in den 1230er Jahren unter Dschingis Khans Sohn Hülegü (r. als Il-Khan 1256–1265) die Einnahme des zentralen persischen Hochlandes. Schließlich übernahm Hülegüs Sohn Abaka (r. 1265–1282) im Auftrag des Khan Khubilai die Macht in Persien. Unter seiner Ägide verselbständigte sich aber die Mongolen-Herrschaft von der Zentralmacht in der Mongolei und China, und es entstand das expandierende **Reich der Il-Khane**, welches schließlich das gesamte Persien, Mesopotamien und Teile Anatoliens umfaßte, sich aber wegen der Machtstellung der ägyptischen Mamluken nach deren Niederschlagung der Kreuzfahrerstaaten nicht bis ans Mittelmeer ausdehnen konnte. Charakteristisch für die Il-Khane ist eine Übernahme der lokalen Herrschaftstraditionen, die sogar dahin führte, daß der Il-Khan Ghazan (r. 1295–1304) den Islam annahm. Dadurch erlangte das Reich der Il-Khane eine eigene Identität und verwurzelte sich immer stärker als rein westasiatisches Reich in der Region. Nach einer Schwächung der Il-Khane durch die Mamluken zerfiel deren Herrschaft in der Mitte des 14. Jahrhunderts und öffnete den Weg für die Gründung mehrerer partikularer Fürstentümer, bis der persisch-mesopotamische Raum wieder durch Timur unter einer Macht geeint wurde (vgl. S. 268f.).

Die Entstehung des Osmanischen Reiches

Im 11. Jahrhundert entstand mit den **Seldschuken** im südwestlichen Zentralasien eine neue Dynastie, die im Laufe der Zeit fast das ganze westliche Asien unter ihre Kontrolle brachte. Die dem Turkstamm der Ogusen angehörenden Seldschuken herrschten seit dem 10. Jahrhundert am Unterlauf des Syr-darja. Nach der Zerschlagung des Samaniden-Reiches im Jahre 999 – aber noch bevor die zentralasiatischen Kara-Kithai in der Mitte des 12. Jahrhunderts das Heimatgebiet der Seldschuken erobern konnten (vgl. S. 262) – expandierten jene in Richtung Süden und Südwesten. Zunächst eroberten die Seldschukenfürsten Chagri Beg Davud (r. 1. Hälfte des 11. Jahrhunderts) und Togril Beg Mohammed (r. ca. 1037–1063) gemeinsam die Gegend von Chorasan südöstlich des Kaspischen Meeres, ehe sich Chagri um 1040 gegen die Ghasnaviden wandte. Zur selben Zeit dehnte sein Bruder Togril den seldschukischen Einfluß auch in Richtung Südwesten in das zerfallende Abbasiden-Reich aus, wo ihm der Abbasidenkalif 1058 die Sultanswürde verlieh, um ihn für ein Vorgehen gegen die Buyiden zu gewinnen (vgl. S. 124). Mit dieser Standeserhöhung avancierte die türkische Dynastie zu den **Großseldschuken**. Nach dem Sturz der ägyptischen Fatimiden durch die sunnitischen Ayyubiden wurde seit 1171 sogar durch Ägypten der unter dem Schutz der Seldschuken stehende Abbasidenkalif wieder als rechtmäßiger geistlicher Herrscher der islamischen Welt anerkannt. Dieser residierte seit 1258, nach der Eroberung Bagdads durch die Mongolen, aber ebenfalls in Kairo.

Unter ihrem Sultan Alp Arslan (r. 1063–1072) wandten sich die Großseldschuken nach Anatolien, das sie Schritt für Schritt der Herrschaft des

Byzantinischen Reiches entrissen. Ein erster bedeutender Sieg über die byzantinischen Truppen wurde 1071 bei Manzikert (Malazgirt) errungen, der einer massiven Zuwanderung von Turkstämmen nach Anatolien die Tore öffnete. In Anatolien entstanden mehrere untergeordnete Fürstentümer, aus denen sich schließlich das von den Großseldschuken unabhängige **Sultanat der anatolischen Seldschuken** (Rumseldschuken) mit der Hauptstadt Konya bildete, während das südöstlich davon gelegene Kernreich der Großseldschuken mit der Expansion der Mongolen wieder zerfiel.

Zu Beginn des 13. Jahrhunderts stellten die anatolischen Seldschuken die bedeutendste Macht der Region dar. Diese Position währte allerdings nur wenige Jahrzehnte, denn bereits 1243 wurden sie von den mongolisch-persischen Il-Khanen besiegt und mußten sich diesen als Vasallen unterwerfen. Weil die Zentralmacht der anatolischen Seldschuken unter dem Druck der Il-Khane allmählich ihre Integrationskraft verlor, fielen immer mehr Teilgebiete Anatoliens vom Sultan ab und gründeten teils mit Unterstützung der Il-Khane eigene Fürstentümer (Emirate). Aus einem dieser kleineren Fürstentümer ging im 13. Jahrhundert im Nordwesten Anatoliens in unmittelbarer Nähe zum immer kleiner werdenden Byzantinischen Reich das **Osmanische Emirat** hervor. Namengebend für dessen aufsteigende Dynastie wurde der Emir Osman (r. ca. 1281–1326). Dieser schuf ein großes Söldnerheer, zu dessen Existenzgrundlage sich in immer größerem Umfange Raubzüge entwickelten, die sich nicht allein unter dem Vorwand des Heiligen Krieges gegen die byzantinischen Christen richteten, sondern unter denen auch mancher muslimische Nachbarfürst zu leiden hatte. Aus dem anfänglichen Söldnerheer entwickelte sich im Laufe der Zeit ein stehendes Berufsheer, das unter einem Oberbefehlshaber (*beglerbeg*) nach straffen Ordnungsprinzipien strukturiert war. Vom Zentrum des Emirats in der Gegend um die heutige Stadt Eskisehir dehnte sich Osmans Territorium immer weiter in Richtung Marmarameer aus, wobei er 1326 die bedeutende byzantinische Stadt Bursa eroberte.

Auch unter Osmans Sohn Orhan (r. 1326–1360) expandierte das junge Osmanenreich weiter. So wurden trotz vielfältiger diplomatischer Kontakte und Heiratsbeziehungen zu Byzanz die byzantinischen Städte Nizäa und Nikomedia eingenommen, und mit der Eroberung des benachbarten Fürstentums von Karesi verschafften sich die Osmanen erstmals einen Zugang zum Ägäischen Meer. 1354 fielen Ankara und im selben Jahr auch **Gallipoli** an den Dardanellen als erste europäische Stadt in ihre Hände. Unter dem Einfluß der in den eroberten byzantinischen Gebieten vorgefundenen Verwaltungsstrukturen etablierte sich unter

Orhan eine Zivilverwaltung, die in der Anfangszeit dem Beglerbeg unterstellt war – ein Zeichen für die Verschmelzung von ziviler und militärischer Administration, wie sie für das Osmanische Reich charakteristisch wurde. Als oberster Berater des Emirs und seit den 1380er Jahren als Leiter der Verwaltung fungierte der Großwesir, unter dem sich der Diwan als Staatsrat etablierte. Das Reich wurde in Provinzen (*sandschak*) gegliedert, während daneben aber auch einzelne unterworfene Territorien einen Vasallenstatus unter einem eigenen Herrscher erhielten. Orhan nahm als erster Osmanenfürst den Titel Sultan an, womit er seinen Souveränitätsanspruch gegenüber den Il-Khanen artikulierte und damit gleichzeitig an die Herrschaftstradition der Großseldschuken anknüpfte.

Unter dem Sultan Murat I. (r. 1360–1389) expandierten die Osmanen in Richtung Balkan, 1361 wurde zudem die byzantinische Stadt Adrianopel (Edirne) erobert, wohin vier Jahre später die osmanische Residenz verlegt wurde. 1389 besiegten die osmanischen Truppen in der Schlacht auf dem **Amselfeld** die vereinigten serbischen, bosnischen, albanischen und bulgarischen Truppen, woraufhin Serbien endgültig von der aufstrebenden Großmacht erobert und zu einem Vasallenstaat degradiert wurde. Durch Kauf und Heiratsdiplomatie gelangte Murat zudem ganz ohne Kampf in den Besitz weiterer Territorien in Anatolien.

Murat setzte im militärischen Bereich grundlegende Innovationen durch. So nahm unter seiner Ägide das für die Osmanen-Herrschaft charakteristische System der Militärpfründen seine endgültige Gestalt an. Dieses **Timar-System** garantierte jedem verdienten Kämpfer entsprechend seinem militärischen Rang eine unterschiedlich große, nicht erbliche Pfründe, wobei dieser als Gegenleistung militärischen Dienst zu verrichten hatte. Später wurde dieses System auch auf zivile Beamte ausgedehnt. Zusätzlich etablierten sich gleichsam als Elitesoldaten die **Janitscharen** – oft ehemalige Kriegsgefangene, die im Rahmen einer strengen Ausbildung zu ergebenen Kämpfern erzogen wurden. Durch ihre meist auswärtige Herkunft waren sie weniger in interne Auseinandersetzungen unter den führenden Machteliten verwickelt, sondern standen loyal dem Sultan zur Verfügung. Seit 1438 stammten die Janitscharen nicht mehr allein aus dem Nachschub an Kriegsgefangenen, sondern ihr Nachwuchs wurde im Rahmen der sogenannten „Knabenlese" (*devsirme*) unter christlichen, meist bäuerlichen Untertanen vom Balkan gleichsam als Tributleistung der unterworfenen Völker rekrutiert. Auf diesen Nachwuchs warteten bisweilen gute Karrierechancen und sozialer Aufstieg.

Mit dem Beginn des 15. Jahrhunderts erwuchs Sultan Bayezid I. (r. 1389–1402) mit **Timur** (vgl. S. 268f.) eine existentielle Gefahr. So unternahm Timur im Jahre 1400 erste Militärexpeditionen in das östliche Anatolien und verlangte vom Sultan die förmliche Unterwerfung, die dieser aber ablehnte. Zwei Jahre später besiegte Timur schließlich in der Schlacht von Ankara die militärisch unterlegenen osmanischen Truppen und ließ den Sultan gefangennehmen. Innerhalb kürzester Zeit zerfiel die osmanische Zentralgewalt. Nach Timurs Tod 1405 und dem raschen Zerfall seines Imperiums wurde die osmanische Macht zwar unter Mehmet I. (r. 1413–1421) restituiert; das vom Sultan beherrschte Territorium blieb vorerst aber um die Hälfte reduziert. Dennoch nahm Mehmet mit wechselndem Kriegsglück die osmanischen Eroberungszüge auf dem Balkan wieder auf und eröffnete im Mittelmeer gegen die venezianische Flotte eine zweite Front.

Seit Mehmet II. (r. 1451–1481) – dem „Eroberer" – avancierte das Sultanat zu einer Großmacht, zum eigentlichen **Osmanischen Reich**, das es ernsthaft mit den übrigen bedeutenden Mächten Asiens und Europas aufnehmen konnte. Nachdem der byzantinische Kaiser Konstantin XI. (r. 1449–1453) versucht hatte, einen von Byzanz gestützten Konkurrenten als potentiellen osmanischen Thronprätendenten gegen Mehmet zu etablieren, wurden seit 1452 die osmanischen Truppen vor Konstantinopel massiv verstärkt. Nach 54tägiger Belagerung fiel die Stadt am 29. Mai 1453 in die Hände der Osmanen. Durch Zuwanderung von Türken und anderen Völkerschaften wurde diese Metropole in der Folgezeit zunehmend islamisiert, und anstelle von Edirne avancierte das nunmehrige **Istanbul** zur Hauptstadt des Osmanischen Reiches. Nachdem die Byzantiner 1460 auch ihre Herrschaft über den Peloponnes verloren hatten, ging 1461 mit dem Kaiserreich Trapezunt der letzte Rest des einst mächtigen Byzantinischen Reiches unter.

Im Inneren führte Mehmet eine Bodenreform durch, wobei das meiste adlige und geistliche Land enteignet und dem Timar-System untergeordnet wurde. Die große Ausdehnung des Landes setzte die Etablierung effizienter Verwaltungsstrukturen in der Provinz voraus, was wegen der oft großen Entfernungen zum Zentrum auch ein großes Maß an Schriftlichkeit erforderte. Parallel dazu führte der Sultan auch eine Vereinheitlichung des zuvor von zahlreichen regionalen Traditionen geprägten Rechtswesens durch, indem er Gesetze standardisieren und diese dann in mehreren Gesetzbüchern (*kanunname*) sammeln ließ, was auf lange Sicht eine Säkularisierung des Rechtswesens begünstigte. So war seit dem Ende der Mongolen-Herrschaft mit dem Osmanischen Reich ein institutionalisierter Territorialstaat entstanden.

In **Persien** setzte sich die mongolische Gewalt in Form der Il-Khane hingegen bis in die Mitte des 14. Jahrhunderts fort, abgelöst durch eine Phase der territorialen Zersplitterung und die Eroberung des Landes durch Timur. Die letzten Timuridenherrscher, die ihre Macht in Persien mit anderen Fürsten mongolischer und türkischer Herkunft teilen mußten, wurden zu Beginn des 16. Jahrhunderts von den Usbeken unter Muhammad Scheibani besiegt (vgl. S. 269). Zu den eigentlichen Gewinnern avancierte aber die Dynastie der Safawiden, deren Herrscher seit 1501 immer größere Teile Persiens unter ihre Kontrolle brachten.

Osmanen und Safawiden seit dem 16. Jahrhundert

Im beginnenden 16. Jahrhundert stellten die Osmanen trotz des Wiedererstarkens der indigenen Herrschaft in Persien weiterhin die bedeutendste Macht im westlichen Asien dar. 1514 griff der osmanische Sultan Selim I. (r. 1512–1520) Persien an, das zu dieser Zeit Teile des östlichen Anatolien kontrollierte. Die Perser wichen mit einer Politik der verbrannten Erde immer weiter zurück, was bei den Janitscharen in Ermangelung von Plünderungschancen zu Unzufriedenheit führte. Im August desselben Jahres fand bei Caldiran die Entscheidungsschlacht statt, die mit einer Niederlage der Perser endete und den Osmanen den Besitz der umkämpften Region einbrachte. In den darauffolgenden Jahren wandte sich die osmanische Macht gegen das syrisch-ägyptische Reich der Mamluken. 1516 wurden die Mamluken im nördlichen Syrien besiegt, anschließend zogen die osmanischen Truppen weiter nach Ägypten, wo es im Januar 1517 bei Kairo zur entscheidenden Niederlage der Mamluken kam. Neben Syrien und Ägypten gelangten in diesem Kontext auch die heiligen Stätten der Arabischen Halbinsel in die Gewalt der Osmanen, deren lokale Oberhäupter seit der Mitte des 14. Jahrhunderts Vasallen der Mamluken gewesen waren. Die arabischen Gebiete wurden machtpolitisch von den Osmanen nur oberflächlich durchdrungen, während die lokalen Eliten weiterhin im ökonomischen und fiskalischpolitischen Bereich große Macht ausübten. Der in Kairo residierende Kalif siedelte nach Istanbul über und übertrug bald darauf die Kalifenwürde an den osmanischen Sultan. Nach der Vereinigung dieser beiden Ämter avancierte der Mufti von Istanbul als höchster islamischer Rechtsgelehrter zur obersten religiösen Autorität im Osmanischen Reich.

Der erste Sultan, der auch im deutschen Raum von sich reden machte, war Süleyman II. – der „Prächtige“ – (r. 1520–1566). Seine militärische Aufmerksamkeit galt allerdings zunächst Syrien, das schon nach wenigen Jahren osmanischer Herrschaft wieder abzufallen drohte. Sein zweiter Blick richtete sich dann aber gegen Südost- und Mitteleuropa, vor allem gegen Ungarn und das Heilige Römische Reich. Auf dem Weg nach Nordwesten eroberten die Osmanen 1521 die ungarische Festung Belgrad. Fünf Jahre später wurden in der Schlacht von **Mohacz** die Ungarn vernichtend geschlagen, deren Königreich in der Folgezeit in einen größeren osmanischen und in einen kleineren habsburgischen Teil zerfiel. 1529 fühlten sich die Osmanen stark genug, erstmals die Habsburgerresidenz **Wien** anzugreifen. Auch wenn dieser Angriff auf den erfolgreichen Widerstand der Habsburger traf und von Ferdinands Truppen zurückgeschlagen wurde, mußten die europäischen Herrscher seit dieser Zeit mit der „Hohen Pforte", den Herrschern in Istanbul, als neuer europäischer Großmacht rechnen. Die Osmanen wurden in Europa trotz der religiösen Diskrepanz bündnisfähig, wie ein gegen die Habsburger gerichtetes Abkommen mit dem König von Frankreich von 1536 belegt. Unter Süleyman setzte sich aber auch die Expansion des Osmanischen Reiches in südöstliche Richtung fort, was 1547 zur Eroberung des Jemen mit der bedeutenden Handelsstadt Aden führte.

Bereits während Süleymans Herrschaft machten sich erste Anzeichen eines künftigen inneren Zerfalls des Osmanischen Reiches bemerkbar. Mit der Expansion nach Mittelosteuropa war die Ausdehnung des osmanischen Territoriums an ihre Grenzen gestoßen, und das dem Timar-System zur Verfügung stehende Land konnte nicht mehr beliebig vermehrt werden. Bei einer dennoch weiterhin steigenden Zahl der Soldaten bedeutete das auf lange Sicht eine Verkleinerung der Pfründen, was auch das Einkommen ihrer Nutznießer reduzierte. Eine Geldknappheit des Sultans bewirkte zudem, daß auch zuvor mit Bargeld bezahlte Staatsbedienstete seit der zweiten Hälfte des 16. Jahrhunderts verstärkt mit Pfründen entschädigt wurden, wodurch sich die Landknappheit zusätzlich verschärfte. Der wachsende Druck auf die Pfründeninhaber (Timarioten) wurde in der Regel an die das Land tatsächlich bewirtschaftenden Bauern weitergegeben, so daß sich deren ökonomische Lage verschlechterte. Die Folge war eine weit verbreitete Landflucht, die seit dem ausgehenden 16. Jahrhundert zur allmählichen Auflösung des Timar-Systems führte. Viele Bauern verdingten sich fortan als Tagelöhner oder sie schlossen sich plündernden, vagabundierenden Gruppen an, die in zunehmendem Maße zu einem Sicherheitsrisiko im Lande wurden. Auch die Absolventen der islamischen Hochschulen (Medresen), die im Zuge der ökonomischen Krise keine Arbeit fanden, entwickelten sich zu einem Unruhepotential.

In dem halben Jahrhundert nach Süleymans Tod konnte der territoriale Besitz in einigen Bereichen dennoch vermehrt werden, während er sich anderswo bereits reduzierte. So machten sich im Jemen allmählich Abfalltendenzen bemerkbar. 1570 wurde das Land in eine osmanische Provinz und in einen nur indirekt beherrschten Vasallenstaat geteilt. Ein osmanischer Versuch, die in den 1550er Jahren von den Russen eroberten Khanate von Kasan und Astrachen einzunehmen, scheiterte 1569. Ein Jahr später gelang aber noch einmal mit der Eroberung der venezianischen Insel Zypern ein herausragender Erfolg, der aber schon 1571 mit einer Niederlage in der Seeschlacht von **Lepanto** gegen eine antiosmanische europäische Koalition wieder verwirkt wurde.

Seit dem Sultan Murat III. (r. 1574–1595) verfingen sich die Herrscher regelrecht in den komplexen personalen Beziehungsgeflechten des Hofstaates und des Harems, der meist von der Mutter und den Frauen des Sultans dominiert wurde. Eine wachsende politische Instabilität und zunehmendes Mißtrauen des Sultans gegenüber den etablierten Institutionen äußerte sich beispielsweise in der häufigen Absetzung der Großwesire in dieser Zeit, während bedeutende politische Entscheidungen statt dessen eher im Harem getroffen wurden. Die Janitscharen entwikkelten sich durch den äußeren Ansehensverlust des Sultans seit dem ausgehenden 16. Jahrhundert zu einer eigenständigen Macht, die kaum noch unter obrigkeitlicher Kontrolle stand. Im sogenannten Celali-Aufstand brachen sich 1598 zudem die sozialen Spannungen freie Bahn. Unter der Führung entlassener Soldaten sammelten sich marodierende Gruppen zu geschlossenen Streitmächten, denen die Osmanen nur wenig entgegenzusetzen hatten, da sich ein großer Teil der regulären Truppen zu dieser Zeit im ungarischen Grenzgebiet befand. Der Sultan verlor zeitweilig das Gewaltmonopol über weite Teile des Landes, ehe die Aufstände gewaltsam unterdrückt wurden.

Mit dem Vertrag von Zsitvatorok 1606 erkannten die Osmanen die Habsburger als ebenbürtige Monarchen an – eine Anerkennung, die keinem anderen Herrscher vorher zuteil geworden war. Während vorübergehend Frieden zwischen den Osmanen und den Habsburgern herrschte, wurden aber in den 1620er Jahren Kriege mit Polen und Persien ausgefochten, die kaum territoriale Veränderungen mit sich brachten.

Der Großwesir Köprülü Mehmet Pascha (amtierte 1656–1661), der in Anbetracht der inneren Krise vom Hof mit umfassenden Vollmachten ausgestattet worden war, setzte schließlich Reformen des Staatswesens durch. Diese führten zu einer vorübergehenden Stärkung der Zentralgewalt, etwa durch Revision des mittlerweile ausgearteten Pfründenwesens, Einsparungen bei der teuren Hofhaltung, durch Bekämpfung der Korruption und durch das Wiedererlangen der Kontrolle des Sultans über die Janitscharen. Unter seinem Sohn, dem neuen Großwesir Köprülü Fazil Ahmet (amtierte 1661–1676) setzte sich dieser Konsolidierungskurs fort. Dennoch lebte der Krieg mit den Habsburgern, der sich dieses Mal an einer Auseinandersetzung um die Walachei entzündet hatte, 1663 wieder auf. 1669 gelang den Osmanen zudem die vollständige Eroberung des venezianischen Kreta.

Die enorme Gestaltungskraft der Großwesire zeigt klar, daß dieses Amt seit der Mitte des 17. Jahrhunderts durch besonders fähige Amtsinhaber wieder an Bedeutung gewonnen hatte. Zwischen 1676 und 1683 war Kara Mustafa Großwesir des Osmanischen Reiches. Unter seiner Ägide griffen die Osmanen 1683 die Habsburger mit dem Ziel der Eroberung Wiens an. Es gelang den osmanischen Truppen sogar, im August 1683 Wien einzuschließen. Durch ein vereinigtes kaiserlich-polnisches Heer wurden die Belagerung jedoch wieder aufgebrochen und die Osmanen am 12. September 1683 am Kahlenberg in der Nähe von Wien besiegt. Im darauffolgenden Jahr gründeten Habsburg, Polen und Venedig auf Initiative des Papstes Innocenz XI. die sogenannte „Heilige Liga" und setzten zum Gegenangriff an. 1686 wurde die alte ungarische Hauptstadt Ofen von habsburgischen Truppen erobert, im darauffolgenden Jahr folgte der Sieg auf dem symbolträchtigen Schlachtfeld von Mohacz. Nach kurzzeitigen Erfolgen der Osmanen Anfang der 1690er Jahre setzte unter Prinz Eugen von Savoyen eine rasche Gegenbewegung ein, so daß die Osmanen 1699 im **Frieden von Karlowitz** fast das gesamte Ungarn endgültig aufgeben mußten.

Die erste Hälfte des 18. Jahrhunderts firmiert unter der Bezeichnung **„Tulpenzeit"** – benannt nach der Vorliebe der Sultane, vor allem des Sultans Ahmet III. (r. 1703–1730), für die Schönheit der Modeblume Tulpe –, die mit einer kulturellen Blüte und einer Verfeinerung des höfischen Lebens einherging. In dieser Zeit befand sich das Osmanische Reich weiterhin in außenpolitischer Defensive. So prägten drei Kriege gegen die zeitweise mit dem russischen Zarenreich verbündeten Habsburger (1716–1718, 1737–1739 und 1787–1789) ebenso wie militärische Auseinandersetzungen mit Persien dieses Jahrhundert. 1716 besiegte Prinz Eugen die osmanischen Streitkräfte bei Peterwardein; im darauffolgenden Jahr nahm er Belgrad ein. Mit dem **Frieden von Passarowitz** gaben die Osmanen das Banat und Belgrad vorübergehend auf. In der Folgezeit wurde dann aber unter dem französischen Graf Bonneval das osmanische Heer nach europäischem Muster modernisiert, was die entscheidende Basis für den osmanischen Sieg gegen eine habsburgisch-russische Allianz darstellte, auf den 1739 im **Frieden von Belgrad** die Rückgabe der gleichnamigen Stadt an die Osmanen folgte. Im Revolutionsjahr 1789 eroberten die Österreicher ein letztes Mal Belgrad.

Persien avancierte ebenso wie das Osmanische Reich im 16. Jahrhundert zu einem einheitlichen Staatswesen, wie sich in dieser Zeit auch der schiitische Glaube zur dominierenden Konfession entwickelte. 1501 begründete der aus dem westlichen Persien stammende Ismail (r. 1501–1524) nach einem Sieg über die turkstämmigen Lokalfürsten in Tabriz die Dynastie der **Safawiden**, und nahm den Titel **Shah** an. Vom nördlichen Persien aus eroberte Ismail in der Folgezeit den Rest des Landes sowie das östliche Anatolien, was immer wieder Auseinandersetzungen mit den benachbarten Osmanen zur Folge hatte. Das Konfliktpotential wurde durch einen konfessionellen Gegensatz noch verschärft, da die Safawiden schiitische, die Osmanen hingegen sunnitische Muslime waren. Eine kulturelle und politische Blüte erlangte die Safawiden-Herrschaft unter Shah Abbas (r. 1587–1629), der die Hauptstadt seines Reiches von Tabriz nach Isfahan verlegte und diese Stadt mit großem Aufwand architektonisch zu einer repräsentativen Residenz und zu einem Kulturzentrum ausbaute. Shah Abbas gilt in der Historiographie sowohl als bedeutender Eroberer, der einige zuvor an die Osmanen verlorengegangene Gebiete im Irak wieder zurückerobern konnte, als auch als geschickter Innenpolitiker, der eine weitere Verdichtung der frühmodernen Staatlichkeit und institutionellen Zentralisierung in Persien einleitete. Die Grundlage für seine militärischen Erfolge bildete die Schaffung eines stehenden Heeres, mit denen sich der Shah von den ihm sonst zur Verfügung stehenden Stammeskämpfern unabhängig machte. Ebenso förderte er durch religiöse Toleranz und den Ausbau der Handelswege den ökonomischen Austausch mit dem übrigen Asien und Europa.

Im beginnenden 18. Jahrhundert erwuchs den Safawiden mit Aufständen in dem von ihnen beherrschten Afghanistan (das alte Baktrien) eine elementare Gefahr; ebenso ging in dieser Zeit auch der Transithandel zwischen Südasien und Europa über den persisch-westasiatischen Raum zugunsten der Kaproute deutlich zurück. Die langfristige Folge waren eine Erosion der Zentralgewalt und ein Machtgewinn der Stämme in der Peripherie. 1722 gelang es den Afghanen, die Safawiden-Herrscher zu Fall zu bringen und eine kurzzeitige afghanische Herrschaft in Persien zu begründen. Jene wurden aber bereits 1729 wieder aus der Hauptsadt Isfahan vertrieben. So hatte der persische Feldherr Nadir Han aus dem Stamm der Afscharen in kurzer Zeit ein persisches Stammesheer gesammelt, ergriff dann aber nach der Vertreibung der Afghanen selbst die Macht, anstelle die gestürzten Safawiden wieder zu restituieren. Schließlich ließ er sich unter dem Namen Nadir Shah (r. 1736–1747) selbst zum Herrscher von Persien krönen. 1739 brach Nadir Shah zu einem Feldzug nach Indien auf, der ihm als Kriegsbeute den Mogulschatz mit dem legendären Pfauenthron einbrachte (vgl. S. 171). Nach wachsenden Unruhen in Persien auf Grund der enormen Kriegskosten wurde der Herrscher aber ermordet, woraufhin die östlichen Territorien abfielen, in denen ein unabhängiges **Königreich Afghanistan** entstand. In heftigen Nachfolgekämpfen avancierte in Persien selbst der Heerführer Chan Zand (r. 1750–1779) zum neuen Herrscher, ohne allerdings den Titel Shah anzunehmen. Nach seinem Tod brachen erneut Nachfolgekämpfe aus, aus denen 1796 die Dynastie der Qadscharen hervorging.

Westasien im 19. und 20. Jahrhundert

Seit dem beginnenden 19. Jahrhundert geriet das westliche Asien unter dem Vorzeichen der kolonialen Expansion und des Imperialismus zunehmend in das Blickfeld der europäischen Großmächte Großbritannien, Frankreich, Rußland, Österreich und schließlich auch des Deutschen Reiches. Das zuvor beinahe schon traditionell mit den Osmanen verbündete Frankreich okkupierte 1798 unter Napoleon Bonaparte nahezu widerstandslos das nördliche Ägypten, um durch die Einnahme strategischer Schlüsselstellungen den britischen Einfluß in Asien einzudämmen. Ägypten unterstand zu dieser Zeit nominell immer noch dem Osmanischen Reich unter Selim III. (r. 1789–1807), auch wenn vor Ort die Nachkommen der Mamluken als traditionelle Eliten das Sagen hatten. Obwohl die Franzosen bereits nach drei Jahren Ägypten wieder verließen, beschleunigte sich der Zerfallsprozeß des Osmanischen Reiches, und die einstige Großmacht wurde zusehends zu einem Spielball der Europäer, bis schließlich zu Beginn des 20. Jahrhunderts nur noch der „kranke Mann am Bosporus“ übrigblieb.

Das 19. Jahrhundert begann mit heftigen Aufständen wie 1804 in Serbien. 1811 setzten auch in Ägypten Abfalltendenzen ein, die 1847 unter Muhammad Ali de facto zur Unabhängigkeit des Landes führten. Nach einem russisch-osmanischen Krieg um die Walachei und das Moldau-Gebiet 1806–1812 erhoben sich die Griechen und befreiten bis 1821 den ganzen Peloponnes von der osmanischen Herrschaft. Mit der Vernichtung der osmanischen Flotte durch die im „Dreibund“ vereinigten Engländer, Franzosen und Russen, die sich auf die Seite der griechischen

Aufständischen gestellt hatten, mußte das Osmanische Reich im Frieden von Edirne 1829 die Unabhängigkeit der Griechen und einen Autonomiestatus der Serben akzeptieren.

Aus einem Streit zwischen griechisch-orthodoxen und katholischen Mönchen um die heiligen Stätten in Jerusalem, in den sich schließlich Großbritannien, Frankreich und Rußland einmischten, entstand der **Krimkrieg** (1853–1856). Während Rußland Schutzrechte für die orthodoxen Christen im Osmanischen Reich forderte, bestärkte Großbritannien den Sultan, in dieser Frage unnachgiebig zu bleiben. Diese diplomatische Auseinandersetzung führte zur Besetzung der osmanischen Walachei und des Moldaugebietes durch die Russen, woraus sich der Krieg entwickelte, in dem Großbritannien und Frankreich seit 1854 auf der Seite der Osmanen standen, um einen wachsenden Einfluß des Zarenreiches auf dem Balkan und im westlichen Asien zu verhindern. Nach militärischen Erfolgen der Westmächte auf der Krim wurde im Frieden von Paris 1856 noch einmal die territoriale Unversehrtheit des Osmanischen Reiches garantiert. Die fast permanenten Aufstände und Kriege schwächten allerdings die osmanische Wirtschaft stark und führten in der zweiten Hälfte des 19. Jahrhunderts zu einer schweren Finanzkrise und 1875 zum Staatsbankrott. Als Gegenmaßnahme gegen derartige Krisenerscheinungen wurde schon in den ausgehenden 1820er Jahren eine umfassende Reformpolitik (*Tanzimat*) eingeleitet (vgl. S. 101). Die damit verbundenen Erneuerungsversuche stießen aber immer wieder bei traditionalistischen Bevölkerungsgruppen auf Widerstand.

Gegen die autokratische Herrschaft des Sultans Abdülhamid (r. 1876–1909) wandten sich seit den 1880er Jahren die sogenannten **Jungtürken**. Diese stritten für eine Durchsetzung einer Verfassung und für stärkere föderale Strukturen. Einzelne Fraktionen der „Jungtürken" favorisierten zudem einen starken türkischen Nationalismus, was letztlich zur ideologischen Spaltung dieser Bewegung führte. Die Jungtürken rissen im Januar 1913 nach der osmanischen Niederlage gegen die Balkanstaaten im **Ersten Balkankrieg** (1912) staatsstreichartig die Regierungsgewalt an sich, die sie bereits zwischen 1908 und 1912 besessen hatten. Unter der Regierung der Jungtürken gelang den Osmanen im **Zweiten Balkankrieg** im Juli 1913 ein Sieg über die Bulgaren.

Trotz dessen territorialer Integrität auch nach dem Krimkrieg wuchs in der zweiten Hälfte des 19. Jahrhunderts der europäische Einfluß im Osmanischen Reich, der sich zunächst in einer Monopolisierung der entstehenden Infrastruktur zur Beherrschung der Verbindungen nach Indien und Südostasien äußerte. Bereits 1839 besetzten die Briten den

Süden des Jemen mit der Stadt Aden zur Kontrolle des Seeweges in das Rote Meer, während der übrige Jemen dem Osmanischen Reich erst 1918 verlorenging. Ebenso schlossen die Briten im 19. Jahrhundert auch Schutzverträge mit Oman und mit einzelnen Scheichtümern am Persischen Golf und auf der Insel Bahrain. Unter französisch-britischer Federführung entstand schließlich bis 1869 der **Suezkanal**.

Während sich Frankreich neben dem Engagement am Suezkanal vor allem als Schutzmacht der Christen im westlichen Asien gerierte, eröffnete im ausgehenden 19. Jahrhundert auch das Deutsche Reich intensivere diplomatische und ökonomische Kontakte mit den Osmanen. Von großer symbolischer Bedeutung war die Palästina-Reise Kaiser Wilhelms II. 1898, womit auch die Deutschen ihr Mitspracherecht in der europäischen Orientpolitik dokumentierten. Bereits 1895 hatte das Deutsche Reich Konzessionen für den Bau der **Bagdad-Bahn** erworben, mit deren Errichtung unter maßgeblichem Engagement der Deutschen Bank 1903 begonnen wurde. Die Gesamtstrecke konnte aber erst 1940 fertiggestellt werden.

Am Ersten Weltkrieg nahmen die Osmanen auf seiten des Deutschen Reiches teil. Während offiziell eine „bewaffnete Neutralität" verkündet wurde, schloß der Sultan bereits am 2. August 1914 mit Deutschland ein Geheimabkommen, um im Falle eines erwarteten russischen oder britischen Angriffs auf die Dardanellen auf einen Verbündeten zählen zu können. Diese Regelung führte aber schließlich dazu, daß das Osmanische Reich auf deutscher Seite in den Krieg hineingezogen wurde. So betrachteten die Engländer und Franzosen den Schutz deutscher Kriegsschiffe vor den anatolischen Küsten und den strategisch bedeutsamen Dardanellen im Sommer 1914 als Bruch der Neutralitätsbestimmungen und erklärten dem Osmanischen Reich den Krieg.

Nachdem sich rasch gezeigt hatte, daß die Briten nicht in der Lage waren, die Dardanellen in ihre Gewalt zu bekommen, setzten sie auf den in dieser Zeit entstehenden arabischen Nationalismus. Durch Propagierung eines künftigen unabhängigen arabischen Reiches erlangten die Briten unter Vermittlung des englischen Oberst Thomas Edward Lawrence „von Arabien" (1888–1935) die Unterstützung durch den angesehenen Scherifen Hussein von Mekka aus der Familie der Haschimiten (r. als Scherif von Mekka 1896–1924) und eines arabischen Beduinenheeres, die letztlich beide maßgeblich zur osmanischen Niederlage im Ersten Weltkrieg beitrugen. Hussein wurde als Gegenleistung das Recht zur Ausrufung eines arabischen Kalifats zugestanden, ohne daß allerdings die Frage nach einer künftigen Staatlichkeit Arabiens erörtert wurde. 1916 begründete Hussein dennoch das kurzlebige **Hedschas-Königreich**, welches schließlich auch von Großbritannien anerkannt wurde. Zudem schlossen Großbritannien, Frankreich und Rußland 1916 das geheime **Sykes-Picot-Abkommen**, welches die Teilung des Osmanischen Reiches in mehrere Interessengebiete vorsah. Danach sollten Frankreich Syrien und die Briten den Irak erhalten, während Rußland sich Einfluß am Bosporus sichern wollte. Im darauffolgenden Jahr gab der britische Außenminister zudem die **Balfour-Deklaration** ab, die der gleichfalls an politischer Bedeutung gewinnenden zionistischen Bewegung die britische Unterstützung bei der Schaffung eines künftigen jüdischen Staates in Palästina zusicherte, was gleichzeitig der Sicherung britischen Einflusses im östlichen Mittelmeer dienen sollte. Damit war die Zerschlagung des Osmanischen Reiches nach Kriegsende besiegelt.

Nach dem Waffenstillstand mit den Westmächten wurden 1918 Istanbul durch die Alliierten, im darauffolgenden Jahr Antalya und Konia durch die Italiener sowie Smyrna (Izmir) durch die Griechen und der Landstrich Kilikien von den Franzosen besetzt. Zudem gründete sich 1919 in Armenien ein unabhängiger Staat – der aber bereits zwei Jahre später durch die Osmanen und die Sowjetunion wieder blutig zerschlagen wurde. Als Gegenbewegung gegen diesen Zerfall etablierte sich unter dem General Mustafa Kemal Pascha (ca. 1880–1938) aus dem osmanischen Heer heraus eine türkische Nationalbewegung, die die Schaffung eines nationaltürkischen Staates forderte. Nach militärischen Erfolgen Mustafa Kemal Paschas als Vorsitzendem der „Großen Nationalversammlung" und seit 1920 de facto Ministerpräsident zogen sich 1921 die Franzosen und im darauffolgenden Jahr die Griechen wieder aus Anatolien zurück, und nach der Einnahme Istanbuls durch dessen Nationale Armee resignierte der letzte Sultan Mehmet VI. (r. 1918–1922) und ging ins Exil, während das Sultanat abgeschafft wurde. Zwei Jahre später erlosch auch das Istanbuler Kalifat. In Anatolien und einem kleineren Gebiet auf dem Balkan entstand die **Türkische Republik** mit der Hauptstadt Ankara, deren erster Präsident zwischen 1923 und 1938 Mustafa Kemal – seit 1935 Kemal Atatürk genannt – war. Atatürk war ein strenger Verfechter der Trennung zwischen weltlicher und geistlicher Macht und eines türkischen Nationalismus (Kemalismus). Unter seiner Ägide entwickelte sich die junge Republik zu einem säkularen Staat unter Aufgabe der geistlichen Gerichtsbarkeit und mit einer Modernisierung des Bildungswesens. Einen Aufstand der Kurden 1925, die nach der Vertreibung von Griechen und Armeniern die einzige bedeutende ethnische Minderheit in der Türkei darstellten, nutzte Kemal Atatürk zur Zerschlagung der politischen Opposition im Lande.

Spätestens mit den Friedensverhandlungen in Versailles war deutlich geworden, daß Briten und Franzosen trotz zuvor abgegebener Versprechungen keinen unabhängigen arabischen Staat als Zerfallsprodukt des Osmanischen Reiches dulden würden. Um jedoch einem militärischen Eingreifen der Westmächte zuvorzukommen, gründeten sich neben dem bereits bestehenden Hedschas-Königreich 1920 mit **Syrien** unter dem König Faisal – dem Sohn des haschimitischen Scherifen von Mekka – und mit dem **Irak** zwei Staaten. Durch die öffentlichkeitswirksame Propagierung des Selbstbestimmungsrechtes der Völker seitens des amerikanischen Präsidenten Wilson war an eine militärische Intervention durch Briten und Franzosen nicht zu denken. Der diplomatische Druck beim neugegründeten Völkerbund bewirkte aber immerhin, daß ihnen die betreffenden Territorien als **Mandatsgebiete** vom Völkerbund treuhänderisch übertragen wurden. Schon nach kurzer Zeit hatten sich die Mandatsmächte aber mit teils gewaltsamen Unabhängigkeitsbestrebungen auseinanderzusetzen.

Während die Briten den Irak und Palästina (Transjordanien) erhielten, wurden den Franzosen Syrien und der Libanon zugesprochen. König Faisal wurde noch 1920 von französischen Truppen wieder aus Syrien vertrieben. Das Land erhielt denn auch erst nach schweren Kämpfen zwischen Franzosen und syrischer Unabhängigkeitsbewegung 1946 die volle Souveränität zugesprochen. 1923 entstand unter französischer Kontrolle die multireligiöse Republik **Libanon** mit ihren muslimischen und christlichen Bevölkerungsgruppen. Ebenso wie in Syrien gab Frankreich aber erst 1946 unter amerikanischem und britischem Druck seine militärische Präsenz im Libanon ganz auf.

Die Briten gestanden ihren Mandatsgebieten etwas früher die Etablierung autonomer Herrschaftsstrukturen zu. So erhielt 1921 der aus Syrien vertriebene König Faisal die Krone des Irak, während sein Bruder Abdallah Emir von **Transjordanien** wurde. Der Irak wurde 1932 offiziell unabhängig und in den Völkerbund aufgenommen, wobei sich die Briten aber weitgehende politische Mitspracherechte sicherten. Schon früh litt das Land mit seinen arabischen und kurdischen, teils schiitischen, teils sunnitischen Bevölkerungsgruppen an mangelnder gesamtstaatlicher Integration. Transjordanien bekam 1923 hingegen nur eine partielle Unabhängigkeit und blieb finanziell und politisch von den Briten abhängig. 1946 wurde Transjordanien noch einmal – dieses Mal mit allen Souveränitätsrechten – als Königreich Jordanien in die Unabhängigkeit entlassen.

Auf der Arabischen Halbinsel konkurrierten seit dem beginnenden 20. Jahrhundert die Familien der Haschimiten – die schließlich das Hedschas-Königreich gründeten (vgl. S. 139) – und der al-Saud (Wahabiten) miteinander. 1915 brachen zwischen beiden Familien heftige Kämpfe aus, bis die Briten mit den al-Saud Ende desselben Jahres einen Schutzvertrag abschlossen und jenen die Souveränität in ihrem Territorium nach dem Ende der Osmanen-Herrschaft zusicherten. Nachdem sich der Hedschas-König Hussein nach dem Ende des osmanischen Kalifats 1924 eigenmächtig zum Kalifen und Herrn über die heiligen islamischen Stätten erklärt und damit einen universalistisch-islamischen Machtanspruch verkündet hatte, der in der übrigen islamischen Welt allerdings nicht akzeptiert wurde, eroberte (Abd al-Aziz) Ibn Saud, das Familienoberhaupt der al-Saud, 1925 den Hedschas und erklärte sich selbst zum König (r. 1927–1953). 1932 wurden die Territorien des Hedschas und der al-Saud unter Herrschaft der Letzteren offiziell zum Königreich **Saudi-Arabien** zusammengefaßt. Der nördliche Jemen war schon 1918 von den Osmanen abgefallen, als die Auflösung des Osmanischen Reiches bereits absehbar war. Der Nordjemen blieb als souveräner Staat aber bis in die 1950er Jahre außenpolitisch weitgehend isoliert, während das britische Protektorat in Südjemen bis in die 1960er Jahre hinein existierte.

Als Ausdruck der Unabhängigkeitsbestrebungen im arabischen Raum entstand 1945 die **Arabische Liga** als Zusammenschluß asiatischer und afrikanischer Staaten. Gründungsmitglieder waren Ägypten, Libanon, Syrien, Irak, Saudi-Arabien und Südjemen. Die Arabische Liga sollte die politischen, ökonomischen und kulturellen Kontakte unter den Mitgliedern stärken sowie sich gleichzeitig für die Anerkennung Palästinas als unabhängigen Staat einsetzen. Durch Uneinigkeit in der Palästina-Frage sowie durch den an Bedeutung gewinnenden islamischen Fundamentalismus sind die Mitgliedstaaten aber selbst heute noch weit von einer engen arabischen Zusammenarbeit entfernt.

Westlich Jordaniens entstand 1948 der Staat **Israel**. Bereits seit dem ausgehenden 19. Jahrhundert propagierte die zionistische Bewegung die Gründung eines unabhängigen jüdischen Staates auf dem symbolträchtigen Boden Palästinas, was durch die Balfour-Deklaration (vgl. S. 139) schließlich offizielle britische Unterstützung erfuhr. In der Zeit der britischen Mandatsherrschaft wurde anfänglich durch die Erwerbungen der jüdischen Bodenkauf-Agentur *Keren Kayemeth Leisrael* ein Teil des palästinensischen Grundbesitzes in jüdische Hände überführt. Zwischen 1936 und 1939 entlud sich dann aber die unter der arabisch-palästinensischen Bevölkerung angestaute Unzufriedenheit mit der schleichenden jüdischen Landnahme und der britischen Mandatsmacht in Aufständen, die durch die Briten blutig niedergeschlagen wurden. Die Unruhen bewogen die britische Regierung aber immerhin, von der stillschweigenden Duldung der zionistischen Besiedlungspolitik abzurücken und künftig die jüdische Landnahme in Palästina zu unterbinden. Im Wissen um die Notwendigkeit der britischen Hilfe stellte sich die informelle jüdische Regierung in Palästina, die *Jewish Agency*, im Zweiten Weltkrieg dennoch auf die Seite der Alliierten und unterstützte die Versorgung derer Truppen in der Region. Als die britische Regierung nach Kriegsende trotzdem nicht von ihrer restriktiven Besiedlungspolitik abrückte, setzten sich die Terrormaßnahmen auf arabischer und jüdischer Seite fort. 1947 empfahl eine Sonderkommission der Vereinten Nationen die Teilung Palästinas in einen westlichen jüdischen und einen östlichen arabischen Teil, was von der *Jewish Agency* begrüßt, von der arabischen Unabhängigkeitsbewegung hingegen abgelehnt wurde. Noch im selben Jahr besetzte die aus dieser Bewegung hervorgegangene Arabische Befreiungsarmee Galiläa und Jerusalem, was die Briten 1948 zum Abzug ihrer Truppen bewog. Nach der daraufhin folgenden Gründung des Staates Israel im Gebiet zwischen Galiläa und der Wüste Negev unter dem ersten Ministerpräsidenten David Ben Gurion (1886–1973) 1948 brach zwischen dem jüdischen Staat und den Truppen der Arabischen Liga ein Krieg aus, der 1949 mit der Zerstückelung Palästinas endete. Das Westjordanland fiel an das Königreich Jordanien, der Gaza-Streifen an Syrien, während Jerusalem geteilt wurde.

Persien verblieb im Gegensatz zu den Gebieten des zerfallenden Osmanischen Reiches auch weiterhin unter einer mächtigen Zentralgewalt. Die im ausgehenden 18. Jahrhundert an die Macht gekommene Dynastie der **Qadscharen** wählte das bis dahin unbedeutende Teheran zu ihrer Residenz. Zu Beginn des 19. Jahrhunderts geriet das Land in gefährliche Nähe zum expandierenden Russischen Reich, welches zunehmend in die Kaukasusregion vordrang. Bereits 1801 hatten die Russen Georgien unterworfen, das nominell zu Persien gehörte. Nach russischen Siegen mußte das Land in zwei Friedensverträgen 1813 und 1828 den Verlust weiterer Kaukasusgebiete anerkennen und auf den Bau einer Flotte im Kaspischen Meer verzichten.

Ein systematisches Reformwerk zur Modernisierung des Staates unter Shah Nasir ad-Din (r. 1848–1896) in der Mitte des 19. Jahrhunderts scheiterte schon nach kurzer Zeit am Widerstand konservativer Hofeliten. Unter dem Eindruck der Modernisierungsbemühungen im Osmanischen Reich entstand dann aber auch in Persien um 1900 eine Verfassungsbewegung, die 1906 die Veröffentlichung einer Verfassung durchsetzte. Diese konnte aber auf Grund inneren Widerstands und der

Intervention des Zarenreiches nicht in die politische Realität umgesetzt werden, und ein kurze Zeit existierendes Parlament wurde 1911 gewaltsam aufgelöst. Obwohl sich Persien nicht am Ersten Weltkrieg beteiligt hatte, geriet das Land nach Kriegsende unter wachsenden britischen Einfluß. Nur ein Wiedererstarken der Verfassungsbewegung schützte Persien letztlich vor der Umwandlung in ein britisches Protektorat.

1925 stürzte Oberst Reza Khan die Qadscharen-Dynastie und ließ sich im darauffolgenden Jahr unter dem Namen Reza Shah (r. 1926–1941) durch eine verfassungsgebende Versammlung zum konstitutionellen Herrscher wählen. Nach dem Vorbild der türkischen Republik leitete der Shah ein umfassendes Modernisierungsprogramm ein und setzte eine Zentralisierung der Staatsgewalt unter Zurückdrängung der geistlichen Gerichtsbarkeit durch. Unter dem Vorwand der engen außenpolitischen Anlehnung Persiens an das Deutsche Reich besetzten 1941 russische und britische Truppen das Land, wonach der Shah abdankte und nach Mauritius ins Exil ging. Als Nachfolger ließ er seinen Sohn Mohammad Reza Pahlevi (r. 1941–1979) zum neuen Herrscher ausrufen. Während die Briten gleich nach Kriegsende Persien verließen, blieben die sowjetischen Truppen – unter deren Einfluß die kommunistische Bewegung im nördlichen Persien erstarkt war – bis 1946 im Lande und zogen erst nach der Einräumung von Ölkonzessionen wieder ab.

Afghanistan löste sich unter dem Fürsten Achmed Shah (r. 1747–1772) in der Mitte des 18. Jahrhunderts von Persien und avancierte zu einer souveränen, imperialen Monarchie (vgl. S. 136). Die dortige Herrschaft gründete sich weniger auf einen institutionalisierten Staatsgründungsprozeß, sondern auf permanente Kriegszüge, die Afghanistan bis in die 1770er Jahre zu einer regionalen Vormacht aufstiegen ließen, die sich vom Amu-darja bis nach Indien erstreckte. Das Reich zerfiel auf Grund mangelnder innerer Kohärenz und mächtiger Stammesverbände aber bereits im beginnenden 19. Jahrhundert wieder und ließ ein politisch zersplittertes Gebiet zurück. Seit den 1830er Jahren ging aus einer ganzen Reihe von Kleinstaaten das Emirat von Kabul als neue Zentralmacht hervor, unter der 1863 wieder die Schaffung gesamtstaatlicher Einheit in Form eines Königreichs gelang. Nach britischen militärischen Interventionen im afghanisch-indischen Grenzraum seit den 1880er Jahren wurde die Existenz Afghanistans im **russisch-britischen Vertrag** von 1907 – der eine Festlegung der Interessensphären beider Staaten in Asien zum Gegenstand hatte – als neutraler Pufferstaat zwischen dem Zarenreich und Britisch-Indien garantiert. Im Ersten Weltkrieg blieb Afghanistan neutral, und auch ein kurzer Krieg an der afghanisch-indischen

Grenze im Jahre 1919 gegen die Briten endete unentschieden. Nach einer ausgedehnten Europareise 1927 leitete Shah Amanullah Han (r. 1919–1929) ein Modernisierungsprogramm ein, welches unter anderem die Gleichstellung der Frauen in Afghanistan vorsah, letztlich aber am gewaltsamen Widerstand traditionalistischer Kreise scheiterte und zu seinem Sturz führte. Auch unter Mohammad Zahir Shah (r. 1933–1973) geriet der Modernisierungsprozeß nur langsam und gegen den Widerstand der Stammeseliten voran. Militärische und zivile Unterstützung durch die Vereinigten Staaten und seit 1956 durch die Sowjetunion bewirkten, daß das Land immer stärker in den Kalten Krieg hineingezogen wurde.

Die Krisen seit dem Zweiten Weltkrieg

Die permanenten Spannungen zwischen Israel und den arabischen Staaten, die Macht radikal-islamischer Strömungen sowie die wachsende Bedeutung des Erdöls als Hauptexportprodukt der Region destabilisierten in den Jahrzehnten seit dem Ende des Zweiten Weltkriegs immer wieder die politische Lage im westlichen Asien. Schon frühzeitig versuchten die Vereinigten Staaten, ihren politischen Einfluß in der Region zu sichern, was im **Bagdad-Pakt** seinen Ausdruck fand, der 1955 auf amerikanisches Drängen zwischen Großbritannien, Irak, Iran, Pakistan und der Türkei geschlossen wurde und den sowjetischen Einfluß in dieser Gegend reduzieren sollte. Dieser Pakt legte den Grundstein für die Gründung der **CENTO** (*Central Treaty Organization*) zwischen der Türkei, Iran, Irak und Pakistan und mit den USA als assoziiertem Bündnispartner im darauffolgenden Jahr. Der Sturz der Monarchie im Irak 1958 und der Austritt dieses Landes aus dem Bündnis 1959 machten allerdings die regionalen Bündnispläne der USA im westlichen Asien weitgehend zunichte.

Von zentraler Bedeutung ist die Auseinandersetzung zwischen Israel und den Palästinensern, die immer wieder Israels Nachbarstaaten Ägypten, Jordanien, Syrien und den Libanon in zahlreiche Kriege hineinzog wie in den dritten und vierten arabisch-israelischen Krieg 1967 und 1973. So besetzte Israel im Krieg gegen Ägypten, Syrien und Jordanien 1967 Westjordanien, den Sinai, den Gaza-Streifen sowie Teile der zu Syrien gehörenden Golan-Höhen. 1973 wurden weitere Gebiete auf den Golan-Höhen sowie im Bereich des Suezkanals von Israel eingenommen. Schon 1959 wurde mit der *Al-Fatah* eine palästinensische Befreiungsbewegung als Gegengewicht gegen die israelische Expansion gegründet. Da diese und andere, kleinere Organisationen aber schon bald der Kontrolle der arabischen Staaten zu entgleiten drohten, entstand fünf Jahre später unter maßgeblichem Einfluß Ägyptens die Palästinensische Befreiungsorganisation (PLO), die unter ihrem politischen Führer Yassir Arafat (geb. 1929) gemeinsam mit der *Al-Fatah* auch heute noch maßgeblich die politische Landschaft innerhalb der palästinensischen Bewegung gestaltet.

Obwohl Jordanien und Ägypten 1979 einen Friedensvertrag mit Israel schlossen – der Ägypten wieder den durch Israel besetzten Sinai zurückbrachte – und Jordanien zudem später formell seinen Anspruch auf das Westjordanland aufgab, konnte der Konflikt zwischen Israel und Palästinensern nicht endgültig beigelegt werden. Immerhin führten die 1990er Jahre zu einer gewissen Annäherung zwischen beiden Parteien. So brachte das Jahr 1993 nach langwierigen Verhandlungen die gegenseitige Anerkennung Israels und der PLO als gleichberechtigte Verhandlungspartner, die zum Abschluß des Washingtoner Autonomie-Abkommens am 13. September 1993 führte, welches dem Gaza-Streifen und der Stadt Jericho eine begrenzte Selbstverwaltung in Aussicht stellte. 1996 erhielten weitere palästinensische Gebiete eine Teilautonomie zugesprochen, und Yassir Arafat wurde Präsident eines neugegründeten Palästinensischen Autonomierats. Die aufkeimenden Hoffnungen auf einen Frieden wurden aber durch eine erneute Eskalation der Gewalt auf beiden Seiten und den Wiederausbruch der Intifada, des palästinensischen gewaltsamen Widerstands, im Jahre 2000 rasch wieder zunichte gemacht. In jüngster Zeit wird zunehmend Arafats führende Rolle innerhalb der palästinensischen Autonomiebewegung aus den eigenen Reihen in Frage gestellt.

Im **Libanon** brachten panarabisch motivierte Aufstände 1958 das labile konfessionelle Gleichgewicht zwischen Christen (Maroniten und Griechisch-Orthodoxe) und Muslimen (Sunniten, Schiiten und Drusen) ins Wanken, was auf Jahrzehnte bürgerkriegsähnliche Zustände auslöste, in die sich Syrien und Israel immer wieder einmischten. Nach dem Einmarsch israelischer Truppen in den Libanon 1982 wurde im Süden des Landes eine israelisch kontrollierte „Sicherheitszone" gebildet. Fortan standen sich im südlichen Libanon eine von Israel gestützte Südlibanesische Armee (SLA) und die schiitische Hisbollah-Miliz gegenüber. Trotz eines Waffenstillstands zwischen der möglicherweise von Syrien gestützten Hisbollah und der israelischen Regierung 1996 gingen die gegenseitigen militärischen Übergriffe im Südlibanon, unter denen auch die zivile Bevölkerung stark zu leiden hatte, bis zum Rückzug der israelischen Truppen aus dem Süden des Landes 1999 unvermindert weiter. Seit 2001 kommt es immer wieder zu einzelnen militärischen Übergriffen durch die Hisbollah-Kämpfer auf israelisches Gebiet.

Die 1970er Jahre brachten für den Iran und **Afghanistan** politische Krisen mit sich. 1973 wurden der afghanische König Zahir Shah (vgl. S. 144) durch einen Militärputsch gestürzt und die Monarchie abgeschafft, worauf dessen Cousin Mohammad Dahoud als Staatspräsident die Macht ergriff. In den darauffolgenden Jahren geriet das Land immer stärker unter den Einfluß afghanischer Kommunisten, die 1978 durch einen erneuten Staatsstreich an die Macht gelangten. Die kommunistische Regierung konnte gegen den wachsenden Widerstand der traditionalistischen, islamischen Mudschaheddin nur durch das militärische Eingreifen der Sowjetunion 1979 am Leben erhalten werden. Nach dem Zerfall der Sowjetunion und dem Rückzug der sowjetischen Truppen setzte sich der Konflikt innerhalb Afghanistans fort, der 1992 mit dem Sturz der prosowjetischen Regierung unter Mohammed Nadschibullah endete. Die Mudschaheddin riefen eine Islamische Republik Afghanistan aus, wurden 1996 ihrerseits aber durch die streng islamischen Taliban-Milizen gestürzt, wobei der Bürgerkrieg gegen die sogenannte Nordallianz in einigen Regionen des Landes weiter tobte. Unter Einbeziehung der traditionellen Stammesinstitutionen (Loja Dschirga) wird seit einer im Oktober 2001 von den USA angeführten Militäroffensive und dem Ende der Taliban-Herrschaft versucht, ein staatliches Leben in Afghanistan wiederherzustellen. Einen ständigen Unsicherheitsfaktor bilden aber nach wie vor zahlreiche einander widerstreitende Stammesinteressen und die Präsenz von Terrorgruppen wie möglicherweise der Al-Quaida unter ihrem Anführer Osama Bin Laden.

Im **Iran** fand 1979 mit der sogenannten „Islamischen Revolution" ein massiver politischer Umbruch statt. Nach dem Sturz von Shah Mohammad Reza Pahlevi wurden die Islamische Republik Iran begründet und die Scharia als oberste Rechtsnorm eingesetzt. Nach dem Tod des obersten weltlichen und geistlichem Führers, dem Ayatollah Chomeini (1900–1989), setzte aber eine allmähliche Lockerung der strengen islamischen Lebensregeln ein. Vor allem unter dem seit 1997 amtierenden Regierungschef Sayed Mohammed Khatami öffnet sich das Land allmählich einer Reformpolitik, die aber nach wie vor von machtvollen, traditionalistischen islamischen Kreisen in Frage gestellt wird.

Auch das Nachbarland **Irak** war durch Konflikte geprägt. So führte hier 1958 ein Militärputsch zum Sturz der Monarchie. Anfang der 1960er Jahre geriet der Irak unter den bestimmenden Einfluß der arabisch-sozialistischen Baath-Partei, die schließlich 1968 unter dem Ministerpräsidenten Achmed Hassan al-Bakr – seit 1979 unter dem Präsidenten Saddam Hussein – die alleinige Macht übernahm und ein autoritäres

Regime begründete. Bereits in den 1960er Jahren bekräftigte der Irak seinen Anspruch auf Kuwait, welches 1961 von den Briten in die Unabhängigkeit entlassen wurde. 1980 begann der Irak einen Krieg gegen den östlichen Nachbarn Iran, um das dort durch den Sturz der Shah-Herrschaft entstandene Machtvakuum zur Stärkung der eigenen militärischen und politischen Position in der Golfregion zu nutzen. Nach dem Ende des mehr oder weniger unentschieden ausgegangenen, achtjährigen Golfkrieges gegen den Iran, bei dem Saddam Hussein in der letzten Kriegsphase Giftgas gegen die großenteils proiranische kurdische Bevölkerung eingesetzt hatte, besetzte der Irak 1990 Kuwait, was schließlich den zweiten Golfkrieg auslöste, der mit der Vertreibung der irakischen Macht aus Kuwait durch UN-Truppen unter Federführung der USA endete. Die daraufhin vereinbarten UN-Waffeninspektionen wurden 1998 vom Irak einseitig unterbunden. Der Angriff einer von den Vereinigten Staaten geführten Militärallianz führte im Frühjahr 2003 zum Sturz der Regierung Saddam Husseins.

Im Jahr des Putsches im Irak, 1958, gründen Ägypten und Syrien die Vereinigte Arabische Republik, die aber bereits 1961 wieder zerfiel. Anfang der 1960er Jahre brach zudem im **Jemen** ein Bürgerkrieg aus, der mit dem Sturz der nordjemenitischen Monarchie und 1970 mit der Gründung der Arabischen Republik Jemen (Nordjemen) endete, während das seit 1839 bestehende britische Protektorat der Südarabischen Föderation 1967 nach heftigen Unruhen in die Unabhängigkeit entlassen wurde (Südjemen). Drei Jahre später entstand hier die sozialistische Demokratische Volksrepublik Jemen. In den 1980er Jahren litt der Südjemen unter einer schweren Wirtschaftskrise, während im Norden die Zentralgewalt durch den wachsenden Einfluß der Stammesverbände an Einfluß zu verlieren drohte. Die problematische Situation beschleunigte die Schaffung einer schon seit den 1960er Jahren immer wieder geforderten gesamtstaatlichen Einheit. Beinahe von der Welt unbemerkt, wurden beide Staaten 1990 vereinigt, woraufhin ein zaghafter Demokratisierungsprozeß einsetzte.

Die **Türkei** schloß sich politisch und militärisch nach dem Zweiten Weltkrieg den Vereinigten Staaten an und wurde 1952 Mitglied der NATO. Trotz dieser Bindung entstand seit den 1960er Jahren mit Griechenland ein Konflikt um den Einfluß in der Ägäis und auf Zypern, der mit der Besetzung Zyperns durch türkische Truppen 1974 eskalierte und mit einer Teilung der Insel endete. Letztlich liegt es neben anderen Gründen zu einem großen Teil an diesem Konflikt, daß die Integration der Türkei in die EG/EU immer wieder verzögert wurde. Das Militär spielte in der türkischen Politik eine große Rolle, übte nach Militärputschen 1960–1961 und 1980–1983 direkte Regierungsgewalt sowie zwischen 1971 und 1973 große indirekte Macht auf die zivile Regierung aus. 1983 setzte unter der Präsidentschaft von Turgut Özal (1927–1993) ein Demokratisierungsprozeß ein, mit dem eine Modernisierung der Wirtschaft einherging. Seit die Türkei seit 1999 offizieller Beitrittskandidat der Europäischen Union ist, intensiviert sich im Lande die Diskussion um eine weitere Modernisierung des Staates; vor allem verstärkt sich in steigendem Maße ein Dualismus zwischen kemalistischer Ideologie (vgl. S. 139) und traditionalen bzw. islamischen Strömungen im Lande.

Weiterführende Literatur

Allgemein: R. Schmidt (Hg.), Naher Osten. Politik und Gesellschaft. Beiträge zur Debatte, Berlin 1998. *Persien, Iran:* K. Schippmann, Grundzüge der parthischen Geschichte, Darmstadt 1980; ders., Grundzüge der Geschichte des Sasanidischen Reiches, Darmstadt 1990; H. R. Roemer, Persien auf dem Weg in die Neuzeit. Iranische Geschichte von 1500–1750, Beirut 1989; A. J. Arberry u. a. (Hgg.), The Cambridge History of Iran, 7 Bde., Repr., Cambridge 1993ff; J. Wiesehöfer, Das antike Persien, Zürich-München 1994; ders., Das frühe Persien. Geschichte eines antiken Weltreichs, München 1999. *Arabisch-islamische Welt*: B. F. Manz, The Rise and Rule of Tamerlane, Cambridge 1989; B. Tibi, Vom Gottesreich zum Nationalstaat. Islam und panarabischer Nationalismus, Frankfurt a. M. 1991; T. Nagel, Timur der Eroberer und die islamische Welt des späten Mittelalters, München 1993; M. Massarrat (Hg.), Mittlerer und Naher Osten. Geschichte und Gegenwart. Eine problemorientierte Einführung, Münster 1996; A. Hourani, Die Geschichte der arabischen Völker, Frankfurt a. M. 1997; U. Haarmann, H. Hahn (Hgg.), Geschichte der arabischen Welt, München ^{4}2001. *Osmanisches Reich, Türkei:* J. Matuz, Das Osmanische Reich. Grundlinien seiner Geschichte, Darmstadt ^{3}1994; D. Quataert, The Ottoman Empire, 1700–1922, Cambridge 2000; U. Steinbach, Geschichte der Türkei, München ^{2}2001; S. Faroqhi, Geschichte des Osmanischen Reiches, München ^{2}2001. *Palästina, Israel:* M. Morgenstern (Hg.), Kampf um den Staat. Religion und Nationalismus in Israel, Frankfurt a. M. 1990; M. Wolffsohn, Israel. Geschichte, Wirtschaft, Gesellschaft, Politik, Opladen 1991; G. Krämer, Geschichte Palästinas. Von der osmanischen Eroberung bis zur Gründung des Staates Israel, München ^{3}2002. *Jemen:* M. Al-Azzazi, Die Entwicklung der Arabischen Republik Jemen, Tübingen 1978; J. Willeitner, Jemen. Weihrauchstraße und Wüstenstädte, München 2002.

IV.3. Südasien

Raum und historische Epochen

Südasien wird vom indischen Subkontinent dominiert, der während langer Zeiträume das politische, ökonomische und kulturelle Geschehen in weiten Bereichen des Indischen Ozeans und Zentralasiens beeinflußte. Das historische Indien zerfällt heute in die Indische Union sowie in die Staaten Pakistan und Bangladesh. Daneben sind ebenso Nepal und Bhutan im Norden sowie Sri Lanka (Ceylon) und zahllose andere Inseln und Inselgruppen wie die Malediven, Lakkadiven, Andamanen und Nikobaren Südasien zuzurechnen.

Das südasiatische Festland wird im Westen von der Arabischen See und im Osten vom Golf von Bengalen begrenzt, im Norden stößt es an den Himalaja und im Nordosten an die Höhenzüge des indisch-birmanischen Grenzgebietes. Nur von Nordwesten her ist der indische Subkontinent besser auf dem Landweg zugänglich, was bewirkte, daß sich die in der indischen Geschichte immer wiederkehrenden Einfälle fremder Völker oder Dynastien vorwiegend von dort aus – über den Hindukusch und Baktrien – in Richtung Panjab vollzogen. Der Norden und Nordwesten Südasiens sind durch die weiten Tiefebenen von Indus, Ganges und Yamuna geprägt, die die Bildung von Großreichen geographisch begünstigten. Südlich dieser Ebenen stellt das Vindhya-Gebirge einen Sperriegel dar, der gleichzeitig eine bedeutende kulturelle Grenze zwischen dem indo-aryanischen und dem dravidischen Sprachraum ist. Das daran anschließende Hochland des Dekkan ist von den West- und den Ostghats umgeben, wobei sich gerade die Ostghats mit ihrer tribalen Bevölkerung die meiste Zeit der Integration in die indischen Reiche verschlossen. Sri Lanka ist durch flache Küstenebenen sowie durch Hochlandgebiete im Zentrum geprägt, die im südlichen Teil der Insel von Gebirgszügen überragt werden.

Für die Geschichte Südasiens hat sich trotz vielfacher Ideologisierungsversuche – wobei entweder Perioden mit hinduistischer oder muslimischer Vorherrschaft als „Goldenes Zeitalter" betrachtet wurden – ein allgemeiner Konsens über eine Epocheneinteilung Altertum – Mittelalter – Neuzeit durchgesetzt. Während das **Altertum** (15. Jahrhundert v. Chr.–5. Jahrhundert n. Chr.) von der Ausbreitung aryanischer Kultur in Nordindien und der Bildung erster Großreiche geprägt ist, zeichnen sich das **frühe Mittelalter** (6.–12. Jahrhundert) durch hinduistische Regionalreiche sowie das **späte Mittelalter** (13.–15. Jahrhundert) durch den

Aufstieg des Delhi-Sultanats und einiger mit ihm konkurrierender muslimischer und hinduistischer Staaten aus. Die **Neuzeit** (16.–20. Jahrhundert) ist durch den **Aufstieg des Mogul-Reiches**, das fast gleichzeitige Auftreten der Europäer in Südasien, die anschließende britische **koloniale Expansion** sowie die Zeit der **Dekolonisation** charakterisiert.

Altertum

Die älteste Phase indischer Geschichte nach der Harappa-Kultur (vgl. S. 111ff.) ist die **vedische Zeit**, die von etwa 1500–500 v. Chr. andauerte. Sie gliedert sich in eine frühvedische und seit dem Beginn des 9. Jahrhunderts in eine spätvedische Periode. (Eine alternative Epochenstruktur mit einer mittelvedischen Periode bietet Witzel, 2003.) Für diesen frühgeschichtlichen Zeitraum liegen neben archäologischen Quellen erste literarische Zeugnisse vor, die anfangs weitgehend mündlich tradiert wurden. Die bedeutendste Quelle, die uns über die Arya-Kultur Nordwestindiens sowie über deren anschließende Ausbreitung zwischen Panjab und Ganges-Yamuna-Zweistromland berichtet, ist der **Rigveda**, dessen einzelne Textpassagen zwischen der Mitte und dem Ende des 2. Jahrtausends v. Chr. entstanden sind (vgl. S. 70).

Im Mittelpunkt der Forschungsdebatte um die vedische Zeit steht die Frage nach der Herkunft der Arya. Die traditionelle Historiographie geht in der Regel von der Ethnizität dieser Kulturgruppe aus, wobei die Arya im zweiten vorchristlichen Jahrtausend aus Zentralasien über den Hindukusch nach Nordwestindien eingewandert sein sollen und bestimmtes Know-how (Pferdezucht, zweirädrige Streitwagen) mit nach Südasien brachten. In jüngster Zeit wird dieses Modell einer umfassenden Migration allerdings in Frage gestellt. Der gegenwärtige archäologische und philologische Befund belegt zweifellos kulturelle Ähnlichkeiten zwischen Zentral-, West- und Südasien; anthropologische Untersuchungen liefern hingegen kaum Belege für eine ausgreifende Völkerwanderung. Statt dessen können wir eher von einem Kultur- und Sprachtransfer ausgehen, wobei sich indo-aryanische – aus der Familie der indo-europäischen Sprachfamilie stammende – Sprachen und ein Arya-Kulturkreis mit spezifischem Kult und spezifischer Gesellschaftsvorstellung ausbreiteten, was natürlich eine gewisse Migration von Menschengruppen nicht prinzipiell ausschließt. Ihren Ursprung nahm die (proto-) aryanische Kultur vermutlich in der zweiten Hälfte des 3. Jahrtausends v. Chr. in der Gegend nördlich des Schwarzen und des Kaspischen Meeres, von wo aus sich eine Verlagerung in Richtung Iranischem Hochland, nach

Mesopotanien und Indien vollzog. Eine besondere Schlüsselfunktion kam dabei dem Bolan-Paß zu, der das Hochland von Balutschistan mit dem südlichen Industal verbindet und über den sich vermutlich seit dem beginnenden 2. Jahrtausend v. Chr. derartige Kulturkontakte oder Migrationsbewegungen vollzogen (Parpola 1988, S. 196).

Lange war das zeitliche Verhältnis zwischen dem Verschwinden der Harappa-Kultur und der Herausbildung der Arya-Kultur unklar. Während die erste Generation der Ausgräber am Industal in den 1920er Jahren an eine Zerstörung der urbanen Hochkultur durch die neue Zivilisation glaubte, ergab sich später durch genauere Datierungsmethoden eine zeitliche Lücke zwischen etwa 1900 und 1500 v. Chr. Aktuelle archäologische Erkenntnisse belegen indes eine Weiterexistenz kultureller Elemente der Harappa-Kultur bis in frühvedische Zeit sowie mögliche vorvedische Kontakte zwischen den Arya und der späten Harappa-Kultur zwischen Industal und Iranischem Hochland.

Die Arya-Kultur der frühvedischen Zeit war vermutlich von in kleineren Stammesverbänden organisierten, seminomadischen Hirten und Viehzüchtern geprägt; eine städtische Kultur wie in der Harappa-Zeit fehlte völlig. Ihr erstes Verbreitungsgebiet in Südasien lag im Panjab, wo sich offenbar gegen Ende der frühvedischen Zeit ein Übergang vom Halbnomadentum zur Seßhaftigkeit vollzog, der mit dem Verbreitungsgebiet der *painted grey ware* (PGW) als Leitkeramik korrespondiert. Der Rigveda berichtet für die Zeit der Seßhaftwerdung über zahlreiche Auseinandersetzungen zwischen einzelnen Stämmen. Landwirtschaftlich nutzbare Flächen waren knapp, und eine großflächige Rodung der dichten Dschungel in Nordindien dürfte erst mit der Verbreitung von Eisengeräten möglich gewesen sein. Archäologische Untersuchungen gehen von einer Verbreitung des Eisens im Süden ab 1200 v. Chr. und im Nordwesten, dem Kerngebiet des Arya-Kulturkreises, etwa ab 900 v. Chr. aus. Mit der Seßhaftwerdung und der Herausbildung von Dörfern (*grama*, was ursprünglich „Heerhaufen" bedeutet hatte) endete die frühvedische Zeit.

Wesentliche Merkmale der nun einsetzenden spätvedischen Periode sind die Expansion der aryanischen Kultur vor allem in Richtung Osten sowie die Herausbildung spezifischer Gesellschaftsstrukturen. Schon im Rigveda gibt es Hinweise auf soziale Abgrenzungsprozesse, wobei die Trennung zwischen den Arya und den meist als dunkelhäutig und militärisch unterlegen dargestellten *Dasyu* das wohl markanteste Konstrukt darstellt. Obwohl mittlerweile die Ethnizität dieser Dasyu in Frage gestellt wird, läßt sich doch mit großer Wahrscheinlichkeit ein Bezug zwischen ihnen und dem **dravidischen Kulturkreis** herstellen. Die Literatur der aryanischen Eliten läßt die Dasyu dem vermeintlichen Ansturm der Arya, die unter dem Schutz des burgenbrechenden Gottes Indra und des Feuergottes Agni ständen, unterliegen. Es ist unklar, ob hier im Rigveda eine tatsächliche politisch-militärische Entwicklung beschrieben wird oder ob durch diese Abgrenzung lediglich Traditionen geschaffen und die Herrschaft bestimmter Führungseliten literarisch legitimiert werden sollten. Auf interkulturelle Angleichungsprozesse deuten aber auf jeden Fall die Übernahme zahlreicher dravidischer Begriffe in die Sanskritliteratur der vedischen Zeit hin.

Mit der Seßhaftwerdung vollzogen sich politische Abgrenzungsprozesse innerhalb der aryanischen Gesellschaft. Schon für die frühvedische Zeit ist ein Stammesfürstentum überliefert, das durch genossenschaftlich geprägte Stammesinstitutionen beschränkt wurde. Erst in spätvedischer Zeit erfuhr der Fürst aber seine Legitimation nicht mehr durch derartige Einrichtungen, sondern durch sakrale Weihehandlungen, wie beispielsweise das große Pferdeopfer, mit dem die territoriale Integrität des Herrschers Bestätigung erlangte. Diese Weihen gaben dem Fürsten eine sakrale Aura und begründeten damit gleichzeitig eine wachsende Bedeutung der Priester (Brahmanen) als geistliche Übermittler dieser sakralen Legitimität.

Im Zusammenhang mit der Herausbildung einer derartigen Herrschaftslegitimation steht auch eine erste territoriale Verdichtung im Indien der spätvedischen Zeit. Der Stamm als strukturierende soziopolitische Einheit löste sich allmählich zugunsten eines territorialen Bezugsrahmens auf. In diesem Kontext ist auch der Bedeutungswandel des Begriffes *janapada* zu sehen, der ursprünglich „Stammesvolk“ bedeutete, sich in spätvedischer Zeit aber zum „Stammesgebiet“ wandelte. Erweiterte sich dieses Territorium um die Siedlungsbereiche anderer Gruppen, bildete sich ein „Großstammesgebiet“ (*mahajanapada*) heraus. Obwohl vermutlich erst wesentlich später, im 5. oder 4. Jahrhundert v. Chr., entstanden, berichtet das **Mahabharata**-Epos am Beispiel des Kampfes zweier verfeindeter Stämme über eben diesen Prozeß einer Territorialisierung der Herrschaft. Neben die Herausbildung einer frühen Staatlichkeit trat ein sozialer Differenzierungsprozeß, der weit über die frühe Abgrenzung zwischen Arya und Dasyu hinausging und an dessen Ende die zahllosen Kasten stehen, die die indische Gesellschaft bis heute prägen (vgl. S. 71). Es wird deutlich, daß in dieser spätvedischen Zeit die grundlegenden Weichen für die politischen und sozialen Strukturen des künftigen Südasien gestellt wurden.

Neben einer inneren Formierung der Gesellschaft führte die spätvedische Zeit auch zu einer Expansion des aryanischen Kulturkreises, die archäologisch mit dem Verbreitungsgebiet der *northern black polished ware* (NBPW) als Leitkeramik korrespondiert. Vermutlich führten wachsender Bevölkerungsdruck oder eine Veränderung des Klimas im nordwestlichen Indien zwischen dem 9. und dem 7. Jahrhundert v. Chr. zu einer allmählichen Ausdehnung der Arya-Kultur ostwärts längs der Flüsse Ganges und Yamuna. Im Zuge der Herausbildung dieser **Gangeskultur** entstanden im Osten zunächst zahlreiche *janapadas*, aus denen seit dem Ende des 6. Jahrhunderts v. Chr. die ersten *mahajanapadas* aufstiegen. Einige Residenzorte der Fürstentümer entwickelten sich im Rahmen der für die Gangeskultur charakteristischen Urbanisierung zu Hauptstädten dieser Großstammesgebiete.

Etwas zaghafter als die Expansion nach Osten vollzog sich die Ausdehnung des Arya-Kulturkreises nach Süden. Als frühe südliche Grenze dieses Zivilisationsraumes wird das Vindhya-Gebirge angenommen; alles, was jenseits dieser Berge lag, war das unbekannte Land „zur rechten Hand“ (von Westen aus gesehen) – *dakshinapatha*. Bis ins 7. Jahrhundert v. Chr. hinein war in Nordindien offenbar wenig über diese weiter südlich auf dem Hochland des Dekkan und an den Küsten des Indischen Ozeans liegenden Gegenden bekannt. In der um 400 v. Chr. entstandenen „Grammatik“ des Sprachwissenschaftlers Panini wird allein die Region **Kalinga** an der indischen Ostküste genannt, das zentrale Hochland und die Westküste hingegen nicht. Nur wenige Zeit später waren dann schon die südlichsten Regionen des Subkontinents im Norden bekannt. Noch vor der Entstehung des ersten indischen Großreiches in Nordindien muß in der spätvedischen Zeit also eine gesamtindische kulturelle Integrationsleistung vollbracht worden sein, wobei die zentralen Kommunikationswege wohl eher über das Vindhya-Gebirge verliefen und weniger über das Meer längs der indischen Küsten. Eine besondere kulturelle Vermittlerrolle kommt hier zweifellos dem Territorium von **Avanti** mit dessen Residenz Ujjain am nördlichen Rand des Vindhya-Gebirges zu, dem südlichsten Verbreitungsgebiet der NBPW. Vermutlich war die Kenntnis vom Süden durch eine kontinuierliche Migration von Kaufleuten oder Brahmanen nach Nordindien gelangt. Im Gegensatz zur Ausdehnung der aryanischen Kultur in Richtung Osten gab der Süden indes nie seine dravidischen Sprachen auf.

Etwas später als die Entwicklung von Kommunikationsstrukturen zwischen Nord- und Südindien entwickelten sich auch Kulturkontakte mit **Sri Lanka**. Hier breitete sich seit dem 5. Jahrhundert v. Chr. vor allem an der

Westküste der Insel aryanische Kultur aus, die sich allmählich längs der Flüsse ins Hinterland ausdehnte und aus der sich spätestens seit dem 3. Jahrhundert v. Chr. die **singhalesische Sprache** entwickelte. Vermutlich wurden diese Kontakte zur selben Zeit durch einen wachsenden südindischen, dravidischen Einfluß auf der Insel ergänzt. Der archäologische Befund aus dieser Zeit ist allerdings dürftig, so daß wir weitgehend auf die literarische Überlieferung angewiesen sind, wie beispielsweise auf den etwa im 6. Jahrhundert n. Chr. entstandenen Text *Mahavamsa*. Sri Lanka wurde seit dem 2. Jahrhundert v. Chr. vom Reich von **Anuradhapura** mit einem Schwerpunkt im nördlichen Hochland der Insel dominiert. Trotz der Herrschaftskontinuität, die durch die Dynastie der Lambakanna zwischen dem 1. Jahrhundert n. Chr. und dem Jahr 428 getragen wurde, dominierten Machtkämpfe unter rivalisierenden Familienverbänden die politische Landschaft, was zu permanenter Instabilität führte.

Im 5. Jahrhundert v. Chr. verdichteten sich in Nordindien die Machtstrukturen weiter, und es werden erste historische Herrscherpersönlichkeiten greifbar. Im Mittelpunkt dieser Entwicklung steht der Aufstieg des im heutigen Bihar gelegenen *mahajanapada* **Magadha** zur führenden Hegemonialmacht auf dem indischen Subkontinent. Ausgelöst wurde diese Expansion durch die Eroberung des benachbarten Territoriums von Anga durch den Magadha-Herrscher Bimbisara. Mit weiteren Kriegszügen seines Sohnes Ajatasatra sowie durch die beiden darauffolgenden Dynastien der **Sisunaga** und **Nanda** konnte Magadha bis zum beginnenden 4. Jahrhundert v. Chr. zur führenden nordindischen Macht aufsteigen. Vor allem unter den Nanda-Herrschern wurden dem Reich von Magadha fast ganz Nordindien, Teile des Hochlandes des Dekkan sowie Kalinga an der Ostküste einverleibt; Pataliputra – das heutige Patna – wurde zur Hauptstadt des neuen Reiches ausgebaut.

Eine Randerscheinung aus südasiatischer Perspektive, die aber für die europäische Geschichte von um so größerer Bedeutung ist, stellt der Indienzug Alexanders des Großen (327–325 v. Chr.) dar (vgl. S. 118f.). Im Frühjahr 326 v. Chr. erreichte Alexander nach der Niederschlagung Persiens den Indus. Jener wurde gezwungen, bereits im Juli desselben Jahres nach der Meuterei seiner Truppen am Beas (Hyphasis) den Rückzug in Richtung Heimat anzutreten, die er aber nicht wiedersehen sollte. Es ist zu vermuten, daß das durch Alexanders Rückzug entstandene Machtvakuum in Nordwestindien den Aufstieg Magadhas als erstem indischem Großreich begünstigte.

Obwohl nur wenig über die Ursprünge der **Maurya-Dynastie** bekannt ist, brachte diese doch die zweifellos bedeutendsten Herrscher

Magadhas hervor. So vertrieb der erste Maurya-Herrscher Chandragupta (r. ca. 320–ca. 300 v. Chr.) den letzten Nanda-König aus Pataliputra und erweiterte die Herrschaft Magadhas im Westen bis nach Baktrien. Auf Chandragupta, der schließlich auf die Macht verzichtete, um der Über-

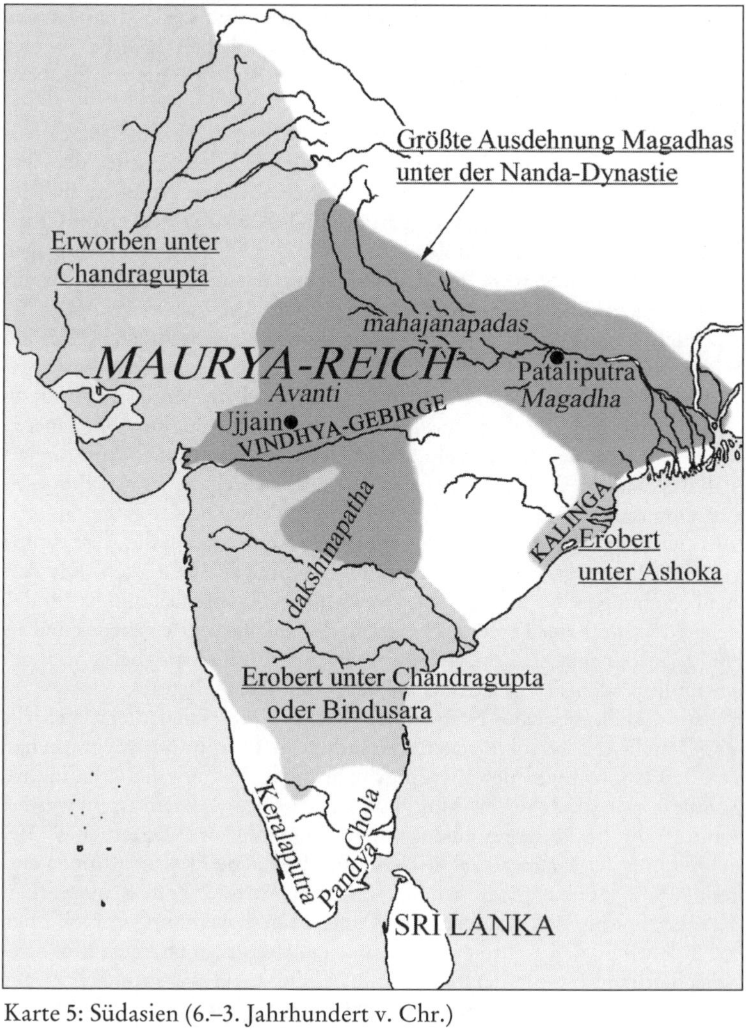

Karte 5: Südasien (6.–3. Jahrhundert v. Chr.)

lieferung nach jinistischer Mönch zu werden, folgten sein Sohn Bindusara – über den trotz seiner mehr als dreißigjährigen Herrschaftszeit erstaunlich wenig bekannt ist – und Chandraguptas Enkel Ashoka (r. 268–232 v. Chr.). Unter Ashoka erreichte die Expansion von Magadha ihren Höhepunkt. Zwischen Kaschmir im Norden und Mysore im Süden flossen Abgaben nach Pataliputra; allein die drei südlichen dravidischen Territorien der Keralaputra, Chola und Pandya blieben außerhalb seines Machtbereiches. Unter Ashoka avancierte der Buddhismus zur Staatsreligion des Maurya-Reiches (vgl. S. 75).

Den Prinzipien der Maurya-Herrschaft lag eine regelrechte Staatstheorie zugrunde, die sich in den bedeutendsten schriftlichen Quellen der Zeit, dem Arthashastra sowie den Fels- und Säulenedikten Ashokas, manifestierte. Das **Arthashastra**, das zum großen Teil aus der Feder von Chandraguptas Zeitgenossen Kautilya stammen soll, stellt einen Fürstenspiegel, eine Handlungsanweisung für den Herrscher, dar und steht Machiavellis Fürstenspiegel in Konsequenz keineswegs nach. Auch wenn das Arthashastra nicht unbedingt in allen Fällen die staatlich-gesellschaftliche Realität widerspiegeln muß, ist es doch eine aussagekräftige Quelle über die zeitgenössische Herrschaftsauffassung. Im thematischen Mittelpunkt dieses Werkes stehen der Nutzen für den Staat sowie seine Stärkung im Inneren als Voraussetzung zur Abwehr äußerer Feinde. Nach innen konsolidiert sich das Staatswesen im Arthashastra vor allem durch die Konstruktion einer Untertanengesellschaft auf der Grundlage eines umfassenden Spionagesystems, durch den geregelten Einzug von Abgaben und die Ausbeutung der natürlichen und humanen Ressourcen durch die Obrigkeit. Die Außenbeziehungen des Staatswesens werden von einem Staatenkreis-Modell geleitet, wonach der Feind des benachbarten Feindes der eigene Freund sei und man bestrebt sein müsse, seinen eigenen Einfluß möglichst weit auf die umliegenden Territorien auszudehnen (*mandala*-Theorie).

Als Quelle über die Frühzeit der Maurya-Herrschaft liegt ebenfalls der Bericht des seleukidischen Gesandten in Pataliputra, Megasthenes, (ca. 300 v. Chr.) vor, der allerdings nicht mehr im Original erhalten ist, sondern nur noch durch indirekte Überlieferung erschlossen werden kann. Von besonderem historischem Interesse ist Megasthenes' Beschreibung der Maurya-Gesellschaft, die er in sieben Berufsgruppen einteilt: Philosophen (Brahmanen), Bauern, Hirten, Kunsthandwerker, Krieger, Spione und Ratgeber des Königs. Die Erwähnung von Spionen zeigt deutlich, daß Kautilyas Arthashastra offenbar doch keine bloße gesellschaftliche Utopie darstellte, sondern daß es in wesentlichen Zügen die tatsächlichen Gesellschaftsstrukturen wiedergibt.

Als schriftliche Quellen über die Blütezeit des Maurya-Reiches liegen uns die **Fels- und Säulenedikte** Ashokas vor, die bislang vor allem im Kerngebiet von Magadha, im von Ashoka eroberten Kalinga, in Nordwestindien sowie in der Gegend um Mysore im Süden lokalisiert wurden. Diese ungleichmäßige Verteilung deutet darauf hin, daß die territoriale Durchdringung durch die Maurya möglicherweise inhomogen war und daß die Karte dieses Reiches allenthalben tribal dominierte weiße Flecken aufzeigte. Außerdem weist auch der jeweils unterschiedliche Inhalt der Inschriften auf eine ungleich verteilte Macht der Zentralgewalt hin: Während die Kerngebiete einer direkten, zentralen Verwaltung Pataliputras unterstanden, war die Peripherie durch ein loseres administratives Band mit dem Zentrum verbunden. Große Bedeutung erlangten die Inschriften auch durch Ashokas am Buddhismus orientierter **Dhamma-Sittenlehre**, die er vor allem nach seiner Eroberung Kalingas 261 v. Chr. im gesamten Machtbereich verkünden ließ und die offenbar über das reine Machtstreben hinaus eine gesamtgesellschaftliche Integration durch bestimmte Moral- und Glaubensvorstellungen schaffen sollte. Diese Inschriften erlangten nach ihrer Entdeckung und Entzifferung eine derart große symbolische Bedeutung, daß das Löwenkapitell der Säuleninschrift von Sarnath nach der Unabhängigkeit 1947 zum indischen Staatswappen erhoben wurde.

Als eine Art Gesetzmäßigkeit – die später auch bei den übrigen indischen Großreichen deutlich werden sollte – barg die großräumige territoriale Expansion bereits den Keim des Niedergangs, da die Zentralgewalt kaum auf Dauer Kontrolle über die Peripherie ausüben konnte, ohne die eigenen Ressourcen zu überdehnen. Nach Ashokas Tod im Jahre 232 v. Chr. scheint es zu einem raschen Niedergang des Reiches gekommen zu sein, der sich in einer ökonomischen Krise, in politischen Erosionserscheinungen an den Rändern sowie in Nachfolgekämpfen im Zentrum ausdrückte. Die Maurya herrschten bis ca. 185 v. Chr. über einen immer kleiner werdenden Staat, bis schließlich der letzte Maurya-Herrscher Brihadratha von Pushyamita Shunga, einem seiner Generäle, umgebracht wurde, der die **Shunga-Dynastie** (185–73 v. Chr.) begründete. Die Shunga-Zeit führte zu einer Zurückdrängung des Buddhismus als staatstragender Religion und zu einer Wiederbelebung des hinduistischen Brahmanentums. Parallel zum Niedergang bildeten sich im Nordwesten Indiens neue Staaten, die zunächst die Kerngebiete des zerfallenden Reiches von Magadha nicht berührten.

Der allmähliche Niedergang des Reiches von Magadha führte zu einer politischen Fragmentierung Nordindiens, die schließlich in einen wachsenden Einfluß zentral- und westasiatischer Macht im Nordwesten mündete. Hier entstand im 2. Jahrhundert v. Chr. aus dem zerfallenden Graeko-Baktrischen Reich (vgl. S. 120) der Staat der Indo-Griechen. Die Geschichte der meisten seiner Herrscher ist weitgehend unbekannt. Allein Menander, dessen Machtantritt für das Jahr 166 v. Chr. – bzw. nach einer alternativen Datierung für 155 v. Chr. – vermutet wird, erscheint durch eine buddhistische Quelle als historische Persönlichkeit greifbar. Die Indo-Griechen stellten die Vermittler der hellenistisch inspirierten Gandhara-Kunst im indischen Raum dar (vgl. S. 97).

Im 1. Jahrhundert v. Chr. geriet der gesamte Nordwesten Indiens in Bewegung, als die zentralasiatischen Völkerschaften der **Shaka** über Baktrien eindrangen, die durch die Expansion der Yuezhi aus ihren ursprünglichen Siedlungsgebieten verdrängt worden waren (vgl. S. 255). Unter ihren ersten bedeutenden Herrschern Maues und Azes I. expandierte die Macht der Shaka von Baktrien bis nach Saurashtra.

Nach einer kurzen Herrschaft der **Indo-Parther** im Nordwesten, deren bedeutendster Herrscher König Gondopharnes (r. ca. 20–46 n. Chr.) war, drängten mit den **Kushana** erneut zentralasiatische Steppenvölker in Richtung Nordindien (vgl. S. 120), die die Shaka vertrieben und nun ein eigenes mächtiges Reich gründeten, welches sich von Zentralasien bis nach Nordindien erstreckte. Unter Kanishka (1. Hälfte des 2. Jahrhunderts n. Chr.) erlebte das Kushana-Reich seine größte östliche Ausdehnung bis an den Mittellauf des Ganges. Wie sein berühmter Vorgänger Ashoka konvertierte auch Kanishka, der seine Residenz in Purushapura (Peshawar) nahm, zum Buddhismus. Noch etwa ein Jahrhundert lang nach Kanishkas Tod konnte sich das Kushana-Reich bis zur Expansion der persischen Sasaniden auf der Höhe seiner Macht halten.

Eine Regionalisierung der politischen Strukturen, wie sie nach dem Untergang des Maurya-Reiches in Nordindien zutage trat, ist auch für Zentral- und Südindien zu beobachten. Seit der spätvedischen Zeit war in diesen Bereichen der kulturelle Einfluß des Nordens zu spüren, so daß auch eine gewisse Kenntnis der nordindischen Herrschaftsmodelle südlich des Vindhya-Gebirges vorauszusetzen ist. Die lückenhafte Quellenüberlieferung läßt hier allerdings nur ansatzweise Machtstrukturen erkennbar werden. Von Bedeutung waren das Reich von **Kalinga** unter seinem Herrscher Kharavela an der Ostküste sowie das Reich der **Shatavahana** auf dem Hochland des Dekkan, deren beider Aufstieg für das 1. Jahrhundert v. Chr. zu datieren ist. Die Herrscher der Shatavahana gehörten ursprünglich den südindischen Andhra an und waren somit nichtaryanischen Ursprungs. Dennoch bemühten sie sich um eine Anknüpfung an die aryanische Herrschaftstradition, etwa mit der Durchführung des großen Pferdeopfers. Ihr Reich gründete sich nach Plinius' Aussage auf zahlreiche befestigte Städte und ein großes Heer. Zum Charakteristikum der Machtausübung gehörten ebenso obrigkeitliche Schenkungen an Brahmanen und buddhistische Klöster, was sich als herrschaftsstabilisierend vor allem in der Provinz erweisen sollte. Erstmals avancierte Zentralindien mit den Shatavahana zu einem Zentrum regionaler Herrschaftsbildung.

Der äußerste Südosten Indiens stellte in den Jahrhunderten um die Zeitenwende auf Grund der physischen Strukturen keinen einheitlichen Herrschaftsraum dar. Hier entwickelten sich vor allem an den Flußläufen und in den Flußdeltas mit einem sich intensivierenden Reisanbau lokale Herrschaftszentren, aus denen die Stammesfürstentümer der Chola, Pandya und Chera aufstiegen. Eine eigene kulturelle Identität erlangte diese Region vor allem mit der Blüte der sogenannten Shangam-Literatur zwischen dem 1. und 3. Jahrhundert n. Chr.

Die historische Bedeutung des halben Jahrtausends nach dem Ende der Maurya-Herrschaft liegt in der politisch-militärischen Öffnung Indiens für Fremddynastien aus dem west- und zentralasiatischen Raum ebenso wie in der erstmaligen Begründung mächtiger Regionalreiche, deren Zentren sich nun nicht mehr allein auf Nordindien beschränkten. Gleichfalls charakteristisch sind die Koexistenz von Buddhismus und Hinduismus als herrschaftslegitimierende Religionen und der Aufstieg des internationalen Handels zwischen Europa, Indien und Südostasien (vgl. S. 52f.).

Gegen Ende des südasiatischen Altertums konnte sich nach den Maurya ein zweites klassisches Großreich entwickeln: das Reich der **Gupta**. Über die Herkunft der Gupta ist wenig bekannt; vermutlich handelte es sich zunächst um Regionalfürsten aus der Gegend um Benares (Varanasi), ehe die Dynastie unter Chandragupta I. (r. 320–ca. 335 n. Chr.; nicht zu verwechseln mit dem gleichnamigen Maurya-Herrscher) und seinem Sohn Samudragupta (r. ca. 335–375 n. Chr.) zur führenden Hegemonialmacht Südasiens aufstieg. Durch eine geschickte Heiratspolitik gelang es Chandragupta, das soziale Prestige seiner Familie aufzuwerten und seine territoriale Machtbasis zu erweitern. Unter Samudragupta setzte eine rasche militärische Expansion ein, die zu einer Ausdehnung des Territoriums bis an die Flüsse Yamuna, Narmada und Brahmaputra führte. Pataliputra, die einstige Residenz der Maurya-Herrscher, avancierte symbolträchtig zur Hauptstadt. Neben diesem großen Kerngebiet wurden weitere Fürstentümer zwischen Panjab und Nepal tributpflichtig gemacht, dazwischen lagen große tribal dominierte Wald- und Bergregionen, die sich als unbeherrschbar erwiesen. Zu vielen anderen Staaten bis nach Sri Lanka entwickelten sich diplomatische Beziehungen. Ein ausgedehnter Feldzug führte Samudragupta schließlich nach Südostindien. Der nachhaltige militärische Erfolg blieb offenbar aus; aber dennoch führte dieser Zug zur Stärkung der Herrschaftsideologie des *chakravartin* (Welteroberer), als der sich Samudragupta nach diesem Zug betrachtete. Dieser Universalitätsanspruch fand später Einzug in die Herrschaftsmodelle der mittelalterlichen Regionalreiche Indiens, deren Machthaber sich selbst oft als derartige Welteroberer stilisierten, um ihre territorial begrenzte Macht durch die Anknüpfung an die Traditionen des alten Indien ideell aufzuwerten.

Nach dem Aufstieg des Buddhismus als Staatsreligion durch die Maurya und andere nachfolgende Herrscher kam es durch die Gupta ebenso wie schon bei den Shunga zu einer Stärkung des Brahmanentums als gesellschaftstragendem Stand, ohne daß dabei der Buddhismus an Bedeutung verlor. Überhaupt gilt diese Epoche in der zeitgenössischen Überlieferung, vor allem während der Regierung Kumaraguptas (r. 415–455 n. Chr.), als Phase eines „guten Regiments“ und religiöser Toleranz. Eine gewisse gesellschaftliche Offenheit führte zu einer Blüte der Sanskrit-Dichtung. Als Literat erlangte vor allem Kalidasa (vermutlich 5. Jahrhundert n. Chr.) große Berühmtheit, die bis in die Neuzeit nachwirken sollte. Daneben erfuhren auch die Texte der Puranen mit Mythen, philosophischen Abhandlungen und vor allem mit Genealogien der nord- und zentralindischen Herrscher in dieser Zeit ihre literarische Verfeinerung.

Erst der Einfall der Nomadenstämme der **Huna** (vgl. S. 256) setzte dem Gupta-Reich ein Ende. Während eine Konfrontation um 460 n. Chr. offenbar noch zugunsten der Gupta ausging, führte die Expansion der zentralasiatischen Steppenvölker doch zu einem allmählichen ökonomischen Niedergang, der von internen Nachfolgekämpfen begleitet war. Um 510 n. Chr. bewirkten militärische Erfolge der Huna schließlich die Zerschlagung des Guptareiches und die Etablierung einer kurzzeitigen Huna-Herrschaft in Nordindien. Die Folge dieser Invasion waren der Niedergang der nordindischen Stadtkultur und das Eindringen weiterer Steppenvölker aus Zentralasien (die späteren Gurjara und Rajputen) nach Nordindien. Das Ende der Gupta-Herrschaft wird gemeinhin mit dem Ende des Altertums in Südasien gleichgesetzt.

Frühes Mittelalter

In der frühen Phase des indischen Mittelalters, die bis etwa 1200 andauerte, bildeten sich vier Mittelpunkte regionaler Machtkonzentration (Nordwestindien, Bengalen, das Hochland des Dekkan und Südindien) heraus, in denen mächtige Reiche entstanden, die allerdings niemals über einen längeren Zeitraum territorial in eine der anderen Regionen ausgreifen konnten. Ihre Regionalherrscher gingen meist aus Stammesfürsten durch Annexion benachbarter Territorien und Zentralisierung hervor. Zwischen diesen Machtzentren existierte aber auch eine große Zahl an kleineren Fürstentümern und Königreichen.

In der ersten Hälfte des 7. Jahrhunderts schien es noch einmal kurzzeitig, daß sich unter dem nordindischen Fürsten Harsha von Kanauj (r. 606–647) wieder ein sich über ganz Nordindien ausdehnendes Großreich etablieren könnte. Dessen Herrschaft unterschied sich in Wirklichkeit aber beträchtlich von den Imperien der Maurya und der Gupta, da nur in einem vergleichsweise kleinen Gebiet im Westen direkte Macht ausgeübt wurde, während in weiten Teilen seines Einflußbereiches – beispielsweise in Magadha oder Bengalen – die Herrschaft nur indirekt über verbündete oder unterworfene Regionalfürsten durchgesetzt wurde, die oft andere Interessen verfochten als die Zentralgewalt. Diese Tributärfürsten wurden mit dem Begriff *samanta* bezeichnet, was ursprünglich einfach „Nachbar", seit der späten Guptazeit aber „unterworfener Nachbarfürst" bedeutete. Eine derartige feudale Herrschaftsform, deren Macht sich auf die vermeintliche Loyalität von Tributärfürsten außerhalb des eigenen Kerngebietes stützte, sollte sich zu einem Charakteristikum für das frühe Mittelalter entwickeln („Samantaisierung").

Die auf Harsha folgende Regionalisierung der indischen Staatsstrukturen begünstigte in großem Maße die Herausbildung von Regionalkulturen mit eigener Sprache, Architektur und Religionsausprägung, was wiederum auf die Herrschaftsvorstellungen Auswirkungen hatte. Zur Verdichtung der territorialen Macht suchten die Herrscher nun oft nach einer stärkeren integrativen Klammer als es die unsichere politische und militärische Kontrolle über die Tributärfürsten geboten hätte. Hierzu diente die Konstruktion einer vermeintlich göttlichen Herkunft der eigenen Herrschaft. Eine derartige Legitimation wurde durch die Brahmanen vermittelt, denen die Interpretationshoheit über die heiligen Texte oblag. Auf der Basis großzügiger **Landstiftungen** entwickelte sich ein Patronagesystem, auf dessen Grundlage im 11.–13. Jahrhundert die großartigen hinduistischen Tempelanlagen wie beispielsweise in Khajuraho, Puri, Bhubaneswar, Konarak oder Tanjore entstanden. Daneben wurde durch Übernahme der traditionellen Herrschaftskultur der klassischen Großreiche an die Tradition des Altertums angeknüpft, etwa mit der Durchführung des vedischen Pferdeopfers zur Artikulation der territorialen Souveränität.

Seit dem ausgehenden 8. Jahrhundert entwickelte sich Nordwestindien unter den **Gurjara-Pratihara** zu einem solchen Zentrum regionaler Macht. Diese Dynastie entstammte den Stämmen der hinduisierten **Rajputen**, die auf lange Sicht, beispielsweise mit einer spezifischen Tempelarchitektur, die Kultur der ganzen Region prägen sollten. Durch die Integration zahlreicher anderer Rajputenstämme konnten die Gurjara-Pratihara ihre Macht bis ins beginnende 10. Jahrhundert erhalten, ehe ihr Reich durch das Vordringen der Rashtrakuta (s. u.) aus dem Dekkan in mehrere kleinere Königreiche zerfiel. Die zweite Großregion, Bengalen, fiel nach 770 an die Dynastie der **Pala**. Eine besondere Ausnahmestellung unter den Regionalherrschern erlangten die Pala durch die Förderung des Buddhismus, zumal sie gleichzeitig über wichtige heilige und intellektuelle Stätten dieser Religion herrschten. Im westlichen Hochland des Dekkan stiegen zunächst seit der Mitte des 6. Jahrhunderts die **Chalukya** von Badami als führende Macht auf. König Pulakeshin II. (r. 609–642) gelang es etwa im Jahre 630, den Expansionsdrang Harshas von Kanauj mit einem militärischen Sieg einzudämmen und damit die Entstehung eines Machtzentrums außerhalb der nordindischen Tiefebenen zu ermöglichen. Mitte des 8. Jahrhundert wurden die Chalukya von den **Rashtrakuta** als Hegemonialmacht auf dem Dekkan abgelöst, bis sich 982 Nachkommen der erstgenannten Dynastie als Calukya von Kalyani wieder die Macht erkämpften.

Auch im Süden des indischen Subkontinents lösten sich mehrere aufeinanderfolgende Dynastien als führende Regionalmächte ab. Den Beginn machten die **Pallava**, die seit dem ausgehenden 6. Jahrhundert von ihrer Hauptstadt Kanchipuram aus einen Großteil Südindiens zwischen den Flüssen Krishna und Kaveri kontrollierten. Eine wesentlich größere historische Bedeutung erlangten aber die **Chola**, die gegen Ende des 9. Jahrhunderts die Pallava besiegten und diese als Hegemonialmacht von ihrer Hauptstadt Tanjore aus ersetzten. Die Chola gelten als Förderer der südindischen Regionalkultur und der tamilischen Sprache. Unter Rajaraja I. (r. 985–1014) und seinem Nachfolger Rajendra (r. 1014–1047) avancierten jene zur Großmacht und brachten nicht nur weite Teile Südindiens unter ihre Kontrolle, sondern weiteten ihren Einflußbereich auch nach Sri Lanka und auf die Malediven aus. 1022/1023 führte sie ein

Feldzug bis nach Nordindien, der allerdings historische Episode blieb. Viel bedeutsamer waren dagegen die ökonomischen und politischen Kontakte der Chola nach Südostasien, vor allem mit dem Reich von Srivijaya, mit dem nicht nur friedlich Handel getrieben, sondern offenbar auch gelegentlich um die maritime Vorherrschaft im südlichen Golf von Bengalen gefochten wurde, wie eine Flottenexpedition der Chola nach Südostasien 1025 belegt. Im 13. Jahrhundert wurden diese durch die **Pandya** abgelöst, deren politisches Zentrum in Madurai lag.

Auch **Sri Lanka** spielte bei der politischen Entwicklung Südindiens eine entscheidende Rolle. Im Zentrum der politischen Macht stand während des frühen Mittelalters immer noch das Königreich von **Anuradhapura**, welches mit einigen Unterbrechungen mehr als ein Jahrtausend lang unter zwei führenden Dynastien die Vorherrschaft über die Insel behalten sollte. Im frühen Mittelalter mischte sich Anuradhapura aktiv in die Regionalmachtsbildung in Südindien ein, indem es zunächst im 9. Jahrhundert die Pallava gegen die noch unbedeutenden Pandya unterstützte, dann aber in Anbetracht des Aufstiegs der Chola zur Hegemonialmacht die Fronten zugunsten der Pandya wechselte. Dieser Wechsel rächte sich, denn unter den Cholafürsten Rajaraja und Rajendra wurde Anuradhapura vollständig durch die Südinder unterworfen. Lediglich das weiter im Süden der Insel gelegene Fürstentum von Rohana, ein Tributärstaat Anuradhapuras, konnte der indischen Vorherrschaft auf Sri Lanka langfristig Widerstand leisten.

Ebenso wie in Sri Lanka wurde auch die Geschichte der frühen Staaten am Fuße des Himalaja maßgeblich von Indien mitgestaltet. Die Staatsbildung in **Nepal** konzentrierte sich hauptsächlich auf das Katmandu-Tal, während die übrigen, oft durch das Gebirge unzugänglichen Regionen des Landes nur eine periphere Rolle einnahmen. Nach einer legendenhaften Überlieferung sollen indigene nepalesische Fürsten in der ersten Hälfte des 1. Jahrtausends durch aus Indien eingewanderte Eliten verdrängt worden sein, die sich im Katmandu-Tal niederließen und dort ihre Residenzen errichteten. So bildeten die friedliche Immigration, aber auch das militärische Eindringen von Fremden und deren Machtübernahme in der Folgezeit ein nahezu konstantes Grundmuster der nepalesischen Geschichte. Aus Nordindien stammten auch die Dynastien der **Somavamshi** und der **Suryavamshi** (die vermutlich mit der Dynastie der sogenannten Liccavi identisch ist). Die Liccavi werden erstmals Mitte des 5. Jahrhunderts n. Chr. erwähnt, insbesondere die militärische Expansion des Königs Manadeva über die Grenzen des Katmandu-Tals hinaus. Unter den Liccavi wurde Nepal in großem Umfange indisiert, und das Katmandu-Tal erlangte seine erste kulturelle Blüte, was mit der Herausbildung einer urbanen Kultur einherging. Es folgte im 7. Jahrhundert auch eine Phase ökonomischer Prosperität, die sich aus der verkehrsgünstigen Lage Nepals an einer in dieser Zeit eröffneten Handelsstraße von Indien nach Tibet ergab. In diese Periode fallen auch erste chinesisch-nepalesische Kontakte. Die kulturelle und ökonomische Blüte endete aus bislang kaum geklärten Ursachen abrupt um 750 n. Chr., womit auch die städtische Kultur zusehends zerfiel, während die schriftliche Überlieferung für die darauffolgende Zeit versiegt. Vermutlich kam es nach dem Niedergang der Liccavi zu einer punktuellen Restitution lokaler Macht, wobei allerdings unklar ist, ob Nepal in den darauffolgenden Jahrhunderten von indigenen Dynastien beherrscht wurde oder ob über das Land eine Fremdherrschaft tibetischer oder indischer Herkunft bestand.

Spätes Mittelalter – Delhi-Sultanat

Die zweite Phase des südasiatischen Mittelalters ist einerseits von der Überlagerung traditioneller Herrschaftsstrukturen durch islamische Eliten in Nord- und Zentralindien im Rahmen des Delhi-Sultanats, andererseits durch die Entstehung muslimischer und auch neuer hinduistischer Regionalreiche in Zentral-, Süd- und Ostindien charakterisiert. Schon vor der Begründung des Delhi-Sultanats in Nordindien im beginnenden 13. Jahrhundert existierten vielfältige militärisch-politische Kontakte zwischen Indien und dem islamisch geprägten westlichen Asien. Seit der ersten Hälfte des 8. Jahrhunderts war es zu einzelnen Einfällen arabischer Truppen vor allem nach Rajasthan und Gujarat gekommen. Ein weiteres Vordringen der Araber scheiterte jedoch an der militärischen Macht der Chalukya von Badami, der Rashtrakuta und der Gurjara-Pratihara. Ein nachhaltiger Kontakt zwischen Nordindien und dem islamischen Machtbereich vollzog sich zwischen 1000 und 1027, als der aus Baktrien stammende Machmud von Ghazni (vgl. S. 125) große Teile Nordindiens bis ins Ganges-Yamuna-Zweistromland besetzte, wobei seinen Feldzügen bedeutende Kulturstätten des Hinduismus zum Opfer fielen.

Der entscheidende Schritt zur Begründung eigenständiger islamischer Vorherrschaft in Indien geschah 1206, als sich Qutb-ud-din Aibak (r. 1206–1210) von der Oberhoheit der Ghuriden (vgl. S. 126) löste und in Nordindien das souveräne **Delhi-Sultanat** gründete. Unter seinem Nachfolger Iltumish (r. 1210–1236) erweiterte sich der Machtbereich des

Delhi-Sultanats bis nach Bengalen, dem es ebenso zu verdanken ist, daß Indien in den 1220er Jahren nur in der Peripherie am Indus von den mongolischen Kriegszügen Dschingis Khans unmittelbar betroffen war. Unter den Sultanen von Delhi entstand erstmals seit dem Altertum wieder ein dauerhaftes Großreich in Südasien, zu dessen politischem Mittelpunkt die Stadt Delhi avancierte.

Unter der **Khalji-Dynastie** (1290–1320) und ihrem bedeutendsten Herrscher Ala-ud-din (r. 1297–1316) erreichte das Delhi-Sultanat seine größte territoriale Ausdehnung bis nach Zentral- und Südindien hinein. Südindien wurde größtenteils tributpflichtig gemacht wie das Territorium der Pandya mit dessen Hauptstadt Madurai. Auch erneute Angriffe der Mongolen auf Nordindien zwischen 1296 und 1306 konnten erfolgreich abgewehrt werden, obwohl die Mongolen 1303 sogar kurzzeitig bis Delhi vordrangen.

Zu einer inneren Verdichtung der Herrschaft der Sultane von Delhi führten sowohl eine zentralisierte Abgabenerhebung als auch eine Verstärkung der obrigkeitlichen Kontrolle durch Spionage und der Versuch einer Regulierung der ökonomischen Marktstrukturen im Lande. Um eine bessere zentrale Kontrolle über das expandierende Territorium zu erreichen, wurde unter Muhammad bin Tughluq (r. 1321–1351) die Hauptstadt von Delhi nach Daulatabad in Zentralindien verlegt. Diese Entscheidung führte aber letztlich zu einer Erosion der Macht im Norden, was den Niedergang des Delhi-Sultanats einleitete. Auch der erneute Umzug zurück nach Delhi nur wenige Jahre später änderte nichts an der Situation, zumal sich nun auch der Süden allmählich dem Einfluß der Sultane von Delhi entzog. So gründeten sich 1334 in Madurai das Sultanat von Ma'bar, 1336/1346 das hinduistische Reich von Vijayanagara und 1345 das Bahmani-Sultanat in Zentralindien.

Obwohl die Wurzeln für den Niedergang des Delhi-Sultanats bereits in der Phase seiner größten Expansion zu suchen sind, erlebte dieser durch den Einfall zentralasiatischer Krieger unter Timur 1398 eine deutliche Beschleunigung (vgl. S. 268f.). Die Zerstörung Delhis und die Besetzung großer Teile Nordindiens durch Timurs Truppen bewirkten, daß das Sultanat für anderthalb Jahrzehnte praktisch zu bestehen aufhörte. Während die westlichen Regionen im Bereich des Industals auch noch im 15. Jahrhundert unter Timurs Nachfolgern (Timuriden) verblieben, konnten die Sultane von Delhi die Macht in ihrem Kerngebiet aber wieder restituieren. Die letzten Sultane von Bedeutung entstammten der **Lodi-Dynastie** (1450–1526), den Erbauern der heute noch bewundernswerten Bauwerke in den Lodi-Gärten in Delhi. Den endgültigen

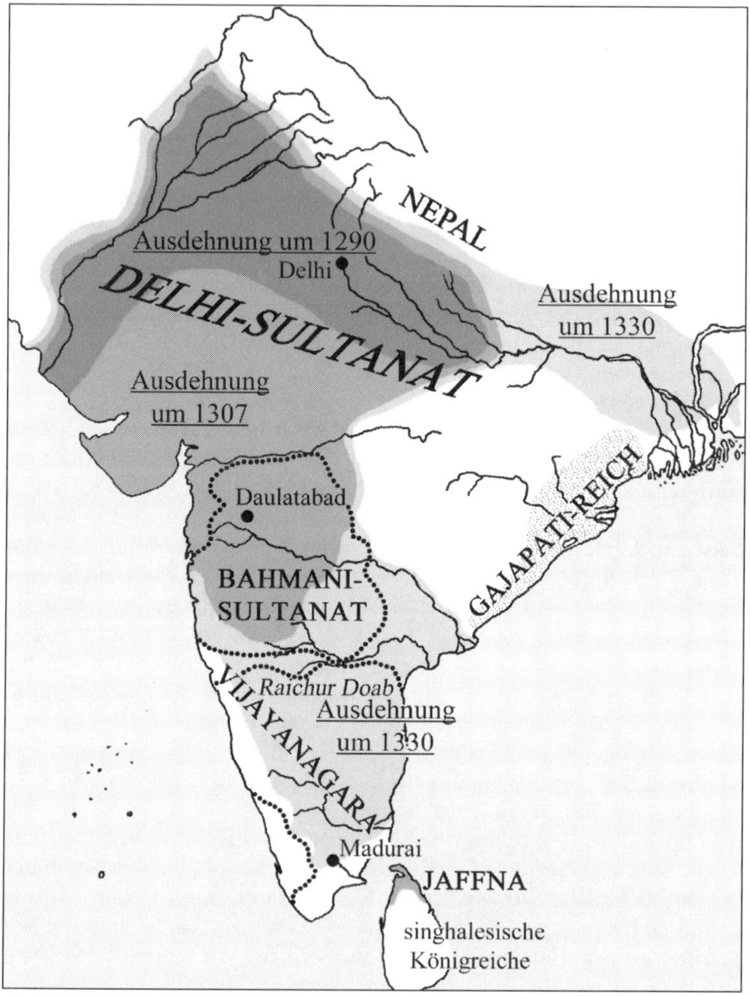

Karte 6: Südasien (13. und 14. Jahrhundert)

Niedergang konnten hingegen auch sie nicht aufhalten. Wachsender Abgabendruck zur Finanzierung von Verwaltung und Heer begünstigte weitere Abfalltendenzen in der Peripherie. Darüber hinaus wirkte auch der

Ausschluß hinduistischer Gesellschaftseliten von der politischen Macht integrationshemmend. Zu Beginn des 16. Jahrhunderts brach die Herrschaft der Sultane von Delhi unter der Macht und Feuerkraft der mogulischen Heere endgültig zusammen.

Seit dem 11. Jahrhundert entstanden in Zentral-, Ost- und Südindien weitere mächtige hinduistische oder islamische Regionalreiche, die sich teils in Konkurrenz zum mächtigen Delhi-Sultanat entwickelten, teils aber auch als dessen Zerfallsprodukte angesehen werden können. Die längste Tradition einer regionalen Hegemonialmacht besaß das Reich der **Gajapati von Orissa** an der indischen Ostküste. Unter der **Ganga-Dynastie** erlebte Orissa im 12. Jahrhundert eine politische und kulturelle Blüte, was sich unter anderem in der Errichtung des Jagannath-Tempels in Puri als eines der bedeutendsten Heiligtümer Indiens ausdrückt. In Puri wird einmal mehr die Symbiose zwischen weltlicher Staatsgewalt und der Geistlichkeit deutlich, die dem Herrscher sakrale Weihen und Legitimation verlieh. Ein Überfall der Sultane von Delhi auf Orissa 1361 führte zum Machtverlust dieser Dynastie, die schließlich durch Kapilendra, den Begründer der **Suryavamsha-Dynastie,** abgelöst wurde. Unter Kapilendra (r. ca. 1435–1467) expandierte das Gajapati-Reich längs des Golfs von Bengalen bis nach Südindien. Wie so oft barg aber auch hier die übermäßige Expansion die Wurzeln des Zerfalls. Mit den Sultanen von Bengalen, dem Bahmani-Sultanat und dem Reich von Vijayanagara erwuchsen Orissa seit dem 14. Jahrhundert immer mächtiger werdende Gegner, ehe das Gajapati-Reich 1568 vom Sultan von Bengalen zerschlagen und auf einen Rumpfstaat reduziert wurde.

Als zweiter hinduistischer Machtfaktor konnte sich das Reich von **Vijayanagara** in Südindien etablieren. Nach der legendenhaften Überlieferung wurde Vijayanagara 1336 oder 1346 von den Brüdern Harihara und Bukka gegründet, deren Herkunft durch einander widersprechende Interpretationen der Gründungslegende dieses Reiches unklar ist. In enger Verbindung zum Aufstieg Vijayanagaras steht eine Erneuerungsbewegung des Hinduismus, der von den Herrschern bewußt gefördert und zur Legitimation ihrer Macht eingesetzt wurde. Die Expansion von Vijayanagara setzte mit der Eroberung des strategisch bedeutsamen Raichur-Doab um 1365 und des kurzlebigen Sultanats von Ma'bar in Madurai um 1370 ein. Das Rückgrat der territorialen Expansion Vijayanagaras bildeten die **Nayaka** als Distriktgouverneure und Militärbefehlshaber. Deren Macht gründete sich auf das ihnen zugeteilte Land, aus dessen Einkünften sie der Zentralgewalt Truppen zur Verfügung stellen mußten. So ist die Entstehung regelrechter Nayaka-Dynastien in der Provinz belegt.

Einen schweren Rückschlag erlitt das Reich durch die Feldzüge Kapilendras von Orissa längs der indischen Ostküste in den 1450er und 1460er Jahren. Auch eine Renaissance der Zentralherrschaft unter Krishnadeva Raya (r. 1509–1529), die mit zahlreichen landesherrlichen Tempelstiftungen und einer regen Bautätigkeit einherging, konnte den Niedergang nur verzögern. 1565 ging das Reich von Vijayanagara bis auf einen nahezu bedeutungslosen Reststaat nach einer vernichtenden militärischen Niederlage gegen die zentralindischen Sultanate (s. u.) zugrunde.

Neben diesen beiden hinduistischen Machtblöcken bildete schließlich das **Bahmani-Sultanat** einen ernstzunehmenden Faktor in Südasien. Dieser Staat entstand als Abspaltung vom Delhi-Sultanat durch den Offizier Hasan Kangu, der 1345 unter dem Titel Zafar Khan in Daulatabad und später in Gulbara eine eigenständige Herrschaft auf dem Hochland des Dekkan begründete. Am Übergang zwischen 15. und 16. Jahrhundert zerfiel dieses Reich durch interne Machtkämpfe in die unabhängigen Sultanate von Bijapur, Ahmadnagar und Berar (1490), Bidar (1492) und Golkonda (1512), die ein halbes Jahrhundert später mit vereinten Kräften das Reich von Vijayanagara zerschlagen sollten.

Auch für **Sri Lanka** bedeutete das Spätmittelalter eine unruhige Zeit. Zunächst wurde diese Epoche von einer allmählichen Verdrängung der Chola-Herrschaft vom Norden der Insel geprägt, die bis 1070 mit der Restauration singhalesischer Macht über ganz Sri Lanka endete. Mit diesem Machtwechsel gingen eine Erneuerung des Buddhismus – entgegen dem von den Chola favorisierten Shivaismus – sowie ein Ausbau der Bewässerungssysteme in den Trockenzonen des Nordens einher. Interne Machtkämpfe begünstigten aber weiterhin gelegentliche militärische Einflußnahme durch die südindischen Pandya und Chola. Seit dieser Zeit ließen sich in verstärktem Maße auch tamilische Kolonisten auf der Insel nieder, was im 13. Jahrhundert zur Gründung eines souveränen tamilischen Königreiches im Norden mit der Halbinsel von Jaffna als politischem Zentrum führte. Das 15. Jahrhundert brachte unter dem singhalesischen Herrscher Parakramabahu VI. (r. 1411–1466) eine starke Zentralmacht hervor – seit etwa 1415 mit Kotte als Hauptstadt –, wobei dieser sogar das mittlerweile mit Vijayanagara verbündete tamilische Jaffna in sein Territorium eingliedern konnte.

In **Nepal** folgte auf eine von Raubzügen und Kleinkriegen geprägte Phase und den Einfall des bengalischen Herrschers Sham ud-din Ilyas 1349/50, der ganze Städte und Heiligtümer im Katmandu-Tal zerstörte, im ausgehenden 14. Jahrhundert eine gesamtstaatliche Restitution unter der **Malla-Dynastie**. Unter Jayasthitimalla (r. 1382–1395) wurde eine gesellschaftliche Neuordnung durchgeführt, indem dieser Herrscher den Hinduismus im Lande weiter stärkte und vor allem das indische Kastenwesen in Nepal einführte. Durch die damit hervorgerufene Festigung des Sozialgefüges wurden die sonst oft vorgenommene Assimilation fremder, eingewanderter Ethnien künftig erschwert und Nepal in eine streng gegliederte, abgeschlossene Gesellschaft umgewandelt. Die Stadt Bhaktapur entwickelte sich unter Jayasthitimalla zum politischen Zentrum des Landes. Sein Nachfolger Yakshamalla (1428–1482) sicherte die neu gewonnene Stabilität durch Feldzüge in das benachbarte Indien auch nach außen hin ab.

Neuzeit

Die Neuzeit in Südasien ist durch die Expansion des Mogul-Reiches, das allmähliche Auftauchen der Europäer an der maritimen Peripherie Indiens und in Sri Lanka, die britische Territorialherrschaft und die anschließende Phase der Dekolonisation gekennzeichnet.

Die Heimat der **Moguln** liegt in der Gegend um das zentralasiatische Samarkand. Durch das Vordringen der Usbeken wurde der Timuridenprinz Baber, der Begründer des indischen Mogul-Reiches, zu Beginn des 16. Jahrhunderts aus seiner Heimat verdrängt, eroberte mit seinen Truppen Afghanistan und unternahm von dort aus immer wieder Vorstöße in Richtung Indien. Bewußt knüpfte er bei seiner militärischen Expansion an die Tradition seines Ahnherrn Timur an (vgl. S. 268f.). Die Überlegenheit gegenüber den Herrschern Afghanistans und Indiens bestand in der beweglichen Feldartillerie – eine Innovation, die sich vom Osmanischen Reich in Richtung Zentral- und Südasien ausgebreitet hatte. Die entscheidende Schlacht zwischen Baber und dem ohnehin schon geschwächten Sultan von Delhi fand auf dem Schlachtfeld von Panipat statt. Schließlich beerbte Baber (r. 1526–1530) das Delhi-Sultanat der Lodi-Herrscher und begründete in Nordindien die Dynastie der Moguln. Babers Sohn Humayun (r. 1530–1556) folgte ihm nach, doch drohte das junge Mogul-Reich unter seiner Ägide wieder zu zerfallen. Erst unter Akbar (r. 1556–1605) erreichten die Moguln als Hegemonialmacht große Bedeutung und übten nachhaltig Einfluß auf die Geschicke ganz Südasiens aus.

Es gehört zu den Eigenheiten des Mogul-Reiches, daß sich die Thronfolger jedes Mal die Macht neu zu erkämpfen und sich gegen potentielle Konkurrenten durchzusetzen hatten. Eine geregelte Erbfolge gehörte nicht zum Grundkapital der Moguln. Akbar mußte sich zu Be-

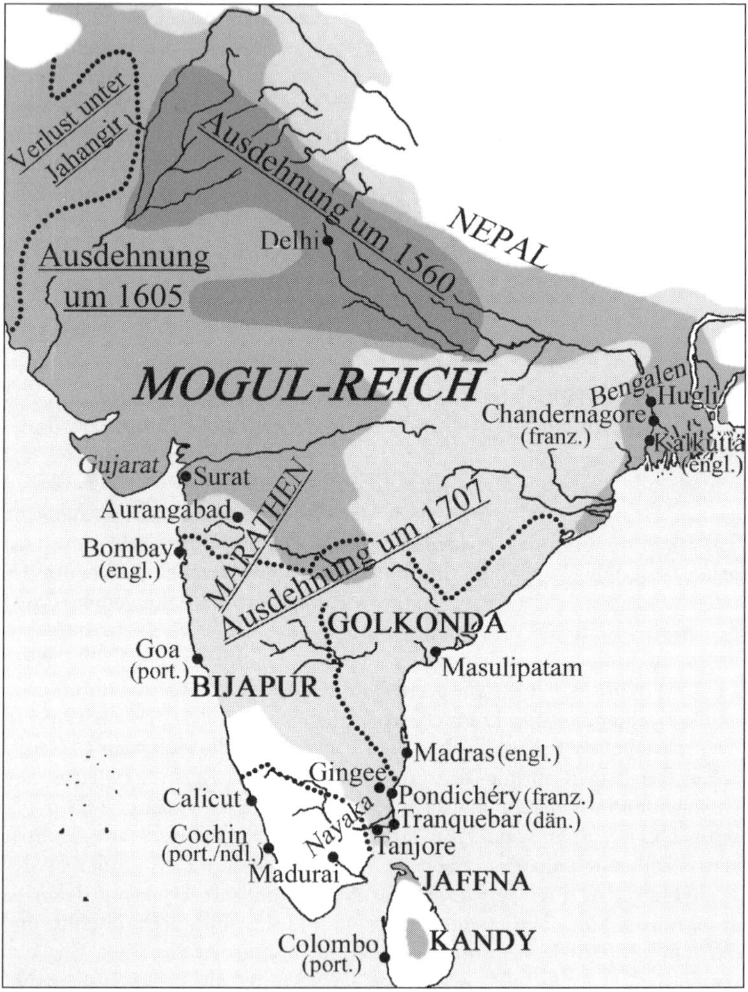

Karte 7: Südasien (16. und 17. Jahrhundert)

ginn seiner Herrschaft erst gegen den hinduistischen Usurpator Hemu militärisch durchsetzen, der unter der Bezeichnung Raja Vikramaditya gleichfalls Humayuns Erbe an sich zu bringen trachtete. Durch eine gezielte Heiratspolitik – und wo die nicht ausreichte durch Feldzüge –

konnte Akbar dennoch in der Folgezeit einen Großteil der Rajputenfürsten seiner Botmäßigkeit unterwerfen. 1574 fielen Gujarat und zwei Jahre später auch Bengalen an die Moguln.

Bemerkenswert ist aber vor allem Akbars Innenpolitik. Obwohl die Moguln Muslime waren, setzte Akbar zur Konsolidierung seiner Herrschaft auf religiöse Toleranz. So wurde beispielsweise die den meisten Nicht-Muslimen anfangs auferlegte Kopfsteuer (*jizya*) wieder abgeschafft. Zur Legitimation seiner Herrschaft griff Akbar darüber hinaus die traditionelle hinduistische Herrschaftsvorstellung auf, indem er eine Art „Gottesgnadentum" schuf, welches im Islam sonst weitgehend unbekannt war.

Auf Akbar folgten Jahangir (r. 1605–1627), der das zuvor eroberte östliche Afghanistan wieder an Persien abtreten mußte, und Shah Jahan (r. 1627–1658), der Erbauer des Roten Forts in Delhi und des Taj Mahal in Agra als Grabmal für seine Gemahlin Mumtaz. Während der Herrschaft des Großmoguls Aurangzeb (r. 1658–1707) erfuhr das Mogul-Reich seine größte territoriale Ausdehnung bis nach Südindien. Die enorme Erweiterung brachte ebenso wie beim Delhi-Sultanat schließlich das Problem der inneren Beherrschbarkeit mit sich. Trotz einer überdimensionalen Expansion des Verwaltungsapparates vor allem in den neu eroberten zentralindischen Gebieten und der Verlegung der Hauptstadt von Delhi nach Aurangabad 1681 erodierte die Machtstellung der Moguln zusehends. Das lag nicht zuletzt auch an Aurangzebs religiöser Intoleranz und der Wiedereinführung der Kopfsteuer für Nichtmuslime. Eine wachsende Steuerlast, die der Finanzierung von Verwaltung und Heer diente, führte zu Aufständen der Grundherren und zu bäuerlichem Widerstand.

Nach Aurangzebs Tod verfiel des Mogul-Reich rasch. 1739 gelang es einer persischen Streitmacht, Delhi zu plündern (vgl. S. 136). Daneben fielen in derselben Zeit Awadh, Bengalen und der mogulische Reichskanzler (Wesir) Nizam-ul-Mulk ab, der als **Nizam von Hyderabad** 1724 in Zentralindien eine neue Herrschaft begründete. Ebenso sorgte der Aufstieg der Marathen dafür, daß das Mogul-Reich in der zweiten Hälfte des 18. Jahrhunderts nur noch ein Schatten seiner selbst war. Wie bereits bei den vorhergehenden Großreichen führte auch der Zerfall des Mogul-Reiches zu politisch-territorialem Partikularismus in Indien.

Bereits in der zweiten Hälfte des 17. Jahrhunderts hatten sich die hinduistischen westindischen Stämme der **Marathen** unter ihrem Anführer Shivaji zu einem mächtigen Konkurrenten der Moguln entwickelt und konnten nach dem Einfall der Perser in Delhi 1739 zur führenden Kraft im zentralen Hochland aufsteigen. Die politische Macht in ihrem Reich gründete sich auf die Peshwas – eigentlich die Ministerpräsidenten unter den Fürsten der Marathen –, die unter Shivajis Nachfolgern de facto zum erblichen Oberhaupt des Marathenstaates avancierten. Erst eine vernichtende Niederlage gegen die Afghanen unter Achmed Shah auf dem traditionellen Schlachtfeld von Panipat 1761 beendete die Expansion der Marathen und führte letztlich zu einer Schwächung ihrer in der Stadt Pune angesiedelten Zentralmacht (vgl. S. 143). Die Bande zwischen politischem Zentrum und den Provinzfürsten wurden lockerer; aus dem einheitlichen Staat entwickelte sich in der Folgezeit die **Marathen-Konföderation** nahezu souveräner Regionalmächte. Parallel dazu dehnte sich kurzzeitig die Herrschaft der Afghanen über weite Teile Nordindiens aus.

In demselben bedeutenden Jahr 1761 konnte im südindischen **Mysore**, welches als unabhängiges Fürstentum aus dem zerfallenden Reich von Vijayanagara hervorgegangen war, der muslimische General Haider Ali Khan (r. 1761–1782) die Macht durch einen Putsch an sich reißen. Haider Ali setzte ein massives Modernisierungsprogramm nach europäischem Vorbild durch, wozu eine Zentralisierung der Staatsverwaltung und ein nach französischem Vorbild organisiertes Heer gehörten. Sein Sohn Tipu Sultan (r. 1782–1799) – ein großer Bewunderer der Französischen Revolution – führte die von Frankreich gestützte Interventionspolitik gegen benachbarte Fürsten fort, die sich auch gegen den wachsenden Einfluß der Briten in Südindien richtete. 1799 wurde Mysore jedoch in der Schlacht um Seringapatam endgültig von den Briten geschlagen.

Auch im äußersten Südosten des indischen Subkontinents konnte sich mogulische Macht nur sehr begrenzt durchsetzen. Hier im tamilischen Sprachraum lag das Herrschaftsgebiet der Nayaka, die sich im Laufe des 16. Jahrhunderts aus dem zerfallenden Reich von Vijayanagara hatten emanzipieren können (vgl. S. 167f.). Schon in den 1520er Jahren stiegen die beiden Nayaka-Dynastien von Madurai und Tanjore zu regionalen Vormächten auf, ergänzt durch das weniger bedeutende Gingee – zunächst noch unter der nominellen Vorherrschaft von Vijayanagara, spätestens seit 1565 als souveräne Staaten. Während Gingee schon in den 1640er Jahren an Bijapur fiel, konnte sich die Nayaka-Herrschaft in Tanjore bis in die 1670er und in Madurai bis in die 1730er Jahre halten.

Der Beginn der Neuzeit ist in **Sri Lanka** durch eine erneute territoriale Zersplitterung gekennzeichnet. Zu Beginn des 16. Jahrhunderts zerfiel die Herrschaft Kottes unter den Nachfolgern Parakramabahus. Diese Entwicklung begünstigte die politische Emanzipation und den

Aufstieg des Fürstentums von **Udarata** (Kandy) im gebirgigen Zentrum der Insel. Ebenso fiel das tamilische Jaffna in dieser Zeit wieder von Kotte ab. Der territoriale Zerfall begünstigte letztlich auch das rasche Eindringen der Portugiesen in Sri Lanka; ein erster zufälliger Kontakt zwischen ihnen und dem Königreich von Kotte fand bereits 1505/1506 statt, also nur wenige Jahre nach der epochalen Fahrt Vasco da Gamas.

In **Nepal** zerfiel nach Yakshamallas Tod im ausgehenden 15. Jahrhundert (vgl. S. 169) das Malla-Reich in die drei Teilstaaten Katmandu, Patan und Bhaktapur, die sich bis ins 18. Jahrhundert hinein oft im Kriegszustand miteinander befanden. Trotz der politischen Fragmentierung bestand aber nach wie vor die Vorstellung von der Einheit des Landes und vom Königtum als gesamtnepalesischem Bezugspunkt. 1768 wurde das Katmandu-Tal schließlich von Prithvinarayana Shah (r. 1768–1775), dem Begründer der **Shah-Dynastie**, wieder in seiner alten staatlichen Einheit hergestellt. Unter dem Herrscher Ranabahadur (r. 1777–1805) setzte ein nepalesischer Expansionismus ein, dessen erstes Opfer Tibet wurde. Mit chinesischer Hilfe gelang es den Tibetern jedoch, 1792 auf Katmandu vorzurücken und einen Friedensvertrag zu erreichen, der mehr oder weniger den status quo bewahrte. Die nepalesischen Expansionsbestrebungen endeten nach einem Krieg gegen die britische East India Company 1814–1816 mit dem **Frieden von Segauli**, der ungefähr die Grenzen des heutigen Königreichs Nepal festlegte.

Bhutan, der östliche Nachbar Nepals, bildete erst im 16. Jahrhundert zentralstaatliche Strukturen heraus, während das Land zuvor weitgehend von Stammesfürsten beherrscht wurde. Über Tibet war schon seit dem 7. Jahrhundert n. Chr. der Buddhismus hierhin gelangt, wie Bhutan in seiner frühen Geschichte spirituell und ökonomisch auch meist im Schatten Tibets stand, ohne von diesem Land aber direkt beherrscht zu werden. Unter Shabdrung Ngawang Namgyel (1594–ca. 1651), dem Oberhaupt einer buddhistischen Schule in Bhutan, etablierte sich erstmals eine Theokratie, deren Macht in der Peripherie aber kaum durchsetzbar war. Immerhin gelang es diesem Herrscher, mehrere Angriffe Tibets erfolgreich abzuwehren. Zudem führte die buddhistische Staatsgewalt auf Dauer zu einer kulturellen Integration des multilingualen und in weiten Teilen kaum zugänglichen Gebirgsstaates. Bis 1907 wurde das Land von theokratischen Staatsstrukturen und ähnlich wie Tibet von der Herrschaft einer Lama-Reinkarnation geprägt.

Europäische Expansion

Mit dem beginnenden 16. Jahrhundert etablierte sich in Südasien in wachsendem Umfang europäische Herrschaft. Bei dem punktuellen Besitz der Europäer im 16. und 17. Jahrhundert kann aber noch nicht von einer regelrechten territorialen Durchdringung gesprochen werden. Die Existenz der europäischen Niederlassungen gründete sich – wenn sie nicht mit militärischer Gewalt erworben worden waren – in der Regel auf die von den indigenen Landesherren ausgestellten Privilegien (im Mogul-Reich: *farman*), das heißt, daß das Land den Europäern oftmals verpachtet und nicht als Besitz übertragen wurde.

Am 20. Mai 1498 erreichte Vasco da Gama (ca. 1469–1524) als erster Europäer auf der Kaproute die indische Küste in der Nähe von Calicut. Die **Portugiesen** begründeten in der Folgezeit in Südasien keine Territorialherrschaft, sondern verstanden sich als Handelsmacht mit hegemonialem Anspruch auf die bedeutendsten Seewege auf dem Indischen Ozean. Das portugiesische Asienunternehmen stand unter der Autorität des Königshauses, auch wenn dieses durch Kapitalmangel immer wieder auf private Mitfinanzierung, beispielsweise durch die oberdeutschen Handelshäuser, angewiesen war (vgl. S. 58). Bereits in der Anfangszeit bildete sich das für das portugiesische Engagement am Indischen Ozean typische Muster einer Verbindung friedlichen Handels mit gewaltsamen Übergriffen auf konkurrierende indigene Kaufleute heraus. Keines der an den Indischen Ozean grenzenden Territorien besaß eine größere Flotte, die es mit den portugiesischen Kriegsschiffen hätte aufnehmen können, denn die indischen Fürsten verstanden sich als Landmächte und beobachten nur sehr begrenzt das Geschehen an der maritimen Peripherie.

Die erste dauerhafte portugiesische Faktorei entstand 1502 in Cochin. Es folgte neben dem Erwerb einer Reihe anderer Niederlassungen 1510 die Eroberung von **Goa**, welches ursprünglich zum Sultanat von Bijapur gehörte und bis 1961 als portugiesische Hauptniederlassung in Indien fungierte. Vor allem an der territorial zersplitterten indischen Westküste konnten sich die Portugiesen bald festsetzen, ebenso in dem politisch instabilen Sri Lanka, wo 1518 erstmals bei **Colombo** eine portugiesische Besitzung begründet wurde. An der indischen Ostküste mit den teils machtvollen Staaten von Vijayanagara, Orissa und dem Mogul-Reich entwickelte sich nur ein dünnes Netz portugiesischer Stützpunkte.

Diese Niederlassungen konstituierten ebenso wie die Herrschaft über bedeutende Seehandelswege das maritime portugiesische Asienimperium – den **Estado da India** – mit einem Schwerpunkt in Südasien.

Zur Betonung eines geradezu imperialen Anspruchs wurde 1505 mit Francisco de Almeida (ca. 1450–1510) erstmals ein portugiesischer Vizekönig mit fast unbeschränkten Vollmachten eingesetzt. Aber nur unter seinem Nachfolger Alfonso de Albuquerque (1453/1462–1515) erfuhr das portugiesische Herrschaftskonzept massive und erfolgreiche Durchsetzung.

Erst der wachsende Einfluß der niederländischen Ostindienkompanie (VOC) konnte die Macht der Portugiesen im 17. Jahrhundert brechen. Der Schwerpunkt niederländischer Kompaniemacht lag eindeutig in Südostasien, dennoch erforderte das lukrative Engagement niederländischer Kaufleute im intra-asiatischen Handel aber auch eine dauerhafte Etablierung in Südasien. 1616 wurde eine niederländische Faktorei in Surat, dem bedeutendsten Exporthafen des Mogul-Reiches, gegründet. Eine Offensive unter dem niederländischen Generalgouverneur Antonio van Diemen (gest. 1645) galt ebenso wie ein Jahrhundert zuvor bei den Portugiesen der Malabarküste mit ihrem Pfefferanbau und Sri Lanka mit der Zimtproduktion. Militärische Erfolge wurden in den 1630er Jahren an den Küsten Sri Lankas erzielt, während das Königreich von Kandy eine weitere territoriale Expansion in Landesinnere verhinderte. Erst in den 1660er Jahren konnten sich die Niederländer auch gegen die portugiesische Vorherrschaft an der Malabarküste durchsetzen. 1661 fielen Quilon, 1662 Cranganore und 1663 Cochin in die Hände der VOC. Etwa zur gleichen Zeit erfolgten auch die ersten niederländischen Gründungen an der Koromandelküste, wo der portugiesische Einfluß ohnehin gering war, sowie 1656 in Hugli in Bengalen.

Durch den niederländischen Erfolg angeregt, zog es im Laufe des 17. Jahrhunderts auch andere europäische, teilweise mit niederländischem Kapital ausgestattete, Mächte nach Indien. Bereits 1620 erwarben die **Dänen** den kleinen Handelsplatz Tranquebar an der südindischen Koromandelküste, über dem bis 1845 der Danebrog wehen sollte. Es folgten weitere dänische Faktoreien in Südindien und in Bengalen, ebenso wie auch in Südostasien. Bis zum Ausbruch der Napoleonischen Kriege sicherte die Neutralität in den zahlreichen Konflikten innerhalb Südasiens und in Europa den Erfolg der dänischen Handelskompanien am Indischen Ozean.

Kapitalmangel im Mutterland bewirkte, daß die **Franzosen** im 17. Jahrhundert kaum einen ernstzunehmenden Machtfaktor in Südasien darstellten. Die erste dauerhafte französische Faktorei entstand 1668 in Surat. Seit 1672 entwickelte sich dann aber der Ort Pondichéry an der Koromandelküste, der zum Territorium des Nayaka von Gingee gehörte, zur gut befestigten Hauptniederlassung. Pondichéry blieb bis zu einer von der Indischen Union 1954 verhängten Wirtschaftsblockade in französischem Besitz, während das 1674 in die Hände der Franzosen gelangte Chandernagore am Hugli bereits 1949 aufgegeben werden mußte.

In der Zeit der europäischen Expansion gerieten zunehmend auch die **Andamanen** und **Nikobaren** ins Blickfeld der Reisenden und Kaufleute. Spätestens seit dem 7. Jahrhundert n. Chr. waren die beiden Inselgruppen als Zwischenstation auf der Segelroute zwischen Indien und Südostasien unter chinesischen, indischen und arabischen Seeleuten bekannt. Fremdherrschaft konnte sich unter der paläomongoliden Bevölkerung aber erst im 18. Jahrhundert durchsetzen. In der Mitte des 18. Jahrhundert hatte sich die dänische Asienkompanie auf den Nikobaren (Friedrichs-Inseln) niedergelassen, die in den 1770er und 1780er Jahren unter der Verwaltung von Herrnhuter Missionaren aus der Oberlausitz standen. Ein umfangreicher Handel konnte sich aber nicht etablieren, und das Klima vereitelte die dänisch-deutschen Kolonisationsversuche nach einigen Jahrzehnten. 1789 gründete Archibald Blair eine Niederlassung der englischen Ostindienkompanie auf den Andamanen.

Erst in der zweiten Hälfte des 18. Jahrhunderts sollte sich aus der punktuellen europäischen Präsenz eine großflächige Territorialherrschaft entwickeln, die eng mit der englischen **East India Company** (EIC) verbunden ist. Die Anfänge der Präsenz der **Engländer** in Südasien im 17. Jahrhundert waren bescheiden. Das Engagement litt ebenso unter dem englischen Bürgerkrieg wie unter Kapitalmangel. Erst gegen Ende des Jahrhunderts übernahm die EIC die Führungsrolle im Ostindiengeschäft.

Die erste englische Faktorei entstand 1613 in Surat; wenig später erfolgte eine Niederlassung in Masulipatam. 1639 wurde Madras erworben, 1668 folgten Bombay als Brautgabe der Katharina von Braganza an Karl II. und 1690 Kalkutta; diese drei letztgenannten Stützpunkte entwickelten sich im Laufe der Zeit zu den Zentren des entstehenden englischen Kolonialreiches. Die Konzentration der EIC auf Indien war zunächst kaum mehr als eine Notlösung, konnte die niederländische VOC ihre Herrschaft in Südostasien doch im Laufe des 17. Jahrhunderts massiv ausbauen und die europäische Konkurrenz fernhalten. Erst mit der wachsenden Bedeutung der indischen Textilexporte nach Europa sollte Indien auch für den Interkontinentalhandel eine immer größere Rolle spielen. Die frühzeitige Kontrolle der Textilherstellung in Indien durch die Engländer entwickelte sich schließlich zum entscheidenden Standortvorteil.

Der Aufstieg der britischen Territorialherrschaft gründete sich zunächst auf einen Konflikt zwischen Briten und Franzosen um die Dominanz an der Koromandelküste im Rahmen des Österreichischen Erbfolgekrieges. Die bedeutendste französische Innovation stellten in diesem Kontext die bald auch von den Briten übernommene Anwerbung indischer Soldaten und ihre Ausbildung nach europäischem Vorbild dar, denn mit diesen **Sepoy**-Truppen konnte die europäische militärische Präsenz um ein Vielfaches gesteigert werden. Symbolträchtige Erfolge des französischen Gouverneurs Joseph-François Dupleix (1697–1763) wie die Besetzung des englischen Madras 1746 zeitigten dennoch keinen nachhaltigen Erfolg und wurden 1748 im Frieden von Aachen wieder revidiert.

In der Zeit des Siebenjährigen Krieges, der zwischen Briten und Franzosen wiederum auch in Indien ausgefochten wurde, zeigte sich ein deutlicher strategischer Vorsprung der Briten. Es ging nun nicht mehr allein um die Vorherrschaft an der Koromandelküste, sondern vor allem um den wachsenden Einfluß im mogulischen Bengalen. Ein militärischer Übergriff des Nawab von Bengalen – des de facto souveränen mogulischen Regionalherrschers – auf das britische Kalkutta führte 1757 unter Robert Clive (1725–1774) zu einem britischen Gegenschlag. In der Schlacht von **Plassey** besiegte der zahlenmäßig deutlich unterlegene Clive das bengalische Heer. Mit der Übertragung der Diwani – der Steuereinzugsrechte und der zivilen Gerichtsbarkeit – durch den Großmogul avancierten die Briten 1765 zu den eigentlichen Herrschern Bengalens. Hier zeichnete sich erstmals in größerem Umfange die **territoriale Expansion** der EIC in Südasien ab.

In den folgenden Jahrzehnten setzte eine von Bengalen und später auch von Madras ausgehende territoriale Ausdehnung ein, von der bis Mitte des 19. Jahrhunderts allein die Fürstenstaaten von Kaschmir, Rajputana, Hyderabad und einige andere mittlere und kleinere Gebiete verschont blieben. Die Expansion der EIC stellte die britische Macht in Südasien auf eine ganz neue Grundlage. Während bis zur Mitte des 18. Jahrhunderts allein der Handel im Mittelpunkt des Interesses stand, bildeten jetzt in zunehmendem Maße Grundsteuern das Fundament britischer Herrschaft; die Handelskompanie mutierte zum Territorialherrn.

Im Zuge der Französischen Revolutionskriege geriet auch **Sri Lanka** in den Machtbereich der EIC. Nach der Umwandlung der Niederlande in die Batavische Republik besetzten britische Truppen zwischen Juli 1795 und Februar 1796 die niederländischen Besitzungen auf der Insel. Die unsichere Grenze zwischen dem nunmehrigen britischen Machtbereich und dem Königreich von Kandy im Landesinneren sowie die Unterstützung von Rebellen in den britisch dominierten Küstenstreifen durch die indigenen Herrscher bewog die Engländer schon bald, auch die noch unabhängigen Gebiete auf der Insel zu okkupieren. In einem mehrjährigen Krieg gelang den Briten 1814–1818 die Eroberung ganz Sri Lankas. Im Gegensatz zu den Besitzungen in Indien avancierte Sri Lanka aber gleich zur Kronkolonie und wurde nicht der Autorität der Ostindienkompanie unterstellt.

Neben die militärische Expansion durch die EIC trat schon bald eine staatlich-institutionelle Durchdringung vor allem Indiens. 1773 wurde durch das *Regulation Act* ein **Generalgouverneur** in den indischen Besitzungen eingesetzt. Während die politischen Richtlinien weitgehend in London festgelegt wurden, besaß der Generalgouverneur bei deren Exekution in Übersee weitgehende Handlungsvollmachten. Erster Generalgouverneur wurde Warren Hastings (1732–1818), dessen rauhe Gangart gegen die indigene bäuerliche Bevölkerung später im Rahmen eines politischen Machtkampfes in England Gegenstand heftiger Kritik sein sollte und zu einem langwierigen Rechtsstreit (*impeachment*) führte. Parallel hierzu wurde ein neues Rechtssystem eingeführt, das aus einer Verbindung der traditionellen indischen zivilen Gerichtsbarkeit mit einer britisch geprägten Prozeßordnung bestand. Ein neues, gut besoldetes Verwaltungskorps ersetzte bald die oft nur gering entlohnten und zur Korruption neigenden kaufmännischen Kompaniebediensteten. Die wirtschaftliche Basis der britischen Verwaltung war die Grundsteuer, die 1793 für Bengalen – dem Herzen des anglo-indischen Imperiums – mit dem *Permanent Settlement* zeitlich unbefristet festgelegt wurde und damit eine solide Kalkulationsgrundlage bot. In anderen Regionen wurde meist das Steuerveranlagungssystem der verdrängten einheimischen Herrscher übernommen. Der Wandel der EIC von der Handelskompanie zu einer reinen territorialen Herrschaftsinstitution wurde 1813 mit der Abschaffung des Handelsmonopols und 1833 mit der Aufhebung jeglicher Handelsaktivität manifestiert.

Die territoriale Durchdringung forderte wachsenden Widerstand von indischer Seite heraus. Der Aufstand britisch-indischer Truppen in Nordindien, die sogenannte **Mutiny**, traf die Briten 1857 völlig unvorbereitet. Seine Niederschlagung brachte die Kompanie an den Rand des wirtschaftlichen Ruins und führte im darauffolgenden Jahr zur Übernahme der indischen Besitzungen durch die englische Krone und zur Auflösung der EIC. Aus dem Generalgouverneur wurde der **Vizekönig**. Eine sehr begrenzte politische Eigenständigkeit erhielt Indien schon

1861 mit dem **Imperial Legislative Council** als Exekutivorgan. Jener blieb allerdings bis auf wenige Ausnahmen eine britisch dominierte Institution und konnte sich mit seiner Gesetzgebungstätigkeit allenfalls als ein die Verwaltung unterstützendes Organ begreifen.

Die wachsende Integration Indiens in das britische Imperium führte im ausgehenden 19. Jahrhundert zur Herausbildung kritischer Stimmen von indischer Seite, die sich anders als 1857 nun institutionalisierten und sich zunehmend auch des Englischen als einheitlicher, landesweiter Sprache der Eliten bedienten. 1885 wurde der **Nationalkongreß** gegründet, der sich als Sprachrohr einer indischen Autonomiebewegung, aber noch nicht als politische Partei verstand und der sich vor allem für eine stärkere Partizipation der Inder an der Legislative einsetzte. Das ideologische Rüstzeug für die sich anbahnende Konfrontation mit den Briten lieferten indische Intellektuelle im Rahmen religiöser Reformprogramme wie beispielsweise Swami Vivekananda (1863–1902). Gleichfalls wurden derartige Bestrebungen durch die irische Home-Rule-Bewegung inspiriert.

Zu einer ersten Radikalisierung zwischen Nationalkongreß und Briten kam es 1905, als der Vizekönig Lord Curzon (1859–1925) das sprachlich einheitliche und oftmals den Briten gegenüber sehr kritische Bengalen aus angeblich administrativen Gründen in zwei getrennte Provinzen teilte. Nach heftigen Protesten wurden Bengalen 1911 wiedervereinigt, die Hauptstadt Britisch-Indiens indes vom bengalischen Kalkutta in das neu errichtete **Neu Delhi** verlegt. Die radikalen Anführer der Selbstbestimmungsbewegung, Bal Gangadhar Tilak (1856–1929) und Aurobindo Ghose (1872–1950), wurden zur selben Zeit durch Gefängnishaft oder erzwungene Emigration vorübergehend ausgeschaltet. Von entscheidender Bedeutung für die weitere Entwicklung war die Gründung der **Muslim-Liga** 1906 unter ihrem Sprecher Mohammed Ali Jinnah (1876–1948), der eine religiöse Spaltung der Autonomiebewegung und letztlich die Teilung Indiens herbeiführte. Dieser betrachtete lange Zeit die Briten als seine potentiellen Verbündeten in der Auseinandersetzung mit der Kongreßbewegung.

Verschiedene britische Versuche, durch Verfassungsreformen eine moderate indische Partizipation an der Exekutive zuzulassen (*Dyarchie*), konnten eine Verhärtung der Fronten in der ersten Hälfte des 20. Jahrhunderts nicht verhindern. Vor allem das Ende des Ersten Weltkrieges brachte eine herbe Ernüchterung mit sich, als die britische Regierung mittels der **Rowlatt-Gesetze** versuchte, das Kriegsrecht auch in Friedenszeiten in Indien anwendbar zu machen. Für großes öffentliches

Aufsehen sowohl in Indien als auch in Europa sorgte 1919 das **Massaker von Amritsar**, in dem mehrere hundert Inder von britischen Soldaten erschossen wurden.

In diesen Jahren avancierte der zuvor in Südafrika wirkende Rechtsanwalt Mohandas K. Gandhi (1869–1948) als „Mahatma" („große Seele") zum politischen Anführer und zur moralischen Institution des Nationalkongresses, der sich mittlerweile nicht mehr als Bewegung, sondern als politische Partei begriff. Im Zuge der **Khilafat-Bewegung** – also der indisch-muslimischen Proteste gegen die Abschaffung des Kalifats (vgl. S. 139) – organisierte Gandhi ab 1920 eine Boykottbewegung, der aber letztlich mit dem Ende des Kalifats 1924 der Wind aus den Segeln genommen wurde. Ebenso spektakulär war sein **Salzmarsch** 1930, mit dem er durch das Aufsammeln von Salz am Strand des Indischen Ozeans bewußt die britischen Steuergesetze durchbrach. Im Mittelpunkt seines politischen Programms standen als Ziel die politische Autonomie Indiens (*swaraj*) und als Mittel zum Zweck der „passive" – also nach Möglichkeit gewaltfreie – Widerstand (*satyagraha*). Politisch unumstritten in der Kongreßbewegung war Gandhi aber nicht; seine Stellung wurde durch eine jüngere Generation um Jawaharlal Nehru (1889–1964) und Subhas Chandra Bose (1897–1945), der später politische Anlehnung an das nationalsozialistische Deutschland suchte, seit Mitte der 1920er Jahre mit teils sozialistischen Programmen in Frage gestellt.

Zur selben Zeit mehrten sich auch innerhalb der britischen Regierung die Stimmen, den Indern zur Vermeidung eines Unabhängigkeitskrieges mit ungewissem Ausgang begrenzte Partizipationsrechte zuzubilligen. Zwei Konferenzen am runden Tisch in London – an der zweiten nahm 1931 auch Gandhi teil – blieben aber für beide Seiten unbefriedigend. Der Ausbruch des Zweiten Weltkrieges beendete die Phase der moderaten Annäherung; vor allem Premierminister Winston Churchill gab sich unnachgiebig. Erst die Regierungsübernahme Clement Attlees 1945 führte zu schnellen Entscheidungen. Von britischer Seite rasch durchgesetzt vollzog sich schließlich bis 1947 der *transfer of power*, vor allem vorangetrieben vom letzten Vizekönig Lord Mountbatten, ehe Pakistan am 14. und Indien am 15. August 1947 in die Unabhängigkeit entlassen wurden.

Dekolonisation und staatliche Unabhängigkeit

Mit der Unabhängigkeit ging die **Teilung Indiens** in einen islamischen Staat und in die **Dominion Indien** einher, deren erster Ministerpräsident

Jawaharlal Nehru wurde. Vor allem Jinnah, der die **Zwei-Nationen-Theorie** angeblich grundverschiedener hinduistischer und muslimischer Nationen vertrat, arbeitete spätestens seit 1940 auf die Schaffung eines separaten muslimischen Staates unter dem Kunstnamen **Pakistan** (**P**anjab, der nordöstliche Teil von **A**fghanistan, **K**aschm**i**r, **S**ind und Balutschi**stan**) hin. Die von Mountbatten vor der Unabhängigkeitserklärung veranlaßte, aber erst danach bekanntgewordene Grenzziehung sorgte für Flüchtlingsströme und Massaker zwischen den beiden Religionsgruppen. Pakistan bestand letztlich aus zwei Teilen, dem eigentlichen Kernland am Indus und aus dem mehrheitlich muslimischen Ostbengalen am Gangesdelta, dem späteren Bangladesh. Indien und Pakistan blieben Mitglied des Commonwealth. Das geschickte Agieren des letzten Vizekönigs Mountbatten bewirkte eine rasche Integration der immer noch souveränen **Fürstenstaaten** in die Indische Union, was gleichzeitig aber den Konflikt um Kaschmir auslöste. Der Streit um die Zugehörigkeit Kaschmirs und die Teilung der britisch-indischen Staatskasse kostete letztlich Gandhi das Leben, der am 30. Januar 1948 von einem jungen Brahmanen erschossen wurde, weil er sich bis zuletzt für einen Ausgleich zwischen Indien und dem von ihm ursprünglich nicht gewollten Pakistan eingesetzt hatte.

Die Jahrzehnte seit der Erlangung der Unabhängigkeit der Indischen Union waren zunächst von einer Dominanz des Kongresses als staatstragender Partei bestimmt, dem sowohl Nehru als Ministerpräsident als auch sein Nachfolger Lal Bahadur Shastri (1904–1966) und Nehrus Tochter Indira Gandhi (1917–1984) angehörten. 1950 wurde nach mehrjähriger Diskussion die Verfassung der Indischen Union als parlamentarische und föderale Republik im Commonwealth – mit der Betonung einer starken Zentralgewalt – verabschiedet. Nehru setzte bis zu seinem Tod 1964 ein Modernisierungsprogramm durch, zu dem eine Reform des traditionellen, teilweise religiös bestimmten Rechts ebenso gehörte wie ein Umbau der Wirtschaft, der auf starre Planungsvorgaben (Fünfjahrespläne nach dem Vorbild der Sowjetunion) und eine staatliche Förderung der Schwerindustrie setzte. Zwischen 1954 und 1960 fand zudem eine Neugliederung der kolonialen indischen Provinzen nach sprachlich-kulturellen Kriterien statt.

Unter Indira Gandhi geriet Indien seit 1966 in immer schwierigeres Fahrwasser. Dürrekatastrophen Ende der 1960er und die Ölkrise Anfang der 1970er Jahre bedrohten die innenpolitische Stabilität und schwächten die Wirtschaft. Um nicht durch einen gegen sie wegen Verstoßes gegen das Wahlgesetz angestrengten Prozeß zu Fall zu kommen, ließ die Ministerpräsidentin 1975 den Notstand ausrufen, der ihrer Regierung nahezu unumschränkte Vollmachten einbrachte. Eine Verbesserung der wirtschaftlichen Lage in dieser Zeit konnte von Indira Gandhi aber nicht in einen Wahlerfolg umgemünzt werden. So geriet die Kongreßpartei 1977 nach der Aufhebung des Notstandes in die Opposition, während die Regierung von der heterogenen Janata-Partei unter dem Ministerpräsidenten Morarji Desai (1896–1995) gestellt wurde. 1980 gewann Indira Gandhi mit nur geringer Unterstützung durch die Kongreß-Partei überraschend erneut die Wahlen zum indischen Bundesparlament und blieb bis zu ihrem Tod Ministerpräsidentin, gefolgt von ihrem Sohn Rajiv Gandhi (1944–1991).

Die 1980er und 1990er Jahre führten zu einer wachsenden innenpolitischen Zersplitterung; während die Kongreßpartei längst nicht mehr eine allumfassende Integrationswirkung ausüben konnte, stiegen andere Parteien an den politischen Rändern auf, und die politisch und religiös motivierte Gewalt nahm zu. Im Panjab führten Konflikte zwischen Sikhs und Hindus zur Erstürmung des Goldenen Tempels von Amritsar – dem bedeutendsten Heiligtum der Sikhs – durch indische Regierungstruppen, was sich mit der Ermordung Indira Gandhis durch ihre Sikh-Leibwächter 1984 rächte. 1991 fiel ebenso ihr Nachfolger Rajiv Gandhi einem Anschlag vermutlich aus dem Bereich der tamilischen Separatistenbewegung Sri Lankas zum Opfer, da er sich seit einem Abkommen mit Sri Lanka 1987 für die Entwaffnung der tamilischen Rebellen auf der Insel eingesetzt hatte.

Die Radikalisierung des politischen Lebens führte seit Ende der 1980er Jahre zum Aufstieg der betont hinduistischen **Bharatiya Janata Party** (BJP). Deren Wahlerfolge brachten auch eine Verschärfung der latenten Spannungen zwischen Hindus und Muslimen mit sich, die sich 1992 in der Zerstörung einer Moschee in Ayodhya – wo vormals ein Hindutempel auf der angeblichen Geburtsstätte des sagenumwobenen Königs Rama gestanden haben soll – entluden. Bei den Parlamentswahlen 1996 wurde die BJP erstmals größte Partei im Bundesparlament. Der neue BJP-Premierminister Atal Bihari Vajpayee (geb. 1926), der eine Kongreß-Minderheitsregierung unter Narasimha Rao ablöste, trat allerdings in Ermangelung von Koalitionspartnern schon nach wenigen Tagen zurück und ebnete so den Weg für eine 13-Parteien-Koalition der „Nationalen Front“ unter H. B. Deve Gowda von der Janata-Partei. Seit 1998 ist Vajpayee erneut Ministerpräsident der Indischen Union.

Trotz aller politischen, religiösen und ökonomischen Probleme blieb die Indische Union eine parlamentarische Demokratie mit politischer

Repräsentation weiter Bevölkerungsgruppen. In **Pakistan** bildete sich hingegen schon früh eine starke Präsidialgewalt heraus, die sich auf das mächtige pakistanische Militär stützte. 1958 riß General Ayub Khan (1907–1974) in dem ersten einer Reihe von Staatsstreichen die Macht an sich. Nach einem demokratischen Zwischenspiel kam es 1977 unter Muhamad Zia ul-Haq (1924–1988) zu einem weiteren Militärputsch. Sein Unfalltod eröffnete den Weg zu demokratischen Wahlen. Nach den zivilen Ministerpräsidenten Benazir Bhutto (geb. 1954) und Nawaz Sharif (geb. 1949) putschte sich mit Pervez Musharraf (geb. 1943) 1999 erneut ein General an die Macht.

An der umstrittenen Position von **Kaschmir** entzündeten sich zwei Kriege zwischen Indien und Pakistan. So hatte sich der hinduistische Herrscher dieses Territoriums, der über eine muslimische Bevölkerungsmehrheit gebot, nach der indischen Unabhängigkeit der Indischen Union angeschlossen, was Pakistan nicht anerkannte. Der erste seit 1947 geführte Krieg endete mit einem Teilrückzug Indiens aus Kaschmir und mit der Etablierung einer Waffenstillstandslinie als de facto Grenze zwischen beiden Staaten zwei Jahre später. Ein erneuter Versuch Pakistans, ganz Kaschmir zu erobern, scheiterte 1965 durch militärische Erfolge Indiens. Sechs Jahre später engagierte sich Indien militärisch im Unabhängigkeitskampf um Ostbengalen. Unter dem Schatten der nuklearen Bedrohung – 1974 wurde in Indien der erste Atomsprengkopf gezündet – hat sich seit dieser Zeit eine zeitweise durch Kampfhandlungen und Terroranschläge unterbrochene fragile militärische Ruhe zwischen beiden Staaten durchgesetzt.

Ein zentrales Problem für Pakistan bildeten die grundverschiedenen Kulturen und Sozialstrukturen im westlichen und im bevölkerungsstärkeren östlichen Landesteil. Während Urdu als offizielle Staatssprache galt, die aber nur im Westen verbreitet ist, stellt Bengali die Volkssprache im Gangesdelta dar. Diese Heterogenität bewirkte, daß sich Jinnahs Muslim-Liga nicht als integrationsstiftende nationale Partei etablieren konnte. Schon in den 1950er Jahren kämpften Studenten aus Ostpakistan um die Anerkennung der eigenen Sprache als Staatssprache. Nach dem indisch-pakistanischen Krieg von 1965 verschärften sich die Auseinandersetzungen, und nach den ersten allgemeinen Parlamentswahlen in Pakistan, aus der die ostpakistanische Awami-Liga als stärkste Partei hervorging, wurde in Ostpakistan 1971 mit militärischer Unterstützung Indiens der souveräne Staat **Bangladesh** ausgerufen.

Im Schlepptau der indischen Souveränität erhielt am 4. Februar 1948 auch **Sri Lanka** von den Briten die Unabhängigkeit und wurde mit dem

Dominionstatus versehen, ohne daß eine mit Indien vergleichbare Unabhängigkeitsbewegung vorausgegangen war; denn die indigene politische Macht stützte sich hier auf eine sehr dünne einheimische Elite („Honoratiorenpolitik"). Die Politik im unabhängigen Sri Lanka wurde im wesentlichen von der *United National Party* unter Stephen Senanayake (1884–1952) und Dudley Senanayake (1911–1973) und John Kotelawala (1897–1980) und seit 1956 auch von der *Sri Lanka Freedom Party* unter Solomon Bandaranaike (1899–1959) und Sirimavo Bandaranaike (1916–2000) geprägt. Ebenso wie im Indien der Nachkriegszeit bildeten sich also auch in Sri Lanka demokratisch legitimierte Regierungsdynastien heraus. 1970 legte die Insel den kolonialen Namen Ceylon ab und wurde offiziell in Sri Lanka umbenannt. Im darauffolgenden Jahr wurden der Dominionstatus aufgegeben und das Präsidialsystem eingeführt.

Wachsende Schwierigkeiten bereiten der Insel die ethnischen Probleme zwischen den Singhalesen und den seit dem 13. Jahrhundert nach Jaffna sowie den nochmals im 19. Jahrhundert als Wanderarbeiter ins zentrale Hochland eingewanderten **Tamilen**. Ein markantes Bevölkerungswachstum sorgte bereits in der ersten Hälfte des 20. Jahrhunderts für einen relativen und absoluten Anstieg des tamilischen Bevölkerungsteils, der seit der Unabhängigkeit in zunehmendem Maße die Anerkennung des Tamilischen als gleichberechtigte Staatssprache einfordert und sich seit den 1970er Jahren in teils militanten separatistischen Strömungen äußert.

Die Staaten Südasiens haben im vergangenen halben Jahrhundert eine deutliche Modernisierung erlebt, sich den demokratischen Traditionen des Westens geöffnet, gleichzeitig aber wesentliche traditionelle Lenkungsprinzipien beibehalten, die ihnen eine eigene Identität verleiht, aber gleichzeitig auch immer wieder Konflikte heraufbeschwört.

Weiterführende Literatur

Epochendiskussion: R. Thapar, H. Mukhia und B. Chandra, Communalism and the Writing of Indian History, Delhi [8]1999. *Aryanische Kultur in Südasien:* A. Parpola, The Coming of the Aryans to Iran and India and the Cultural and Ethnic Identity of the Dāsas, in: Studia Orientalia, 64 (1988), S. 195–302; G. Erdosy (Hg.), The Indo-Aryans of Ancient South Asia. Language, Material Culture and Ethnicity, Berlin-New York 1995. *Indien:* R. Thapar, P. Spear, Indien. Von den Anfängen bis zum Kolonialismus, Zürich 1966; D. Rothermund, Indische Geschichte in Grundzügen, Darmstadt [3]1989; ders. (Hg.), Indien. Kultur, Geschichte, Politik, Wirtschaft, Umwelt. Ein Handbuch, München 1995; ders., Geschichte Indiens. Vom Mittelalter bis zur Gegenwart, München 2002; A. T. Embree und F. Wilhelm, Indien. Geschichte des Subkontinents von der Induskultur bis zum Beginn der englischen Herrschaft, (Fischer Weltgeschichte, Bd. 17), Frankfurt am Main 1990; S. Förster, Die mächtigen Diener der East India Company. Ursachen und Hintergründe der britischen Expansionspolitik in Südasien, 1793–1819, Stuttgart 1992; S. Wolpert, A New History of India, New York-Oxford [5]1997; H. Kulke und D. Rothermund, Geschichte Indiens. Von der Induskultur bis heute, München [2]1998; A. L. Basham, The Wonder that was India. A Survey of the History and Culture of the Indian Sub-Continent before the Coming of the Muslims, 2 Bde., New Delhi [37]2001; M. Witzel, Das alte Indien, München 2003. *Pakistan:* I. Talbot, Pakistan. A Modern History, London 1988; S. S. Harrison, P. H. Kreisberg und D. Lux, India and Pakistan. The First Fifty Years, Cambridge 1999. *Bhutan:* M. Aris, The Raven Crown. The Origins of Buddhist Monarchy in Bhutan, London 1994. *Sri Lanka:* K. M. De Silva, A History of Sri Lanka, London-Berkeley-Los Angeles 1981; D. Hellmann-Rajanayagam, The Tamil Tigers. Armed Struggle for Identity, Stuttgart 1994; S. Arasaratnam, Ceylon and the Dutch, 1600–1800. External Influences and Internal Change in Early Modern Sri Lanka, London 1996.

IV.4. Ostasien

Raum und historische Epochen

Während die geographisch-historische Einheit Südasiens durch die Barriere des Himalaja im Norden relativ eindeutig vorgegeben ist, lassen sich für Ostasien nur schwer klare Grenzen festlegen. Zu tiefgehend war der kulturelle und politische Einfluß Chinas auf seine Nachbarn in Südost- oder Zentralasien, während sich im Nordosten seit dem 17. Jahrhundert immer wieder chinesische oder japanische mit europäisch-russischen Interessen überschnitten. Als eindeutige Kernregion Ostasiens ergeben sich die heutigen Staaten der Volksrepublik China, Taiwan, Japan und Korea. Auch wenn sich gleichfalls das nördliche Vietnam mit seinen spezifisch chinesischen Herrschafts- und Verwaltungsstrukturen dieser Region zurechnen ließe, soll es auf Grund der engen kulturellen und politischen Verflechtungen mit den südostasiatischen Staaten im anschließenden Kapitel zur Geschichte Südostasiens behandelt werden.

Ebenso problematisch ist es, für die Geschichte Ostasiens ein einheitliches Epochengerüst zu entwickeln. Während wir für China – das „Reich der Mitte" – bereits seit dem zweiten vorchristlichen Jahrtausend eine einigermaßen gesicherte Quellenüberlieferung besitzen, treten Korea erst im 4. Jahrhundert v. Chr. und Japan erst um die Zeitenwende mit staatsähnlichen Strukturen als historische Einheiten auf. Zudem gab es nur wenige epochale Brüche, die die gesamte Region in gleicher Weise betrafen wie die Expansion der Mongolen im 13. Jahrhundert oder die Herausbildung des modernen Nationalismus im 19. Jahrhundert

Die traditionelle chinesische Historiographie, die oft im Dienste der kaiserlichen Macht stand, stützt ihr Epochengerüst in erster Linie auf die Abfolge der einzelnen Dynastien. Danach erlangten in Anlehnung an das altchinesische „Buch der Wandlungen" (*I-ching*) helden- oder tugendhafte Herrscher durch herausragende persönliche Fähigkeiten die chinesische Kaiserwürde. Zunächst führten diese und ihre Nachfolger ein „gutes Regiment" in Verwaltung und Heer. Im Laufe der Zeit machten sich oft Korruption und Nepotismus breit. Im Ergebnis zeigten sich Aufstände in der Provinz oder Rebellionen am Hofe als Zeichen des inneren Zerfalls einer Dynastie und ihres bevorstehenden Endes, die anschließend von einer neuen Herrscherfamilie abgelöst werde. Die jüngere Forschung hält dieses traditionelle Epochenmuster für kaum mehr anwendbar und ebenso wenig auf das übrige Ostasien zu verallgemeinern (Zöllner 2002). So waren in China immer wieder längere Zeiträume von der gleichzeitigen Herrschaft mehrerer Dynastien geprägt, während andererseits in Japan seit den frühesten Staatsbildungsprozessen überhaupt kein dynastischer Wechsel stattfand.

Gegenwärtig konkurrieren in der historischen Forschung mehrere Epochenmodelle zur Geschichte Ostasiens miteinander, die alle eine gewisse Legitimität besitzen. Im Rahmen dieses Buches bietet sich als Epochenstruktur an, zunächst die **Entstehung des klassischen China** bis zum 3. Jahrhundert n. Chr. zu untersuchen, worauf als nächster kohärenter Zeitraum eine Phase des **Partikularismus und des Aufstiegs der Tang-Dynastie in China** sowie der **frühen Staatsbildungsprozesse in Japan und Korea** (3.–10. Jahrhundert) folgt. Die anschließende Zeit seit dem 11. Jahrhundert war in den einzelnen Teilregionen von unterschiedlichen Entwicklungen geprägt. Während in China die Zentralgewalt erneut zerfiel, kämpften in Japan mit wechselndem Erfolg hochrangige Familienverbände mit dem Kaisertum um die Macht, und Korea wurde erstmals im Rahmen eines Territorialstaates geeint. Diese von **staatlichem Zerfall und Zentralherrschaft** in gleicher Weise geprägte

Phase endete mit der **Mongolen-Herrschaft** im 13. Jahrhundert. Mit einer **Restauration der indigenen gesamtstaatlichen Macht** (14.–18. Jahrhundert) nach dem Ende der mongolischen Hegemonie konsolidierten sich in China mit der Ming-Dynastie, in Korea mit der Choson-Dynastie und in Japan mit dem Ashikaga-Shogunat wieder machtvolle indigene Eliten. Seit dem 19. Jahrhundert vollzog sich in Ostasien eine allmähliche – teils von außen aufgezwungene, teils autochthon initiierte – **Integration in das westliche Weltsystem** mit all ihren Facetten wie Modernisierung, Imperialismus, Nationalismus, Teilnahme an den beiden Weltkriegen und dem anschließenden Kalten Krieg.

Die Entstehung des klassischen China

Das chinesische Altertum läßt sich bis ins 12. Jahrhundert v. Chr. hinein historisch nur schwer erschließen, da in der chinesischen offiziellen Historiographie seit dem 2. Jahrhundert v. Chr. eine Rückprojektion des Kaisertums in eine ferne Vergangenheit mit legendären „Urkaisern" durchgeführt wurde, um dem imperialen Herrschaftsanspruch der chinesischen Kaiser durch die Schaffung von Tradition eine zusätzliche Legitimität zu verleihen. Ob die in diesem Kontext überlieferten Dynastien tatsächlich existierten, ist anhand der schriftlichen Quellen kaum mehr zu klären. Allein der archäologische Befund läßt hier manchen Rückschluß zu. Ebenso schwer ist es, einen Ursprung dessen zu finden, was das „Chinesische" an sich ausmacht. Die chinesische Kultur setzt sich aus unterschiedlichen regionalen Kultur- und Sprachformen zusammen und legitimiert sich in der historischen Zeit vor allem aus der Abgrenzung zu den „barbarischen", nomadischen Steppenvölkern, nimmt als Hauptcharakteristikum für sich also Seßhaftigkeit und die damit verbundene intensive Landwirtschaft an. Ein mehr oder weniger kulturell einheitliches chinesisches Kerngebiet entstand in der Zeit der Han-Dynastie und dehnte sich in den darauffolgenden Jahrhunderten mit der Integration Südchinas immer weiter aus.

Im Übergangsbereich zwischen Legendenbildung und historisch-archäologischer Rekonstruktion liegen die drei Dynastien der Xia, Shang und Zhou, wobei sich gerade bei der ersten Dynastie kaum mehr zwischen legendenhafter Überlieferung und Realität trennen läßt. Die **Xia-Dynastie** wird nach der traditionellen, sicherlich ungesicherten Überlieferung auf die Zeit zwischen etwa 2200 und 1750 v. Chr. datiert. Ihr Machtzentrum lag möglicherweise im Tal des Huanghe. Die bedeutendste archäologische Fundstätte aus dieser Zeit stellt der Grabungsplatz von Erlitou in der heutigen Provinz Henan dar, wo palastähnliche Gebäudekomplexe und Gräber aus der Zeit zwischen 1900 und 1550 v. Chr. entdeckt wurden, die eventuell mit den Xia in Verbindung stehen (Erlitou-Kultur).

Die **Shang-Dynastie**, die erste historisch und archäologisch gesicherte Dynastie des alten China, wird entsprechend der traditionellen chinesischen, heute umstrittenen, Chronologie zwischen 1766 und 1122 v. Chr. datiert. Ihre Herrschaft erreichte auf der Basis der Schriftkenntnis einen großes Maß an Staatlichkeit und Zentralität. Durch die Anlage von Städten und Binnenkolonisation auf dem Lande dehnte sich das Reich der Shang von seinem Zentrum am Huanghe schließlich bis zum Fluß Wei im Westen und bis in die heutige Provinz Shanxi im Norden aus. Der Staat wurde in zeitlicher Folge von mehreren politischen Zentren aus beherrscht, von denen in der Frühphase Zhengzhou und seit dem 13. Jahrhundert v. Chr. Anyang eine herausragende Rolle einnahmen. Der archäologische Befund dieser beiden Plätze deutet auf einen hohen Grad an Urbanisierung bereits in der Anfangszeit der Dynastie und gleichzeitig auf hochentwickelte Sozialstrukturen hin.

Die Ablösung der Shang fand vermutlich in der Mitte des 11. Jahrhunderts v. Chr. – also etwas später, als es die traditionelle Chronologie vermuten läßt – in einem allmählichen Prozeß durch die **Zhou-Dynastie** unter ihren legendären ersten Herrschern Wen und Wu statt. Vermutlich waren die Zhou zunächst Vasallen der Shang gewesen. Die neun Jahrhunderte währende Herrschaft dieser Dynastie wird nach ihrem jeweiligen geographischen Schwerpunkt in eine Phase der **Westlichen Zhou** (bis 771 v. Chr.) und in die Periode der **Östlichen Zhou** (771–221 v. Chr.) gegliedert. In der Frühzeit der Dynastie mußten zunächst Aufstände im Kerngebiet der Shang niedergeschlagen werden, wobei anschließend oftmals die Vertreter der besiegten Eliten als Provinzgouverneure in den Herrschaftskontext integriert wurden. Im Laufe der Zeit dehnte sich ihre Macht über weite Teile des nördlichen China aus.

Mit einer Schwächung der Zentralgewalt gegen Ende des 9. Jahrhunderts v. Chr. setzten Abfalltendenzen in der Provinz ein, und einige Gebiete wurden allmählich souverän. Dieser Desintegrationsprozeß wurde in der ersten Hälfte des 8. Jahrhunderts v. Chr. durch wachsende Auseinandersetzungen mit nichtchinesischen Steppenvölkern im Westen des Reiches beschleunigt. 771 v. Chr. zwang der militärische Druck nichtchinesischer Steppenvölker die Zhou zur Verlegung ihres politischen Zentrums weiter ostwärts in die Stadt Luoyang am Huanghe.

Diese geographische Verlagerung des Machtmittelpunktes leitete die Periode der Östlichen Zhou ein, die sich nach einer Übergangsphase von einem halben Jahrhundert wiederum in die Frühlings- und Herbstperiode (*Ch'un-ch'iu*) und in die Phase der kämpfenden Staaten gliedern läßt. Die **Frühlings- und Herbstperiode** (722–481 v. Chr.), deren Bezeichnung sich von den zeitgenössischen „Frühlings- und Herbstannalen" (*Chunqiujing*) ableitet, ist durch den Zerfall des Zhou-Reiches geprägt, an dessen Ende um die 170 souveräne Staaten standen, während die Zhou selbst schließlich nur noch über ein kleines Territorium um Luoyang geboten. Diese Kleinstaaten schlossen sich zu Bündnissen unter der Leitung von sogenannten Hegemonen (*bazhe*) zusammen, wobei der Anspruch der Zhou auf das Königtum in dieser Zeit noch unangefochten blieb.

Die Epoche der Zhou-Dynastie wurde mit der **Phase der kämpfenden Staaten** (403–221 v. Chr.) beendet. Wenn auch zuvor schon militärische Auseinandersetzungen an der Tagesordnung standen, entwickelte sich der Krieg nun mit dem Aufkommen stehender Heere und hauptberuflicher Heerführer zu einem konstitutiven, institutionalisierten Element der Politik. Von zentraler Bedeutung für diese Phase ist die Tatsache, daß die Regionalherrscher nun in zunehmendem Maße das Königtum der Zhou in Frage stellten und sich immer öfter selbst als damit konkurrierende Könige titulierten.

Unter den kämpfenden Staaten dieser Epoche entwickelte das seit dem 5. Jahrhundert v. Chr. expandierende Territorium der **Qin** am Fluß Wei die größte Dynamik. Der Qin-Staat führte unter dem Politiker Li Si (ca. 280–208 v. Chr.) eine Modernisierung des Steuersystems durch, welches anstelle der traditionellen Arbeitsleistungen nun auf Geldabgaben ruhte, und verstärkte die direkte, zentral gesteuerte Administration in der Provinz, indem das Land in Verwaltungsdistrikte (*xian*) eingeteilt wurde. Um die Eliten der vom expandierenden Staat unterworfenen Territorien besser zu kontrollieren, wurden diese größtenteils gezwungen, ihren neuen Wohnsitz in der Hauptstadt Xianyang zu nehmen, während deren Festungen und Waffen konfisziert und zerstört wurden. Im Nordwesten entstand eine Grenzwallanlage zum Schutze vor den zentralasiatischen Hsiung-nu als Vorläufer der Großen Mauer. Zur nominellen Artikulation ihres imperialen Herrschaftsanspruches titulierte sich der Qin-Herrscher Ying Cheng seit 221 v. Chr. als *Qin Shi Huangi*, (r. 238/221–210 v. Chr.) als Erster Kaiser der Qin. Das damit begründete chinesische **Kaisertum** mit Universalitätsanspruch erhielt sich bis zum Beginn des 20. Jahrhunderts.

Der starke Steuer- und Abgabendruck führte unter Qin Shi Huangdi und seinen Nachfolgern zu zahlreichen bäuerlichen Aufständen. Nach der Ermordung des dritten Kaisers fiel die Macht 206 v. Chr. an den Aufständischen Liu Bang. Dieser postum Gaozu (r. 206–195 v. Chr.) genannte Herrscher gilt als Begründer der **Han-Dynastie** (206 v. Chr.–9 n. Chr.). Unter der expansiven Han-Dynastie avancierte das spätere Staatsgebiet Chinas erstmals zu einem einheitlichen Kultur- und Wirtschaftsraum, der allerdings von außen her immer wieder durch die zentralasiatischen Hsiung-nu bedroht wurde (vgl. S. 255). Während Gaozu im Zentrum des Reiches um die neue Hauptstadt Chang'an die zentrale Herrschaft seiner Vorgänger fortsetzte, billigte er in der Peripherie vor allem im Osten und Süden seines wachsenden Einflußbereiches den lokalen Eliten eine große Machtstellung zu. Unter Gaozu scheint sich erstmals auch die konfuzianische Ethik im Verwaltungsleben etabliert zu haben, wonach Verwaltungsbeamte vor allem auf Grund von Tugenden und persönlichem Verdienst und nicht allein nach Herkunft oder guten Kontakten in den Dienst genommen und befördert werden sollten (vgl. S. 80). Diese neue Rekrutierungspraxis ermöglichte auf lange Sicht im Verwaltungsbereich eine bemerkenswerte soziale Mobilität und Professionalisierung.

Unter dem Kaiser Wudi (r. 141–87 v. Chr.) erlangte die Han-Dynastie ihre Blütezeit. So wurden das Territorium durch die Eroberung des bis in den Norden Vietnams reichenden Nanyue-Reiches (111 v. Chr.) und des nördlichen Korea (108 v. Chr.) erweitert, durch einen Ausbau der Wallanlagen an der Nordgrenze gesichert und Reformen in der Landwirtschaft durchgeführt. Der Konfuzianismus erlebte durch die Gründung einer kaiserlichen Akademie zur standardisierten Ausbildung des Verwaltungsnachwuchses 124 v. Chr. eine Institutionalisierung. Wudi stellte als erster Kaiser seine Regierungszeit unter **Herrscherdevisen**, wie auch viele seiner Nachfolger unter ihrer Devise und nicht unter ihrem Geburtsnamen bekannt werden sollten. Im 1. Jahrhundert v. Chr. zerfiel die Macht der Han rasch. Während mehrere aufeinanderfolgende schwache Kaiser den direkten Einfluß auf die Höflinge verloren, konnten gleichzeitig die Eliten in der Provinz ihren politischen Einfluß und Landbesitz steigern und entzogen sich zunehmend der zentralen Besteuerung.

Im Jahre 9 n. Chr. usurpierte Wang Mang (25 v. Chr.–23 n. Chr.), ein entfernter Verwandter der Han, den Thron und verkündete die Begründung der **Xin-Dynastie** („Neue Dynastie"), deren einziger Vertreter er allerdings bleiben sollte. Der rasche Zusammenbruch der Xin-Herrschaft resultierte zum großen Teil aus Wang Mangs Wirtschaftsreformen, die zu heftigen Bauernunruhen der „Roten Augenbrauen" führten. Schließlich wurde Wang Mang von Aufständischen hingerichtet, wobei allerdings die alten Han-Eliten eigentliche Nutznießer seines Sturzes waren. So erlangte schließlich Liu Xiu, der vermutlich kaiserlichem Han-Geblüt entstammte, unter der Devise Guang Wudi (r. 25–57 n. Chr.) den Thron. Er gilt als Begründer der **späteren** oder **Östlichen Han-Dynastie**.

Guang Wudi erwählte das weiter östlich gelegene Luoyang anstelle von Chang'an als Hauptstadt, wovon sich auch die Bezeichnung der durch ihn begründeten Dynastie ableitet. Deren erste Machthaber griffen die Herrschafts- und Verwaltungsprinzipien der frühen Han auf. Während die Hsiung-nu weiterhin eine permanente Bedrohung darstellten, wurden die nomadischen, nordöstlich Chinas siedelnden Xianbi tri-

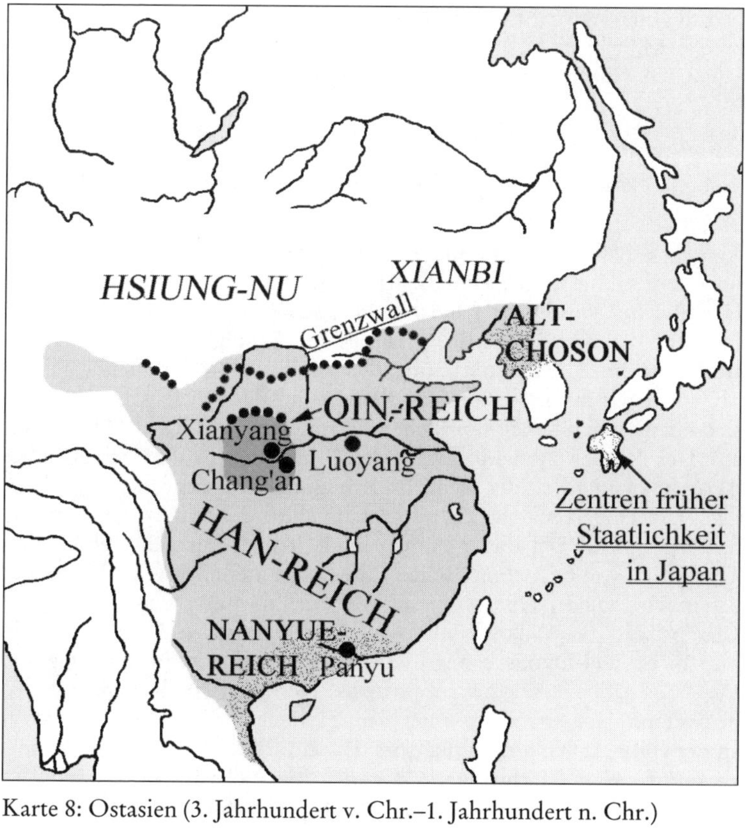

Karte 8: Ostasien (3. Jahrhundert v. Chr.–1. Jahrhundert n. Chr.)

butpflichtig gemacht, wobei deren Siedlungsgebiet fortan als Pufferregion zu den zentralasiatischen Steppenvölkern jenseits der Grenzen diente.

In der ersten Hälfte des 2. Jahrhunderts n. Chr. kam es auf Grund der Minderjährigkeit mehrerer Herrscher zu Sukzessionsproblemen und zu einer erneuten Schwächung der kaiserlichen Macht. Die führenden Eliten am Hof spalteten sich in verschiedene miteinander konkurrierende Parteien auf und öffneten so den Weg für einen wachsenden Einfluß der **Eunuchen**. Die Eunuchen hatten ihren Dienst ursprünglich in den Frauengemächern am Hofe versehen, übernahmen im Laufe der Zeit aber auch bedeutende politische und militärische Ämter. Derartige Entwicklungen begünstigten den Niedergang der Östlichen Han-Dynastie, der sich unter dem Kaiser Lingdi beschleunigte. Nach seinem Tod blieben die Han zunächst nominell weiter an der Spitze des Reiches, während die Macht de facto unter drei Generäle der Han aufgeteilt wurde. Um 220 n. Chr. dankte schließlich auch der letzte Han-Kaiser ab.

Partikularismus und der Aufstieg der Tang-Dynastie in China – Frühe Staatsbildungsprozesse in Japan und Korea

Zwischen 220 und 589 konnte sich bis auf eine kurze Ausnahme keine über ganz China herrschende Dynastie etablieren. Nach dem Zerfall des Han-Reiches wurde das Land nur kurzzeitig, seit etwa 280, durch die Dynastie der **Westlichen Jin** wieder geeint. Es folgte ab 316 eine Phase starker territorialer Zersplitterung, die durch Einfälle der Hsiung-nu um 310 sowie durch andere Steppenvölker begünstigt wurde. China spaltete sich auf Dauer in einen nördlichen und in einen südlichen Machtblock auf. Der Norden zerfiel in zahlreiche Königtümer, woher sich auch die Bezeichnung der **Zeit der sechzehn Königreiche** für das 4. und beginnende 5. Jahrhundert ableitet. Signifikant für diese Periode ist die Tatsache, daß der größte Teil dieser zum chinesischen Kulturraum gehörenden Territorien von nichtchinesischen Eliten, darunter auch von Hsiung-nu, beherrscht wurde. Um 440 erfuhr Nordchina unter den Toba, einer Gruppe aus der Völkerfamilie der nichtchinesischen Xianbi, die die **Nördliche Wei-Dynastie** begründeten, wieder eine staatliche Einigung. Die Toba gaben sukzessive ihre tribalen Herrschaftstraditionen auf und orientierten sich vor allem unter dem Herrscher Xiaowen (r. 471–499) an der chinesischen Verwaltungspraxis – ein frühes Beispiel für die Sinisierung fremder Machteliten. 534 zerfiel der Norden jedoch wieder in zwei miteinander konkurrierende Reiche. Der Süden blieb seit dem

4. Jahrhundert territorial weitgehend unversehrt, auch wenn sich hier sechs oft kurzlebige Dynastien einander ablösten.

Nach 577 gelang es den **Nördlichen Zhou** – einer der beiden Dynastien Nordchinas –, ganz China bis in den Süden hinein zu erobern. Aus einem internen Machtkampf ging schließlich der Regent der nördlichen Zhou, Yang Jian, posthum Wendi (r. 581–604) genannt, als neuer Kaiser und Begründer der kurzlebigen **Sui-Dynastie** hervor. Die Konzentration der militärischen Kräfte auf mehrere Korea-Feldzüge unter dem Sui-Kaiser Yangdi (r. 604–618) bewirkte aber schon bald Unruhen im eigenen Land, die jener unterschätzte, bis er einem Mordanschlag zum Opfer fiel.

Karte 9: Ostasien (7. und 8. Jahrhundert)

Das kaiserliche Erbe fiel schließlich an den Heerführer Li Yuan (Gaozu) (r. 618–626) als neuem Herrscher und Begründer der dauerhaften **Tang-Dynastie** (618–907). Die Tang-Herrscher setzten die bewährten Institutionen der Vorgänger fort, verbesserten darüber hinaus das hochentwickelte Bildungswesen zur Rekrutierung der Verwaltungseliten. Ebenso erfuhr die chinesische Wirtschaft verstärkt Integration in den großen maritimen Wirtschaftsraum um den Indischen Ozean und seine Randmeere (vgl. S. 55). Gaozus Nachfolger Taizong (r. 626–649) zählt in der historischen Überlieferung auf Grund seiner konfuzianischen Lebensideale, aber auch seiner militärischen Erfolge zu den bedeutendsten Herrschern Chinas. So gelang es ihm um 630, das Osttürkische Reich zu zerschlagen (vgl. S. 259). Nach seinem Tod errangen die Tang 657 einen herausragenden Sieg auch über die westlichen Turkvölker, die zu Vasallen des Reiches der Mitte herabfielen. Das chinesische Reich erstreckte sich in dieser Zeit bis an die Grenzen Persiens.

683 fiel die Macht staatsstreichartig an die kaiserliche Witwe Wu, die sich 690 zur Begründerin einer weiteren **Zhou-Dynastie** erklärte. 695 rebellierten die Kitan in der Mandschurei, die seit dem beginnenden 7. Jahrhundert Vasallen Chinas waren, und drangen mit ihren Heeren weit nach Nordchina vor. Zur gleichen Zeit nutzten auch die Tibeter und die Turkvölker die Chance, die chinesische Macht einzudämmen. Mit einer geschickten Diplomatie und Heiratspolitik gelang es aber der Kaiserin, diese Gefahren schließlich abzuwenden. 705 wurde Wu dennoch zum Rücktritt gezwungen, nachdem sich die Staatskasse durch zahlreiche Feldzüge und ambitiöse Bauvorhaben immer stärker geleert hatte.

Nach dem Sturz der Kaiserin Wu erfolgte 705 die Restauration der Tang-Dynastie; doch erst mit Xuangzong (r. 712–756) kam wieder ein innovationsfreudiger Kaiser an die Macht. Wichtige Reformen galten der Wirtschaft (Regulierung der Getreidepreise) und dem Militär. Die traditionellen Befehlshaber ersetzte der Kaiser durch gut ausgebildete Berufssoldaten, was die Verteidigung besonders der unsicheren Nordwestgrenze deutlich professionalisierte. Die Zurückdrängung der alten Militäreliten führte allerdings zu wachsendem Widerstand unter dem Adel. Die Spannungen entluden sich in einem von An Lushan geführten Aufstand. Jener entstammte einem nichtchinesischen Geschlecht, hatte als Kommandant chinesischer Grenztruppen Karriere gemacht und allmählich den Zugang zum Hof gefunden. Er führte seit 755 eine Rebellion gegen den Kaiser an, der das Land in einen mehrjährigen Bürgerkrieg stürzte. Obwohl An Lushan bereits 757 hingerichtet wurde, konnte der kaiserliche Tang-Erbe Daizong (r. 762–779) erst einige Jahre später die Macht zurückerobern. Der Bürgerkrieg führte zur Entvölkerung weiter Landstriche und beeinträchtigte auf lange Zeit das ökonomische Leben. In der Peripherie des Reiches verlor die Tang-Dynastie dauerhaft an Macht, wobei der Nordosten des Landes de facto unabhängig wurde. In den 860er Jahren griff zudem der benachbarte, in der heutigen Provinz Yunnan gelegene Staat **Nanzhau** das chinesisch besetzte nördliche Vietnam an und konnte nur mit einer äußersten Erschöpfung der eigenen Mittel wieder zurückgeschlagen werden. Es folgten 875 Aufstände im chinesischen Kerngebiet zwischen den Flüssen Huanghe und dem Huai, welches zu dieser Zeit unter Dürreperioden und einer extremen steuerlichen Belastung der Landwirtschaft litt. Das Ende der Dynastie kam 907, als ein ehemaliger Leutnant die kurzlebige **Liang-Dynastie** mit einem Schwerpunkt in Nordchina gründete.

Etwa im 4. Jahrhundert v. Chr. entwickelten sich auch in **Korea** mit dem Gemeinwesen von **Alt-Choson** erste staatsähnliche Strukturen, ehe der Norden der Halbinsel schließlich im ausgehenden 2. Jahrhundert v. Chr. von China erobert wurde. Seit dem 3. Jahrhundert n. Chr. kam es infolge des Zerfalls der chinesischen Han-Dynastie allerdings zu Emanzipationsbestrebungen der indigenen Fürsten Koreas. Die neu entstehenden Staaten unterlagen einem markanten Sinisierungsprozeß, der nicht nur Daoismus und Buddhismus, sondern auch chinesische Schrift und vor allem im Bereich von Silla (s. u.) chinesische Herrschafts- und Verwaltungsstrukturen vermittelte.

Seit dem Beginn des 4. Jahrhunderts etablierte sich **Koguryo** – seit 427 mit Pjöngjang als Hauptstadt – als Vormacht im nördlichen Teil der Koreanischen Halbinsel und in großen Teilen der Mandschurei. Die führende Rolle im südlichen Teil übernahm zwischen dem 4. und der Mitte des 7. Jahrhunderts das Reich von **Paekche**. An der koreanischen Ostküste gründete sich ebenfalls seit dem 4. Jahrhundert der Staat **Silla** als nominell chinesischer Tributärstaat, der aber nur indirekter chinesischer Herrschaft unterworfen war. Im 6. Jahrhundert setzte eine Expansion Sillas ein, wobei dieser Staat unter der Kim-Dynastie allmählich wachsenden Einfluß über seine Nachbarn geltend machte und 660 mit Hilfe chinesischer Truppen Paekche sowie acht Jahre später Koguryo eroberte.

Während sich die chinesische und ansatzweise auch die koreanische Geschichte des ersten nachchristlichen Jahrtausends gut erschließen lassen, existieren für die frühe Geschichte **Japans** kaum schriftliche Quellen. Es läßt sich immerhin recht vage rekonstruieren, daß um die Zeitenwende erste Fürstentümer auf der Insel Kyushu entstanden, und für das Jahr 57 n. Chr. ist eine japanische Gesandtschaft nach China bezeugt. In der Folgezeit verlagerte sich der politische Mittelpunkt auf die Hauptinsel Honshu. Hier etablierte sich seit dem 4. Jahrhundert mit **Yamato** das erste historisch faßbare Reich mit einem imperialen Machtanspruch. Jenes führte schon früh eine expansive Außenpolitik durch. So eroberte Yamato 369 n. Chr. mit dem Gebiet Mimana einen Brückenkopf auf der Koreanischen Halbinsel, den es bis in die Mitte des 6. Jahrhunderts hielt. Über Korea drangen in dieser Zeit vermutlich auch wichtige politisch-kulturelle Einflüsse aus dem Reich der Mitte nach Japan vor, die in der Folgezeit zur partiellen Sinisierung Japans und zur Verbreitung des Buddhismus führten.

Unter der dominierenden Sippe der **Soga** bildete sich im beginnenden 7. Jahrhundert ein **japanisches Kaisertum** heraus, das sich bewußt gegen die universalistischen Ansprüche des chinesischen Kaisertums wandte. So titulierte sich 607 die Herrscherin Suiko (r. 592–628) erstmals in einem Schreiben an den chinesischen Kaiserhof selbst als Kaiser(in) (*tianzi*). Die Kaiserwürde erhielt spätestens seit dem Herrscher Tenmu (r. 672–686) unter der Bezeichnung **Tenno** („himmlischer Herrscher") eine sakrale Aura. Unter dem Einfluß von Konfuzianismus und Buddhismus wurde zur selben Zeit eine feste Hofhierarchie etabliert.

Als Regent seiner Tante Suiko gewann Prinz Shotoko Taishi (574–622) maßgeblichen Einfluß auf die Regierung, und er trieb den Staatsbildungsprozeß deutlich voran. Seine Politik legte den Grundstein für eine umfassende Staatsreform im Jahre 645, die sogenannte *Taika*-Reform. Alles Land ging nominell in den Besitz des Kaisers über, de facto behielten die Adelsfamilien aber weiterhin die Kontrolle über ihre Territorien in der Provinz. 701 folgte mit dem *Taiho*-Codex das erste Gesetzbuch für Japan. Das neue Gesetzeswerk regelte auch das Abgabensystem und sah dabei vor allem Steuerfreiheit für Grundbesitz von Regierungsmitgliedern und geistlichen Besitz vor. Das führte mit dem Anwachsen des Klerus in der Folgezeit zu einer gesteigerten steuerlichen Belastung der übrigen bäuerlichen Bevölkerung, wie wir es später für das 12. und 13. Jahrhundert auch im Zuge der Erweiterung klösterlich-buddhistischen Besitzes in Pagan beobachten können (vgl. S. 226). *Taika*-Reform und *Taiho*-Codex bildeten die Grundsteine für den Aufbau eines zentralisierten Staatswesens in Japan, nach der zeitgenössischen Selbstbezeichnung **Nippon** genannt. Mit dieser Zentralisierung korrespondiert auch die Tatsache, daß 710 erstmals mit der Stadt Nara auf der Ise-Halbinsel dauerhaft eine Hauptstadt entstand, die namengebend für die darauffolgende Nara-Periode wurde.

In der **Nara-Periode** (710–794) herrschten zunächst mehrere Kaiserinnen nacheinander, die sich als Förderinnen des Buddhismus erwiesen. Erst nach einer Gegenreaktion der Verwaltungseliten gegen den Buddhismus kam mit Kammu (r. 781–806) ein männlicher Herrscher an die Macht, unter dem die Hauptstadt in Richtung Norden verlegt wurde, um den Hof dem Einfluß der in Nara entstandenen bedeutenden Klöster entziehen. 794 avancierte schließlich Heiankyo im Gebiet des heutigen Kyoto zur Hauptstadt, wobei das neue Zentrum nach dem Vorbild des chinesischen Chang'an planmäßig und gitterförmig angelegt wurde. Die nach der Hauptstadt benannte **Heian-Periode** (794–1185) zeichnete sich vor allem unter ihrem ersten Kaiser Kammu durch eine vom Hof subventionierte Migration japanischer Siedler in neu in das Reich integrierte Gebiete östlich und nördlich des Kerngebietes aus.

Zwischen staatlichem Zerfall und Zentralherrschaft – Mongolen-Herrschaft

Auf die Tang-Dynastie folgte in **China** eine Zeit der territorialen Zersplitterung, wobei die Verwaltung der einzelnen neu entstehenden Staaten weiterhin auf den bewährten politischen und bürokratischen Institutionen der Tang ruhte. Seit 907 wurde der äußerste Nordosten des Landes vom nichtchinesischen Stamm der Kitan beherrscht, der die **Kitan Liao-Dynastie** (vgl. S. 260) begründete. Im restlichen Norden wechselten insgesamt fünf Dynastien einander ab, während der Süden in insgesamt zehn Königreiche zerfiel. 960 begründete schließlich der Heerführer Chau Kuangyin unter der Bezeichnung Taizu (r. 960–976) die **(Nördliche) Song-Dynastie**. Nachdem jener den Norden abgesehen vom Reich der Kitan Liao unter seine Kontrolle gebracht hatte, eroberte er auch weite Teile Südchinas, so daß schließlich ganz China bis auf wenige Ausnahmen unter seiner Herrschaft stand. Unter seinem Sohn Taizong (r. 976–997) gelang zudem ein Ausgleich mit den Kitan im Norden.

Im Norden ergab sich mit dem Machtverfall der Kitan im beginnenden 12. Jahrhundert eine neue Situation. 1115 fielen die Jurchen, ein semi-nomadischer Stamm aus der östlichen Mandschurei, von den Kitan ab, gründeten unter ihrem Herrscher Aguda die **Jin-Dynastie** und unterwarfen in den folgenden Jahren das gesamte zuvor von den Kitan beherrschte Territorium in Nordchina. Die chinesischen Song-Herrscher sahen ihre Chance gekommen, ihrerseits in den äußersten Norden Chinas zu expandieren und griffen in diese Auseinandersetzung auf seiten der Jin ein. 1125 wurde Tianzou, der Herrscher der Kitan Liao, von den

Jin zum Rücktritt gezwungen. Die siegreichen Jin machten nun allerdings nicht an der südlichen Grenze des eroberten Kitan Liao-Gebietes Halt, sondern besetzten in der Folgezeit große Teile Nordchinas, eroberten 1127 die Song-Hauptstadt Kaifeng und brachten den Song-Herrscher vorübergehend in ihre Gefangenschaft. Die Song wurden nach Süden verdrängt, so daß China nach dieser Invasion wieder einmal geteilt war, in einen nördlichen Jin-Machtblock und in ein südliches Song-China. Ein Friedensvertrag, der die nunmehrigen **Südlichen Song** nominell zu Vasallen des Nordens machte, besiegelte 1141 diese neue Regelung.

Das Jin-Reich erstreckte sich in dieser Zeit über Nordchina, die Mandschurei und die Innere Mongolei. Ähnlich wie bei den Kitan verbanden sich hier tribale, zentralasiatische Herrschaftsstrukturen mit der chinesischen Verwaltungsbürokratie. Der Grad der Sinisierung der Eliten hing von der persönlichen Herkunft des jeweiligen Herrschers ab und war uneinheitlich. Die Hauptstadt wurde zeitweise in Yanjing, dem heutigen Beijing (Peking), errichtet. Bereits im ausgehenden 12. Jahrhundert geriet der Jin-Staat in schwieriges Fahrwasser, als sich das Bett des Gelben Flusses wieder einmal nach Süden verlagerte und den Norden mit einer Dürrekatastrophe zurückließ. Hinzu kamen seit 1211 Angriffe der **Mongolen** unter Dschingis Khan und seinen Nachfolgern.

Unter Dschingis Khan (1167–1227) und seinem Sohn Ögödei (r. 1229–1241) setzte von der heutigen Mongolei aus zu Beginn des 13. Jahrhunderts eine rasche Expansion der Mongolen in Richtung Südosten und Westen ein (vgl. S. 264f.). 1215 eroberte Dschingis Khan Yanjing. Unter seinem Sohn fiel schließlich Korea in ihre Hände. Letztlich wurde der gesamte Staat der Jin-Dynastie 1234 das Opfer eines Bündnisses der Südlichen Song mit den Mongolen. Schließlich herrschte Khubilai (Khan) (r. 1260–1294) als Begründer der **Yuan-Dynastie** über das mongolisch besetzte Nordchina. Unter seiner Ägide setzten Angriffe gegen die südlichen Song ein, ehe 1279 die Song-Macht im Süden von den Mongolen gänzlich zerschlagen wurde.

Das Zeitalter der mongolischen Herrschaft in China wird oft als Periode des Niedergangs der klassischen Han-Zivilisation, des ökonomischen Stillstands und des Despotismus begriffen. So verzeichnete China in dieser Zeit vor allem im Norden einen deutlichen Bevölkerungsrückgang um bis zu 40 %. Auf der anderen Seite erfuhr das Land unter den Mongolen erstmals seit langer Zeit wieder eine staatliche Einigung ebenso wie eine partielle ökonomisch-kulturelle Integration in das riesige mongolische Reich. Eine herausragende, aber dennoch nicht immer ganz zuverlässige europäische Quelle über das Land und die mongolische Herrschaft dieser Zeit stellt der Reisebericht von Marco Polo (1254–1324) dar, der sich zwischen 1271 und 1295 in Asien aufhielt.

Nach Khubilais Tod kam es zu häufigen Herrscherwechseln und zu Sukzessionskrisen unter den mongolischen Machthabern, die den mongolischen Einfluß im Lande schwächten. Sinisierte Herrscher wechselten mit solchen ab, die die tribal geprägten Herrschaftstraditionen der aus den Steppen Zentralasiens stammenden Mongolen förderten, so daß sich keine rechte Kontinuität herausbilden konnte. Als sich die Mongolen unter ihrem letzten Herrscher in China, Toghon Temür (r. 1333–1368), verstärkt dem Landesausbau widmeten, war es im Grunde schon zu spät. Seit den 1340er Jahren brachen überall in der Provinz lokale Rebellionen gegen die Mongolen-Herrschaft aus, bis den Mongolen letztlich nur noch ein kleines Gebiet im unmittelbaren Umfeld der Hauptstadt verblieb. Schließlich kam es auch am Hofe selbst zu Unruhen, die 1368 Toghon Temür zwangen, in die Mandschurei zu fliehen, was gleichzeitig das Ende der Yuan-Dynastie und damit der mongolischen Vorherrschaft über China bedeutete.

In **Korea** kam es seit dem 8. Jahrhundert zu einer Erosion der zentralen Herrschaft Sillas. Die wachsende Macht des Landadels und Bauernaufstände schwächten die Herrschaft derart, daß annektierte Gebiete wieder abfielen und sich für souverän erklärten. So wurde 900 der zuvor besetzte Staat von **Paekche** wiederbegründet, ebenso im darauffolgenden Jahr das ehemalige **Koguryo**. Nördlich der Koreanischen Halbinsel hatte sich schon seit dem ausgehenden 7. Jahrhundert, nach dem Zerfall des Türkischen Reiches (vgl. S. 259), der Staat von **Parhae** zu einer führenden Macht entwickelt, die auf Kosten Sillas in Richtung Korea expandierte. Parhae wurde 926 jedoch durch die mandschurischen Kitan (vgl. S. 260) zerschlagen. Schon ein Jahrzehnt später kam erneut Dynamik in die politische Landschaft Koreas, als Koguryo (unter der neuen Bezeichnung **Koryo**) unter dem Herrscher Wang Kon (T'aejo) (r. 918–943) im Jahre 935 den Herrscher von Silla zur Abdankung zwang und ein Jahr später ebenfalls Paekche einnahm. Damit fiel Koryo die gesamte Koreanische Halbinsel in die Hände. Korea wurde seit 1231 immer wieder von den Feldzügen der Mongolen heimgesucht, woraufhin sich der Koryo-Hof auf die Insel Kanghwa ins Exil begab. 1270 folgte die endgültige Unterwerfung durch die Mongolen.

Für **Japan** bedeutete die prämongolische Zeit zunächst seit dem 9. Jahrhundert eine Machtintensivierung hochrangiger Familienverbände, seit dem 11. Jahrhundert aber wieder eine partielle Restauration der kaiserlichen Macht sowie schließlich in ersten Ansätzen die Herausbildung des Shogunats. So stieg im 9. Jahrhundert der Einfluß des **Fujiwara**-Clans deutlich an, vor allem seit Fujiwara Yoshifusa 858 Regent des minderjährigen Kaisers Seiwa (r. 858–867) geworden war. In der Folgezeit verblieb dieses Regentenamt bei dessen Nachkommen. Der Verwaltungsapparat der Fujiwara und anderer bedeutender Familien in der Provinz avancierte in der Folgezeit zum Träger zentralstaatlicher Aufgaben, was die Errungenschaften der Taika-Reform und des Taiho-Codex', insbesondere das zentrale Verwaltungssystem, allmählich aushöhlte.

Unter dem Kaiser Shirakawa (r. 1072–1086) setzte sich das sogenannte Kloster-Gouvernement (*insei*) durch, wobei der Herrscher oft schon nach wenigen Amtsjahren zurücktrat, sich offiziell ins Kloster begab und einen jungen, unmündigen Thronfolger an seiner Stelle etablierte. Unter dem Schutz der Geistlichkeit hatte der zurückgetretene Kaiser auf der Grundlage informeller Netzwerke weiter die tatsächliche Macht inne, umging damit aber die offiziellen Institutionen, die zum großen Teil in der Hand der Fujiwara lagen. Auf diese Weise konnte beispielsweise Shirakawa noch dreiundvierzig Jahre bis zu seinem Tod 1129 unter drei verschiedenen offiziellen Kaisern als informeller Herrscher weiterregieren. Sein Nachfolger Toba schaffte immerhin sechsundzwanzig Jahre im Kloster. Bis zum Ende des 12. Jahrhunderts wurde Japan weitgehend von den Kloster-Herrschern regiert.

Durch den Rückzug der Herrscher ins Kloster bzw. in ihre Privatresidenz blieb der Griff des Zentrums auf die Provinz trotz aller strategischer Vorteile weiterhin schwach. Provinzfürsten und Warlords kämpften seit 1156 im **Gempei-Krieg** um die Macht, während die kaiserliche Gewalt seit dieser Zeit nur noch nominell Träger der Souveränität war. An der Spitze der Kämpfe standen die beiden Familien Minamoto und Taira, während die Fujiwara endgültig ihre exponierte Stellung einbüßten. Die jahrzehntelange Auseinandersetzung endete 1185 mit einem Sieg der Minamoto.

Nach deren Sieg blieb Kaiser Go-Shirakawa nominell zwar im Amt; Minamoto Yorimoto (r. 1167–1199) avancierte aber zum eigentlichen Machthaber im Lande und zum Begründer des Kamakura-Shogunats mit dem politischen Zentrum im gleichnamigen Ort. Yorimoto stützte dabei seine Macht nicht mehr wie seine Vorgänger auf Zentralverwaltung oder die alten Eliten, sondern er förderte systematisch den Aufstieg einer Kriegerklasse, unter denen die **Samurai** als Ritter eine exponierte

Stellung einnahmen. Durch die Etablierung von Vasallen in der Provinz erlangte Yorimoto im Laufe der Zeit Kontrolle über praktisch die gesamten japanischen Inseln bis in den Norden hinein. Nachdem er seine Position im Nordosten gesichert hatte, begab er sich 1190 an den kaiserlichen Hof, um auch hier seinen Machtanspruch anzumelden. Aber erst zwei Jahre später gelang es ihm unter dem neuen Kaiser Go-Toba, offiziell das kaiserliche Amt des **Shogun**, des obersten Feldherrn Japans, übertragen zu bekommen. Seit dieser Zeit war der Shogun nicht mehr wie zuvor bloßer Ritter oder Heerführer, sondern mit diesem Titel verband sich das oftmals vererbte Amt des Regenten. Unter diesem etablierte sich eine vom Militär dominierte Regierung (*bakufu*). Nach Yorimotos Tod und Auseinandersetzungen unter seinen Söhnen fiel die Regentschaft an die Familie der **Hojo**, die die Regentenherrschaft konsolidierte, ohne allerdings selbst das Amt des Shogun zu beanspruchen.

Eine äußere Bedrohung erwuchs Japan durch die **Mongolen**, die hier allerdings nicht wie in China die Macht an sich reißen konnten. Die Hojo wiesen wiederholt die mongolischen Forderungen nach Unterwerfung Japans zurück. 1274 landete eine mongolisch-koreanische Streitmacht im nördlichen Kyushu. Ohne daß es zu großen Kampfhandlungen kam, zogen sich die Feinde nach wenigen Tagen wieder zurück. Sieben Jahre später folgte ein weiterer Angriff, doch die in der Zwischenzeit an den Küsten Kyushus vorgenommenen Sicherungsmaßnahmen verhinderten auch dieses Mal die Festsetzung chinesisch-mongolischer Truppen. Im August 1281 vernichtete schließlich ein Taifun große Teile der mongolischen Flotte und ließ die sich bereits an Land befindlichen Truppen in die Hände der Japaner fallen. Dennoch erschöpften weitere Verteidigungsmaßnahmen in den folgenden zwei Jahrzehnten die finanzielle Lage der Hojo, was letztlich zu deren Machtverlust beitrug.

Restauration der indigenen gesamtstaatlichen Macht

Eine wachsende Unzufriedenheit in **China** mit der Mongolen-Herrschaft verband sich mit verschiedenen sektiererischen Kultströmungen, die sich in den Rebellenaufständen des „Roten Turban“ manifestierten. Im Kontext dieser Aufstände konnte der aus der Gegend von Fengyang stammende Zhu Yuangzang Karriere machen und ein großes Heer um sich sammeln, mit dessen Unterstützung es ihm gelang, sich 1368 unter der Devise Hongwu (r. 1368–1398) zum neuen Kaiser und zum Begründer der langlebigen **Ming-Dynastie** (1368–1644) auszurufen. Ihm gelang es,

China weitgehend von den noch verbliebenen mongolischen Truppen zu befreien. Zu seinen bedeutendsten innenpolitischen Leistungen zählt die Etablierung eines ausgewogenen Steuersystems, das auf der exakten Erfassung der einzelnen Haushalte im Lande ruhte. Gleichzeitig verstärkte er den disziplinarischen Druck auf die Verwaltung in der Provinz.

Die Ming-Herrschaft festigte sich vor allem unter dem Yongle-Kaiser (r. 1403–1424), der ein zentrales Sekretariat als oberstes Verwaltungsorgan schuf, die Verwaltung weiter effektivierte und schließlich 1421 die Hauptstadt der Dynastie von Nanjing nach Beijing verlegte. Die Verlagerung des politischen Zentrums weiter nordwärts geschah, um die Kontrolle über die Provinzen in der nördlichen Peripherie zu verstärken. Außenpolitisch agierte Yongle offensiv. Er nutzte das Machtvakuum, welches sich in Zentralasien durch den Tod Timurs 1405 ergeben hatte (vgl. S. 269), indem er selbst in diese Richtung ausgriff und im Nordosten mehrere zentralasiatische Völker in den chinesischen Machtbereich integrierte. Der Erfolg eines Vorstoßes weiter in Richtung Mongolei blieb ihm allerdings versagt und führte zu einer enormen Belastung des Staatshaushalts und schließlich zu einer Desintegration des Heeres. Auch eine vorübergehende Okkupation Vietnams scheiterte auf lange Sicht am lokalen Widerstand (vgl. S. 229). Die offensive Außenpolitik äußerte sich gleichzeitig in Yongles ambitiösen Handelsexpeditionen unter dem Admiral Zheng He in Richtung Indien, Arabien und Ostafrika zwischen 1405 und 1433 (vgl. S. 55).

Unter seinen Nachfolgern wich die offensive Außenpolitik einer Defensivstrategie, deren Wurzeln zum großen Teil in einer vernichtenden Niederlage chinesischer Truppen gegen die Stämme der mongolischen Oiraten in der Nähe von Beijing 1449 lagen. In dieser Schlacht wurde Kaiser Zhengtong (r. 1435–1449; 1457–1464) gefangen genommen, was die Ming-Herrschaft überraschend in eine existentielle Krise brachte. Der große Schock der Kaiserentführung machte einmal mehr klar, daß das chinesische nördliche und nordwestliche Grenzgebiet einen potentiellen Gefahrenherd darstellte, was schließlich seit 1474 zum Ausbau der heute noch existierenden **Großen Mauer** führte. Trotz dieser Errungenschaft kam es bis zum Ende des 16. Jahrhunderts immer wieder zu Einfällen der Mongolen ins chinesische Territorium, wie beispielsweise 1550, als mongolische Truppen Beijing belagerten.

Eher periphere Bedeutung für das Reich der Mitte besaßen die **Portugiesen**, die 1514 erstmals China erreichten. Drei Jahre später gelangte mit Tomé Pires ein erster offizieller portugiesischer Botschafter nach

Guangzhou (Kanton) in Südchina. Seit 1550 war es den Portugiesen gestattet, sich unter Abschottung von der chinesischen Gesellschaft im südchinesischen Macao niederzulassen, wo sie bis 1999 verblieben.

Die erste Hälfte des 17. Jahrhunderts brachte den Niedergang der Ming-Dynastie mit sich, dessen Ursachen vielfältig sind. Zum einen ist ein steter Rückzug des Landadels aus der Provinzverwaltung zu beobachten, der trotz der hochentwickelten Rekrutierungsmechanismen für den Verwaltungsnachwuchs eine beträchtliche Lücke hinterließ. Neben wachsenden Auseinandersetzungen zwischen Vertretern des Buddhismus und des Konfuzianismus ist aber vor allem die globale Klimaverschlechterung (Kleine Eiszeit) seit dem ausgehenden 16. Jahrhundert zu nennen, die langfristig zu einer Stagnation der Bevölkerungsentwicklung sowie auch zu ökonomischem Niedergang und Bauernaufständen führte. Diese Entwicklung begünstigte seit Ende der 1620er Jahre Einfälle der Mandschu von Norden her, die letztlich das Ende der Ming-Dynastie bedeuteten.

So hatte sich das Volk der Jurchen in der Mandschurei unter ihrem Fürsten Nurhaci (r. 1559–1626) als Staat etabliert und für dieses neue Gemeinwesen den Eigennamen **Mandschu** angenommen. Trotz chinesischer Gegenwehr gelang es Nurhacis Nachfolger Abahai (1592–1643), seit 1629 die Große Mauer zu überwinden. 1636 proklamierte er sich schon ganz in chinesisch-imperialer Tradition zum Begründer der **Qing-Dynastie**. Auch in Richtung Korea wurden erfolgreiche Feldzüge durchgeführt. 1644 besetzten Mandschu-Truppen schließlich Beijing, während der Rumpf-Hofstaat der Ming in die vorige Hauptstadt Nanjing auswich. Nachdem die Ming auch von hier aus vertrieben worden waren, wandten sie sich in Richtung Süden nach Guangzhou. Der letzte Ming-Herrscher floh schließlich 1662 nach Birma, wo er gefangengenommen und hingerichtet wurde (vgl. S. 236).

Auch bei den Qing ergab sich schon bald die Frage, ob das eroberte China eher nach den tribal bestimmten Herrschaftsprinzipien Zentralasiens oder – zu Lasten der eigenen Eliten im Herkunftsgebiet – sinisiert im Sinne der chinesischen Verwaltungs- und Herrschaftspraxis regiert werden sollte. Der Herrscher Dargon (r. 1612–1650) bemühte sich um einen Kompromiß, indem er sich zwar auf das chinesische System stützte, die führenden Positionen im Zentrum aber fast ausschließlich mit Mandschu-Gefolgsleuten aus dem Norden besetzte. Nach seiner Volljährigkeit zeigte sich sein Nachfolger Shunzi (r. 1644–1661) allerdings offener und verschaffte nicht nur den Eunuchen wieder größere Bedeutung, sondern tolerierte auch einen wachsenden Einfluß des Buddhismus und jesuitischer Missionare am Hof – vor allem vertreten durch den deutschen Missionar Johann Adam Schall von Bell.

Ein grundlegendes Problem ergab sich für die nichtchinesischen Qing bei der territorialen Durchdringung der Provinz. So konnten sie selbst nur wenige erfahrene Verwaltungsbeamte aus ihren eigenen Reihen rekrutieren, die fachlich für einen Führungsposten in der Provinz geeignet waren. Außerdem etablierten sich seit den 1650er Jahren die drei semi-autonomen Herrschaften von Yunnan-Kueichou, Fukien und Kuangtung in Südchina. Diese wurden von chinesischen Fürsten beherrscht, die sich als ehemalige Ming-Gefolgsleute schließlich den Qing zugewandt hatten. Ihnen oblag eigentlich die Vertreibung der letzten

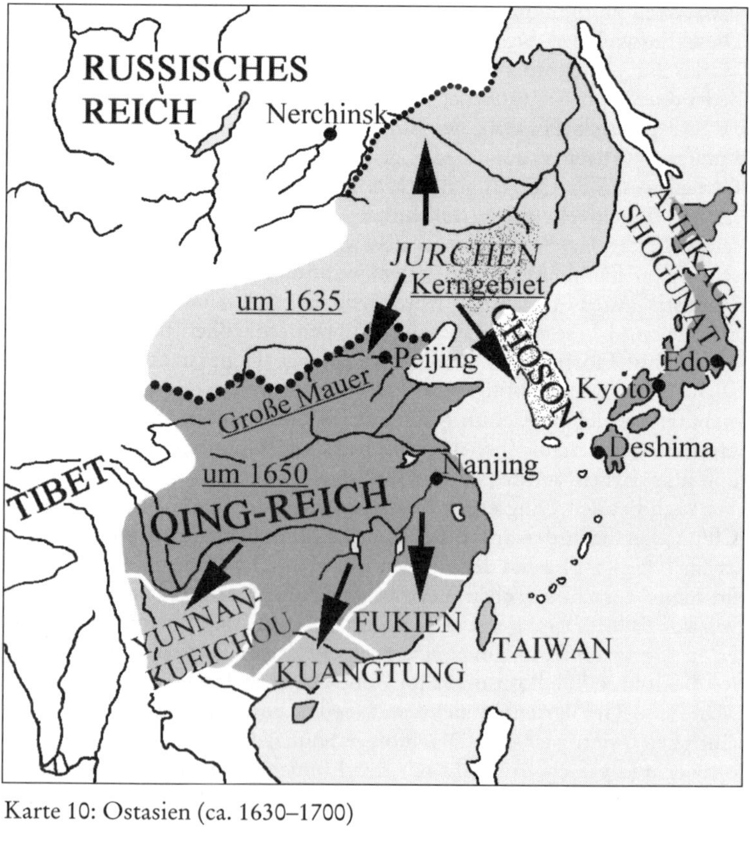

Karte 10: Ostasien (ca. 1630–1700)

Ming-Herrscher, auf deren Kosten sie aber letztlich nur ihre eigene Machtstellung im Süden ausbauten. Der Sturz dieser regionalen Machthaber durch die Mandschu-Herrscher führte zwischen 1673 und 1678 zu bürgerkriegsähnlichen Unruhen, die weite Teile des Landes erfaßten, letztlich aber zugunsten der Mandschu entschieden wurden.

Die Integration des Südens gab dem Herrscher Kangzi (r. 1661–1722) schließlich die Möglichkeit, auch im Nordwesten eine Entscheidung zu suchen. So waren die **Russen** in der Frühen Neuzeit immer weiter in Richtung Sibirien vorgedrungen, ehe sie Mitte des 17. Jahrhunderts an den Amur gelangten und dort einen befestigten Stützpunkt errichteten. Dieser wurde 1685 von Kangzi erobert, der daraufhin aber umgehend eine diplomatische Regelung mit den Russen suchte. Durch Vermittlung jesuitischer Missionare wurde 1689 der **Vertrag von Nerchinsk** unterzeichnet, der eine feste Grenzziehung zwischen China und dem Zarenreich bestimmte. Damit ging das Reich der Mitte erstmals einen Vertrag mit einer als gleichrangig akzeptierten europäischen Macht ein. Während der langen Regierungszeit des Kaisers Qianlong (r. 1736–1795) verdoppelte sich das von den Qing beherrschte Gebiet. Territoriale Expansion fand vor allem in Richtung Tibet statt, welches schon zuvor in einem Tributverhältnis zu China gestanden hatte, nun aber Mitte des 18. Jahrhunderts zu einem Protektorat mit innerer Autonomie avancierte (vgl. S. 276).

Im nominell der chinesischen Lehensherrschaft unterstehenden **Korea** führte der Niedergang der mongolischen Gewalt in der zweiten Hälfte des 14. Jahrhunderts zu Machtkämpfen und politischer Instabilität, so daß sich das alte Koryo nicht restituieren konnte. 1388 usurpierte der Heerführer und Provinzgouverneur Yi Songgye die Macht, setzte zunächst zwei Marionettenkönige ein, um sich 1392 unter dem Namen T'aejo (r. 1392–1398) selbst zum König Koreas krönen zu lassen. Im darauffolgenden Jahr begründete er die **Choson-Dynastie** mit der Hauptstadt in Hanyang, dem heutigen Seoul. Durch eine Landreform brach T'aejo die Macht der Großgrundbesitzer, die oftmals Parteigänger der Mongolen gewesen waren. Unter seinem Nachfolger T'aejong (r. 1400–1418) wurde ebenso die große Macht der buddhistischen Klöster im Lande beseitigt. Auf Grund der Minderjährigkeit und des frühen Todes mehrerer Könige kam es anschließend zu einer Schwächung des Königtums zugunsten der Verwaltungseliten. König Sejo (r. 1455–1468) überwand allerdings diese vorübergehende Schwäche rasch und setzte eine Zentralisierung der Staatsverwaltung durch, die sich nun wieder allein am Hof orientierte. Höhepunkt dieser Entwicklung war die Veröffentlichung des „Großen Kodex'" (*gyonggu̇k daejon*) als Sammlung aller Gesetze des Landes.

Eine politische und ökonomische Abschottung Koreas sorgte im 16. Jahrhundert trotz der inneren Konsolidierung für wachsende Spannungen mit Japan. Im April 1592 griff Japan schließlich das Choson-Reich an. Innerhalb kurzer Zeit eroberten die Japaner Seoul, drangen weiter bis zur Nordgrenze vor und besetzten das ganze Land. Die Koreaner setzten sich in Form eines Untergrundkampfes zur Wehr. Eine endgültige Entscheidung brachte aber erst der Kriegseintritt des koreanischen Lehnsherrn China, der den Japanern ein Ming-Heer entgegenstellte, mit dem diese schließlich besiegt wurden.

In **Japan** wuchs in der Zeit nach dem Ende der Bedrohung durch die Mongolen der Widerstand gegen die Hojo-Herrscher von Kamakura. 1333 eroberte schließlich Kaiser Go-Daigo (r. 1318–1336) Kamakura und brach die Vorherrschaft des Hojo-Clans. Nur wenige Jahre später wurde er aber selbst durch seinen Feldherrn Ashikaga Takauji (1305–1358) aus seiner Residenz in Kyoto vertrieben und mußte in die Berge von Yoshino in Richtung Süden fliehen. Hier etablierte sich unter seinen Nachfolgern der kaiserliche sogenannte „Südhof", während aber auch Kyoto als „Nordhof" unter anderen Angehörigen der kaiserlichen Familie Residenz blieb. Damit war Japan in zwei miteinander konkurrierende Territorien geteilt. 1336 wurde am Nordhof durch Ashikaga Takauji das **Ashikaga-Shogunat** begründet. Erst 1392 führte die militärische Überlegenheit des nördlichen Hofes zu einer Wiedervereinigung des Landes unter der Ashikaga-Familie, aber bei nomineller Beibehaltung des Kaisertums.

Das 15. Jahrhundert begann für Japan mit beträchtlichen bäuerlichen Unruhen (*ikki*), deren Wurzeln in Hungersnöten und Pestepidemien in den 1420er Jahren lagen. 1443 griffen die Unruhen auch auf die Hauptstadt über. Machtkämpfe zwischen mehreren Familienverbänden führten in den 1460er und 70er Jahren zu einer Schwächung des Shogunats, während die Macht der Provinzfürsten hingegen deutlich anstieg. Die obrigkeitliche Ordnungsgewalt ging in dieser Zeit weitgehend vom Zentrum an die Eliten in der Provinz über. Kriege innerhalb dieser Eliten führten zu einem Ausbau befestigter Städte und Burgen sowie zu einer Weiterentwicklung der Belagerungstechnik. Aus diesen Konflikten ging letztlich der Heerführer Toyotomi Hideyoshi (1536–1598) als Sieger hervor, der immer größere Teile Japans unter seine Kontrolle brachte und schließlich Osaka zu seinem Festungssitz ausbaute. Er ließ alle erreichbaren Waffen unter der Bevölkerung konfiszieren, um Rebellionen zu verhindern, so daß allein die Samurai waffentragend blieben. Bis 1590 hatte Hideyoshi nach der Eroberung des südlichen Kyushu, der Kanto-Ebene und der nördlichen Inseln ganz Japan unter seiner Kontrolle.

Nach Hideyoshis Tod gewann Tokugawa Ieyasu (1543–1616), der aus einem weniger bedeutenden Adelsgeschlecht stammte, aber in Hideyoshis Umfeld aufgewachsen war, allmählich die Kontrolle über das ganze Land. 1603 wurde er als Begründer des **Tokugawa-Shogunats** (1615–1868) zum Shogun ernannt – übertrug dieses Amt aber bereits zwei Jahre später seinem Sohn. Ieyasu hielt hingegen die tatsächliche Macht weiter fest in Händen. Die übrigen Clans versuchte er durch disziplinarische Maßnahmen (Kontrolle der Eheschließung, Einschränkung der Errichtung von Festungen), seiner Kontrolle zu unterwerfen. Durch das Prinzip des alternierenden Wohnsitzes, wonach die hohen Adelsfamilien ihre Residenz abwechselnd in der Hauptstadt und in ihrem Heimatgebiet nehmen sollten, wurden diese der Kontrolle des Hofes unterworfen sowie durch die kostspielige doppelte Hofhaltung deren Mittel abgeschöpft, die sonst möglicherweise in die private Rüstung geflossen wären.

Das 17. und beginnende 18. Jahrhundert war für Japan eine Periode des inneren Friedens, des ökonomischen Wohlstands und des architektonischen Ausbaus der Städte, vor allem der kaiserlichen Hauptstadt Kyoto, der Residenz der Shogune Edo (Tokio) und dem Städtekonglomerat von Osaka. Parallel hierzu entwickelte sich eine kulturelle Blüte – die sogenannte Genroku-Ära – mit dem Aufstieg der japanischen Literatur, des Theaters und des urbanen geselligen Lebens. Der Aufbau einer zentralen Administration fand unter dem dritten Shogun Iemitsu (r. 1623–1651) seinen Höhepunkt. Die innere Befriedung führte allerdings zu einer wachsenden Unzufriedenheit unter den Samurai, denen als Kriegerkaste in Friedenszeiten gleichsam das ureigenste Betätigungsfeld fehlte. Deren großangelegter Aufstand gegen das Shogunat scheiterte allerdings 1651. Dieselbe Zeit brachte aber auch unter dem Einfluß des Neo-Konfuzianismus, der die Landwirtschaft gegenüber dem Überseehandel favorisierte, wachsende Ressentiments gegenüber den allmählich nach Ostasien vordringenden Europäern mit sich. Deutlichster Ausdruck sind Christenverfolgungen, aber auch die Beschränkung des niederländischen Handels auf die Insel Deshima in der Bucht von Nagasaki 1641 (vgl. S. 59). Die spätere Phase des Tokugawa-Shogunats, die mit der Herrschaft von Yoshimune (r. 1716–1745) eingeleitet wurde, verzeichnete hingegen wieder eine deutliche intellektuelle Öffnung des Landes gegenüber Europa (vgl. S. 99f.). Während Yoshimunes Regierungszeit wurde die Landwirtschaft vor allem durch die Einführung hochentwickelter Bewässerungstechniken modernisiert, was allerdings eine Vernichtung der Reisernte durch eine Insektenplage 1732 und darauffolgende soziale Unruhen nicht verhindern konnte.

Die Integration in das westliche Weltsystem

Seit dem ausgehenden 18. Jahrhundert mehrten sich die europäischen Versuche, das **China** der Qing-Dynastie politisch und ökonomisch dem Westen gegenüber zu öffnen. Die erste großangelegte britische diplomatische Mission im Jahr 1793 unter Earl George Macartney, die eine Öffnung des Landes für britische Produkte einleiten sollte, scheiterte aber, da Kaiser Qianlong die Errichtung einer britischen Repräsentation in Beijing und eine Öffnung der chinesischen Märkte prinzipiell ablehnte. Auch eine zweite britische diplomatische Mission nach dem Ende der Napoleonischen Kriege unter Lord Amherst führte nicht zum gewünschten Erfolg. In der Folgezeit stieg dennoch die aus chinesischer Sicht illegale britische Einfuhr billigen, indischen Opiums nach China stark an, da dieses im Reich der Mitte außerordentlich begehrt war und den Briten hohe Gewinne bescherte. Der Opiumhandel sorgte für einen steten Silberabfluß aus dem Lande, der die chinesische Handelsbilanz auf Dauer verschlechterte. Das gewaltsame Vorgehen der chinesischen Obrigkeit gegen einheimische und britische Opiumhändler seit 1838 bewog die britische Regierung schließlich zu militärischen Maßnahmen. Der **Opium-Krieg** (1840–1842) endete für die Briten siegreich und führte mit dem ungleichen Vertrag von Nanjing am 29. August 1842 zur Öffnung von fünf Städten für den britischen Handel, zur vollständigen Übertragung der Stadt Xianggang und der Insel Hongkong an die Briten sowie zur Zahlung einer Kriegsentschädigung durch China. In der Folgezeit wurden vergleichbare Verträge auch mit Frankreich und den Vereinigten Staaten abgeschlossen, die ihren Staatsbürgern jeweils Exterritorialität in China zusicherten.

Während sich der Mandschu-Herrscher Daoguang den Briten gegenüber konzilianter zeigte, lehnten die chinesischen Verwaltungseliten im Süden des Landes das Eindringen der Europäer weitgehend ab. Die Beschlagnahme des kleinen britischen Schiffs „Arrow“ durch chinesische Behörden 1856 bot den Briten erneut Anlaß, militärisch gegen China vorzugehen. Mit Unterstützung durch französische Truppen gelangen die Einnahme Kantons und ein Vordringen tief ins Land hinein. Mit diesem Erfolg nötigten die Briten dem Kaiser im Juni 1858 den Vertrag von Tianjing ab, der jenen zehn weitere Häfen öffnete und gleichzeitig den Opiumhandel legalisierte. Es folgten ähnlich weitgehende Verträge wieder mit Frankreich und den Vereinigten Staaten, nun aber auch mit Rußland, dem alle Grenzgebiete nördlich des Amur und östlich des Flusses Wusuli zugesprochen wurden, woraufhin die Russen einen Flottenstützpunkt in Wladiwostok an der Japanischen See errichten konnten. 1860 erreichten die Briten die Abtretung der Hongkong gegenüberliegenden Insel Kowloon. Aber auch Japan bereicherte sich auf Kosten Chinas, indem es 1874 die von China beanspruchten Ryukyu-Inseln besetzte und sie fünf Jahre später in die Präfektur Okinawa umwandelte. 1897 besetzten schließlich auch deutsche Truppen die Stadt Tsingtao. Ein Jahr später folgte ein chinesisch-deutscher Pachtvertrag für Kiautschau auf 99 Jahre.

Der wachsende territoriale Zugriff fremder Mächte und die europäische Politik der ungleichen Verträge in der zweiten Hälfte des 19. Jahrhunderts begünstigte die Herausbildung nationalistischer Strömungen im Lande. Die Mandschu-Herrschaft wurde im 19. Jahrhundert aber nicht allein durch die daraus erwachsenden Konflikte destabilisiert, sondern auch durch eine große Anzahl an bäuerlichen Aufständen zwischen 1850 und 1873, teils mit mystisch-spiritualistischem Hintergrund, teils auch islamisch motiviert. Durch die Aufstellung schlagkräftiger Söldnerheere und mit Unterstützung des Landadels gelang es dem Kaiser Tonghzi (r. 1861–1875), die Aufstände aber niederzuschlagen.

Wachsende Spannungen um die Vorherrschaft über Korea führten 1894–1895 zum chinesisch-japanischem Krieg, der mit einem japanischen Sieg endete. Im **Frieden von Shimonoseki** mußte das Reich der Mitte 1895 Formosa an Japan abtreten. Chinas Niederlage in dieser Auseinandersetzung stimulierte aber immerhin 1898 die Entwicklung eines Reformprogramms unter maßgeblicher Beteiligung des jungen, aber politisch schwachen Kaisers Guangzu (r. 1875–1908) (Schaffung einer Nationalarmee und eines Landwirtschaftsministeriums, Petitionsrecht für alle Untertanen), welches aber von der machtvollen Kaiserin-Witwe Cixi – der Gattin von Guangzus verstorbenem Vater – wieder zu Fall gebracht wurde, die mit den Reformen ihre eigene Machtposition am Hofe bedroht sah.

Eine existentielle Bedrohung erwuchs dem Reich 1899–1900 mit dem **Boxer-Aufstand**. Die nach ihrem rituellen Boxen bezeichneten Aufständischen, deren Ursprungsgebiet unter anderem in der ökonomischen Krisenprovinz Shandong am Gelben Meer lag, begriffen sich als nationaler Widerstand gegen ökonomische Ausbeutung durch Fremde und christliche Mission. Auch Vertreter der kaiserlichen Obrigkeit erwiesen sich teilweise als Boxer-freundlich. Den Höhepunkt erreichte der Aufstand im Jahre 1900, als es zu Unruhen in Beijing und Tianjin kam. Die ausländischen Bewohner Beijings wurden bedroht und konnten sich nur durch die Verschanzung in den diplomatischen Missionen retten. Mit Hilfe eines europäischen Expeditionskorps unter dem Grafen Waldersee wurde der Aufstand schließlich militärisch niedergeschlagen. China mußte in der Folgezeit hohe Kontributionen an die europäischen Mächte zahlen. Zur selben Zeit gelang es Rußland, die Mandschurei einzunehmen. Um die wirtschaftliche und innenpolitische Stabilität im Lande wiederzuerlangen und das Unzufriedenheitspotential in der Bevölkerung einzudämmen, erkannte schließlich auch die Kaiserin-Witwe die Notwendigkeit von Neuerungen. Neben wirtschaftlichen Reformen leitete sie den Übergang des Staates zu einer konstitutionellen Monarchie ein. Die Einrichtung von beratenden Versammlungen sowie ein beschränktes Wahlrecht vergrößerten aber nur die kritischen Stimmen und beschleunigten den Aufstieg neuer Eliten, was letztlich zum Niedergang der Mandschu-Herrschaft beitrug.

Am 10. Oktober 1911 begann unter den Offizieren der chinesischen Armee ein Aufstand, der letztlich zur **Revolution** und zum Sturz der Mandschu-Herrschaft führte. Im Dezember desselben Jahres hatten die Aufständischen bereits große Teile Süd- und Zentralchinas unter ihrer Kontrolle. Jene wurden vielfach von der lokalen, kaiserlichen Provinzadministration und vom Landadel unterstützt. Eine Republik wurde in den eingenommenen Gebieten ausgerufen, und Zun Shongshan (Sun Yatsen) (1866–1925) übernahm das Amt eines interimistischen Staatspräsidenten. Dieser gründete bereits 1912 eine nationalchinesische Partei (**Guomindang**). Der Mandschu-Hof rief zur selben Zeit den einflußreichen Militärkommandanten Yuan Shikai aus dem Norden zu Hilfe. Dieser strebte allerdings selbst nach der höchsten Macht im Staate und ließ sich nach geschickten diplomatischen Verhandlungen von beiden Bürgerkriegsparteien als Premierminister bestätigen.

Die Wurzeln der Revolution von 1911/1912 liegen in einem grundlegenden gesellschaftlichen Wandel begründet, der sich seit dem ausgehenden 19. Jahrhundert hauptsächlich im städtischen und militärischen Umfeld vollzogen hatte. So führte eine wachsende Industrialisierung vor allem in den unter ausländischem Einfluß stehenden Küstenstädten zur Herausbildung eines Arbeiterproletariats. Ebenso bedingte gleichzeitig der Ausbau des Bildungswesens in China die Entstehung einer in wachsendem Maße der traditionellen Herrschaft kritisch gegenüberstehenden Öffentlichkeit. Zudem drang der Nationalismus in militärische Kreise vor, die sich von der kaiserlichen Macht nur noch schlecht vertreten sahen.

Im Februar 1912 zwang Yuan Shikai den letzten Kaiser Xuantong (r. 1909–1912) zur Abdankung. Zwischen 1912 und 1916 regierte jener dann nach Sun Yatsens Rücktritt als gesamtchinesischer Präsident mit quasi diktatorischen Vollmachten. Am 1. Januar 1916 ernannte er sich zum neuen Kaiser, eine nachhaltige Restauration des Kaisertums konnte damit aber auf Grund seines baldigen Todes nicht durchgesetzt werden. Nach Yuan Shikais Tod zerfiel die Regierungsmacht in Beijing rasch zugunsten zahlreicher Kriegsherren in der Provinz, während seit 1919 japanische Truppen in der Mandschurei stationiert waren. 1921 gründete Sun Yatsen schließlich in Guangzhou im Süden eine Guomindang-Gegenregierung zur zerfallenden Zentralmacht im Norden, womit das Land wieder einmal in zwei Machtbereiche geteilt war.

Ein Feldzug der Guomindang-Truppen unter Führung von Sun Yatsens Nachfolger Chiang Kaishek (1887–1975) 1926–1928 brachte die Wiedervereinigung Nord- und Südchinas unter der Führung der Guomindang mit Nanjing als neuer Hauptstadt. Gleichzeitig bemühte sich Chiang Kaishek, den wachsenden Einfluß der Kommunisten einzudämmen. Japan verstärkte seit 1931 massiv seine Truppen in der Mandschurei. 1936 führten militärische Erfolge Japans im Norden des Landes schließlich doch ein Bündnis zwischen der Guomintang und den Kommunisten herbei. Die Kommunisten hatten zuvor in den Jahren 1934–1935 mit dem **Langen Marsch**, der sie von Südostchina nach Yunnan und anschließend in den Norden führte, eine große Anhängerschaft gesammelt. Trotz dieses Bündnisses errangen japanische Truppen bis 1938 im Norden und Osten des Landes bedeutende militärische Erfolge. Im Frühjahr 1944 fanden noch einmal heftige japanische Angriffe statt, die vor allem die Truppen der Nationalisten schwächten.

Das Ende des Zweiten Weltkrieges brachte gleichzeitig das Ende des chinesisch-japanischen Krieges. Nach dem Rückzug der japanischen Truppen aus China zerbrach das Bündnis zwischen Kommunisten und Nationalisten. Es entzündete sich 1946 ein Bürgerkrieg, der mit der Machtübernahme der Kommunisten und der Gründung der **Volksrepublik China** unter dem Staatspräsidenten Mao Zedong am 1. Oktober 1949 endete. Chiang Kaishek floh mit einer großen Zahl seiner Anhänger auf die Insel Taiwan, wo die nationalistische **Republik China** unter Guomindang-Führung und dem Schutz der Vereinigten Staaten weiterhin am Gesamtvertretungsanspruch über ganz China festhielt. Nach einer langen Phase des Kriegsrechtes setzten sich Ende der 1980er Jahre eine allmähliche Demokratisierung und die Etablierung von Oppositionsparteien auf der Insel durch. Die Frage nach der Zugehörigkeit Taiwans zu China – oder umgekehrt – ist aber bis heute längst noch nicht beantwortet, wie gelegentliche militärische Drohgebärden von beiden Seiten immer wieder zeigen.

Die ersten Jahre der jungen Volksrepublik China dienten der innen- und außenpolitischen Konsolidierung. In den 1950er Jahren kam es in diesem Zusammenhang zur Enteignung der Großgrundbesitzer (Kollektivierung) sowie seit 1958 mit dem Übergang vom Sozialismus zum Kommunismus zur Bildung von Volkskommunen. Gleichzeitig wurden in großem Maße die noch auf dem Festland verbliebenen Guomindang-Anhänger politisch verfolgt. Nach außen konsolidierte sich das kommunistische China durch Annexion der Insel Hainan (1950) und Tibets (1951). Mit dem „Großen Sprung nach vorn" als Programm der Industrialisierung Chinas auf dezentrale, kollektivierte Weise scheiterte Mao jedoch. Dieses Modernisierungsprogramm stellte zudem das kommunistische Auslegungsmonopol der Sowjetunion in Frage und führte neben anderen außenpolitischen Faktoren 1959/1960 zum politischen Bruch zwischen der Volksrepublik China und der Sowjetunion. Noch 1959 wurden Mao schließlich als Staatspräsident gestürzt und in der Folgezeit eine Liberalisierung der Wirtschaft durchgesetzt. Die von Mao-Anhängern gegen diesen neuen Kurs seit 1966 eingeleitete **„Kulturrevolution"** führte mit Terrormaßnahmen zwei Jahre später zur Wiedereinsetzung Maos in das Amt des Staatspräsidenten. Mit Unterstützung der „Viererbande", der auch Maos dritte Ehefrau Jiang Qing angehörte, wurde diese „Kulturrevolution" bis zu Maos Tod 1976 fortgeführt. Unter Deng Xiaoping (1904–1997) kam es in der Folgezeit aber allmählich zu einer wirtschaftlichen Reformpolitik, seit 1980 zu Errichtung von Sonderwirtschaftszonen, während die Kommunistische Partei auf politischem Gebiet bis heute an ihrem Führungsanspruch festhält. 1997 fielen das britische Hongkong und zwei Jahre später das portugiesische Macao mit politischen und ökonomischen Sonderrechten zurück an China.

Ebenso wie China wurde auch **Korea** Mitte des 19. Jahrhunderts gewaltsam vom Westen geöffnet. 1846 kam es auf Grund von Christenverfolgungen zu einer ersten diplomatischen Einflußnahme durch Frankreich. Die Lage eskalierte, als zwanzig Jahre später die Besatzung eines auf Grund gelaufenen amerikanischen Schiffes von der einheimischen Bevölkerung getötet wurde. Nach dem Scheitern von Schadenersatzverhandlungen antworteten die Amerikaner 1871 mit einer Strafexpedition, die aber am heftigen koreanischen Widerstand scheiterte. Die Folgezeit verzeichnete denn auch immer stärkere antiwestliche Ressentiments seitens der Choson-Herrschaft. Während die koreanischen Märkte für den japanischen Handel schon 1876 mit dem Vertrag von Kanghwa geöffnet worden waren, schlossen die Amerikaner sowie die führenden europäischen Mächte erst im Laufe der 1880er Jahre einseitige Handelsverträge zu Ungunsten Koreas. Durch die damit erzwungene Öffnung in Richtung Europa gelangte in immer größerem Umfange westliches Knowhow im Bereich der Technik, der Verwaltung und des Militärs auf die Halbinsel.

Auch in Korea bildeten sich in der zweiten Hälfte des 19. Jahrhunderts nationalistische Strömungen heraus. Diese Tendenzen verstärkten sich nach der Ermordung der Königin Min durch japanische Soldaten, nachdem Korea in den chinesisch-japanischen Krieg hineingezogen worden war. Mit dem Vertrag von Shimonoseki (vgl. S. 209) wurde das traditionelle Lehensband zwischen Korea und dem Reich der Mitte gelöst, und Korea erhielt die volle Souveränität, was letztlich aber nur die japanischen Interessen auf der Halbinsel begünstigte. Es folgte eine allmähliche Integration Koreas in den japanischen Staat. So setzte Japan seit 1905 seine Zuständigkeit für die koreanische Außenpolitik durch; zwei Jahre später übernahmen japanische Verwaltungseliten große Teile der koreanischen Staatsverwaltung, das koreanische Heer wurde aufgelöst, und 1910 annektierten japanische Truppen die Koreanische Halbinsel schließlich vollständig.

Korea war bis 1945 von den Japanern besetzt. Zentrales japanisches Ziel war die kulturelle Assimilation der Koreaner gegenüber Japan. Eine Opposition gegen die japanische Herrschaft gründete sich vor allem unter den zahlreichen Emigranten, die Korea seit 1910 in Richtung Mandschurei verlassen hatten, und im chinesischen Shanghai etablierte sich eine koreanische Exilregierung. Unruhen in Korea selbst und die Proklamation eines unabhängigen Staates durch Widerstandsgruppen im Jahre 1919 wurden von den Japanern aber massiv unterdrückt.

Eine für die Zeit nach dem Zweiten Weltkrieg und nach dem Rückzug der Japaner vorgesehene gemeinsame amerikanisch-britisch-sowjetisch-chinesische Regierung des Landes scheiterte am Ausbruch des Kalten Krieges. Am 15. August 1948 wurde von der zurückkehrenden koreanischen Exilregierung im Süden die **Republik Korea** mit der Hauptstadt Seoul unter ihrem ersten Präsidenten Yi Sungman proklamiert. Am 9. September 1948 folgte durch sowjetische und chinesische Initiative die Gründung der **Demokratischen Volksrepublik Korea** unter ihrem Präsidenten Kim Ilsong (1912–1994). Die Grenzlinie bildet bis heute der

38. nördliche Breitengrad. Der nordkoreanische Überfall auf den Süden des Landes leitete am 25. Juni 1950 den **Koreakrieg** ein, der sich letztlich zum Stellvertreterkrieg zwischen den USA und China entwickelte. Der Waffenstillstand von Panmunjon im Jahre 1953 bestätigte den vorherigen Grenzverlauf zwischen beiden Landesteilen.

Nordkorea lehnte sich in der Folgezeit zunächst an die Volksrepublik China, später an die Sowjetunion an und wählte nach deren Zerfall den Weg der nahezu völligen Isolation nach außen. In Südkorea gelangen hingegen eine Modernisierung und Industrialisierung des Landes nach westlichem Vorbild. Zwischen 1961 und 1988 herrschte in Südkorea eine Militärdiktatur, seitdem setzte ein Demokratisierungsprozeß ein. Die Grenzlinie zwischen Nord- und Südkorea stellt heute eines der letzten Relikte des Kalten Krieges dar.

Auch **Japan** wurde allmählich von außen her in die moderne Weltwirtschaft integriert. Die Expedition des Commodore Matthew C. Perry unter amerikanischer Flagge 1853 gilt als Schlüsselereignis bei der endgültigen ökonomischen Öffnung des Landes. Dessen Fahrt steht im Kontext der Expansion der Vereinigten Staaten in Richtung Pazifik und des amerikanischen Ausgreifens nach Ostasien, um einem Machtzuwachs Rußlands in dieser Region zuvorzukommen. Unter dem Eindruck der Ereignisse in China (Opiumkrieg) und der überlegenen amerikanischen Waffen öffnete sich das Land begrenzt für amerikanische Schiffe. So wurden im Vertrag von Kanagawa 1854 die beiden eher unbedeutenden Häfen von Shimode und Hakodate für amerikanische Schiffe geöffnet und den Amerikanern die Etablierung einer diplomatischen Vertretung im Lande gestattet. Bereits vier Jahre später erlangten die USA Zugang zu weiteren Häfen. Ähnliche Verträge folgten mit Rußland, Großbritannien, Frankreich und den Niederlanden. Diese unter erheblichem Druck der Vereinigten Staaten bewirkte Öffnung rief unter den japanischen Eliten heftigen Widerstand gegen das Shogunat hervor.

Ein Konfliktpotential entstand vor allem durch die Konkurrenz des Shogunats mit den beiden mächtigen Familienverbänden der Choshu und Satsuma, die im Westen des Landes über eigene, gut ausgebildete Truppen sowie über die Kontrolle der wichtigsten Außenhandelshäfen verfügten. In diesem Kontext wurde zudem unter den Samurai und einigen Gelehrten ein moderner japanischer Nationalismus formuliert, der sich in erster Linie am Kaiserhof orientierte und sich entsprechend gegen die Macht des Shogunats wandte. Am 3. Januar 1868 nahmen schließlich aufständische Truppen die Residenz des letzten Shogun Keiki (r. 1866–

1868) ein und proklamierten eine „kaiserliche Restauration". Mit diesen Ereignissen endeten die mehr als zweieinhalb Jahrhunderte Herrschaft des Tokugawa-Shogunats.

Schon im April 1868 wurden mit Unterstützung des Kaisers Mutsuhito (postum Meiji) die Grundzüge der sogenannten **Meiji-Restauration** mit einer staatlichen Modernisierung, einer begrenzten politischen Partizipation der Bevölkerung und einer selektiven intellektuellen und ökonomischen Öffnung nach Westen bestimmt. Es entstanden 1871 ein Staatsrat (*dajo-kann*), der aus drei Kammern bestand, sowie sechs Ministerien. Die erste Kabinettsregierung wurde schließlich 1885 eingeführt. Zur Hauptstadt avancierte Edo, die vormalige Residenz der Shogune, die zur Artikulation des Traditionsbruches mit dem Shogunat in **Tokio** („Östliche Hauptstadt") umbenannt wurde.

Es folgte eine Politik der Zentralisierung und Enteignung von Großgrundbesitz, der zunächst die weitläufigen Domänen der Tokugawa zum Opfer fielen. Das ganze Land wurde in fünfundsiebzig (später fünfundvierzig) Präfekturen geteilt, die bis heute die Verwaltungseinheiten Japans bilden. Gleichzeitig wurde der Binnenhandel liberalisiert, was einen deutlichen ökonomischen Aufschwung zur Folge hatte. Daneben schuf man eine starke kaiserliche Militärmacht nach französischem Vorbild mit allgemeiner Wehrpflicht; eine kaiserliche Flotte entstand nach britischem Muster. Parallel hierzu wurde eine Bildungsreform durchgeführt. So entstand 1869 in Tokio eine erste Universität; weitere Universitätsgründungen folgten in Kyoto (1897) und Sapporo (1918). Schulen und Hochschulen avancierten in der Folgezeit zu den Multiplikatoren des neuen japanischen Nationalismus und einer imperialen Staatsideologie.

Erste Versuche einer gewissen politischen Partizipation der Bevölkerung wurden 1879 mit Wahlen zu den Präfektur- und Stadtversammlungen gemacht. Der potentielle Konflikt zwischen konservativen Regierungskreisen und einer sich etablierenden demokratischen Oppositionsbewegung eskalierte 1882 um die Frage nach der Gründung eines nationalem Parlaments und der Abhaltung freier Parlamentswahlen nach britischem Vorbild. Als Kompromiß einigte man sich auf eine kaiserliche Erklärung, wonach bis 1890 eine parlamentarische Verfassung auszuarbeiten sei. Unter dem führenden Politiker Ito Hirobumi (1841–1909) entstanden aber schon vor diesem Stichjahr wesentliche Institutionen einer neuen Verfassung wie beispielsweise ein Oberhaus, dessen Mitglieder sich aber überwiegend aus den alten Eliten rekrutierten. Bereits im Februar 1889 wurden diese Neuerungen im Rahmen der neuen Verfassung offizielles Recht. Die Meiji-Verfassung begründete damit die erste parlamentarische Demokratie mit Zensuswahlrecht und Zweikammernparlament nach europäischem Vorbild auf asiatischem Boden. Höchster Souverän blieb aber immer noch der Kaiser, der ebenfalls den Oberbefehl über Heer und Marine hatte. Die ersten Premierminister unter der neuen Verfassung wurden von den Familien der Choshu und Satsuma gestellt – ein Beleg für die weiterhin bestehende Macht der traditionellen Eliten.

Auf der Grundlage des japanischen Nationalismus und einer ökonomischen Modernisierung entwickelte sich seit den 1890er Jahren eine expansionistische Außenpolitik, dessen erstes Opfer 1905 Korea wurde (vgl. S. 213). Die japanische Expansion auf das ostasiatische Festland, die durch den chinesisch-japanischen Krieg eingeleitet worden war, rief über kurz oder lang Rußland auf den Plan, das in dieser Zeit seinerseits seine Machtstellung am Pazifik auszubauen trachtete. Der **russisch-japanische Krieg** von 1905 endete mit einem japanischen Sieg. Im Friedensvertrag von Portsmouth wurden Japan die Liaodong-Halbinsel mit Lüshun (Port Arthur) und der Südteil der Insel Sachalin zugesprochen.

Zu Beginn des 20. Jahrhunderts besaß Japan eine militärische und ökonomische Führungsrolle in Ostasien. Am Ersten Weltkrieg nahm das Land auf der Seite der Westmächte teil. Den Japanern gelang es, die deutschen Besitzungen und Schutzgebiete in China sowie einige vom Deutschen Reich besetzte Inseln im Pazifik (Karolinen- und Marschallinseln, Nördliche Marianen) auch über den Krieg hinaus in ihren wachsenden Machtbereich zu integrieren. Während eine geplante massive ökonomische und politische Intervention Japans in China durch europäischen und amerikanischen Druck nicht durchsetzbar war, gelang es Japan immerhin, im Zuge der internationalen Intervention gegen die russischen Bolschewisten zwischen 1918 und 1925 einige Gebiete im östlichen Sibirien zu besetzen.

Nach dem Ende des Ersten Weltkrieges etablierten sich erstmals von einer Parlamentsmehrheit gestützte Regierungen in Japan, die allerdings auf Grund der großen Macht des Militärs immer wieder unter Druck gesetzt wurden und entsprechend kurzlebig waren. Die absehbare Konsolidierung Chinas nach der Revolution von 1911 führte darüber hinaus zu einer Radikalisierung politischer Kreise und des Militärs, die eine bedeutendere Rolle Japans in China forderten. Das Resultat bestand schließlich in einer starken japanischen Truppenpräsenz in der Mandschurei (vgl. S. 211). Eine derartige imperiale Politik führte allmählich zu einer Lösung Japans von den Westmächten und zu einer Annäherung an das nationalsozialistische Deutschland. Japan trat 1933 aus dem Völkerbund aus. Gleichzeitig wurde der Einfluß des Militärs auf die Regierung immer stärker, auch wenn ein Militärputsch 1936 letztlich scheiterte. In demselben Jahr schloß Japan mit dem Deutschen Reich und Italien den **Antikomintern-Pakt** ab, welcher sozialistische und kommunistische Strömungen in den Vertragsländern unterbinden helfen sollte. Mit diesem Abkommen war der außenpolitische Frontwechsel Japans endgültig vollzogen.

Seit Sommer 1937 kam es zu militärischen Gefechten zwischen den chinesischen Guomindang-Kräften und japanischen Truppen in China, wobei die Chinesen rasch zurückgeworfen wurden. Das Ziel der japanischen Regierung unter Ministerpräsident Konoe Fumimaro (1891–1945) war die Schaffung einer ost- und südostasiatischen „Wohlstandssphäre", wozu seit 1940 die militärische Eroberung großer Teile Südostasiens diente. Nach der Verhängung eines amerikanischen Ölembargos gegen Japan griffen japanische Flugzeuge am 7. Dezember 1941 die amerikanische Flottenbasis von **Pearl Harbour** auf Hawaii an und traten damit offiziell unter stillschweigender Duldung durch Kaiser Hirohito (r. 1926–1989) in den Zweiten Weltkrieg ein. Seit der verlustreichen Seeschlacht bei den Midway-Inseln im Juni 1942 gegen die US-Flotte wurde die japanische Macht im pazifisch-südostasiatischen Raum wieder zurückgeworfen. Letztlich führte aber erst der Abwurf amerikanischer Atombomben auf die Städte Hiroshima und Nagasaki zur Kapitulation Japans am 14. August 1945.

Japan verlor nach dem Ende des Zweiten Weltkrieges alle seine auswärtigen Besitzungen und wurde von amerikanischen Truppen besetzt. Trotz groß angelegter Kriegsverbrecherprozesse wurde Kaiser Hirohito im Amt belassen. Es folgten nach der Demilitarisierung ein Demokratisierungsprozeß und eine Integration Japans in die westliche politische Weltordnung. In einer neuen Verfassung von 1946 verzichteten die Japaner ausdrücklich auf die Unterhaltung von Streitkräften, und 1952 wurde der Besatzungsstatus auf der Grundlage eines amerikanisch-japanischen Sicherheitsbündnisses wieder aufgegeben. Die Nachkriegszeit war in Japan von einer schnell voranschreitenden Industrialisierung und einer Bodenreform geprägt. 1989 endete mit dem Tod Kaiser Hirohitos und dem Thronantritt von Kaiser Akihito (r. seit 1989) die Nachkriegszeit endgültig.

Weiterführende Literatur

Allgemein: F. E. A. Krause, Geschichte Ostasiens, Göttingen 1925; C. Mackeras (Hg.), Eastern Asia. An Introductory History, French Forest [3]2000; R. Zöllner, Einführung in die Geschichte Ostasiens, München 2002; *China:* J. Oster-hammel, China und die Weltgesellschaft. Vom 18. Jahrhundert bis in unsere Zeit, München 1989; J. K. Fairbank, Geschichte des modernen China 1800-1985, München 1989; J. D. Spence, Chinas Weg in die Moderne, München 1995; H. Schmidt-Glintzer, China. Vielvölkerreich und Einheitsstaat. Von den Anfängen bis heute, München 1997; ders., Das Neue China. Von den Opiumkriegen bis heute, München [2]2001; ders., Das Alte China. Von den Anfängen bis zum 19. Jahrhundert, München [3]2002; R. Goepper (Hg.), Das Alte China. Geschichte und Kultur des Reiches der Mitte, München 1998; M. Dillon (Hg.), China. A Cultural and Histo rical Dictionary, Richmond 1998; J. A. G. Roberts, A History of China, Houndsmills-London 1999; C. Herrmann-Pillath, M. Lackner (Hgg.), Länderbericht China. Politik, Wirtschaft und Gesellschaft im chinesischen Kulturraum, Bonn [2]2000. *Korea:* K. Lee, A New History of Korea, Seoul 1984; S. Lone, G. McCormack, Korea since 1850, Melbourne-New York [2]1994. *Japan:* H. Dettmann, Grundzüge der Geschichte Japans, 1988; I. Kiyoshi, Geschichte Japans, 1993; W. Scott Morton, Japan. Its History and Culture, New York u.a. [3]1994; M. Pohl, H. J. Mayer (Hgg.), Länderbericht Japan. Geographie, Geschichte, Politik, Wirtschaft, Gesellschaft, Kultur, Bonn [2]1998; M. B. Jansen, The Making of Modern Japan, Cambridge-London 2000; M. Pohl, Geschichte Japans, München 2002.

IV.5. Südostasien

Raum und historische Epochen

Südostasien, das verstärkt erst seit dem Vietnam-Krieg als einheitlicher historischer Raum betrachtet wird, ist durch ausgedehnte Flußebenen, Gebirgszüge, undurchdringliche Urwaldgebiete sowie durch zahllose Inseln geprägt. Die Region gliedert sich in ein festländisches Südostasien, das die heutigen Staaten Vietnam, Laos, Kambodscha, Thailand, Myanmar (Birma), einen Teil Malaysias und Singapur umfaßt. Daneben erstreckt sich das insulare Südostasien über Indonesien, Osttimor, die zu Malaysia gehörenden Gebiete Kalimantans, Brunei und die Philippinen. Die Malaiische Halbinsel nimmt sprachgeschichtlich und historisch eine Brückenfunktion zwischen beiden Bereichen ein.

Abgesehen von der kommunal organisierten Herrschaft – wie sie bis zur Ankunft der Europäer vor allem auf den Philippinen verbreitet war – existierten in Südostasien im wesentlichen zwei Staatsformen: 1. der sich auf den Reisanbau stützende **Agrarstaat** und 2. der auf der Kontrolle des Seehandels basierende **Handelsstaat**. Der Agrarstaat erwirtschaftete seine Einkünfte aus den Abgaben der Landwirtschaft. Macht basierte also unmittelbar auf der Verfügungsgewalt über Land und Menschen, wodurch derartige Gemeinwesen oft expansiv ausgerichtet waren. Bedeutende Beispiele sind die an den großen Strömen des festländischen Südostasien gelegenen Reiche von Angkor und Pagan, aber auch Dai Viet im nördlichen Vietnam und die Staaten von Zentraljava. Der Handelsstaat gründete hingegen seine Macht auf die Kontrolle über die Produktionsgebiete überregional begehrter Handelsgüter und über die zentralen Seerouten, allen voran die Straße von Malakka. Hier spielte weniger die räumliche Ausdehnung eine Rolle als vielmehr der Besitz einiger an strategischen Schlüsselstellungen gelegener Handelsplätze. Zu den mächtigsten dieser Handelsstaaten zählten über große Zeiträume das Inselreich von Srivijaya sowie Malakka. Beide Staatstypen nahmen im Laufe der südostasiatischen Geschichte oft erstaunliche Ausmaße an und umfaßten bisweilen zahlreiche Ethnien, so daß Sprache oder Kultur nur selten als integrative Klammer in Frage kamen. Oft gewann statt dessen die Religion zur Herstellung von Integration und zur Stabilisierung der Macht eine herausragende Bedeutung. Dabei lehnten sich die südostasiatischen Herrscher an die sakralen Legitimationsprinzipien Indiens, Chinas oder des islamischen Raumes an.

Die geographisch-historische Komplexität erschwert die Ermittlung eines einheitlichen Epochengerüstes. Mit einer gewissen Unschärfe und regionalen Abweichungen läßt sich die südostasiatische Geschichte grob in vier Epochen gliedern. Charakteristisch für die erste Phase (1.–13. Jahrhundert) ist die **regionale Königsherrschaft**, die im Laufe der Zeit expandieren und zum Mittelpunkt eines Kreises abhängiger Vasallenstaaten avancieren konnte (*mandala*-Staat, s. u.). Am Höhepunkt dieser Entwicklung stand oft ein zentralisierter Flächenstaat. Auf die mongolischen Einfälle folgt als zweite Epoche der **Aufstieg der Thai-Staaten** (14.–15. Jahrhundert). Durch eine Migration der Thai-Völker längs der großen Ströme des festländischen Südostasien südwärts war nämlich das frühe System der Regionalstaaten zerfallen, und das Aufkommen neuer gesellschaftlicher und politischer Eliten führte zum Entstehen anderer Machtzentren mit einem Schwerpunkt im heutigen Thailand. Die dritte Epoche ist durch die **Herausbildung moderner Territorialstaaten** im festländischen Südostasien sowie parallel hierzu durch die **europäische Expansion** (16.–20. Jahrhundert) geprägt. Unter dem Einfluß des Zweiten Weltkrieges kam es schließlich in der vierten Phase mit Ausnahme des schon zuvor unabhängigen Thailand zur **Dekolonisation** und zur Herausbildung der heute existierenden **Nationalstaaten**.

Regionales Königtum

Die frühe Geschichte Südostasiens zwischen der Zeitenwende und etwa dem 9. Jahrhundert ist durch die Intensivierung der Landwirtschaft, überregionalen Handel, eine frühe Urbanisierung und erste Staatsbildungsprozesse mit einer spezifischen Herrschaftslegitimation gekennzeichnet. In dieser Zeit schritt der Staatsbildungsprozeß vor allem im nördlichen **Vietnam** voran. Erste staatsähnliche Zusammenschlüsse entstanden hier mit dem Reich von **Au Lac** um 210 v. Chr., das aber nur wenige Jahre später vom Nordvietnam und Südchina umfassenden Staat von **Nanyue** abgelöst wurde. Im ausgehenden 2. Jahrhundert v. Chr. eroberten wiederum die chinesischen Herrscher der Han-Dynastie Nanyue mit Nordvietnam und machten aus letzterem die chinesische Provinz **Giau Chi**. Schließlich wandelte sich die Provinz in der zweiten Hälfte des 7. Jahrhunderts zum chinesischen Protektorat **An Nam** („befriedeter Süden"). Die Institution des Protektorats stellte eine spezifische Herrschaftsform für die vom Reich der Mitte kontrollierten Außenregionen dar, mit der gleichzeitig versucht wurde, lokale Herrschereliten in die Administration einzubinden. In dieser Protektoratsphase avancierte erstmals die Gegend um das heutige Hanoi zum politischen Zentrum der Region. Trotz gelegentlichen Widerstands lokaler Eliten war das chinesische Herrschaftssystem während der Sui- und Tang-Dynastie erfolgreich und kollabierte erst gegen Ende des 9. Jahrhunderts mit dem politischen Niedergang der Tang und den militärischen Übergriffen von Nanzhau.

Das erste von China unabhängige politische Zentrum in Vietnam etablierte sich um 960 unter dem Heerführer Dinh Bo Linh (r. bis 980) in der südlichen Peripherie des chinesischen Einflußgebietes (Hoa-lu). Vom gebirgigen Grenzsaum aus griffen die frühen unabhängigen Herrscher aber schon bald in die Tiefebene des Hong-Flusses aus. Da eine dauerhafte Kontrolle der ganzen Region allein mit militärischen Mitteln nicht möglich war, stützten sich die neuen, einheimischen Herrscher in dem nun einsetzenden Staatsbildungsprozeß auf buddhistische Mönche, deren Wissen schon bald im diplomatischen Verkehr mit China, bei der

Etablierung einer festen sozialen Hierarchie und bei der Schaffung von Herrschaftslegitimation unentbehrlich wurde.

Um 1009 begründete der von Mönchen ausgebildete Ly Cong Uan (Ly Thai To, r. 1009–1028) nach chinesischem Vorbild die **Ly-Dynastie**, mit der erstmals für mehr als ein Jahrhundert eine kontinuierliche indigene Herrschaft im nördlichen Vietnam, dem nunmehrigen Staat **Dai Viet**, geschaffen wurde. Der neuen Dynastie gelang es, den Buddhismus als obrigkeitlich protegierte Religion zu etablieren, gleichzeitig jedoch lokale Gottheiten in diesen Kult aufzunehmen und damit auch die tribal dominierte Peripherie spirituell und politisch in den Machtkontext zu integrieren. Eine systematische Steuererhebung vergrößerte die obrigkeitlichen Einkünfte und versetzte den Herrscher in die Lage, im Land eine Beamtenbürokratie aufzubauen.

Der Nachfolger Ly Phat Ma (Ly Thai Tong, r. 1028–1054), der in der Historiographie gemeinhin als der bedeutendste Herrscher der Ly-Dynastie begriffen wird, setzte diese Institutionalisierung des Staatswesens fort, die sich unter ihm vor allem auf eine feste Hierarchie des königlichen Hofes und einen jährlichen Eid auf den Herrscher gründete. Zudem führte seine Herrschaft 1042 zur Kodifizierung des Rechts durch das Gesetzbuch *Minh-dao* („klarer Weg"), welches bis auf einige kurze Abschnitte allerdings nicht mehr überliefert ist. Die Herrschaft der frühen Ly-Kaiser war kaum expansiv, sondern konzentrierte sich auf die Schaffung eines inneren institutionellen Rahmens und gleichzeitig auf die diplomatische Anerkennung durch den großen nördlichen Nachbarn China. Dennoch kam es zu einzelnen maritimen Kriegsunternehmungen. So führte Dai Viet 1044 und 1069 Flottenexpeditionen in das südlich gelegene Champa (s. u.) durch, von denen die Schiffe angeblich mit reicher Beute beladen zurückkehrten. Diese Expeditionen lassen sich als prophylaktische Maßnahmen zur Sicherung der vietnamesischen Seehandelsrouten in Richtung Süden begreifen, die von den Herrschern Champas leicht hätten bedroht werden können.

Unter Ly Nhat Ton (r. 1054–1072) setzte hingegen eine militärische Expansion in Richtung Norden ein, die zur Besetzung einer tribal geprägten Pufferregion zwischen Dai Viet und China und damit zu einer direkten Frontstellung zwischen beiden Staaten führte. Die Spannungen verschärften sich unter Ly Can Duc (r. 1072–1127), der einen erfolgreichen Seekrieg gegen das südliche China führte, in dessen Folge um 1080 erstmals eine feste chinesisch-vietnamesische Grenze anerkannt wurde. Die Schaffung einer linearen Grenze stellt in der voreuropäischen asiatischen Geschichte etwas Ungewöhnliches dar; normalerweise dachten die

Herrscher sonst eher in Kategorien von Grenzräumen, etwa Gebirgen, Urwald oder tribalen Rückzugsgebieten.

Ly Can Duc war der letzte Ly-Herrscher mit unumstrittener Machtausübung. Als er 1127 kinderlos starb, fiel die Herrschaft an einen Neffen und dessen Nachfolger, die sich allerdings nicht aus dem bestimmenden Einfluß angeheirateter Familienverbände lösen konnten. Die zentrale königliche Macht verfiel zusehends, und zu Beginn des 13. Jahrhunderts befand sich Dai Viet in einem permanenten Bürgerkrieg.

Aus diesem Konflikt ging um 1225 die **Tran-Dynastie** als neue Elite hervor, die sich auf die bewährte Bürokratie der Vorgänger stützte. Zur Vermeidung von Thronfolgekämpfen wie in der Endphase der Ly-Herrschaft entwickelten die neuen Machthaber ein komplexes System der Erbfolge, wonach die Thronfolger ausschließlich Angehörige aus ihrem eigenen Familienverband heirateten. Die dadurch gewonnene dynastische Stabilität ermöglichte seit Mitte der 1250er Jahre einen erfolgreichen militärischen Widerstand Dai Viets gegen Angriffe der **Mongolen**. Erst in den 1280er Jahren gelang es mongolischen Truppen, das Kernland geradezu zu überschwemmen; jene wurden durch konzentrierte Gegenangriffe der Tran allerdings rasch wieder vertrieben. Im Laufe des 14. Jahrhunderts kam es durch eine Aufweichung der starren Erbfolgeregelung allerdings zu einem erneuten inneren Zerfall in Dai Viet und zum Machtverlust der Tran-Dynastie.

Südlich an Dai Viet schloß sich die schon seit den ersten nachchristlichen Jahrhunderten indisierte Region **Champa** im mittleren Küstenstreifen und im zentralen Hochland Vietnams an. Das von den Cham und verschiedenen Bergvölkern besiedelte Champa war im Gegensatz zu den flachen Ebenen Nordvietnams durch inselartige und vom Bergland umgebene, begrenzte politische und soziale Einheiten geprägt. Diese Region ist seit dem ausgehenden 2. Jahrhundert n. Chr. unter der chinesischen Bezeichnung **Lin-yi** zu fassen.

Das Gemeinwesen von Lin-yi scheint nach 750 an Bedeutung verloren zu haben. Erst gegen Ende des 9. Jahrhunderts erfolgte der Aufstieg eines neuen, weiter südlich gelegenen Machtzentrums. Ein weiterer Rückzug Champas südwärts im 11. Jahrhundert deutet auf eine Expansion Dai Viets in das nördliche Champa und die daraus resultierende Verdrängung der indigenen Eliten hin. Offenbar entwickelten die Cham dennoch eine gewisse überregionale militärische Macht, mit der es ihnen beispielsweise gelang, 1177 das Reich von Angkor zu überfallen sowie sich im ausgehenden 13. Jahrhundert mit Dai Viet gegen die Übergriffe der Mongolen zu verbünden.

Während der Staatsbildungsprozeß im nördlichen Vietnam in den ersten nachchristlichen Jahrhunderten durch den chinesischen Einfluß schon recht weit fortgeschritten war, setzte sich dieser im übrigen festländischen Südostasien erst im 9. Jahrhundert durch. Die Voraussetzung zur Entstehung einer politischen Kultur im heutigen Kambodscha und Myanmar war der Reichtum an landwirtschaftlich nutzbarem Land. So avancierten die Reiskammern der Tiefebenen am Mekong und Tonle Sap-See sowie am Irrawady zu einer bedeutenden Einkommensquelle der Fürsten und damit zu einer Stütze der Staatsgewalt.

Auf der Grundlage der Landwirtschaft entwickelten sich in diesen Regionen zunächst kleinere Fürstentümer, von denen einige im Laufe der Zeit zu regionalen Vormächten aufsteigen und einen Kreis von abhängigen Staaten an sich binden konnten. Diese nach O. W. Wolters in Anlehnung an das Arthashastra (vgl. S. 156) auch als ***mandala*-Staat** bezeichnete Herrschaft gründete sich anfangs meist auf die persönliche Macht des Fürsten mit den sich auf ihn fokussierenden Klientelbeziehungen und weniger auf feste Institutionen oder eine geregelte Erbfolge. Ein derartiges System war instabil, denn es konnte sich jeder Lokalfürst durch persönliche Eignung zum Machthaber in einem solchen Kreis aufschwingen und einen anderen Fürsten wieder zurückdrängen.

In einer nächsten Stufe entstanden hieraus zwischen dem 9. und dem 13. Jahrhundert durch Territorialisierung und Zentralisierung die klassischen Regionalreiche – oder die „imperialen Königreiche“ (Kulke 1986) – mit einer Blüte von Religion, Architektur und Staatsideologie. In dieser Zeit konnte sich der *mandala*-Staat zu einem bis in die Peripherie direkt beherrschten imperialen Flächenstaat wandeln. Der Herrscher erlangte oft durch die Integration der indischen Staatsmodelle sakrale Weihen, die sich auch in der Tempel- und Klosterarchitektur Südostasiens widerspiegeln. Staatssymbolik und Zeremoniell spielten eine große Rolle, so daß diese Staatsform in Anlehnung an den Ethnologen C. Geertz auch als „Theaterstaat“ bezeichnet wurde (Geertz 1980).

Im unteren Mekong-Tal siedelten die **Khmer**. In den frühen Jahrhunderten existierten hier mehrere Lokalfürstentümer oder *mandala*-Staatensysteme. Die aus der chinesischen Überlieferung übernommenen Herrschaftsbezeichnungen *Funan* und *Zhenla*, die von den Historikern oftmals als machtvolle Reiche gedeutet wurden, bieten in Wirklichkeit keinen Hinweis auf eine möglicherweise imperiale staatliche Konzentration. Statt dessen begegnet uns hier offenbar ein quellenimmanentes Problem, wonach die Chinesen in ihren eigenen imperialen Denkkategorien diese fremden Entitäten einfach als mächtige Territorialreiche begriffen, die sie möglicherweise gar nicht waren. Erst im 9. Jahrhundert entwickelte sich mit dem Reich von **Angkor** tatsächlich eine historisch greifbare Macht mit hegemonialem Anspruch.

Unter dem Khmer-Herrscher Jayavarman II. (r. 802–ca. 850) setzte am Unterlauf des Mekong im Gebiet des heutigen Kambodscha ein Staatsbildungsprozeß auf der Grundlage komplexer Bewässerungssysteme und intensivem Reisanbaus ein (vgl. S. 31 und 41f.). Im Jahre 802 wurde Jayavarman im Rahmen einer von sanskritkundigen Priestern durchgeführten Zeremonie zum souveränen Monarchen und Gottkönig (*devaraja*-Kult) über die Khmer proklamiert. Das deutet darauf hin, daß das Khmer-Reich allmählich über den Rang eines *mandala*-Staatenkreises zu einer imperialen Macht mit einer festgefügten Bürokratie hinauswuchs. Über Jayavarmans direkte Nachfolger ist kaum mehr als der Name bekannt. König Yasovarman I. (r. 889–900) begründete mit der Stadt Angkor Thom eine Herrscherresidenz, die in den darauffolgenden Jahrhunderten durch eine intensive Bautätigkeit zum politischen und sakralen Zentrum des Khmer-Reiches avancierte. Daneben errichtete dieser aber auch bei friedlicher Koexistenz der Religionen in der Provinz eine große Anzahl an Hindu-Tempeln und buddhistischen Klöstern. Hier zeigt sich erneut das in der asiatischen Geschichte so geläufige Muster der Instrumentalisierung sakraler Eliten zur territorialen Durchdringung des Staates und zur legitimatorischen Absicherung der eigenen Macht. Eine territoriale Expansion setzte um 1000 unter Suryavarman I. (r. bis 1050) nach Westen in Richtung Lobpuri und den unteren Chao Praya ebenso wie in Richtung Norden ein. Die Ausdehnung nach Norden führte zu einer wachsenden Konfrontation mit Champa.

Im Jahre 1080 fand ein politischer Umsturz in Angkor statt, bei dem schließlich mit Suryavarman II. (r. 1113–ca. 1150) offenbar eine neue Dynastie bzw. eine Nebenlinie der bisherigen Herrscherfamilie an die Macht kam. Suryavarmans bedeutendste kulturelle Leistung war die Errichtung des dem Gott Vishnu geweihten Tempels **Angkor Wat** in der Nähe der Stadt Angkor Thom. Dessen Architektur symbolisiert den Berg Meru, den legendären Sitz der hinduistisch-vedischen Götter. Eine bedeutende Herrscherpersönlichkeit kam noch einmal mit Jayavarman VII. (r. ca. 1180er–1220er Jahre) an die Macht, der den Expansionskurs Suryavarmans I. fortsetzte. Zunächst vertrieb er die 1177 nach Angkor eingedrungenen Cham, um dann seinerseits Teile von Champa und Laos zu erobern. Bis zum Beginn des 13. Jahrhunderts verblieb Champa unter kambodschanischer Herrschaft. Ebenso führte Jayavarman VII. auch die traditionelle Bautätigkeit in der Provinz wie in der Hauptstadt fort, wo er mit dem Bayon eine bedeutende buddhistische Tempelanlage errichten ließ.

Wie der untere Mekong bildete auch das Tal des Irrawady ein bevorzugtes Reisanbaugebiet, in dem im 9. Jahrhundert das Reich von

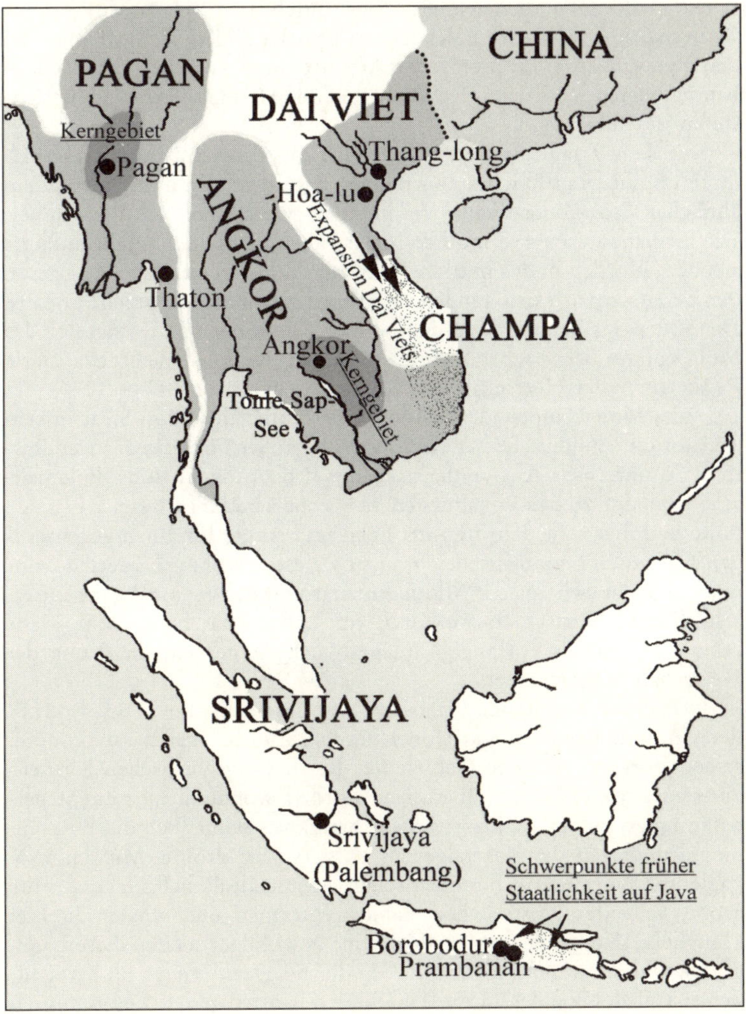

Karte 11: Südostasien (11. und 12. Jahrhundert)

Pagan entstand. Charakteristisch für die frühe birmanische Geschichte seit dem 2. Jahrhundert n. Chr. ist ein Prozeß der **Urbanisierung** im Irrawady-Tal unter dem Volk der Pyu. Deren befestigte Städte erstreckten sich zwischen dem Oberlauf des Irrawady und den Küsten der Malaiischen Halbinsel und zeichneten sich durch eine nahezu einheitliche Bauweise aus. Schon in dieser frühen Epoche bildete sich offenbar bei den Pyu eine Art ökonomischer Arbeitsteilung zwischen den Reisanbauregionen des mittleren Irrawady und den Handelsplätzen an der Küste im Süden heraus.

Seit dem 9. Jahrhundert vollzog sich mit dem Aufstieg des birmanisch dominierten Reiches von **Pagan** (Bagan) im Tal des Irrawady ein ähnlicher Prozeß staatlicher Verdichtung wie beim Reich der Khmer. Die Birmanen waren vermutlich in der ersten Hälfte des 9. Jahrhunderts aus dem Norden in das mittlere Irrawady-Tal eingewandert und bauten den bereits zuvor existierenden Ort Pagan zu ihrem Machtzentrum aus. Der Süden des Irrawady wurde in dieser Zeit von einem Königreich des Mon-Volkes beherrscht. Zur bedeutenden Regionalmacht avancierte Pagan unter der Herrschaft des Königs Anawratha (r. 1044–1077), der 1057 die Mon-Hauptstadt Thaton eroberte und den Mon-Staat in sein Territorium einfügte. Dieser König gilt als großer Förderer des Buddhismus. So unterhielt Anawratha nach der Eroberung Thatons diplomatische Kontakte zu den Lokalfürsten im ebenfalls buddhistischen Sri Lanka, holte buddhistische Schriften ins Land und sorgte für einen gegenseitigen Austausch buddhistischer Mönche. Diese bewußt geförderten Kontakte ergaben sich aus der Multiethnizität und den regional ganz unterschiedlichen Wirtschaftsstrukturen im Lande, die in großem Maße religiöse Ideen als vorrangige integrative Klammer zur Sicherung der Herrschaft nötig machten.

Der letzte bedeutende Herrscher war Narapatisithu (r. 1173–1211), der eine umfassende Landreform durchführte. So waren zuvor unter seinen Vorgängern weite Gebiete des Reiches buddhistischen Klöstern zur steuerfreien Nutzung übertragen worden, woraufhin sich das Steuereinkommen immer stärker reduziert hatte, was schließlich die Einkommensgrundlagen der Zentralgewalt zu zerstören drohte. Mit der Propagierung eines neuen buddhistischen Armutsideals ließ Narapatisithu große Teile des klösterlichen Landes enteignen und wieder direkter königlicher Kontrolle unterstellen. Seine Nachfolger setzten diese Landpolitik allerdings nicht fort, so daß in der Folgezeit erneut ein beträchtlicher Teil des Landes in die Hände der Klöster geriet. Die unmittelbare Folge waren Erosionserscheinungen in der Peripherie. So fielen in den 1270er Jahren die Mon wieder von Pagan ab und gründeten das unabhängige Königreich von **Pegu**, während sich im Nordwesten des Landes **Arakan** von der zentralen Herrschaft löste. Zur selben Zeit führten die Ausdehnung der Shan (vgl. S. 231) in das Irrawady-Tal sowie die Züge der Mongolen zu einer weiteren Schwächung. Die Shan konnten sich nach mehreren Angriffen der Mongolen zwischen 1283 und 1301, die Pagan zusätzlich schwächten, als Hegemonialmacht am Irrawady etablieren und gründeten hier das Reich von **Ava**. Fortan standen sich im Kerngebiet Birmas Pegu und Ava als führende Mächte gegenüber.

Die zahllosen oft gebirgigen und von dichtem Urwald durchdrungenen Inseln ließen im insularen Südostasien die Entstehung größerer Territorialstrukturen nicht zu. Der Blick richtete sich indes auf das Wasser, und schon früh profitierten die Malaien als Zwischenhändler vom Warenaustausch zwischen Indien und China. Die Geschichte des maritimen Staatsverbandes von **Srivijaya** mit einem Machtschwerpunkt im westlichen Indonesien und auf der malaiischen Halbinsel zwischen dem ausgehenden 7. und dem 13. Jahrhundert kann nur indirekt u. a. aus chinesischen Quellen erschlossen werden. Unser Wissen hierüber fußt nicht auf einer kohärenten historiographischen Überlieferung, sondern stellt allein eine bruchstückhafte Rekonstruktion der Historiker seit dem Ersten Weltkrieg dar. So deutete 1918 G. Coedès den von Inschriften bekannten Namen Srivijaya erstmals nicht wie zuvor als Herrschernamen sondern als die Bezeichnung für einen Staat (Coedès 1918).

Der Ursprung Srivijayas wird heute in der Stadt Palembang auf Sumatra vermutet. Die Berichte des chinesischen Mönches I-ching aus der Zeit zwischen den 670er und 690er Jahren beschreiben diesen Ort (chin.: Fo-shih) als einen wohlhabenden Umschlagplatz, der von Schiffen aus Indien und China angesteuert wurde. Um 700 scheint sich Srivijaya zu einer überregionalen politischen Macht entwickelt zu haben, die sich über benachbarte Handelsplätze auf Sumatra und der malaiischen Halbinsel erhob, ohne allerdings direkte territoriale Kontrolle über sie auszuüben. Diese Struktur ergab sich schon aus der geographischen Lage; so befanden sich die Srivijaya untergeordneten Handelsplätze im Einzugsbereich einzelner Flüsse, die voneinander durch dichten Urwald oder Gebirge getrennt waren und die Entstehung eines großen Territorialstaates verhinderten.

Im Gegensatz zum festländischen Südostasien bleibt die Geschichte von Srivijaya auch für die Zeit nach dem 9. Jahrhundert schemenhaft. Herrscherdynastien sind kaum zu ermitteln; allein zwischen der Mitte des 9. Jahrhunderts und dem beginnenden 11. Jahrhundert ist Herrschaft durch die javanische Shailendra-Dynastie (s. u.) bekannt. Im 10. und beginnenden 11. Jahrhundert kam es zu militärischen Auseinandersetzungen zwischen Srivijaya und Java. Diese Auseinandersetzungen führten zu einer Schwächung jenes Staatsverbandes, was den Angriff einer südindischen Chola-Flotte 1025 begünstigte (vgl. S. 163).

Im 13. und 14. Jahrhundert reduzierte sich der Einfluß Srivijayas durch die Expansion der Thai auf die Malaiische Halbinsel, den Aufstieg Sukhothais und Majapahits auf Java weiter. So wurden 1275 die auf Sumatra gelegenen Teile Srivijayas vom javanischen Reich von Singharasi, dem späteren Majapahit, erobert. Die Herrscher Javas übten in der Folgezeit allerdings keine direkte Kontrolle aus, sondern es dürfte sich eher um tributäre Beziehungen gehandelt haben. Das politische Zentrum des nun abhängigen Srivijaya verlagerte sich auf Sumatra landeinwärts, ehe das Reich endgültig zerfiel.

Auf **Java** bildete sich schon früh territoriale Staatlichkeit nach festländischem Muster auf der Grundlage intensiver Landwirtschaft heraus. Die ältesten bekannten Inschriften der Insel belegen die Existenz eines Königreichs von **Taruma** in der Nähe des heutigen Jakarta im 5. Jahrhundert n. Chr. Im 8. und 9. Jahrhundert lag der Schwerpunkt regionaler Staatlichkeit weiter östlich im zentraljavanischen Dieng Plateau, wovon zahlreiche zu Ehren verstorbener Fürsten errichtete Schreine zeugen. In dieser Zeit avancierte die buddhistische **Shailendra-Dynastie** zur hegemonialen Macht über weite Teile des zentralen Java. Unter ihr wurde zwischen etwa 760 und 830 das noch heute beeindruckende buddhistische Bauwerk des **Borobodur** errichtet. Um 825 setzte allerdings eine Gegenbewegung gegen den vorherrschenden Buddhismus ein, die möglicherweise im Zusammenhang mit einem dynastischen Wechsel zur Errichtung eines hinduistischen Tempelkomplexes im nur wenig entfernten **Prambanan** führte (Fertigstellung um 856). Mit dem Beginn des 10. Jahrhunderts versiegte aus bislang kaum zu klärenden Gründen – möglicherweise auf Grund eines Vulkanausbruchs – die Bautätigkeit im zentralen Java.

Während das Zentrum dieser frühen Staatlichkeit im südlichen Zentraljava lag, verlagerte es sich im 10. Jahrhundert weiter östlich in die Ebenen der Flüsse Brantas und Solo. Damit rückte das Machtzentrum Javas gleichzeitig näher ans Meer, was die Entstehung kommunikativer und ökonomischer Verbindungen mit der Außenwelt begünstigte. Vermutlich im Zusammenhang mit einer Auseinandersetzung mit Srivijaya kam es um 1015 zu einer politischen Krise innerhalb der sich hier etablierenden Gemeinwesen, aus welcher der balinesische Prinz Airlangga (r. 1016–1049) als Begründer eines ersten größeren Königreichs im östlichen Java hervorging. Nach dem Zerfall von Airlanggas Regierung war zu Beginn des 13. Jahrhunderts als Nachfolgereich der Staat von **Singharasi** entstanden. Dessen Herrscher Kertanagara (r. 1268–1292) entwickelte Großmachtspläne, die eine javanische Vorherrschaft über das zerfallende Srivijaya und eine Expansion seines Reiches über die benachbarten Inseln vorsahen. Unter seinem Nachfolger Kertarajasa (r. 1293–1309), der die Hauptstadt in den letztlich namengebenden Ort Majapahit verlegte, setzte sich dieser Expansionsdrang fort. Das javanische Reich von **Majapahit** war der Nachfolger Srivijayas als hegemoniale Macht in der Region. In der Mitte des 14. Jahrhunderts beherrschte Majapahit nicht nur das östliche Java, sondern auch Bali und Madura, während sich seine militärisch-politische Interventionsreichweite auch über das westliche Java sowie bis Kalimantan, Sulawesi und Sumbawa erstreckte.

Das Zeitalter der Thai-Expansion

Im 14. und 15. Jahrhundert führten erneute Expansionsversuche Chinas, vor allem aber die Expansion der Thai, zu einem grundlegenden Wandel der bisherigen Machtstrukturen in Südostasien. Fortan entwickelte das Gebiet des heutigen Thailand die größte Dynamik bei der Herausbildung neuer Staatlichkeit. Im festländischen Südostasien konnte allein Vietnam weitgehend an bereits bestehende Herrschaftstraditionen anknüpfen.

Das 15. Jahrhundert begann für **Vietnam** mit einem erneuten Plan Chinas, seine Macht nach Süden auszudehnen, da die Ming-Herrscher versuchten, den inneren Zerfall Dai Viets infolge des Niedergangs der Tran-Dynastie (vgl. S. 222) auszunutzen. 1406 fielen chinesische Truppen in das nördliche Vietnam ein, um den Staat wie bereits bis ins 10. Jahrhundert hinein in eine Art chinesische Provinz umzuwandeln. Die Okkupation war aber nicht von langer Dauer, da die politische Einflußnahme heftigen Widerstand hervorrief und die Kosten für die Verwaltung des besetzten Gebietes langfristig nicht aus diesem selbst heraus erwirtschaftet werden konnten. In den 1420er Jahren wurde Vietnam wieder aufgegeben.

So hatte der Anführer vietnamesischer Rebellen gegen die chinesische Okkupation, Le Loi (r. 1428–1433), mit einigen erfolgreichen militärischen Schlägen die Chinesen bis 1428 aus dem Kerngebiet Dai Viets zurückgedrängt und sich als Begründer der Le-Dynastie zum Kaiser

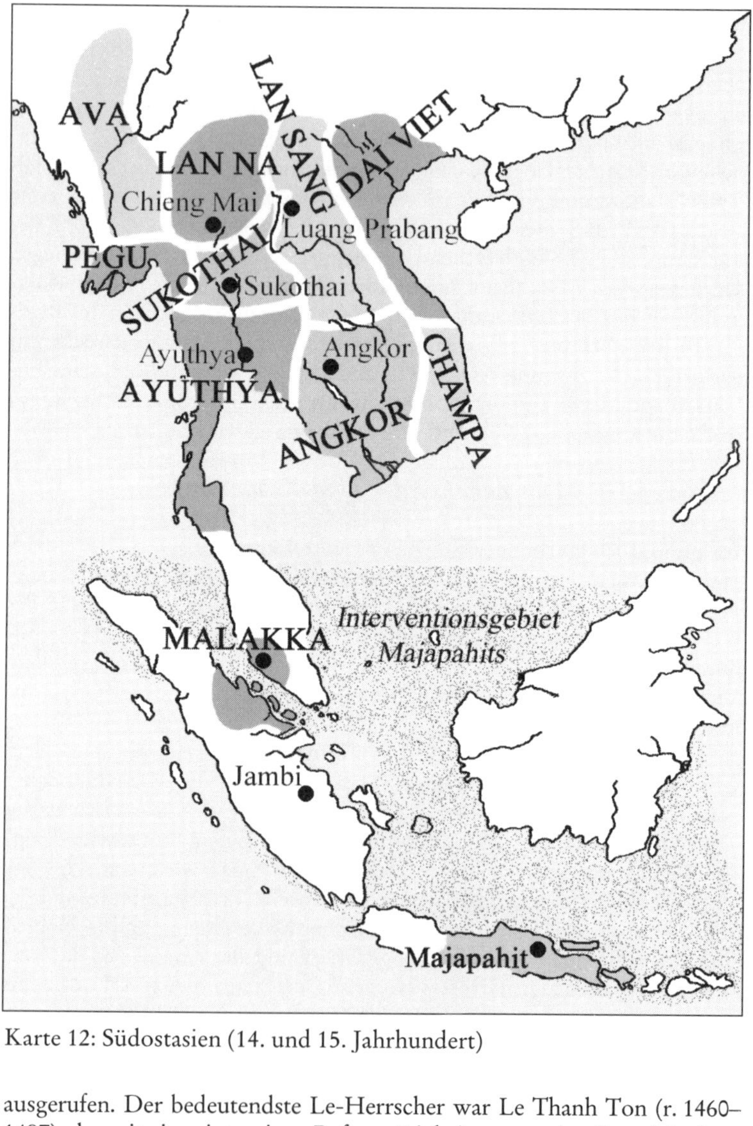

Karte 12: Südostasien (14. und 15. Jahrhundert)

ausgerufen. Der bedeutendste Le-Herrscher war Le Thanh Ton (r. 1460–1497), der mit einer intensiven Reformtätigkeit erneut eine Staatsbürokratie schuf, die für die folgenden fünf Jahrhunderte die Verwaltungsstrukturen Vietnams maßgeblich bestimmte. Ebenso ließ er mit dem *Hong-du'c* 1483 ein neues Gesetzbuch veröffentlichen. Aber auch diese Reformen konnten eine Reihe von Bürgerkriegen, die sich bis ins 16. Jahrhundert hinzogen, nicht verhindern.

Der nördliche Teil von **Champa** war auch im 14. und 15. Jahrhundert umstritten und wurde von Dai Viet beansprucht. Um 1471 war diese Region bis auf die Höhe von Da Nang von vietnamesischen Truppen besetzt. Das Machtzentrum verlagerte sich daraufhin erneut in Richtung Süden in die Nähe der heutigen Stadt Nha Trang, eine Region, die mit der Bezeichnung Kauthara in Verbindung gebracht wird. Hier herrschten Cham-Könige bis ins ausgehende 17. Jahrhundert hinein.

Bereits seit den ersten nachchristlichen Jahrhunderten hatte der wachsende politisch-militärische Druck von seiten Chinas zu einer Migration der Völker der **Shan**, **Thai** und **Lao** von Südchina aus südwärts entlang der Flüsse Salween und Mekong geführt. Jedoch erst im 12. Jahrhundert entstanden im oberen Tal des Mekong erste Thai-Königreiche, während sich Shan-Staaten seit dem 13. Jahrhundert in Assam und Birma entwickelten. Eine letzte größere Migrationsbewegung brachte 1253 die Zerschlagung des unabhängigen, in der heutigen chinesischen Provinz Yunnan liegenden Königreichs von Nanzhau infolge der Mongoleneinfälle mit sich. Die dadurch hervorgerufene Migration bewirkte langfristig eine Auflösung des Staatensystems der Reiche von Angkor und Pagan und die Etablierung neuer Machtstrukturen, aus denen letztlich mehrere Thai-Königreiche hervorgingen.

Unter seinem Herrscher Ramkahaeng (r. 1279–1298) entstand mit dem kurzlebigen Königreich **Sukothai** im ausgehenden 13. Jahrhundert ein erstes Thai-Reich von überregionaler Bedeutung. Parallel hierzu konnte ein anderer Thai-Fürst, Mangrai (1239–1317), um 1290 weiter nördlich das Thai-Reich von **Lan Na** um die Stadt Chieng Mai in der Peripherie des zerfallenden Reiches von Pagan etablieren. Lan Na selbst erlebte vor allem im 14. und zum Beginn des 15. Jahrhunderts durch innere Unruhen und Angriffe Chinas unruhige Zeiten. Erst unter dem König Tilok (Tilokaraha, r. 1441–1487) gelangte das Territorium zu innerer Stabilität und zu Wohlstand.

Als dritter Thai-Staat gewann schließlich seit der Mitte des 14. Jahrhunderts weiter südlich das auf lange Sicht bedeutendere Reich von **Ayuthya** an Macht. So wurde 1351 in der Stadt Ayuthya von einem chinesischen Kaufmann, der später den Herrschernamen Ramathibodi (r. 1351–1369) annahm, ein Königreich gegründet. Der neue Staat stützte sich sowohl auf die eingewanderten Thai-Eliten als auch auf die Institutionen und Traditionen der bisherigen Khmer-Herrschaft. Schon bald bildete sich eine Konfrontation zwischen Ayuthya und Angkor heraus, in der es vordergründig um die Grenzregion zwischen beiden Territorien, letztlich aber auch um einen Kampf um die Rolle als Hegemonialmacht in der Region ging. Unter Ramathibodis Nachfolger Boromaracha I. (r. 1370–1388) richtete sich der Blick zusätzlich gegen den nördlichen Nachbarn Sukothai. Aber erst unter Intharacha (r. 1409–1424) wurde Sukothai zu einem Vasallenstaat reduziert. Nachdem dieser Gegner ausgeschaltet war, zielte die ganze Wucht erneut gegen Angkor, welches 1431 erobert wurde, woraufhin die Hauptstadt Angkors nach Südosten in die Gegend des heutigen Pnom-Penh verlegt wurde. Unter Trailok (r. 1448–1488) richtete sich der Expansionsdrang Ayuthyas vor allem gegen Lan Na, ohne daß es aber gelang, diesen Staat zu erobern.

Im Schatten Lan Nas und Ayuthyas stand das Lao-Königreich **Lan Sang**, welches sich Mitte des 14. Jahrhunderts von Lan Nas Oberhoheit löste und sich am Mittellauf des Mekong zwischen den Städten Luang Prabang und Champassak etablierte. Mit dem Aufstieg dieses Staates entwickelte sich zwischen Lan Sang und Dai Viet ein Konflikt um die Hoheit über die im Grenzraum lebenden tribalen Bergvölker. Militärische Expeditionen des nördlichen Vietnam in den 1470er Jahren, die sogar bis Luang Prabang gelangten, führten indes nicht zu einem nachhaltigen Erfolg.

Obwohl das insulare Südostasien von der Thai-Expansion nicht direkt betroffen war, geriet auch hier das Machtgefüge in Bewegung. Der Aufstieg von **Malakka** beendete endgültig die Vorherrschaft der Inselstaaten von Srivijaya und Majapahit über die bedeutenden Handelswege zwischen Indien und China. Um 1390 soll sich ein malaiischer Prinz namens Parameshvara von der Herrschaft Majapahits gelöst und in Tumasik auf dem Gebiet des heutigen Singapur ein eigenes Fürstentum gegründet haben. Da Tumasik auf Grund seiner geographischen Lage der ständigen Bedrohung durch Ayuthya ausgesetzt war, verlegte jener sein Machtzentrum schließlich weiter in Richtung Nordwesten und gründete um 1400 die Stadt Malakka, nach der auch die gleichnamige Meeresstraße benannt ist. Sukzessive dehnte diese Stadt ihren Einfluß über Teile der Malaiischen Halbinsel und die Nordwestküste Sumatras aus. Die politische Unabhängigkeit Malakkas dürfte zum großen Teil der diplomatischen Anerkennung durch China zu verdanken sein. Bis in das Zeitalter der europäischen Expansion hinein besaß Malakka den Schlüssel zum Handel zwischen Indien und China. Die Stadt nahm seit dem 15. Jahrhundert gleichfalls eine wesentliche Rolle bei der Verbreitung des Islam in Südostasien ein; so trat Parameshvara 1411 zum Islam über und nahm den Namen Megat Iskandar Shah an. Sein Nachfolger Muzaffar Shah titulierte sich schließlich als erster Herrscher Malakkas als Sultan.

Die festländischen Territorialstaaten seit dem 16. Jahrhundert

Die Zeit seit dem 16. Jahrhundert stand im Zeichen der Herausbildung moderner Territorialstaaten im festländischen Südostasien. Allein **Vietnam** bildete hier mit einer politischen Fragmentierung eine gewisse Ausnahme. Den Le-Herrschern im Vietnam des beginnenden 16. Jahrhunderts (vgl. S. 229ff.) entglitt wohl auf Grund ihrer persönlichen Führungsschwächen allmählich die Kontrolle im Lande. Es folgten innere Unruhen und die Ablösung der Herrscher durch die **Mac-Dynastie** zwischen 1527 und den 1590er Jahren. Nach der Restauration der Le blieben diese bis ins 17. Jahrhundert hinein nominell die Herrscher über Dai Viet, zu den tatsächlichen Machthabern avancierten aber die beiden Familien der **Trinh** und **Nguyen**. Durch konnubiale Verbindungen bestanden zwischen den Trinh und den Marionettenherrschern der Le enge Kontakte, so daß jenen im Laufe der Zeit die eigentliche Macht über das nördliche Dai Viet zufiel. 1593 wurde unter deren Einfluß die Hauptstadt nach Hanoi verlegt. Ebenso wie die Trinh in unmittelbarer Nähe des Hofes usurpierten die Nguyen im Süden des Reiches die politische Macht, die sie mit portugiesischer Unterstützung bis ins 18. Jahrhundert an den Golf von Siam ausdehnten. Das ohnehin schon von Ayuthya bedrängte Khmer-Reich fiel im Zuge ihrer Expansion in den Rang eines Vasallenstaates zurück. Die Herrschaft der Nguyen und der Trinh wurde erst infolge einer schweren ökonomischen und sozialen Krise in den 1770er Jahren durch eine Rebellion beendet. Mit französischer und siamesischer Unterstützung gelang es allerdings dem letzten Nguyen-Machthaber, Nguyen Anh, 1802 unter dem Herrschernamen Gia Long (r. 1802–1820) einen neu etablierten gesamtvietnamesischen Thron in der Hauptstadt Huë einzunehmen.

Das kambodschanische Reich von **Angkor** war im Laufe des 15. und 16. Jahrhunderts durch die Angriffe Ayudhyas zu einem regionalen Königreich reduziert worden, welches zunehmend zu einem Spielball der benachbarten Mächte geriet. In der ersten Hälfte des 17. Jahrhunderts konnte sich das Land auf Grund einer kurzzeitigen außenpolitischen Schwäche Ayuthyas noch einmal als maritime Handelsmacht behaupten, ehe Kambodscha infolge innerer Unruhen seit 1650 immer stärker unter vietnamesischen Einfluß geriet und das Mekong-Delta schließlich ganz der vietnamesischen Expansion zum Opfer fiel. In der zweiten Hälfte des 17. und das ganze 18. Jahrhundert hindurch prägten Thronfolgekämpfe und der häufige Wechsel der Herrscher die Geschichte des Landes. König Ang Duong holte schließlich die Franzosen als Gegengewicht gegen die Macht der Vietnamesen ins Land, ehe 1863 ganz Kambodscha im Zuge des Imperialismus französisches Protektorat wurde.

Aber auch das im heutigen Laos gelegene **Lan Sang** konnte nicht seine ursprüngliche Gestalt bewahren. Durch militärische Interventionen Birmas in den 1570er und 1580er Jahren (vgl. S. 236) zerfiel dieser Staat vorübergehend wieder und wurde erst unter dem Herrscher Surinyavongsa (r. 1637–1694) restituiert. Dessen Tod führte zu Thronfolgekämpfen, die einer vietnamesischen, birmanischen und Thai-Invasion den Boden bereiteten. Das Land zerfiel in die drei Teilstaaten von **Luang Prabang**, **Vientiane** und **Champassak**. Im 18. und 19. Jahrhundert versuchten vor allem Birma und Siam, politischen Einfluß auf Laos zu nehmen und die Teilkönigreiche zu Vasallenstaaten zu degradieren. 1778 wurde schließlich das Territorium Vientianes von Siam annektiert. Der von den Thai installierte König Anu versuchte 1826, in einer Rebellion die Oberhoheit Thailands abzuschütteln – auf das Gerücht hin, die Briten planten einen Angriff auf das siamesische Bangkok. Die Folge war ein vernichtender Angriff von Thai-Truppen auf Vientiane im darauffolgenden Jahr.

Aus dem Konglomerat der Thai-Staaten ging im 16. Jahrhundert Ayuthya als führende Macht hervor, aus der sich langfristig das moderne **Siam** entwickelte. Dessen Aufstieg brachte ein langanhaltendes Ringen mit Birma um die Hegemonie in der Region zwischen Irrawady und Menam mit sich. Der Staat wurde bald mit der ganzen Region gleichgesetzt. Wenn Europäer von „Syam“ sprachen, meinten sie in der Regel Ayuthya.

König Narai von Ayuthya (r. 1657–1688) versuchte, zur Sicherung der inneren Stabilität französische Unterstützung zu erlangen. 1686 wurde ein bilateraler Vertrag unterzeichnet, der den Siamesen militärische Hilfe zusagte und im Gegenzug den Franzosen weitreichende Handelsrechte einräumte. Dieser Plan einer strategischen Zusammenarbeit mit den Europäern gegen die birmanischen Hegemonialansprüche scheiterte aber auf lange Sicht. Im Schlepptau der Franzosen konnte nämlich auch der griechische Abenteurer Konstantin Phaulkon als „Superintendent des auswärtigen Handels“ in Siam zu hohen Würden aufsteigen, was eine wachsende Fremdenfeindlichkeit am Hofe heraufbeschwörte. In einer staatsstreichartigen Aktion durch Phra Phetraja, einen Angehörigen des Königshauses, wurden 1688 König Narai gestürzt, Phaulkon hingerichtet und die Franzosen außer Landes gewiesen. Die erste Hälfte des 18. Jahrhunderts zeichnete sich dann wieder vor allem unter König Mahathamaraja (Boromkot, r. 1733–1758) durch eine gewisse innere Stabilität und eine Blüte der siamesischen Kultur aus. Die latente Bedrohung durch Birma war hingegen nicht gebannt, und 1767 wurden Ayuthya vernichtend geschlagen und die gleichnamige Hauptstadt zerstört.

Die Wiedererrichtung staatlicher Autorität vollzog sich nur allmählich und von der Peripherie aus. So erkämpfte der Provinzgouverneur Taksin in einer langanhaltenden Auseinandersetzung wieder die Unabhängigkeit von Birma, errichtete als neuer Herrscher (r. 1767–1782) weiter flußabwärts in Thonburi eine Hauptstadt und erweiterte schließlich seinen Einflußbereich über Chiengmai, die Malaiische Halbinsel, Luang Prabang und Vientiane. Unter seinem Nachfolger Rama I. (r. 1782–1809), dem Begründer der bis heute herrschenden **Chakri-Dynastie**, wurde die Hauptstadt schließlich nach Bangkok verlegt.

In unmittelbarer Nachbarschaft zum entstehenden französischen und auch zum britischen Kolonialreich konnte allein dieses nunmehrige siamesische **Königreich von Bangkok** als Sicherungspuffer zwischen den europäischen Mächten seine staatliche Unabhängigkeit bewahren. Unter Rama II. (r. 1809–1824) öffnete sich der Staat erstmals wieder seit der Phaulkon-Affäre den Europäern und knüpfte vor allem mit Großbritannien Handelsbeziehungen an. So gelang ihm und seinen Nachfolgern mit europäischem Wissen eine staatliche Modernisierung. Diese Reformpolitik wurde unter Rama V. (Chulalonkorn, r. 1868–1910) fortgesetzt, der 1874 die Sklaverei im Lande verbot sowie die Infrastruktur ausbaute. Die Modernisierung wurde nicht zuletzt auch deshalb durchgeführt, um das Land aus Furcht vor einem erwarteten britischen oder französischen Übergriff institutionell, sozial und ökonomisch zu stärken.

Auch in **Birma** kam es zu einem staatlichen Konzentrationsprozeß. Die miteinander konkurrierenden Staaten von Ava und Pegu (vgl. S. 227) wurden seit den 1530er Jahren von den Herrschern der birmanischen Stadt **Toungoo** bedrängt. 1539 eroberten deren König Tabin-shwei-hti (r. 1531–1550) Pegu und 1555 sein Nachfolger Bayin-naung (r. 1551–1581) mit portugiesischer Unterstützung Ava. Symbolträchtig ließ dieser sich in Pagan zum birmanischen König krönen, während er Pegu zu seiner Residenz erwählte. In der Folgezeit richtete sich die militärische Macht von Toungoo vor allem gegen Ayuthya, den großen Konkurrenten um die Macht im thailändisch-birmanischen Raum. Die weitere

Entwicklung brachte beiden Staaten wechselndes Kriegsglück. So wurde Ayuthya trotz seiner herausragenden Rolle als Regionalmacht 1569 vorübergehend von birmanischen Truppen erobert und in ein Tributverhältnis gedrängt. Der Abzug von Arbeitskräften aus Ayuthya in Richtung Birma führte in der Folgezeit zu einer Schwächung der Wirtschaft und des Militärs und begünstigte den Einfall von Khmer-Truppen zwischen 1570 und 1587. Schließlich gelang es Ayuthyas König Naresuan (r. 1590–1605), wieder die volle Unabhängigkeit von Birma zu erreichen. Die weiterhin ungeklärte Machtfrage führte zu mehreren Kriegen in den 1660er Jahren.

Die bedeutendsten Erfolge verzeichnete Toungoo aber mit der vorübergehenden Einnahme des Staates von Lan Sang und später mit der Eroberung großer Teile der Malaiischen Halbinsel. Die Flucht des letzten Ming-Kaisers, Yung li, nach Nordbirma 1662 (vgl. S. 203) brachte Toungoo allerdings in Unruhe, da zahlreiche Ming-Anhänger marodierend durch Oberbirma zogen und gleichzeitig die Mon im Süden rebellierten. Seit dem Beginn des 18. Jahrhunderts verloren die Herrscher allmählich die Kontrolle über die Tributärfürsten in der Peripherie des Reiches. 1752 eroberten die Mon schließlich Ava. Eine Restauration der Zentralmacht erlebte Birma durch die **Kon-baung-Dynastie**, deren erstem Herrscher Alaung-hpaya (r. 1752–1760) es gelang, große Teile der abgefallenen Regionen in der Peripherie zurückzuerobern und schließlich 1767 Ayuthya zu zerstören (vgl. S. 235).

Europäische Expansion

Neben den Staaten im festländischen Südostasien etablierten sich seit dem 16. Jahrhundert auch die Europäer als Machtfaktor in der Region. Deren Präsenz war in der Anfangszeit aber allenfalls punktuell und beschränkte sich auf die Kontrolle der Seewege. Die erste europäische Macht waren ebenso wie in Südasien die **Portugiesen**. 1511 eroberte der Vizekönig Albuquerque das strategisch bedeutsame Malakka. Die vertriebenen muslimischen Herrscher gründeten ein neues Machtzentrum in Johore und auf den Riau-Inseln. Während sich zahlreiche Kaufleute der portugiesischen Herrschaft unterwarfen, verließen andere Malakka und stärkten anderenorts den Handel, was zum Aufstieg von Aceh, Johore, Pattani und Brunei beitrug. Malakka selbst konnte seine führende Rolle als Handelsplatz nicht wiedererlangen.

Von Malakka aus richtete sich der Blick der Portugiesen auf Sumatra mit seinem Pfefferanbau sowie auf die Gewürzinseln im Osten, die von den beiden Inselstaaten **Ternate** und **Tidore** beherrscht wurden. So drangen jene in den folgenden Jahrzehnten auf ihren Handelsfahrten immer weiter in Richtung Osten vor und errichteten dort mehrere befestigte Stützpunkte. Die Portugiesen mußten sich bei diesem Prozeß vor allem in der zweiten Hälfte des 16. Jahrhunderts mit aufstrebenden indigenen Mächten hauptsächlich auf Java auseinandersetzen. Aus dem zerfallenden Reich von Majapahit (vgl. S. 229) entwickelte sich nämlich 1582 das souveräne Sultanat von **Mataram**, welches zur führenden Kraft in Zentraljava aufstieg. Ebenso hatte bereits 1568 das Sultanat von **Bantam** (Banten) im Westen der Insel die Unabhängigkeit erlangt. Im 16. Jahrhundert besaßen diese javanischen Gemeinwesen großen Einfluß auf den Handel in Westkalimantan, Timor sowie auf den Molukken, was die Entstehung eines zusammenhängenden portugiesischen Handelsimperiums im Archipel verhinderte. Auch das portugiesische Malakka selbst war wiederholt Ziel javanischer Angriffe.

Während die Portugiesen über den Indischen Ozean die indonesische Inselwelt erreichten, kamen die **Spanier** über den Pazifik. Unter Fernando de Magellan (ca. 1480–1521) – der auf dieser Reise den Tod fand – erreichten die Spanier 1521 erstmals die **Philippinen** und Tidore, wodurch es zu einer direkten Konfrontation mit den Portugiesen kam. Die Geldnot bewog aber schließlich Kaiser Karl V. als König von Spanien, 1529 die Molukken im Vertrag von Saragossa an die Portugiesen zu verkaufen und damit gleichzeitig die künftigen Interessensphären beider Mächte in Südostasien zu definieren.

Noch stärker als im übrigen insularen Südostasien bestimmte die geographische Situation auf den Philippinen die politischen Strukturen. Zahlreiche urwaldbewachsene Inseln zwischen der Südchinesischen See und dem Pazifik bedingten eine weitgehend kommunale Organisation und das relativ späte Auftreten fremder Einflüsse. Erst durch das Vordringen des Islam entstanden vermutlich im 14. Jahrhundert zentrale Staatsstrukturen auf den südlichen Philippinen, wie beispielsweise um 1450 ein multiethnisches Sultanat im Sulu-Archipel unter dem ersten Sultan Abu Bakr oder das Sultanat von Magindanao.

1542 wurden die Inseln im Rahmen einer spanischen Expedition zu Ehren des spanischen Infanten auf den Namen Philippinen getauft, und 1570 setzten sich die Spanier endgültig im traditionellen politischen und kommerziellen Zentrum Manila fest. In den folgenden Jahrzehnten etablierten die Spanier territoriale Herrschaft vor allem über Luzon und die Visayas. Die Vertreibung des mit Brunei verbündeten Herrschers von Manila führte zu einem langwierigen Konflikt zwischen Spaniern und den muslimischen Eliten auf den Inseln, den sogenannten **Moros**. Vor allem in den ersten Jahrzehnten des 17. Jahrhunderts kam es zu heftigen, letztlich unentschiedenen militärischen Auseinandersetzungen zwischen den Spaniern und den Sultanaten von Sulu und Magindanao. Zudem versuchte auch die niederländische Ostindienkompanie, mit regelmäßigen Seeblockaden vor Manila das Eindringen spanischer Schiffe in die Molukken zu verhindern.

Obwohl die Briten im Zuge des Siebenjährigen Krieges 1762 kurzzeitig Manila erobert hatten, nahmen in der Folgezeit alle europäischen Kolonialmächte eine Verdichtung spanischer Macht auf den Inseln hin. 1834 wurde Manila schließlich auch für nichtspanische Handelsschiffe geöffnet; andere Häfen folgten später. Der dadurch bedingte Handelsaufschwung ermöglichte es den Spaniern, ihre direkte Herrschaft mit Ausnahme des Sulu-Archipels weiter auszudehnen. Infolge des spanisch-amerikanischen Krieges gingen die Philippinen schließlich 1898 als Kriegsbeute an die USA über.

Auf dem Boden des heutigen Indonesien breitete sich mit dem beginnenden 17. Jahrhundert in wachsendem Maße die Herrschaft der **Niederländer** aus, die allerdings bis ins 19. Jahrhundert hinein kaum mit territorialer Expansion verbunden war. In der Anfangszeit stand zunächst die Eroberung der von den Portugiesen besetzten Stützpunkte im indonesischen Archipel im Mittelpunkt niederländischer Aktivitäten. 1605 wurde mit dem Fort Victoria auf der Insel Amboina erstmals ein dauerhafter niederländischer Besitz in der Region begründet. Es folgten 1607 die Insel Ternate und 1611 der Handelsplatz Jakarta auf Java, der 1619 zur Hauptniederlassung **Batavia** avancierte.

Zu einer Zentralisierung der Herrschaft vor Ort führte 1609 die Einführung des Amtes des Generalgouverneurs. Generalgouverneur Jan Pieterszoon Coen (1587–1629) setzte niederländische Hegemonie vor allem auf den Molukken mit Verträgen aber auch mit massiver Gewalt durch (vgl. S. 45). Auf Java war der Einfluß der niederländischen Ostindienkompanie (VOC) hingegen lange Zeit durch die Sultanate von Bantam und Mataram begrenzt, wobei letzteres 1629 Batavia angriff und die Stadt sogar einige Zeit vom Hinterland abschnüren konnte. Seit den 1640er Jahren wuchs der politische Einfluß der VOC auch im westlichen Teil der indonesischen Inselwelt. 1641 wurden die Portugiesen aus Malakka vertrieben, und in der Folgezeit avancierten die Niederländer zu einem wichtigen Machtfaktor auf der Malaiischen Halbinsel und auf Sumatra.

Die übrigen europäischen Handelsmächte wie die Engländer konnten bis auf wenige Ausnahmen schrittweise aus dem Archipel verdrängt werden. Was mit dem symbolträchtigen **Massaker von Amboina** – dem 1623 unter anderem zehn englische Kaufleute zum Opfer fielen – begann, endete 1682 mit der Vertreibung von Engländern und Dänen aus dem von der VOC eroberten javanischen Sultanat von Bantam. Im 18. Jahrhundert verstärkten die Niederländer ihre territoriale Position auf Java weiter. So zerfiel in den 1750er Jahren Mataram infolge von Thronstreitigkeiten in zwei Teile, während die VOC ihre direkte Herrschaft über weite Gebiete der Nordküste der Insel ausdehnen konnte. Infolge der Französischen Revolutionskriege und der Napoleonischen Kriege fielen schließlich 1795/96 Malakka und die Molukken und 1811 Java in die Hände der Briten, wurden 1816 aber wieder zurückgegeben. Bereits 1799 waren die VOC in Anbetracht ihrer dramatischen Verschuldung aufgelöst und die Besitzungen in Südostasien dem niederländischen Staat übertragen worden.

Ein anglo-niederländischer Vertrag führte 1824 zu einem Interessenausgleich zwischen Niederländern und Briten. Während das niederländische Gewürzhandelsmonopol über die Molukken erhalten blieb und die Niederländer die noch in britischer Hand verbliebene Besitzung Benkulen auf Sumatra erhielten, traten sie im Gegenzug das mittlerweile nachrangige Malakka an die Briten ab und tolerierten in der Folgezeit auch den Ausbau britischer Macht auf der Malaiischen Halbinsel zur Sicherung des britischen Zugangs nach China. Ein weiterer anglo-niederländischer Vertrag gestand den Niederländern 1871 die volle territoriale Souveränität über die Insel Sumatra zu, deren Fürsten noch 1824 gewisse Autonomierechte zugesprochen worden waren, während die Briten gleichzeitig weitgehende Handelsfreiheit im niederländischen Archipel erhielten. Dieses Abkommen verführte die Niederländer seit den 1870er Jahren zu einem vier Jahrzehnte andauernden Krieg gegen das **Sultanat von Aceh** mit hohen Verlusten auf beiden Seiten, der aber letztlich mit dessen Unterwerfung endete.

Die **Briten** bauten an der Straße von Malakka vergleichsweise spät ihre territoriale Herrschaft zu den **Straits Settlements** aus. 1819 wurde unter Thomas Stamford Raffles (1781–1826) eine britische Niederlassung in Singapur gegründet. Das heutige Malaysia, also der südliche Teil der Malaiischen Halbinsel und der nördliche Teil Kalimantans, war ursprünglich von einer ganzen Reihe mittlerer und kleinerer Staaten geprägt. Im Zuge der anglo-niederländischen Verständigung von 1824 intensivierten die Briten ihre Herrschaft in diesem Bereich im 19. und beginnenden 20. Jahrhundert schrittweise. So verstärkten sie in den 1860er und 1870er Jahren ihren Einfluß auf die Lokalherrscher im Westen der Malaiischen Halbinsel. 1909 wurden die vier ehemals Siam gegenüber tributpflichtigen Staaten von Kedah, Perlis, Kelantan und Trengganu ebenfalls dem britischen Herrschaftsgebiet eingegliedert. Schon seit der Mitte des 19. Jahrhunderts dehnte sich britischer Einfluß auch nach Nordkalimantan aus, welches 1824 eigentlich den Niederländern zugesprochen worden war. 1841 gründete der britische Privatunternehmer James Brooke (1803–1868) den unabhängigen Staat **Sarawak** und erhob sich selbst zum *raja*. Daneben erwarb einige Jahre später die *British North Borneo Company* als unabhängige britische Aktiengesellschaft die Kolonie **Nordborneo**. Auf lange Sicht wurde der südliche Teil Südostasiens im 19. Jahrhundert also in zwei Interessensphären geteilt: in das niederländische Inselreich und die britische Interessensphäre nördlich der Straße von Malakka.

Birma wurde im Laufe des 19. Jahrhunderts zur Festigung der britischen Kolonialherrschaft in Südasien schrittweise in das anglo-indische Imperium integriert. 1824–1825 führte der erste Birma-Krieg zur Abtretung der Provinzen Tenasserim im Süden und Arakan im Nordwesten an die Briten. Der zweite Birma-Krieg 1852 sicherte schließlich den britischen Einfluß in Niederbirma. Die Herrscher zogen sich in das ihnen noch verbliebene Oberbirma mit der Hauptstadt Mandalay zurück. Landgewinnungsmaßnahmen in den britischen Gebieten sowie Epidemien bewirkten aber eine stete Migration aus den noch unabhängigen Landesteilen in den Süden, so daß der noch souveräne Rumpfstaat allmählich ökonomisch ausblutete. In einem weiteren Krieg fiel schließlich auch Oberbirma 1885 an die Briten. Die indigene Königsherrschaft wurden abgeschafft und ganz Birma in das britische Kolonialreich integriert.

Die **Franzosen** waren bereits seit dem 17. Jahrhundert in die diplomatisch-politischen Zeitläufte im festländischen Südostasien einbezogen (vgl. S. 234), während eine unmittelbare koloniale Einflußnahme vergleichsweise spät einsetzte. Erst in der zweiten Hälfte des 19. Jahrhunderts entstand das französische Kolonialreich von **Indochina**. So eroberten die Franzosen 1858–1862 des südliche Vietnam am Mekongdelta (Cochinchina), es folgten das zentrale Hochland mit Huë (Annam) sowie 1883 die Gegend um Hanoi im Norden (Tonking). Diese Regionen wurden mit dem seit 1863 französischen Kambodscha und dem seit 1893 größtenteils französischen Laos zu einem Kolonialreich vereint. In Laos, Kambodscha und Annam blieben indigene Herrscher formal im Amt (Protektorat), während Cochinchina direkter französischer Herrschaft unterstand.

Dekolonisation und staatliche Unabhängigkeit

Zu Beginn des 20. Jahrhunderts war bis auf Siam fast ganz Südostasien in die europäischen Kolonialreiche integriert. Im Zuge der Herausbildung indigener nationaler oder religiöser Identitäten wurde diese imperiale Herrschaft aber immer stärker in Frage gestellt.

Die längste und sicherlich blutigste Auseinandersetzung hatte das französische **Indochina** zurückzulegen, ehe die souveränen Staaten von Vietnam, Kambodscha und Laos entstanden. 1907 gründeten die Franzosen eine Universität im vietnamesischen Hanoi, die aber im darauffolgenden Jahr bereits wieder geschlossen wurde, als sie zur Keimzelle eines vietnamesischen Nationalismus zu geraten drohte. So ist es kein Zufall, daß die Vertreter der vietnamesischen Eliten oftmals in Frankreich selbst und nicht in Vietnam ausgebildet wurden. So studierte auch Nguyen Ai Quoc (1890–1969) in Paris, der als Mitbegründer der französischen Kommunistischen Partei unter dem Namen Ho Chi Minh wachsende Bedeutung in einem sich anbahnenden Unabhängigkeitskrieg erlangte. In Indochina selbst wurden in den 1920er und 1930er Jahren alle politischen Oppositionsbewegungen brutal unterdrückt. Auch unter der Herrschaft der Japaner über Vietnam seit 1940 wurde anders als in Indonesien keine Unabhängigkeitsbewegung gefördert. Kurz vor Kriegsende erklärte der von den Franzosen eingesetzte Kaiser Bao Dai von Annam (r. 1925–1945) dennoch die Unabhängigkeit und die französische Herrschaft über Annam für beendet, was von den Franzosen nach Kriegsende und Rückzug der Japaner aber nicht anerkannt wurde.

Parallel hierzu proklamierte Ho Chi Minh mit Rückendeckung der Guerillakämpfer der 1941 gegründeten vietnamesischen Unabhängigkeitsbewegung **Viet Minh** unmittelbar nach Kriegsende am 2. September 1945 die Souveränität der **Demokratischen Republik Vietnam** im Norden des Landes. Während die Chinesen Ho Chi Minh im Norden gewähren ließen, besetzten 1946 britische Truppen Südvietnam, die die Rückkehr der Franzosen vorbereiten sollten. Indochina wurde unter Integration des mittlerweile wieder botmäßigen einheimischen Monarchen Bao Dai von Annam im Zentrum und im Süden sowie der Republik Vietnam im Norden erneut französischer Herrschaft unterstellt. Auf einer französisch-vietnamesischen Konferenz in Fontainebleau im selben Jahr kam es dann aber zu Unstimmigkeiten über den künftigen Status der Republik, woraufhin die Nordvietnamesen die Konferenz verließen und es bald zu kriegerischen Konflikten kam.

Die Franzosen setzten schließlich auf den Kaiser Bao Dai, um die Viet Minh auszubooten. 1949 übernahm jener das Amt des Staatsoberhauptes – nominell von ganz Vietnam unter französischer Oberhoheit. China, die Sowjetunion und andere osteuropäische Staaten antworteten darauf mit der diplomatischen Anerkennung der Demokratischen Republik Vietnam als souveränem Staat. Die Franzosen ließen sich in einen Guerillakrieg hineinziehen und wurden am 7. Mai 1954 bei **Dien Bien Phu** vernichtend geschlagen. Sie zogen sich daraufhin vollständig aus Vietnam zurück und gewährten in der Genfer Konferenz 1954 Bao Dai im Süden die volle Souveränität, was letztlich die Teilung Vietnams besiegelte. Nur kurze Zeit später stürzte Premierminister Ngo Dinh Diem (1901–1963) den Herrscher im Süden und sicherte sich wachsende militärische Unterstützung durch die USA. Nach seinem eigenen Sturz 1963 konnte Südvietnam unter wechselnden Militärregimes angesichts einer permanenten militärischen Bedrohung aus dem Norden nur noch mit massiver Hilfe durch die USA am Leben erhalten werden. Ein Jahr später griffen die Vereinigten Staaten schließlich direkt in die Auseinandersetzung zwischen den beiden Teilen Vietnams ein.

Es folgte der blutige und in der amerikanischen wie europäischen Öffentlichkeit umstrittene **Vietnamkrieg**. Nach der nordvietnamesischen „Tet"-Offensive 1968 bis vor Saigon und Huë ließen sich die USA unter Präsident Nixon auf Friedensverhandlungen und einen allmählichen Abzug der amerikanischen Truppen ein. Trotz der Ausweitung nordvietnamesischer Angriffe auf Kambodscha und Laos wurde 1973 ein Waffenstillstand zwischen Nordvietnam und den USA vereinbart, der letztlich das Ende der südvietnamesischen Unabhängigkeit besiegelte und den Weg zur Proklamierung der das ganze Land umfassenden **Sozialistischen Republik Vietnam** am 2. Juli 1976 bereitete. Der Wandel der weltpolitischen Lage führte in den 1990er Jahren zu einer Liberalisierung der Wirtschaft, während die kommunistische Partei des wiedervereinigten Vietnam ihre politische Monopolstellung mit der Verfassung von 1992 weiter behaupten konnte.

Auch in **Kambodscha** führte die Dekolonisation zu blutigen inneren Konflikten. Die schmale Bildungselite konzentrierte sich vor allem am kambodschanischen Hof. Ebenso wie Vietnam wurde auch Kambodscha von japanischen Truppen okkupiert. Das bevorstehende Ende der japanischen Herrschaft, eine konziliantere Politik der Japaner gegenüber dem einheimischen Monarchen und die drohende Rückkehr der Franzosen bewog König Norodom Sihanouk (geb. 1922), im März 1945 die Unabhängigkeit des Königreichs Kambodscha auszurufen. Unter dem maßgeblichen Einfluß der Demokratischen Partei (*Krom Pracheathipodei*) und dem demokratisch gesinnten Prinzen Sisowath Yuthevong (1912–1947) wurden 1947 eine demokratische Verfassung verabschiedet, unter dem Druck der zurückkehrenden Franzosen jedoch wieder außer Kraft gesetzt. 1949 sahen sich die Franzosen in Anbetracht ihrer militärischen und politischen Schwäche ähnlich wie in Vietnam dann aber doch veranlaßt, eine eingeschränkte Unabhängigkeit zuzugestehen, die erst 1954 auf der Genfer Konferenz in die volle Souveränität umgewandelt wurde. Norodom Sihanouk überließ 1955 seinem Vater Norodom Suramarit (r. 1955–1960) den Thron, um sich als Gründer der Massenbewegung der „Sozialistischen Volksgemeinschaft" (*Sangkum Reastruiyuon*) und Premierminister unmittelbar in der Tagespolitik zu engagieren. In den darauffolgenden Jahren konnten kommunistische, von der Viet Minh unterstützte Guerillatruppen nahezu die Hälfte des kambodschanischen Territoriums unter ihre Kontrolle bringen.

Nach dem Tod seines Vaters übernahm Sihanouk das Amt des Staatsoberhauptes und die Funktion einer nationalen Integrationsfigur, ohne allerdings den Thron wiederzubesteigen. Im Zuge seiner Neutralitätspolitik entglitt Sihanouk aber allmählich die Führung im Lande, und seit 1966 gewannen die kommunistischen Guerillagruppen auf Grund der politischen Ausgrenzung linker, radikaler Kräfte unter Khieu Samphan und Hou Yuon seitens des Königs weiter an Einfluß. Um diese Entwicklung einzudämmen, wurden im März 1970 Sihanouk während eines Aufenthaltes in China gestürzt, die Monarchie offiziell abgeschafft und ein von Südvietnam und den Vereinigten Staaten gestütztes, antikommunistisches Regime unter Lon Nol etabliert. Als Gegenbewegung gegen diesen prowestlichen Kurs brachten die kommunistischen, aber dennoch antivietnamesischen **Roten Khmer** unter Pol Pot (Saloth Sar, 1928–1998) seit 1973 immer größere Teile des Landes unter ihre Kontrolle, bis zwei Jahre später auch die Hauptstadt Phnom Penh in ihre Hände fiel. Unter der Herrschaft der Roten Khmer wurden das Land in **Kampuchea** umbenannt und mit einem regelrechten Völkermord der erfolgreiche Versuch unternommen, die bisherigen gesellschaftlichen Eliten zu vernichten. Als Staatsideologie bediente sich Pol Pot einer Mischung aus („Steinzeit"-) Kommunismus und nationalistischen Versatzstücken. Diese nationalistische Linie verhinderte ein Zusammenrücken Pol Pots mit dem kommunistischen Vietnam, dessen Truppen Ende 1978 in Kampuchea eindrangen, Pol Pot aus der Hauptstadt vertrieben und eine neue, von Vietnam gestützte Regierung unter Heng Samrin etablierten. Die Roten Khmer blieben allerdings weiterhin eine militärische Bedrohung, die immer noch weite Teile des Landes kontrollierten. Durch den Einfluß der ASEAN-Staaten (vgl. S. 250f.) wurde Heng Samrins Regime zunehmend seitens der Vereinten Nationen in Frage gestellt, die jenem Sitz und Stimme verweigerten. Anfang der 1980er Jahre gelang es schließlich, Oppositionsgruppen, darunter auch die Partei des Prinzen Sihanouk, mit Ausnahme der Roten Khmer an der politischen Macht zu beteiligen und 1982 eine Koalitionsregierung zustande zu bringen, während allerdings der Krieg in weiten Teilen des Landes weiter tobte. Das Ende des Kalten Krieges ermöglichte schließlich den Rückzug der vietnamesischen Truppen. Nachdem auch die Roten Khmer entwaffnet sind, beginnt allmählich eine Restituierung des staatlichen Lebens in der Provinz, wobei das Land von einer Aufarbeitung seiner jüngsten Geschichte aber noch weit entfernt ist.

Die Dekolonisation in **Laos** ähnelt sehr stark der in Kambodscha. Im Schatten des japanischen Rückzugs erklärte König Sisavang Vong im April 1945 Laos für unabhängig. Frankreich sprach dem Land 1949 begrenzte Unabhängigkeit und 1954 volle Souveränität zu. Seit Ende des Zweiten Weltkrieges wurde die politische Bühne von den beiden verfeindeten Prinzenbrüdern Souphanouvong (1909–1985) und Souvannaphouma (1901–1984) beherrscht. Während sich letzterer als Premierminister um einen Ausgleich mit den Franzosen bemühte, bildete sein Bruder mit Hilfe der Unabhängigkeitsbewegung **Pathet Lao** in Vietnam eine Exilregierung. Nach militärischen Erfolgen der Pathet Lao im Norden des Landes entstand 1957 unter beiden Brüdern eine Koalitionsregierung mit blockfreier Ausrichtung, die zwei Jahre später unter dem Druck der Vereinigten Staaten wieder gestürzt wurde. Seit 1963 wurde Laos zunehmend in den Vietnamkrieg hineingezogen.

Mit den Wahlen von 1965 konnten erstmals die traditionellen, hofnahen Eliten durch eine neue, von amerikanischer Wirtschaftshilfe begünstigte Mittelschicht als politische Macht abgelöst werden. Schließlich wurde König Le aus seinen eigenen Reihen zum Rücktritt gezwungen, ohne daß allerdings die Monarchie abgeschafft wurde. Anfang der 1970er Jahre war Laos durch einen Bürgerkrieg in zwei Machtbereiche geteilt, der eine wurde von den durch Vietnam unterstützten Pathet Lao, der andere durch die ehemals königlichen Truppen kontrolliert. Ein Waffenstillstand führte 1973 zu einem vorübergehenden Ausgleich. Doch durch den Fall Saigons nur zwei Jahre später fühlten sich die Pathet Lao stark genug, in Laos die gesamte Macht an sich zu ziehen. Die Monarchie wurden abgeschafft und am 1. Dezember 1975 die **Demokratische Volksrepublik Laos** unter Herrschaft der dortigen kommunistischen Partei ausgerufen. In den ausgehenden 1970er Jahren wuchs der Einfluß Vietnams auf seinen westlichen Nachbarn ständig. Erst 1989 fanden Wahlen zu einer Volksversammlung statt, deren Aufgabe die Ausarbeitung einer neuen Verfassung war.

Thailand hatte in den Jahrzehnten nach dem Zweiten Weltkrieg nicht mit den Folgen der Dekolonisation zu kämpfen, auch waren die ethnischen Unterschiede nicht so ausgeprägt wie beispielsweise in Indonesien oder Malaysia. Die Monarchie bildete den bedeutendsten nationalen Integrationspunkt, obwohl der absolute politische Einfluß des Königshauses durch eine vom Militär angeführte Revolution schon 1932 deutlich beschnitten worden war. Zum eigentlichen Machthaber avancierte seit dieser Zeit die vom Militär gestützte elitäre Bürokratie im Lande, die aus der im 19. Jahrhundert eingeleiteten Reformpolitik hervorgegangen war. Am 8. November 1947 kam der prowestliche Feldmarschall Phibun Songkhram durch einen Staatsstreich an die Macht, der bereits seit den 1930er Jahren großen politischen Einfluß besessen hatte. Dieser Machtwechsel begünstigte auch die Karriere von Sarit Thanarat, der seinerseits 1957 durch einen weiteren Militärputsch die Führungsgewalt an sich riß und ein paternalistisch-bürokratisches Regime begründete. Sarit war bemüht, die indigenen Traditionen stärker in den Mittelpunkt zu rücken und stellte die beinahe schon traditionelle Orientierung am Westen in Frage. Im Mittelpunkt der nationalen Rückbesinnung standen die Entitäten König, Religion (Buddhismus) und Nation. Dadurch erhielt auch König Rama IX. (Phumiphon Adulyadej, r. seit 1946) wieder stärkeres innen- und außenpolitisches Gewicht. Unter Sarits Nachfolger, dem Feldmarschall Thanom Kittikachorn, kam es in einer Zeit ökonomischer Krise auf dem Lande zur Herausbildung oppositioneller bäuerlicher und studentischer Strömungen, die mit Thanoms Amtsenthebung durch den König 1973 endeten. Die drei folgenden Jahre brachten dem Land eine politische Übergangszeit, den letztlich gescheiterten Versuch, durch eine Verfassungsreform die alten bürokratischen Eliten zu entmachten und die Herausbildung eines vielfältigen Parteienspektrums. 1976 riß das Militär nach blutigen Zusammenstößen mit demonstrierenden Studenten erneut die Macht an sich. Unter der Herrschaft der Generäle Sangad Chaloryu und Prem Tinulsanond blieb die Exekutive trotz Umsturzversuchen aus den eigenen Reihen bis zum Beginn eines Demokratisierungsprozesses in den 1990er Jahren fest in der Hand des Militärs.

Die innere Autonomie im britisch besetzten **Birma** wurde schon früh durch die Auseinandersetzungen um eine Verfassung für Britisch-

Indien begünstigt. Obwohl die Briten zunächst versucht hatten, Birma am Verfassungsfortschritt in Indien nicht partizipieren zu lassen, wurde ihnen durch einheimische Proteste 1923 eine birmanische Legislative auf der Basis eines weit gefaßten Wahlrechts abgenötigt. Zu Spannungen zwischen Briten und Birmanen kam es im Zuge der Weltwirtschaftskrise, als die Briten trotz fallender Getreidepreise unnachgiebig von den Bauern Kopfsteuern einforderten. Ein Bauernaufstand unter Saya San wurde von britisch-indischen Truppen niedergeschlagen. 1937 erhielt Birma unter dem Ministerpräsidenten Ba Maw (1893–1977) dennoch weitgehende Autonomierechte, die die Entstehung einer militanten Nationalistenbewegung förderten. Diese wurde größtenteils von Studenten der Universität Rangun – unter ihnen auch Aung San (1915–1947) und der spätere Premierminister Thakin U Nu (1907–1995) sowie der spätere General Ne Win (1911–2002) – getragen.

Unter dem Schutz der Japaner gründete Aung San die *Birma National Army*, während die Japaner gleichzeitig die britische Kolonialherrschaft für beendet und die Unabhängigkeit Birmas erklärten. Unter Ba Maw als Präsidenten und Aung San als Verteidigungsminister entstand im August 1943 die erste birmanische Regierung, wobei der Krieg zwischen Britisch-Indien und den Japanern immer blutiger wurde. Während Ba Maw auf der Seite der Japaner stand, trat Aung San schon im März 1945 mit seiner Unabhängigkeitsarmee auf seiten der Westmächte. Parallel zu Indien diskutierten die Briten nach Ende des Zweiten Weltkrieges auch über die Unabhängigkeit Birmas. 1946 übernahm Aung San als Mitglied der *Anti-Fascist People's Freedom League* (AFPFL) das Amt eines Interimspremierministers, fiel jedoch am 19. Juli 1946 gemeinsam mit sechs anderen Ministern einem Mordanschlag vermutlich radikaler Unabhängigkeitskämpfer zum Opfer. Sein Nachfolger wurde der ebenfalls der AFPFL angehörende Thakin U Nu. In seiner Amtszeit erhielt Birma am 17. Oktober 1947 die Unabhängigkeit, und Anfang 1948 erlangte die Verfassung der Birmanischen Union Gültigkeit.

In den 1950er Jahren geriet das Land als bedeutender Reisexporteur infolge des Verfalls der Reispreise in eine schwere ökonomische Krise. 1958 übergab U Nu auf Grund dieser kaum zu bewältigenden Schwierigkeiten sein Amt an General Ne Win, der mit diktatorischen Vollmachten die Opposition im Lande ausschaltete. Nach dessen Rücktritt übernahm 1981 San Yu (1918–1996) das Amt des Präsidenten. Seit einem Putsch 1988 herrscht wieder eine Militärregierung, seit 1992 unter General Than Shwe (geb. 1933). Diese ließ das Land 1989 in **Myanmar** umbenennen. Obwohl ein bereits 1990 gewähltes Parlament seine Arbeit bislang nicht aufnehmen konnte, hat sich eine Oppositionsbewegung im Lande entwickelt, deren wichtigste Wortführerin zur Zeit Aung San Suu Kyi (geb. 1945), Aung Sans Tochter, ist.

Auch in den britischen *Straits Settlements* führte der Einmarsch japanischer Truppen Anfang 1942 zu einer Intensivierung der Unabhängigkeitsbestrebungen. Als eine gegen die japanische Macht gerichtete Befreiungsarmee wurde vor allem von den im Land lebenden Chinesen die *Malayan People's Anti-Japanese Army* (MPAJA) gegründet, die sich dann aber nach dem Ende des Zweiten Weltkrieges gegen die britische Kolonialmacht wandte. Ein hartnäckiger Partisanenkrieg veranlaßte 1948 die Briten zur Ausrufung des Notstandes, der bis 1960 andauerte. Gleichzeitig setzten die einheimischen Eliten den Machterhalt der malaiischen Sultane unter britischer Herrschaft in der 1948 gegründeten **Federation of Malaya** durch.

Auf Drängen der Briten erhielt **Singapur** mit seinen bedeutenden chinesischen und indischen Minderheiten einen Sonderstatus. Die Stadt bekam 1955 unter David Marshall (1908–1995) eine eigene Regierung. Die chinesische Mehrheit favorisierte hingegen schon bald Lee Kuan Yew (geb. 1923) mit seiner *People's Action Party*, der 1959 in Singapur erster Premierminister wurde. Nach einer kurzen Phase des Anschlusses an Malaysia 1963–1965 bewahrte Singapur bis heute seine staatliche Eigenständigkeit.

In Malaya erschwerte die ethnische Vielfalt den Unabhängigkeitsprozeß. Unter Abd ar Rahman-Putra (1903–1990) als Ministerpräsident erlangte Malaya 1957 die volle Unabhängigkeit. Sarawak – bis zum Zweiten Weltkrieg de facto Privateigentum der Brooke-Familie – wurde 1963 gemeinsam mit Nordborneo und Malaya zum Königreich **Malaysia** (*Persekutuan Tanah Malaysia*) vereint. Das labile ethnische Gleichgewicht im jungen Malaysia geriet schon Ende der 1960er Jahre durch ethnisch motivierte Unruhen ins Wanken. Das Sultanat von **Brunei** auf Borneo, ehedem britische Kolonie, wurde erst 1984 in die Unabhängigkeit entlassen.

Neben den Franzosen und Briten hatten sich auch die Niederländer mit der Dekolonisation auseinanderzusetzen. Schon bald nach der Jahrhundertwende gründete sich im mehrheitlich islamischen Niederländisch-Indien eine Unabhängigkeitsbewegung, die allerdings in verschiedene Organisationen zersplittert war. So entstanden 1908 die von Tjipto Mangunkusumo (1886–1943) gegründete Bewegung **Budi Utomo** („edles Streben") und die islamische, 1912 von Umar Said Tjokroaminoto gegründete Bewegung **Sarekat Islam**. Diese Gruppierungen wurden von der niederländischen Kolonialregierung hart unterdrückt, während man gegen die sich immer stärker politisierenden Jugendorganisationen im Lande wenig ausrichten konnte. Aus der nationalen Jugendbewegung ging in den 1920er Jahren auch die Bezeichnung **Indonesien** für das niederländisch beherrschte Inselreich hervor.

Niederländisch-Indien wurde 1942 von japanischen Truppen besetzt. Als eine militärische Niederlage Japans im Zweiten Weltkrieg schon absehbar war, kündigte die japanische Regierung 1944 die Entlassung Indonesiens in die Unabhängigkeit an, um eine Rückkehr der Niederländer zu verhindern. Im August 1945 unterzeichneten der spätere Staatspräsident Achmed Sukarno (1901–1970) und sein politischer Weggefährte Mohammed Hatta (1902–1980) in Gegenwart japanischer Militärs die Unabhängigkeitsurkunde. Obwohl der japanischen Regierung keine Zeit mehr blieb, diese Erklärung auch offiziell anzuerkennen, nutzte Sukarno die Gelegenheit zur Bildung einer nationalen Regierung und zur Gründung einer **Republik Indonesien** noch vor Rückkehr der Niederländer. Diese gestanden schließlich der Republik im Abkommen von Linggadjati im November 1946 die de facto Autonomie über Java und Sumatra zu, während sie gleichzeitig eine gesamtindonesische Föderation unter Einschluß der Republik weiterhin unter niederländischer Hoheit planten. Eine völkerrechtlich unklare Lage bewog die Niederländer aber schließlich trotz des Abkommens und britischer Vermittlungsversuche, im Juli 1947 mit einer vierzehntägigen „Polizeiaktion“ gegen die Republik einzuschreiten. Unter Vermittlung der jungen Vereinten Nationen, die in dieser Sache durch Initiative Indiens und Australiens tätig wurden, schlossen beide Gegner Anfang 1948 auf dem US-Kriegsschiff *Renville* einen Waffenstillstand, der letztlich die Probleme aber auch nicht lösen konnte. Nach einer weiteren „Polizeiaktion“ gegen Sukarnos und Hattas Staat wuchs der Widerstand gegen das harte niederländische Regiment sowohl im Mutterland als auch in den Vereinigten Staaten, die befürchteten, eine derartige Entwicklung könne der Ausbreitung des Kommunismus in Indonesien Vorschub leisten. 1949 wurde Indonesien schließlich auf einer Konferenz am Runden Tisch in Den Haag die volle Souveränität zugestanden, während die niederländischen Unionspläne aufgegeben wurden. Allein der westliche Teil Neuguineas (Iryan Jaya) blieb als Zugeständnis an konservative niederländische Kräfte bis 1961 in niederländischem Besitz, ehe es acht Jahre später nach einer Phase der UN-Treuhänderschaft der Republik Indonesien angegliedert wurde. Nach einem gegen Sukarno gerichteten Militärputsch wurde 1966 General Suharto Ministerpräsident, der bis zu seinem Sturz 1998 amtierte. Seitdem setzte in Indonesien ein

Demokratisierungsprozeß ein; das Land leidet weiterhin an separatistischen, bürgerkriegsähnlichen Unruhen in Iryan Jaya, auf den Molukken und in Aceh.

Als letztes Land im indonesischen Archipel erhielt 1999 die **Demokratische Republik Osttimor** die staatliche Unabhängigkeit. Dieser östliche Teil der Insel Timor gehörte ursprünglich zum portugiesischen Kolonialbesitz, wurde aber 1975 von der Republik Indonesien okkupiert. Die Vereinten Nationen erkannten die Okkupation nicht an, und seit Mitte der 1970er Jahre standen sich auf der Insel pro-indonesische Milizen und osttimoresische Unabhängigkeitskämpfer gegenüber. In einem 1999 durchgeführten Referendum sprach sich die Mehrheit der dortigen Bevölkerung für eine Ablösung von Indonesien aus, die mit Hilfe der Vereinten Nationen durchgesetzt wurde.

Auf den **Philippinen** gab es bereits seit der Mitte des 19. Jahrhunderts eine nationalistische Bewegung, die sich gegen die spanische Herrschaft richtete. Einer der bedeutendsten Anführer der Nationalisten war der Schriftsteller José Rizal (1861–1896), der 1892 die nationale Bewegung der *Liga Filipina* gründete. Vier Jahre später kam es gegen Rizals Wunsch zu einem Aufstand gegen die Spanier. Der Rebellenführer Emilio Aguinaldo (1869–1964) erklärte im Juni 1898 nach dem Übergang der Inseln an die USA die Unabhängigkeit der Philippinen, und es kam zu einem dreijährigen Krieg gegen die neue Kolonialmacht bis zu Aguinaldos Gefangennahme. Nachdem die moderateren Stimmen unter den Nationalisten die Oberhand gewonnen hatten, reagierten die USA etwas entgegenkommender. 1935 wurde den Philippinen die Unabhängigkeit nach einer zehnjährigen Übergangsfrist zugestanden. In demselben Jahr wurde eine philippinische Regierung unter Manuel Luis Quezon (1878–1944) gebildet. Nach der japanischen Besetzung zwischen 1942 und 1945 setzte sich der Unabhängigkeitsprozeß planmäßig fort. Am 4. Juli 1946 erhielten die Philippinen die volle Unabhängigkeit zugestanden, während die Amerikaner gleichzeitig einen sie begünstigenden Handelsvertrag und das Recht auf Militärstützpunkte im Land durchsetzten. Gegenwärtig sind aber alle US-Stützpunkte auf den Philippinen wieder geräumt.

Die politischen Strukturen seit der Unabhängigkeit wurden auf den Philippinen sehr stark von Verwandtschafts- und Klientelverhältnissen geprägt, die bei entsprechenden Verbindungen die nötige Stimmenmehrheit bei Wahlen verschaffen konnten. So zeichneten sich die beiden führenden Parteien der Nationalisten und der Liberalen oft weniger durch inhaltliche Gegensätze als vielmehr durch unterschiedliche personale Netzwerke aus. Eine weitere politische Macht bildete die katholische Kirche, der in den Nachkriegsjahrzehnten etwa 85% der Bevölkerung angehörten. Der innere Frieden wurde bis Mitte der 1950er Jahre durch die **Hukbalahap** gefährdet, Mitglieder der einstigen antijapanischen Rebellen, die sich gegen die Rückgängigmachung einer von ihnen in den von der japanischen Herrschaft befreiten Gebieten durchgeführten Landreform durch die neue Regierung wehrten. Die Regierung stellte sich indes auf die Seite der Großgrundbesitzer. Nach einer Militärdiktatur unter Ferdinand Marcos (1917–1989) zwischen 1965 und 1986 setzte auf den Philippinen eine Demokratisierung unter einem Mehrparteiensystem ein. Ebenso wie in Indonesien wird die gegenwärtige Lage des Landes von teilweise islamisch geprägten Separatismusbewegungen (u. a. Abu Sayaf) mit einem Schwerpunkt auf Mindanao und den umliegenden Inseln bestimmt

Die Blockbildung im Zeichen des Kalten Krieges spiegelt sich auch in der Geschichte Südostasiens wider und führte zur Entstehung supranationaler Organisationen. Nach der Genfer Konferenz, die den Rückzug der Franzosen aus Indochina zur Folge hatte, wurde noch 1954 die *Southeast Asia Treaty Organization* (**SEATO**) als westlich orientiertes Militärbündnis gegründet, dem neben den Philippinen und Thailand u. a. die Vereinigten Staaten, Großbritannien, Frankreich und Pakistan angehörten. Nachdem die Franzosen im Rahmen ihrer eigenständigen Verteidigungspolitik 1975 die Beitragszahlungen eingestellt hatten, wurde die SEATO im Juni 1977 allerdings offiziell wieder aufgelöst. Trotz dieses Anschlusses einiger Länder an das westliche Militärbündnis spielte zur selben Zeit aber auch die enge Kooperation der Blockfreien Staaten für Südostasien eine herausragende Rolle. Im April 1955 war Indonesien mit der **Bandung-Konferenz** Gastgeber für die Vertreter von neunundzwanzig asiatischen und afrikanischen Staaten, die auf maßgebliche Initiative unter anderem Jawaharlal Nehrus und des chinesischen Staatsratsvorsitzenden Zhou Enlai die Nichtzugehörigkeit zu einem der beiden die Weltpolitik dominierenden Bündnisse propagierten.

Am 8. August 1967 gründeten Malaysia, Indonesien, Singapur, Thailand und die Philippinen schließlich die *Association of Southeast Asian Nations* (**ASEAN**) als regionalen politischen und ökonomischen Kooperationsverbund. Zentrales Ziel war es, den politischen und militärischen Einfluß äußerer Mächte auf die Region abzubauen und für zwischenstaatliche Sicherheit und Vertrauen zu sorgen. Nach der Unabhängigkeit von Großbritannien kam 1984 Brunei hinzu, 1995 folgten Vietnam und 1997 Laos sowie trotz zahlreicher Einwände wegen des dortigen Militärregimes Myanmar (Birma) und schließlich 1999 Kambodscha. 1995 erklärten die ASEAN-Staaten Südostasien zur atomwaffenfreien Zone. Aus der politischen Zusammenarbeit entwickelte sich schließlich eine wirtschaftliche Kooperation, wie es in der Gründung einer südostasiatischen Freihandelszone (AFTA) seinen Ausdruck fand (vgl. S. 63). Eine ständige Herausforderung dieser Staatengemeinschaft bleiben neben der wirtschaftlichen Einigung chinesische Machtansprüche auf die Region, wie beispielsweise auf die auch von Vietnam beanspruchten Spratley-Inseln.

Weiterführende Literatur

Gesamtdarstellungen: D. G. E. Hall, A History of South East Asia, London-Melbourne-Toronto ³1955; J. F. Cady, Southeast Asia. Its Historical Development, New York-San Francisco-Toronto-London 1964; M. Somers Heidhues, Southeast Asia. A Concise History, London 2000; C. Mackeras (Hg.), Eastern Asia. An Introductory History, French Forest ³2000 (mit mehreren Aufsätzen zu Südostasien); N. Tarling, Southeast Asia. A Modern History, Oxford-New York 2001. *Frühgeschichte:* R. B. Smith, W. Watson (Hgg.), Early South East Asia. Essays in Archaeology, History and Historical Geography, New York-Kuala Lumpur 1979. *Staatsmodelle, Mandala-Modell:* C. Geertz, Negara. The Theatre State in Nineteenth-Century Bali, Princeton 1980; O. W. Wolters, History, Culture and Region in Southeast Asian Perspectives, Singapore 1982; H. Kulke, The Early and the Imperial Kingdom in Southeast Asian History, in: D. G. Marr, A. C. Milner (Hgg.), Southeast Asia in the 9th to 14th Centuries, Singapore 1986, S. 1–22. *Angkor:* E. Mannikka, Angkor Wat. Time, Space and Kingship, Honolulu 1996. *Pagan:* M. Aung-Thwin, Pagan. The Origins of Modern Burma, Honolulu 1985; T. Frasch, Pagan. Stadt und Staat, Stuttgart 1996. *Srivijaya:* G. Coedès, Le royaume de Çrivijaya, in: Bulletin de l'Ecole Française d'Extrême Orient 18 (1918), S. 1–36, eine jüngere englischsprachige Übersetzung dieses Aufsatzes findet sich in: P.-Y. Manguin und M. Sheppard (Hgg.), Sriwijaya. History, Religion & Language of an Early Malay Polity. Collected Studies by George Coedès and Louis-Charles Damais, Kuala Lumpur 1992, S. 1–40. *Neuzeit:* M. A. P. Meilink-Roelofsz, Asian Trade and European Influence in the Indonesian Archipelago between 1500 and about 1630, Den Haag 1962 (Neudruck 1969); A. Reid, Charting the Shape of Early Modern South East Asia, Singapore 2000; B. W. Andaya, L. Y. Andaya, A History of Malaysia, London-Basingstoke 1982.

IV.6. Zentralasien

Raum und historische Epochen

„Zentralasien“ oder der damit konkurrierende Begriff „Innerasien“ sind ebenso ein Konstrukt der Historiker und Geographen wie die Bezeichnungen der übrigen Großregionen Asiens. Die Legitimation zur Betrachtung dieser Entität als einheitlichen Raum ergibt sich weniger durch klare physische Grenzen, sondern vielmehr durch bestimmte zivilisatorische Grundkonstanten, die Zentralasien vom übrigen Kontinent unterscheiden. So läßt sich als strukturierendes und raumbildendes Moment in erster Linie das **Nomadentum** anführen, das den Raum zwischen den Westgrenzen Chinas und Osteuropa charakterisierte. Die weitgehend nichtseßhafte Lebensweise war durch das Klima und die Vegetation vorgegeben, die in vormoderner Zeit nur in wenigen bevorzugten Regionen Landwirtschaft zuließen. Zentralasiatisches Nomadentum entwickelte sich hauptsächlich in den von der Tundra im Norden und den Wüsten im Süden umgebenen, sich von der Mandschurei bis nach Ungarn erstreckenden baumlosen Steppengebieten, da hier die Voraussetzungen für Viehzucht günstig waren.

Mit der nomadischen Lebensform verbanden sich bestimmte kulturelle Innovationen wie die Viehzucht, die Zähmung des Pferdes und die Herausbildung der Kriegskunst mit Pfeil und Bogen. Da der Besitz an Land und Weidegründen das Maß für den Wohlstand der einzelnen Ethnie darstellte, waren ihre Gemeinwesen mobil und oft auch expansiv angelegt. Diese Tendenz drückte sich in der hohen Beweglichkeit und Operationsgeschwindigkeit der berittenen Nomadenheere aus, deren Schreckensbild seit den Hunneneinfällen nicht nur Europa in Angst versetzte, sondern auch das Kaisertum in China ins Wanken brachte. Nicht das ständig im Wandel befindliche Territorium bildete den integrativen Bezugspunkt der Gesellschaft, sondern der kampferfahrene Herrscher. Die sich oft in kürzester Zeit verlagernden Grenzen der Nomadenstaaten – oft veränderten sich parallel dazu auch noch deren Bezeichnungen in den Quellen – machen uns deren Historizität bisweilen nur schwer greifbar.

Schriftlichkeit war wenig verbreitet, was die Herausbildung einer Zivilverwaltung behinderte; und wenn eine solche dennoch existierte, dann kamen deren Träger oft aus anderen Regionen wie aus China oder Persien. Urbanität entstand allenfalls punktuell an wenigen Residenzen der Fürsten, in den Handelsplätzen längs der Seidenstraße oder im zentralasiatisch-persischen Grenzgebiet. Konfessionell war Zentralasien von paganen, oft vom Schamanismus geprägten Religionen bestimmt, ehe diese im Laufe der Zeit vom aus dem Südwesten vordringenden Islam und dem aus Indien über Tibet importierten Buddhismus überlagert wurden, aber nie ganz verschwanden.

Trotz dieses im Vergleich zu den anderen Großregionen Asiens eher amorphen Charakters der politischen Geschichte können wir doch für Zentralasien gewisse Gesetzmäßigkeiten der nomadischen **Reichsbildung** herausarbeiten. So läßt sich für die Zeit zwischen den letzten vorchristlichen Jahrhunderten und dem 18. Jahrhundert ein Kerngebiet ermitteln, dessen zentrifugalen Kräfte zahlreiche Völkerschaften in unterschiedliche Richtungen entließen: die Gegend zwischen Mandschurei, Mongolei und dem Baikalsee. Eine weitere geographische Schlüsselrolle kam dem Steppen- und Gebirgsstreifen zwischen dem Tienschan- und dem Altai-Gebirge zu, durch den zwischen Antike und Neuzeit die großen nomadischen Völkerbewegungen in Richtung Westen stattfanden, die zur Eroberung der kasachischen und europäischen Steppen führten.

Die Reichsbildung spielte sich in den meisten Fällen nach dem gleichen Muster ab. Ein von einer größeren Macht beherrschter Stammesverband verließ sein angestammtes Territorium, um anderswo ein neues souveränes Gemeinwesen zu begründen. Dabei stieß er meist in ein Machtvakuum vor, das ein anderes zerfallendes Reich hinterlassen hatte. Hier ließ sich jener nieder, um die dort ansässigen Stämme zu unterwerfen. Nach einer oft sehr kurzen Phase der politischen Konsolidierung in der neuen Heimat von bisweilen nur wenigen Jahrzehnten setzte von hier aus eine erstaunlich rasche Expansion ein. Es entstand ein Großreich, das nach einer von den Turkvölkern im 6. Jahrhundert begründeten Tradition schon bald nach seiner Entstehung in mehrere Teilreiche gegliedert wurde, die oft an Angehörige der herrschenden Familie als Lehen vergeben wurden. Damit sollte eine herrschaftliche Durchdringung der ausgedehnten Peripherie durch die Zentralmacht gewährleistet werden. Diese Teilung legte aber vielerorts den Grundstein für Partikularismus der Herrscher der Teilreiche oder der ihnen unterworfenen Stammesfürsten. Zu einem bestimmten Zeitpunkt wurde der Hoheitsanspruch des Zentrums aufgegeben. Stand dann einem nunmehr souveränen Teilreich ein neuer, übermächtiger Gegner gegenüber, war der endgültige Zerfall vorprogrammiert. Der tatsächliche Charakter vieler dieser Reiche, ob es sich bei ihnen in ihrer Blütezeit um institutionalisierte Staaten oder um lose Stammeskonföderationen handelte, ist in der Forschung bislang umstritten (Kürsat-Ahlers 1994, S. 92).

Die tatsächliche Ausdehnung und Lage der Reiche läßt sich heute bisweilen nur noch ansatzweise ermitteln, da die Geographie kaum eindeutige Grenzen vorgibt. Allein im Süden stellen Himalaja und Hindukusch einen natürlichen Saum zu Südasien dar. In Richtung China und Europa waren die Grenzen hingegen geographisch offen. Grob werden im folgenden die Territorien der heutigen Regionen von Tibet, der Mongolei, Mandschurei, Zentralchina sowie von Kasachstan im Kontext Zentralasiens betrachtet; ergänzend kommen noch die südosteuropäischen Randgebiete zwischen Uralgebirge und Schwarzem Meer hinzu.

Ebenso fließend wie die geographische Ausdehnung ist auch die Epochenstruktur Zentralasiens. Einheitliche Zeiträume lassen sich anhand der Vorherrschaft einer bestimmten Macht oder Ethnie definieren. Die Zeit zwischen dem 4. Jahrhundert v. Chr. und dem 5. Jahrhundert n. Chr. war von der **Vorherrschaft der Hsiung-nu** und den mit ihnen in unterschiedlicher Weise verbundenen Völkern im Westen und Südwesten ihres Heimatgebietes geprägt. Es folgte eine Phase des **Aufstiegs der Türkischen Reiche** und des anschließenden **Vordringens des Islam** (6.–12. Jahrhundert), die vom **Zeitalter der Mongolenherrschaft** (13.–14. Jahrhundert) abgelöst wurde. Zwischen dem 15. und 16. Jahrhundert prägten die **zentralasiatischen Khanate** gleichsam als Zerfallsprodukte des Mongolenreiches die politische Landschaft, ehe die Region seit dem 17. Jahrhundert zunehmend **europäischer und chinesischer Expansion** unterlag, die bis heute nicht abschließend beendet ist – wie das Beispiel Tibet zeigt.

Zentralasien im Zeitalter der Hsiung-nu

Im östlichen Teil Zentralasiens siedelte in den letzten vorchristlichen Jahrhunderten eine Reihe verschiedener Völkergruppen, von denen allein die **Hsiung-nu** durch die chinesischsprachige Überlieferung seit 318 v. Chr. eine gewisse Historizität erlangten. Zu dieser Zeit waren bei jenen bereits alle Merkmale ausgeprägt, die die zentralasiatischen Steppenreiche charakterisierten: Nomadismus, Reitkunst und die enorme Mobilität der Reiterheere mit überfallartigen Angriffen auf die Feinde. Das Machtzentrum der Hsiung-nu lag südlich des Baikalsees, wo sich später auch die Macht der Turkvölker, Uiguren und Mongolen fokussierte. Hier entwickelte sich eine räumliche Kontinuität des politischen Zentrums der Großreiche Zentralasiens über mehr als ein Jahrtausend. Gegen Ende des 3. Jahrhunderts v. Chr. expandierten die Hsiung-nu in Richtung chinesischer Nordwestgrenze, und die Angriffe unter dem

Herrscher Touman auf das in der Endphase der Qin-Dynastie ohnehin destabilisierte China beschleunigten den Zerfall dieser Dynastie (vgl. S. 189). Oft mußten sich die Chinesen durch Tributleistungen von den Eindringlingen wieder freikaufen. Im 2. Jahrhundert v. Chr. erstreckte sich das Reich der Hsiung-nu von Korea und den chinesischen Grenzen bis zum Baikalsee und Balchaschsee.

Durch den Sieg der Hsiung-nu über einen anderen Nomadenstamm, die östlich des Tienschan siedelnden **Yuezhi** (vgl. S. 120), um 174 v. Chr. setzte eine Völkerbewegung ein, die die darauffolgenden Jahrhunderte entscheidend prägte. So waren die Yuezhi nach ihrer Niederlage gezwungen, ihr Stammesgebiet zu verlassen. Eine kleinere Gruppe begab sich auf Umwegen südwärts in das nordöstliche Grenzgebiet Tibets, während sich die größere nach Westen wandte – immer wieder vorwärtsgedrängt durch die Hsiung-nu oder andere Nomadenvölker. Die Yuezhi selbst trieben ihrerseits das vom westlichen Tienschan stammende Volk der Saiwang (Shaka) vor sich her, welches sich später teils im östlichen Iran (Seistan) niederließ, sich teils nach Südwesten wandte und schließlich im 1. Jahrhundert v. Chr. das Shaka-Reich in Indien begründete (vgl. S. 158). Die Yuezhi sind mit großer Wahrscheinlichkeit mit dem Volk der Tocharer der griechisch-lateinischen Überlieferung identisch, das bis 129 v. Chr. das Reich der Graeko-Baktrier zerschlug (vgl. S. 120).

Während der Blütezeit des chinesischen Han-Reiches unter dem Kaiser Wudi dehnte sich der Einfluß Chinas immer weiter in Richtung Norden und Nordosten aus, wie beispielsweise die Integration des nördlichen Korea in den chinesischen Machtbereich 108 v. Chr. belegt. In diesem Zusammenhang kam es erneut immer wieder zu heftigen militärischen Auseinandersetzungen zwischen China und den Hsiung-nu. Unter dem wachsenden Druck der chinesischen Truppen sowie durch partikularistische Tendenzen der unterworfenen Stämme im eigenen Machtgebiet zerfiel das Reich der Hsiung-nu im Laufe des 1. Jahrhunderts v. Chr. Auch der Versuch eines Hsiung-nu-Prinzen, im Westen des Nomadenreiches einen neuen, unabhängigen Staat zu gründen, scheiterte mit dem Angriff chinesischer Truppen 36 v. Chr. Nach dieser Zeit stellte jenes Steppenvolk in den Augen der Chinesen offenbar keinen ernstzunehmenden Gegner mehr dar.

Natürlich verschwanden die Hsiung-nu nicht einfach von der Bildfläche, sondern sie tauchten auch später immer wieder vereinzelt in der chinesischen Überlieferung auf. So wanderten einzelne Gruppen von ihnen nach einer erneuten militärischen Invasion Chinas Ende des 1. Jahrhunderts n. Chr. in Richtung Westen und ließen sich am Tienschan-Gebirge nieder, während von dort wiederum Hsiung-nu in die kasachischen Steppen weiterzogen. Nach dem Zerfall der Han-Dynastie sahen wiederum andere Gruppen dieses Volkes ihre Chance für ein erneutes militärisches Engagement gegen den alten Feind China gekommen. So zerstörten die Hsiung-nu um 311 die chinesische Hauptstadt Luoyang, und in der „Zeit der sechzehn Königreiche" etablierten sich in Nordchina mehrere unabhängige Lokalherrscher mit Hsiung-nu-Abstammung, die allerdings einer raschen Sinisierung unterlagen (vgl. S. 192).

Zwischen den Hsiung-nu und einigen anderen nomadischen Gemeinwesen, die im Laufe des 4. Jahrhunderts im westlichen Asien und in Europa auftauchten, besteht eine auffällige Namensähnlichkeit. So fielen um 350 die **Hjono** in Baktrien (Tocharistan) ein, deren sich dort etablierende Herrscher vermutlich in der Mitte des 5. Jahrhunderts die dynastische Bezeichnung Hephtaliten annahmen. Ebenfalls in der Mitte des 5. Jahrhunderts eroberten Nomadenstämme unter der Bezeichnung **Huna** von Baktrien aus Nordindien und setzten dort dem Gupta-Reich ein Ende (vgl. S. 121 und 160). Die Reiterheere, die in der zweiten Hälfte des 4. Jahrhunderts in Europa einfielen und dort die Völkerwanderung auslösten, werden in den byzantinisch-griechischen und lateinischen Quellen wiederum als **Hun** bezeichnet, woraus sich später der Name **Hunnen** entwickeln sollte. Seit den Studien des französischen Orientforschers J. Deguignes im 18. Jahrhundert wurden die Hsiung-nu lange Zeit mit den im Westen auftauchenden Nomadenstämmen gleichgesetzt. Heute existiert ein etwas differenzierteres Bild, wonach der gleiche wortgeschichtliche Ursprung von Hsiung-nu, Hjono, Huna und Hun/Hunnen nicht mehr bezweifelt wird. Es gibt jedoch keinen eindeutigen Beleg für die ethnische Übereinstimmung der hinter diesen Namen stehenden Völkerschaften. Vielmehr scheint es möglich zu sein, daß sich verschiedene Ethnien aus dem Herrschaftsgebiet des einstiges Großreiches der Hsiung-nu unter dem Namen des dominierenden Volkes auf ihren Weg nach Westen und Süden gemacht haben. Die Verwendung dieses großen Namens mag möglicherweise der Schaffung von Legitimation der Herrschaft oder der Traditionsbildung gedient haben (Vásáry 1999, S. 50ff.).

Die in der europäischen Historiographie als Hunnen bezeichneten, nomadischen, zentralasiatischen Völkerschaften drangen im 4. Jahrhundert immer weiter in Richtung Westen vor. Zunächst besiegten sie um 370 die zwischen Aralsee und Don siedelnden Alanen. Nachdem diese teilweise als Hilfstruppen in das hunnische Heer integriert worden waren, überschritten die Hunnen um 375 den Don. Der Widerstand der westlich des Flusses siedelnden Ostgoten brach innerhalb kürzester Zeit zusammen. Während die meisten von ihnen von den Hunnen unterworfen wurden, migrierten kleinere Gruppen der Goten an die Grenzen des Römischen Reiches.

Die Hunnen stellten bei ihrer Annäherung an Mitteleuropa längst keine ethnische Einheit mehr dar, sondern es hatten sich ihnen schon bald die besiegten Alanen, iranische Sarmaten, Balten, Finnen und schließlich auch die Goten angeschlossen. Im ausgehenden 4. und beginnenden 5. Jahrhundert entstand das Hunnische Reich mit seinem Machtzentrum in der Theißebene. Nach Beseitigung seines Bruders Bleda wurde Attila (r. 441–453) Alleinherrscher über dieses Imperium. 447 führte er einen verheerenden Kriegszug gegen Byzanz durch; es wurden aber auch weit ausgreifende Vorstöße in Richtung des römischen Westreiches unternommen, die 451 mit der unentschiedenen **Schlacht auf den Katalaunischen Feldern** im heutigen Frankreich gegen den römischen Feldherrn Aetius endeten. Der Mangel an einer staatlichen Institutionalisierung führte nach Attilas Tod zu einem raschen Zerfall des Hunnenreiches, das schließlich durch die germanischen Gepiden entscheidend geschwächt wurde. Die Hunnen zogen sich in der zweiten Hälfte des 5. Jahrhunderts an das Nordufer des Schwarzen Meeres zurück.

Abgesehen von den Hunnen/Hsiung-nu etablierten sich in den ersten nachchristlichen Jahrhunderten aber noch andere Völkergruppen als bedeutende Mächte Zentralasiens. So stellten die **Xianbi** neben den Hsiung-nu einen weiteren ernstzunehmenden Machtfaktor im nördlichen chinesischen Grenzraum dar. Seit dem 3. Jahrhundert v. Chr. entwickelte sich dieses Volk zur Vormacht in der Mandschurei, konnte letztlich aber die Expansion der Hsiung-nu in diese Richtung nicht verhindern. Immer wieder kam es zu Konflikten mit den Hsiung-nu. Schließlich berichten die Quellen von einer Eroberung weiter Teile des zerfallenden Hsiung-nu-Reiches durch die Xianbi im Jahre 155 n. Chr. Deren territoriale Ausdehnung führte sie aber auch ins benachbarte China. 439 n. Chr. errang der Stamm der Toba aus der Gruppe der Xianbi die Macht in Nordchina und begründete die Nördliche Wei-Dynastie (vgl. S. 192).

Die Vorherrschaft der Xianbi und der im 3. Jahrhundert wiedererstarkten Hsiung-nu wurde durch die Stammeskonföderation der **Juan-juan** abgelöst, von denen möglicherweise auch die späteren europäischen Awaren abstammen. Im ausgehenden 4. Jahrhundert avancierten die Juan-juan von ihrem Kerngebiet in der Mongolei aus zur dominierenden Macht im östlichen Zentralasien. Ein zu gleicher Zeit einsetzender und für die Nomadengesellschaften sonst eher unüblicher Zentralisierungsprozeß äußerte sich in der Herausbildung erster Ansätze einer Zivilverwaltung und einer gewissen Schriftlichkeit am Hof der Herrscher. Institutionalisiert wurden auch die jährlichen Treffen der Stammesfürsten an immer demselben Platz in der Nähe von Dunhuang. 402 nahm mit Shö-lun erstmals ein Juan-juan-Herrscher den Titel **Khan** (Khagan) an. Dieser erbliche Titel avancierte in den folgenden Jahrhunderten zur allgemeinen Bezeichnung für souveräne zentralasiatische Herrscher.

Eine ernsthafte Bedrohung erwuchs diesem Gemeinwesen von außen. So kam es bis zur Mitte des 6. Jahrhunderts immer wieder zu Auseinandersetzungen zwischen den Juan-juan und den Truppen der nördlichen Wei-Dynastie aus China. Dabei ließen die Juan-juan die Chinesen bei ihren Angriffen weit in die zentralasiatischen Steppen vorrücken und wichen Kampfhandlungen aus. Der Feind wurde mithin nicht durch die direkte militärische Auseinandersetzung, sondern durch die Strapazen der langen Märsche geschlagen. Um 520 zerfiel das Reich der Juan-juan jedoch durch innere Machtkämpfe – die von den Chinesen geschürt worden waren – in einen östlichen und einen westlichen Teil.

Der Aufstieg der Türkischen Reiche und das Vordringen des Islam

In der Mitte des 6. Jahrhunderts wurde die Vorherrschaft der Juan-juan durch die vermutlich aus dem Altaigebirge stammenden **Turkvölker** beendet, die in der darauffolgenden Zeit die dominierende Macht zwischen der chinesischen Grenze und dem Byzantinischen Reich darstellten. Diese zeichneten sich durch die Fähigkeit zur Eisenverarbeitung sowie durch ihre Zugehörigkeit zu einer eigenen Sprachfamilie, den Turksprachen, aus, während die Juan-juan wahrscheinlich eine mongolische Sprache benutzten.

Die Turkvölker waren zunächst den Juan-juan untertan gewesen, ehe sie sich von ihnen emanzipierten und sich schließlich in einem eigenen Reich zusammenschlossen. So ist für das Jahr 552 eine Schlacht belegt, in der die Turkvölker unter ihrem ersten namentlich bekannten Herrscher Bumin (1. Hälfte des 6. Jahrhunderts) die Juan-juan besiegten. In der Tradition der Juan-juan bezeichneten sich auch ihre Herrscher seit Bumin mit dem Titel Khan, was auf die Anknüpfung an bisherige Herrschaftstraditionen und auf die Etablierung einer zentralen Macht oberhalb der Clan- und Stammesebene deutet. Eine großräumige territoriale

Expansion und die Herausbildung des **Türkischen Reiches** (auch: Göktürkisches Reich) als erstem historisch gesichertem Großreich in Zentralasien setzte unter Bumins Sohn Mu-han (r. 553–572) ein, der zahlreiche benachbarte Völkerschaften unterwarf. Sein Herrschaftsgebiet erstreckte sich schließlich zwischen den Grenzen des nördlichen Korea, der Wüste Gobi und dem Baikalsee sowie im Westen bis zum Amudarja und zum Schwarzen Meer. Die Nähe zum Mittelmeerraum führte zur Herausbildung diplomatisch-politischer und ökonomischer Kontakte mit dem Byzantinischen Reich.

Schon in der Anfangsphase scheint sich eine Zweiteilung des Türkischen Reiches ergeben zu haben, wobei der westliche Teil nur nominell unter der Herrschaft des Khan stand, de facto aber souverän war. Im Jahre 584, als der westliche Provinzfürst Tardu seine Unabhängigkeit erklärte und selbst den Titel eines Khan annahm, zerfiel das Land endgültig in das **Osttürkische** und das **Westtürkische Reich**. Die Zentralgewalt im Westtürkischen Reich war aber von vornherein schwach und litt unter dem Partikularismus der unterworfenen Stämme. Um 630 besiegten die Chinesen unter der erstarkenden Tang-Dynastie zunächst die Osttürken und nahmen deren letzten Khan Hsiä-li gefangen. 659 fiel auch das Westtürkische Reich in die Hände der Chinesen, womit das einstige Türkische Reich zu einem Vasallen des Reichs der Mitte degradiert wurde. Allein in der südwestlichen Peripherie am Oberlauf des Amu-darja konnte sich eine unabhängige türkische Dynastie halten.

Infolge der Schwächung der chinesischen Tang-Dynastie zur Zeit der Kaiserin Wu (vgl. S. 194) mehrten sich in den letzten Jahrzehnten des 7. Jahrhunderts unter den Türken ebenso wie unter den benachbarten Kitan in der Mandschurei und den Tibetern Abfalltendenzen von den Chinesen. Unter dem Heerführer Kutlug sammelten sich die türkischen Kräfte und legten den Grundstein für eine Restauration des Khanats. 687 erklärte sich Kutlug zum Khan Elterisch (r. 687–691), womit er seinen Souveränitätsanspruch artikulierte, der zur Gründung des **zweiten Türkischen Reiches** führte. Mit einem Feldzug gegen die mit den Turkvölkern ethnisch verwandten Ogusen, die sich in der Zwischenzeit im ehemaligen Kerngebiet des Türkischen Reiches angesiedelt hatten, setzte die Rückeroberung des einstigen Territoriums ein. Eine wirkliche Herrschaft konnte aber nur im osttürkischen Gebiet durchgesetzt werden, während das Gebiet des ehemaligen Westtürkischen Reiches trotz mehrerer Eroberungsfeldzüge nicht mehr dauerhaft in das Reich des neuen Khan eingegliedert werden konnte. Mehrere Jahrzehnte lang hielt sich das zweite Türkische Reich auf der Höhe seiner Macht, ehe es, durch innere Konflikte geschwächt, 745 das Opfer der Expansion der Uiguren wurde.

Die **Uiguren** stellten zwischen etwa 750 und 840 die Hegemonialmacht im östlichen Zentralasien dar. Sie stammten aus der Völkerfamilie der Ogusen, die größtenteils vom zweiten Türkischen Reich unterworfen worden waren. Die Uiguren erlangten vermutlich Mitte des 8. Jahrhunderts eine Führungsrolle unter den Ogusen und schlugen die wiederbegründete Macht der Türken nieder, um ein eigenes Steppenreich zu gründen. Gegen Ende des Jahrhunderts verblaßte der Stern der Uiguren allerdings wieder, als es tibetischen Truppen 790 gelang, die miteinander verbündeten uigurischen und chinesischen Heere zu schlagen und die Macht Tibets auf das Tarimbecken auszudehnen. 840 wurde das uigurische Reich schließlich von den im Tal des Jenissei siedelnden Kirgisen gänzlich geschlagen, die aber ihrerseits 924 von den Kitan wieder aus den eroberten Gebieten vertrieben wurden. Teile der Uiguren verließen ihre angestammten Gebiete und ließen sich nördlich des Flusses Tarim nieder, wo sie bis zur Expansion des mongolischen Reiches eine eigenständige Herrschaft etablierten. Von hier aus übten sie die Kontrolle über ein bedeutsames Teilstück der Seidenstraße aus.

Als nachfolgende Mächte im Osten Zentralasiens etablierten sich zunächst im 10. Jahrhundert die Kitan – die ihre Macht nach dem Fall der Tang-Dynastie bis in das nördliche China ausdehnten (Kitan Liao-Dynastie) und schließlich im Jahre 926 den nördlich Koreas gelegenen Staat Parhae zerschlugen – und die Jurchen. Die nördlich der Kitan siedelnden **Jurchen** stammten aus den Waldgebieten der Mandschurei und wurden von der chinesischen Song-Dynastie als Verbündete gegen die Kitan herangezogen. Im beginnenden 12. Jahrhundert brachen die Jurchen die Kitan-Herrschaft in Nordchina und gründeten dort die Jin-Dynastie (vgl. S. 197f.).

Die Expansion der Jurchen setzte erneut eine Völkerbewegung in Zentralasien ingang. So machten sich einige Gruppen der unterlegenen Kitan in Richtung Westen auf, wo sie in den 1130er Jahren am westlichen Tienschan das Reich der **Kara-Kithai** gründeten. Dieses Territorium war ein nach chinesischen Herrschaftsprinzipien zentral regierter absoluter Staat und stand unter der Herrschaft des buddhistischen Gur-Khan („Herr der Welt“).

Zentralasien wurde in dieser Zeit aber nicht nur von expandierenden Kräften aus dem Osten geprägt, sondern auch eine Bewegung von Westen her beeinflußte zunehmend die ganze Region. So überschritten in den 670er Jahren erstmals arabische Truppen den Amu-darja und brachten neben ihrer politisch-militärischen Macht auch den **Islam** nach Zentralasien. Bis ins beginnende 8. Jahrhundert wurden die ehemaligen Gebiete des Westtürkischen Reiches zwischen dem Amu-darja und dem Fergana-Tal von den Arabern eingenommen. Zum Stillstand kam die arabische Expansion erst 724 durch eine militärische Niederlage gegen die Türgesch-Türken, einen Stamm der Westtürken. 751 fand mit der Schlacht am Talas-Fluß eine erste Begegnung zwischen chinesischen und arabischen Truppen statt, die mit einem Sieg der Araber endete. Obwohl dieser Schlacht in der Historiographie eine epochale Bedeutung zugemessen wird, diente der ihr vorausgegangene chinesische Vorstoß nicht primär der Auseinandersetzung mit den Arabern, sondern ist im Kontext eines Angriffs auf Tibet zu sehen. Dennoch legte dieses Zusammentreffen auf lange Zeit die unscharfe Grenze zwischen dem chinesischen und dem arabisch-islamischen Einflußbereich in Zentralasien fest.

In der zweiten Hälfte des 9. Jahrhunderts gründete sich als Zerfallsprodukt des Abbasiden-Reiches westlich jener Grenze das islamische, von der persischen Kultur geprägte Reich der **Samaniden-Dynastie** (875–999) mit der Hauptstadt Buchara, das sich im Westen bis ans Kaspische Meer und im Osten bis an den westlichen Tienschan erstreckte. Die gelegentlichen Feldzüge der Samaniden in die benachbarten Steppengebiete dienten in erster Linie der Sicherung des Nachschubs an Sklaven. Türkische Sklaven machten wie bei den Abbasiden einen bedeutsamen Teil des samanidischen Heeres aus. Aus ihnen rekrutierten sich auch herausragende Heerführer wie beispielsweise der turkstämmige Sebük-tigins, der zunächst im Samaniden-Reich den militärischen Oberbefehl über eine Provinz innehatte, ehe er sich als autonomer Herrscher etablierte und 962 das afghanische Ghasni eroberte. Schließlich ging sein Sohn Machmud von Ghasni daran, den Norden Indiens zu unterwerfen (vgl. S. 164). 999 zerschlug dieser schließlich gemeinsam mit den Karachaniden (s. u.) die Macht der Samaniden-Herrscher ganz.

Die Nähe der islamischen Samaniden zu den paganen Völkern Zentralasiens bewirkte im 10. Jahrhundert eine rasche Verbreitung des Islam weiter in Richtung Osten, teils mit militärischen Mitteln, teils durch friedlichen ökonomischen und kulturellen Austausch. Es waren aber schon bald nicht mehr allein die expandierenden Araber, die ihre Religion mitbrachten, sondern indigene, zentralasiatische Fürsten nahmen von sich aus den Islam an wie beispielsweise um die Mitte des 10. Jahrhunderts die östlich des Samaniden-Reiches am Tarimbecken herrschende türkische Dynastie der Karachaniden, die schließlich auch einen großen Teil des Samaniden-Reiches eroberte. Als zweiter großer Stammesverband neben den Karachaniden wurde um 960 der ogusische Stamm der **Seldschuken**, der seine Machtbasis am Unterlauf des Syr-darja hatte, islamisiert.

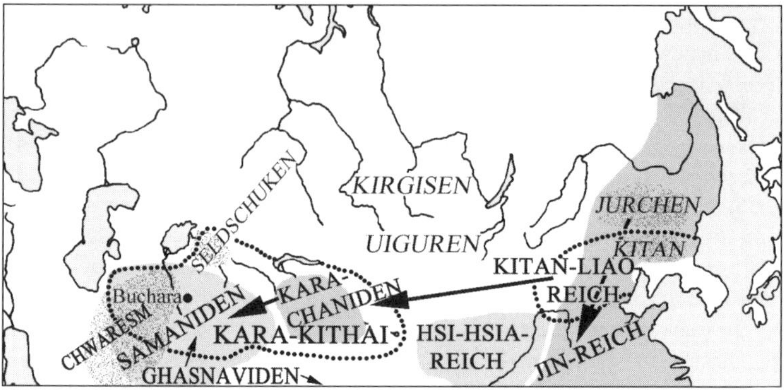

Karte 13: Zentralasien (10.–12. Jahrhundert)

Mit dem Ende der Samaniden-Dynastie wurde der durch diese Herrscher gebildete militärische Sperriegel zwischen West- und Zentralasien immer durchlässiger, was letztlich neue Völkerbewegungen aus dem Osten begünstigte. So hatten die Kara-Kithai unter ihrem buddhistischen Gur-Khan (s. o.) zunächst weite Teile des Karachaniden-Reiches erobert und vertrieben bis Mitte des 12. Jahrhunderts auch die Seldschuken aus ihrem Heimatgebiet. Damit wurde gleichzeitig der Islam aus den südwestlichen Bereichen Zentralasiens wieder zurückgedrängt. Im Europa der Kreuzritter glaubte man zu dieser Zeit, im Gur-Khan den legendären Priesterkönig Johannes als möglichen Verbündeten im Kampf gegen den Islam gefunden zu haben. Die Herrschaft der Kara-Kithai war im Westen aber nur locker, so daß sich im ausgehenden 12. Jahrhundert im Bereich südlich des Aralsees das nominell den Kara-Kithai tributpflichtige Reich von **Chwaresm** ausdehnen konnte, welches kurzzeitig sogar über das Iranische Hochland herrschte, aber schon einige Jahrzehnte später mit dem Ansturm der Mongolen wieder unterging.

Parallel zum Geschehen zwischen Aralsee und chinesischer Grenze bildete **Tibet** zur gleichen Zeit ein institutionalisiertes Königtum heraus und blieb zudem vom Islam weitgehend unberührt. Tibet war seit jeher dünn besiedelt. Nur die Täler der großen Flüsse im Süden und Osten –

vor allem Tsangpo/Brahmaputra, Salween, Mekong und Jangtse – boten Raum für Ackerwirtschaft, der Norden war hingegen von Nomadenwirtschaft und Viehzucht geprägt. Die geographische Abgelegenheit und das große Höhenniveau von durchschnittlich 4500 m verhinderten ein großräumiges Eindringen der Steppenvölker aus dem Norden.

Eine schriftliche Überlieferung setzt für Tibet im beginnenden 7. Jahrhundert ein. In den 630er Jahren Zeit etablierte sich erstmals eine tibetische Königsherrschaft im klimatisch begünstigten Tal des Kyi Chu, eines Nebenflusses des Tsangpo. Dieses überlagerte schon nach vergleichsweise kurzer Zeit die traditionellen, tribalen Stammesstrukturen, konnte diese aber nie ganz beseitigen. So war die frühe tibetische Geschichte von einem permanenten Dualismus zwischen Zentralherrschaft und den Interessen der Stammesfürsten außerhalb des Zentrums geprägt.

Der erste historisch dokumentierte König Songtsen Gampo (r. ca. 633–ca. 649) gründete die Hauptstadt Lhasa und organisierte militärische Expeditionen zunächst in den Norden, dann nach China. Auch im 8. Jahrhundert führten Feldzüge in die Kerngebiete Chinas – um 763 konnten die Tibeter sogar die dortige Hauptstadt Chang'an für kurze Zeit besetzen –, aber auch nach Oberbirma und Nepal, das möglicherweise der tibetischen Oberhoheit unterworfen wurde. Territoriale Gewinne wurden zudem um 790 im Tarimbecken mit der an dessen Rändern verlaufenden Seidenstraße verzeichnet, so daß Tibet in dieser Zeit zu einer bedeutenden Macht mit auf Schriftlichkeit basierenden zentralen Verwaltungsstrukturen heranwuchs. Gleichsam als Staatsreligion wurde der Buddhismus eingeführt, der sich in Verbindung mit dem lokalen Schamanismus zum Lamaismus verband (vgl. S. 77).

Trotz erfolgreich durchgeführter Expansion und Zentralisierung ging die Königsherrschaft nach etwa zwei Jahrhunderten vor allem unter dem König Langdarma (r. ca. 836–842) wieder zugrunde. Es waren die adligen Eliten in der Peripherie, die sich dem Buddhismus als obrigkeitlicher Religion widersetzten, vermutlich zur legitimatorischen Abgrenzung ihrer eigenen Macht von der zentralen Königsherrschaft. Um die Mitte des 9. Jahrhunderts brachen heftige Kämpfe zwischen buddhistischem Königtum und den oft noch paganen Kulten anhängenden Provinzeliten aus. Letztlich war die anti-buddhistische adlige Opposition, die zeitweise auch am Hof in Lhasa mächtige Anhänger hatte, der buddhistischen Königsmacht überlegen und stürzte um 900 die Monarchie in Tibet.

Nach dem Ende der Zentralgewalt in Lhasa zerfiel Tibet in zwei Machtbereiche. Im Norden gründete sich das Reich von **Hsi-Hsia,** das von den mit den Tibetern ethnisch verwandten tungutischen Stammesverbänden dominiert wurde. Bis zu seiner Zerschlagung durch die Heere Dschingis Khans 1227 kontrollierte dieses Reich mit dem Gansu-Korridor den Zugang Chinas zur Seidenstraße. Der Süden Tibets zerfiel hingegen in eine große Anzahl minderer Territorien, und es begann eine heftige Gegenbewegung gegen den Buddhismus, die sich in der Zerstörung buddhistischer Klöster äußerte. Eine Wiederbelebung des Buddhismus setzte erst im beginnenden 11. Jahrhunderts von der östlichen Peripherie Tibets her ein.

Das Zeitalter der Mongolen

Im 13. Jahrhundert stieg mit der Herrschaft der **Mongolen** ein neues Reich auf, dessen Macht erstmals seit dem Niedergang des Türkischen Reiches wieder die größten Teile Zentralasiens erfassen und sich darüber hinaus bis nach China und Europa ausdehnen sollte. Die Ursprünge der nomadischen Mongolen liegen in der Gegend der heutigen Mongolei. In der Mitte des 12. Jahrhunderts scheint es dort zu einem ersten Reichsbildungsprozeß gekommen zu sein, wobei die Herrscher erstmals den Titel Khan annahmen. Zu einer Großmacht avancierten jene aber erst unter ihrem Fürsten Timujin, der unter dem Namen Dschingis Khan (r. 1206–1227) innerhalb zweier Jahrzehnte zur beherrschenden Figur in Zentral- und Ostasien avancierte.

Nach dem gewaltsamen Tod von Timujins Vater hatten Angehörige seines Familienverbandes versucht, Timujins Anspruch auf die Khanswürde zu vereiteln. Seine Jugendzeit verbrachte dieser mit einer kleinen Gefolgschaft mehr oder weniger auf der ständigen Flucht vor seinen Verwandten, ehe es ihm gelang, in dem türkischen Stamm der Keraiten einen Verbündeten zu gewinnen und mit diesem Partner die Macht im Mongolen-Reich zu erkämpfen. Schließlich brach aber unter den beiden Verbündeten ein Konflikt um die Vorherrschaft aus, der mit einem Zerwürfnis und schließlich mit einem militärischen Sieg Timujins über die Keraiten endete. 1206 wurde Timujin von einem mongolischen Stammesrat (*kuriltai*) unter dem Herrschernamen Dschingis zum neuen Khan gekrönt.

Von Beginn an zeichnete sich Dschingis Khans Herrschaft durch Expansionsbestrebungen aus. 1211 setzten seine Feldzüge gegen das China der Jin-Dynastie ein. Während die Expeditionen der zentralasiatischen Steppenvölker in Richtung China zuvor eher den Charakter von Beutezügen und kurzzeitigen Unternehmungen hatten, setzte der Mongolenkhan nun zu einer dauerhaften Eroberung des Landes an. Nach der

Überwindung der Grenzbefestigungen wurde 1215 Yanjing (Beijing) erobert, und 1279 befand sich – ein halbes Jahrhundert nach Dschingis Khans Tod – das gesamte Reich der Mitte in den Händen der Mongolen, die hier die Yuan-Dynastie gründeten.

Aber auch in Richtung Westen setzten die Mongolen zu beispiellosen Eroberungszügen an. So zerfiel im beginnenden 13. Jahrhundert das Reich der Kara-Kithai in Zentralasien (vgl. S. 260) und hinterließ ein Machtvakuum, in das andere Stammesverbände einzudringen versuchten. Um den Aufstieg einer weiteren Macht westlich des eigenen Reiches zu verhindern, okkupierten mongolische Truppen bis 1218 das Gebiet des ehemaligen Kara-Kithai-Reiches. Nach dessen Annexion existierte eine direkte Grenze zwischen den Mongolen und dem islamischen Chwaresm-Reich am Amu-darja (vgl. S. 262). Innerhalb kürzester Zeit gelang es den Mongolen, 1219–1220 die strategisch-ökonomischen Schlüsselstellungen dieses Territoriums wie die beiden Städte Buchara und Samarkand zu besetzen. Es folgte ein ausgesprochen blutiger Feldzug in Richtung Kaukasus, wo das christliche Georgien mit der Hauptstadt Tiflis überfallen wurde und wonach sich das mongolische Heer anschließend in Richtung Südrußland wandte, um einen nur schwachen russischen Widerstand am Fluß Kalka zu brechen. Die Mongolen umrundeten anschließend unter Dschingis Khans Söhnen das Nordufer das Kaspischen Meeres wieder in Richtung Osten. Während dieser erste mongolische Feldzug in Richtung Europa die dortige politische Landkarte noch nicht veränderte, leitete Dschingis Khan damit aber immerhin die komplette Zerschlagung des kurzlebigen Chwaresm-Reiches ein. 1225 kehrte Dschingis Khan wieder zurück in seine mongolische Heimat jenseits des Altai-Gebirges, ehe zwei Jahre später schließlich der tibetisch-tungutische Staat von Hsi-Hsia zerschlagen wurde.

Noch vor seinem Tod hatte Dschingis Khan die Teilung seines Erbes in drei Lehensgebiete (*ulus*) unter seinem Enkel Batu (im Westen) und seinen Söhnen (Tschagathai im Zentrum, Ögödei im Osten) festgelegt, während sein jüngster Sohn Tolui die Verfügung über den Stammsitz der Mongolen, den väterlichen Haushalt und Dschingis Khans Elitetruppen erhielt. Reichsteilungen unter einem gemeinsamen Oberhaupt waren in Zentralasien üblich, wie wir es bereits beim Türkischen Reich festgestellt haben. Mit dieser Struktur sollte das mongolische Imperium keineswegs gespalten werden; es ging vielmehr darum, durch die Präsenz von Dschingis Khans Angehörigen in den einzelnen Teilen des Reiches den Zusammenhalt dieses multiethnischen und multikonfessionellen Staatsgebildes zu gewährleisten.

Neuer Khan wurde zwei Jahre nach Dschingis Khans Tod Ögödei (r. 1229–1241), unter dem sich die Expansion verlangsamte, der aber statt dessen das neue Mongolen-Reich im Inneren konsolidierte. So etablierte er in begrenztem Umfang erstmals eine zivile Verwaltung und begründete in dem Ort Karakorum eine dauerhafte Residenz. Die Träger der schmalen Verwaltungselite waren vor allem Angehörige solcher Ethnien, die schon zuvor mit Schriftlichkeit und Verwaltung in Kontakt getreten waren: Uiguren, Araber, Iraner und Chinesen. Schließlich wurden unter dem Khan Möngke (r. 1251–1259) der Irak erobert und 1258 mit der Ermordung des letzten Abbasiden-Kalifs das Kalifat zerschlagen. Sein Bruder Khubilai eroberte in den 1250er Jahren das noch nicht von den Mongolen kontrollierte Südchina. Dieser avancierte ein Jahr nach Möngkes Tod selbst zum neuen Khan (r. 1260–1294). Als Ausdruck einer wachsenden Sinisierung seiner Herrschaft und einer geographischen Schwerpunktverlagerung des Mongolen-Reiches verlagerte Khubilai 1264 seine Residenz vom zentralasiatischen Karakorum nach Khanbalik in der Nähe des heutigen Beijing. 1271 nahmen die Mongolenherrscher in chinesischer Tradition die Dynastiebezeichnung Yuan an (vgl. S. 198).

Vom Reich der Mitte aus wurden in den 1270er und 80er Jahren mongolisch-chinesische Expeditionen nach Südostasien, Korea und Japan durchgeführt. Das brachte aber eine Vernachlässigung der zentralasiatischen Kerngebiete mit sich, wo unter Khubilais Verwandtem Khaidu eine mit der Sinisierung der mongolischen Herrschaft unzufriedene Opposition heranwuchs, was zwischen den 1280er Jahren und 1300 praktisch zum Zerfall des Mongolen-Reiches in zwei Herrschaftsgebiete führte. Obwohl diese Teilung unter Khubilais Nachfolger Temür (r. 1294–1307) vorübergehend wieder rückgängig gemacht wurde, setzte danach ein endgültiger Zerfall ein. Bis zur Mitte des 14. Jahrhunderts verfiel der zentralasiatische Teil des Mongolen-Reiches durch Fehden unter der zahlreichen Nachkommenschaft Dschingis Khans in mehrere unabhängige Khanate.

Trotz der politischen Spaltung war die Zeit seit Khubilais Thronantritt im Inneren des mongolischen Reiches eine relativ friedliche Epoche, die abgesehen von den Verwerfungen innerhalb der Herrscherfamilie kaum innere Unruhen kannte und die es erlaubte, mehr oder weniger unbehelligt vom chinesischen bis zum osteuropäischen Ende des Reiches zu reisen (**Pax Mongolica**). Technisches Know-how und intellektuelle Fertigkeiten wurden von West nach Ost und in umgekehrter Richtung transportiert, und der zentralasiatische Handel erlebte im 13. Jahrhundert eine Blütezeit, wovon nicht zuletzt auch der europäische Reisende Marco Polo profitierte.

Die zentralasiatischen Khanate

Nach dem Willen Dschingis Khans erhielt sein Enkel Batu (r. 1227–1256) das westliche Lehensgebiet des Mongolen-Reiches, welches sich zwischen dem Irtysch, dem Nordufer des Balchaschsees im Osten sowie den russischen Fürstentümern im Westen erstreckte. Dieser Besitz war aber zunächst noch fiktiv, denn weite Teile seines Erbes befanden sich noch gar nicht in dauerhafter Hand der Mongolen. Batu unterwarf mit militärischer Unterstützung seiner Verwandten aus dem östlichen Teilreich Ende der 1230er Jahre das bulgarische Königreich; es folgte ein blutiger Feldzug gegen die russischen Herrscher, wobei 1240 die Stadt Kiew von den Mongolen eingeäschert wurde. Im darauffolgenden Jahr überfielen diese nahezu gleichzeitig Polen und Ungarn. Die für die Europäer vernichtenden Schlachten bei **Liegnitz** in Schlesien am 9. April 1241 und bei **Mohi** in Ungarn nur zwei Tage später brachte Europa die von den Mongolen ausgehende Gefahr deutlich vor Augen und fungierte noch Jahrhunderte später als Schreckensbild der nomadischen Reiterheere. Aus mongolischer Sicht bildeten diese Schlachten jedoch eher periphere Ereignisse.

1241 war nämlich Batus Onkel, der Khan Ögödei, gestorben, und Batu mußte überraschend nach Karakorum reisen, um seinen Einfluß bei der Wahl eines neuen Khan geltend zu machen. Vor diesem Hintergrund ist auch der für die Europäer überraschende Rückzug der Mongolen aus Mittelosteuropa nach der Schlacht von Liegnitz zu sehen. Wegen der Übermacht seiner Widersacher im Zentrum des Mongolen-Reiches gelangte Batu aber niemals nach Karakorum, sondern sah sich gezwungen, sich in Sarai an der Wolga niederzulassen, von wo aus er die Konsolidierung seines Teilreiches und einen Emanzipationsprozeß von der Zentralmacht einleitete. In den eroberten russischen Fürstentümern etablierte er hingegen nur eine indirekte Herrschaft. Unter Batus Bruder und Nachfolger Berke (r. 1257–1267) setzte sich eine Islamisierung der Führungseliten durch, die sich unter Usbek (r. 1313–1340) mit der Einführung der Scharia als oberster Gesetzesnorm noch verstärkte. Der Süden dieses Staates war von einer hochentwickelten städtischen Kultur – unter anderem mit den urbanen Zentren Sarai, Neu-Sarai, Astrachan, Urgentsch und Kaffa auf der Krim – und einem blühenden Luxusgüterhandel geprägt. Das Gemeinwesen firmiert unter der Bezeichnung **Gol-**

dene Horde, später wurden aus den in Osteuropa assimilierten Mongolen die **Tataren**.

Die Goldene Horde geriet Mitte des 14. Jahrhunderts in eine existentielle Krise, als eine von der Krim ausgehende Pestwelle, der „Schwarze Tod“, große Teile der Bevölkerung vor allem längs der Handelsrouten dahinraffte. Zudem wurde durch das Aussterben der von Batu begründeten Stammlinie die Erbfolge unklar, was einen zwei Jahrzehnte andauernden Thronfolgekrieg zur Folge hatte. Unter dem Herrscher Toktamisch (r. 1375–1390) konnte das Ansehen der Goldenen Horde, vor allem gegenüber dem nach Unabhängigkeit strebenden Großfürstentum Moskau, wiederhergestellt werden. Dessen Herrschaft scheiterte aber letztlich an der Expansion Timurs (s. u.). So zerfiel das Reich der Goldenen Horde in der ersten Hälfte des 15. Jahrhunderts in das Gebiet der sogenannten Weißen Horde im heutigen Kasachstan, der Noghaischen Horde nördlich des Kaspischen Meeres und in mehrere unabhängige Khanate, von denen einige im darauffolgenden Jahrhundert schrittweise in das expandierende Großfürstentum Moskau integriert wurden.

Südöstlich der Goldenen Horde etablierte sich zwischen Amu-darja, Balchaschsee und Tarimbecken das nach einem der Söhne Dschingis Khans benannte Reich von **Tschagathai**, zunächst als Lehensgebiet des Khan, später als souveräner Staat. Der Islam konnte sich in diesem weitgehend vom zentralasiatischen Nomadentum geprägten Gemeinwesen mit seinen paganen Kulten nicht so rasch ausbreiten wie bei der Goldenen Horde, obwohl mit Mubarak Shah (r. 1264–ca. 1270) vorübergehend ein muslimischer Tschagathai-Herrscher an der Macht war.

In der Mitte des 14. Jahrhunderts lockerte sich das Band zwischen der urban geprägten Region am Amu-darja (Mawarannar) und dem östlichen Kerngebiet des Tschagathai-Reiches. So setzte sich im Westen bis 1370 die Herrschaft des aus einem turkstämmigen Emirgeschlecht stammenden **Timur** (Tamerlan) mit seiner Residenz in Samarkand durch. Die letzten Jahrzehnte des 14. Jahrhunderts eröffneten Timur die günstige Voraussetzung, zu einem beispiellosen Expansionszug aufzubrechen: So befand sich nicht nur das Tschagathai-Reich in Verfall, auch die Goldene Horde litt zwischen 1357 und 1381 unter einer Sukzessionskrise, während in Persien die Macht der Il Khane (vgl. S. 126f.) bereits zerfallen war. In Nordindien war das Delhi-Sultanat in dieser Zeit nur noch ein Schatten seiner selbst. Zu Beginn der 1380er Jahre überfiel Timur zunächst das nördliche Persien, ehe er sich ab 1386 dem Kaukasus und dem östlichen Anatolien zuwandte. Die nächsten Feldzüge führten ihn gegen Tschagathai, den einstigen Souverän des Amu-darja-Gebietes. Dieses ohnehin schon geschwächte Reich wurde bis 1389 gänzlich zerschlagen, allein ein kleineres Gebiet nördlich des Tienschan (Mogulistan) blieb bis in das 16. Jahrhundert hinein in der Hand von Dschingis Khans Nachkommen. Es folgten Züge gegen die Goldene Horde und Mesopotamien. 1393 fiel Bagdad in Timurs Hände. Der Höhepunkt seiner Expansionsbewegung folgte 1398–1401 mit Angriffen auf Nordindien und 1402 mit der Gefangennahme des osmanischen Sultans. Mit Hilfe seiner äußerst beweglichen Nomadentruppen eroberte Timur innerhalb nur zweier Jahrzehnte ein riesiges Reich, welches vom Mittelmeer bis nach Delhi reichte.

Es zeigte sich indes rasch, daß Timur trotz seines militärischen Genius – anders als etwa Dschingis Khan – über kein Herrschaftskonzept verfügte, um dieses Imperium auch wirklich zusammenzuhalten. Nach dem Tod seines Sohnes Shah Ruch (r. 1405–1447) geriet das multiethnische Reich unter dessen Nachfolgern – den **Timuriden** – denn auch zunehmend in Verfall.

Der Zerfall des Timuriden-Reiches ebnete im südlichen Zentralasien den Weg für den Aufstieg der Schaibaniden-Stämme, eines Konglomerats aus türkisch- und mongolischsprachigen Gruppen, die im zeitgenössischen Sprachgebrauch bald die Bezeichnung **Usbeken** trugen. Nach dem Ende der Timuriden-Herrschaft entstand aus deren lockerer Konföderation zwischen Ural und Tienschan (Turkestan) ein expandierender Nomadenstaat, der seit dem ausgehenden 15. Jahrhundert unter dem Herrscher Muhammad Scheibani seinen Einfluß bis nach Persien ausdehnte und schließlich die Macht der dort noch verbliebenen Timuriden zerschlug. Nach der Eroberung von Samarkand durch die Usbeken mußte auch der Timuridenprinz Baber aus dieser Stadt fliehen, der sich in einer mehrjährigen Expedition nach Kabul begab, von wo aus er als Begründer des Mogul-Reiches seine Eroberung Indiens antrat (vgl. S. 169).

Da sich mit dieser Expansion der politische Schwerpunkt der Usbekenherrschaft nach Westen verlagert hatte, entstand in deren Heimatgebieten östlich des Ural ein Machtvakuum, in das mehrere von Scheibanis Herrschaft abgefallene Stämme unter der Sammelbezeichnung **Kasachen** als neue Herren eindrangen. Unter ihren Herrschern Burunduk Khan (r. 1488–1509) und Kasym (r. 1509–1518) breiteten sie sich in kürzester Zeit zwischen Altai-Gebirge, Syr-darja und Kaspischem Meer – also in dem Gebiet des heutigen Kasachstan – aus. Nach Kasyms Tod zerfiel das Reich, dessen Zentralherrschaft in Anbetracht der lokalen Macht der Stämme von Beginn an schwach war, in drei auch als „Horden“ bezeichnete Khanate, deren Herrscher sich aber immer noch aus dem Nachkommenschaftsverhältnis zu Dschingis Khan legitimierten.

1538 wurde nach einer Reihe von Kriegen die Einheit des kasachischen Reiches wiederhergestellt.

Ebenso wie das übrige Zentralasien war auch **Tibet** von den Heeren der Mongolen überrannt worden, die das Land 1207 unterwarfen. Die mongolische Besatzung war für die künftige Geschichte Tibets von herausragender Bedeutung, da die Mongolen 1249 mit Sakya Pandita einen tibetischen, buddhistischen Geistlichen als Vizeregenten einsetzten. Diese Symbiose von Geistlichkeit und weltlicher Macht legte den Grundstein für die Entstehung des tibetischen Priesterkönigtums im 17. Jahrhundert. Von Tibet aus setzte schließlich auch die schrittweise Bekehrung der Mongolen zum Buddhismus ein.

Mit dem Niedergang der Mongolen-Herrschaft in China gründete sich um 1350 ein autochthones, ganz Tibet umfassendes Königtum, welches schließlich nach dem endgültigen Sturz der Mongolen durch die chinesische Ming-Dynastie 1368 seine Unabhängigkeit erlangte. Parallel zur staatlichen Restitution vollzog sich auch eine religiöse Erneuerungsbewegung, die dem Buddhismus eine gesamtstaatliche Integrationskraft verlieh. Nominell waren die weltliche und geistliche Macht in Tibet zu dieser Zeit noch getrennt. Während zunächst eine indigene Dynastie und schließlich seit der ersten Hälfte des 17. Jahrhunderts mongolische Fürsten den Herrscherthron in Lhasa einnahmen, etablierte sich parallel hierzu mit dem Dalai Lama eine geistliche Autorität (vgl. S. 77). Mit dem Tod des letzten machtvollen weltlichen Herrschers, Gushri Khan, 1655, avancierte der Dalai Lama in Anbetracht seiner politisch immer schwächer werdenden weltlichen Konkurrenten zum tatsächlichen geistlichen und weltlichen Herrscher im Lande.

Europäische und chinesische Expansion

Auch noch im 17. Jahrhundert, in einer Zeit chinesischer und russischer Expansion, galten die Mechanismen der nomadischen Staatsbildung. Während sich der Westen Zentralasiens in dieser Zeit immer stärker ins Fahrwasser der russischen Expansion begab, verzeichnete der Osten noch einmal eine Völkerbewegung nach traditionellem Muster: die Wanderung der Torghuten und Oiraten, die vor allem die kasachischen Gemeinwesen in Bedrängnis brachte. Zu Beginn des 17. Jahrhunderts drangen die aus der östlichen Mongolei stammenden **Torghuten** in das Territorium der Kasachen-Horden vor, deren Land verwüstet, aber nicht dauerhaft erobert wurde, ehe sie zwischen den Flüssen Ural und Wolga, also im nordwestlichen Kasachstan, den Nomadenstaat der

Kalmückischen Horde als Vasall des russischen Zarenreiches gründeten. Um die Mitte des 17. Jahrhunderts eroberten dann die ebenfalls aus der östlichen Mongolei kommenden **Oiraten** die östlichen Teile des kasachischen Gebietes. Allein die Chinesen erwiesen sich als überlegene Gegner, als sich die Oiraten im ausgehenden 17. Jahrhundert wieder zurück nach Osten wandten und um 1690 das Mandschu-China angriffen. Aber erst 1757 wurde das Oiraten-Reich durch die Mandschu vernichtend geschlagen, was auch den kasachischen Horden endgültig die Befreiung von der permanenten Bedrohung brachte.

Bereits seit dem 16. Jahrhundert avancierte eine weitere Macht zum Initiator einer großangelegten Expansion in Richtung Zentralasien, die sonst eher zu den Opfern von nomadischen Eroberungsfeldzügen gehört hatte, nämlich das Großherzogtum Moskau, später das Russische Reich. Was die westeuropäischen Nationen über ihre Herrschaft der Seerouten und mit Hilfe der großen Ostindienkompanien erreichten, bewerkstelligten die Russen durch eine kontinentale Expansion: die Errichtung eines Kolonialreiches in Sibirien und im südwestlichen Zentralasien, aber auch in Südosteuropa.

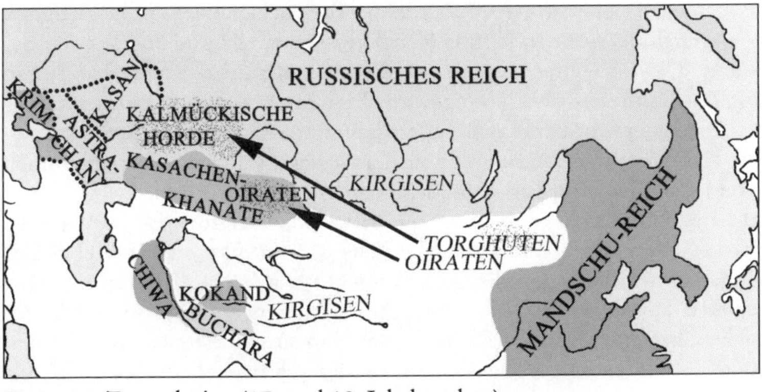

Karte 14: Zentralasien (17. und 18. Jahrhundert)

Das tatarische Gebiet der einstigen Goldenen Horde wurde seit dem 16. Jahrhundert schrittweise von Rußland annektiert. So gelangten 1552 die Khanate von Kasan und 1554 von Astrachan an Rußland, während die Krim erst 1783 hinzukam. In Kasan folgte auf die Eroberung durch Iwan IV. (r. 1547–1584) eine Russifizierungspolitik, zunächst mit der

Vertreibung der Tataren aus den Städten, später auch vom Land, verbunden mit der Zuteilung von Boden an russische Adlige und Klöster. Gleichzeitig setzte ein Prozeß der Christianisierung der muslimischen Bevölkerung ein. Bis zum Beginn des 17. Jahrhunderts versuchten die einstigen muslimischen Eliten, sich mit Aufständen der russischen Herrschaft zu entledigen, die aber in der Regel blutig niedergeschlagen wurden.

Unter der Zarin Katharina II. endete unter dem Vorzeichen der Aufklärung die Zeit der kulturellen Unterdrückung. Zur Förderung des Handels in den Grenzgebieten des Russischen Reiches verlieh sie tatarischen Kaufleuten umfangreiche Handelsprivilegien und stellte die noch vorhandene tatarische Elite gesellschaftlich dem russischen Adel gleich, ebenso wurde der Islam wieder im Lande geduldet. Im 19. Jahrhundert kehrte sich im Zeichen des Imperialismus und der verstärkten institutionellen Durchdringung der Randgebiete des Russischen Reiches die Situation um, und der ökonomische und kulturelle Druck verstärkte sich wieder. Als Gegenströmung etablierte sich ein tatarischer Nationalismus mit einer kulturellen Rückbesinnung auf den Islam und die eigene Sprache. Die durch die Russische Revolution aufkommenden Hoffnungen auf eine Selbstverwaltung im Rahmen einer staatlichen Föderation mit Rußland zerschlugen sich rasch. 1920 wurde die Tatarische Sozialistische Republik gegründet, deren Bevölkerung allerdings nur zur Hälfte aus Tataren bestand. Die maßgeblich vom tatarischen Kommunisten Mir Said Sultan Galijew initiierten Bestrebungen zur Errichtung eines autonomen tatarischen Staates wurden in den 1920er Jahren massiv unterbunden.

Das Khanat der **Krim** war im Laufe des 18. Jahrhunderts mehrfach von russischen Truppen verwüstet worden, ehe es 1783 offiziell von Katharina II. in das Zarenreich integriert wurde, nachdem das Osmanische Reich schon neun Jahre zuvor die Lehenshoheit über das Gebiet aufgegeben hatte. Unter dem Prinzen Potemkin wurden seit 1784 große Ländereien zugunsten des russischen Adels enteignet. Es setzte eine große tatarische Fluchtwelle in Richtung des Osmanischen Reichs ein, die sich in der Zeit des Krimkrieges (1854–1856) noch einmal beschleunigte, bis die Tataren im ausgehenden 19. Jahrhundert nur noch eine Minderheit im eigenen Land darstellten. Aber auch auf der Krim bildete sich in dieser Zeit eine tatarisch-nationalistische Bewegung heraus. In der 1921 gegründeten Sowjetrepublik der Krim genossen die noch verbliebenen Tataren eine gewisse kulturelle Freizügigkeit und Förderung der eigenen Sprache. 1928 änderte sich diese Politik und schlug in die Liquidierung der tatarischen politischen und intellektuellen Eliten um. Infolge der deutschen Besetzung der Krim wurden die Krimtataren 1944 der Kollaboration mit den Nationalsozialisten angeklagt und größtenteils nach Zentralasien deportiert.

Die zentralasiatischen Khanate der **Kasachen** wurden mehr oder weniger durch die Hintertür in das Russische Reich integriert. So suchten die Kasachen zu Beginn des 18. Jahrhunderts zum Schutz vor den Angriffen der Oiraten (vgl. S. 271) das Bündnis mit den Russen. Es etablierte sich eine russische Schutzherrschaft, die sich aber erst um die Mitte des 19. Jahrhunderts durch stärkere militärische Präsenz des Zarenreichs intensivierte. Gleichzeitig erfolgte die politische Entmachtung der kasachischen Horden, was teilweise militärischen Widerstand hervorrief. Die Aufstände wurden in den 1860er Jahren von den russischen Truppen niedergeschlagen. Gegen Ende des 19. Jahrhunderts setzte eine massive Kolonisation Kasachstans durch russische Bauern ein, die 1916 in einen erneuten Aufstand der Kasachen mündete. Im russischen Bürgerkrieg, der der Revolution von 1917 folgte, schlossen sich die Vertreter der mittlerweile etablierten nationalistischen kasachischen Partei zunächst den antibolschewistischen Truppen an, ehe sie in der Hoffnung auf einen Autonomiestatus 1919 die Fronten wechselten. Es entstanden schließlich nach dem Ende des Bürgerkrieges zwei autonome Republiken der Kasachen und Kirgisen, die beide jedoch 1936 in Sowjetrepubliken umgewandelt und damit stärker in das Herrschaftsgefüge der Sowjetunion eingegliedert wurden.

Der **Usbekenstaat** konnte am längsten seine politische Unabhängigkeit von Rußland bewahren. Aus diesem Reich unter der Herrschaft der Schaibaniden (vgl. S. 269) und der Nachfolgedynastie der Dschaniden entwickelten sich bis 1700 die drei unabhängigen Khanate von Buchara, Chiwa und Kokand. Im **Khanat von Buchara** erhielt sich vor allem unter Imam Quli Khan (r. 1608–1640) durch eine engagierte Förderung von Kunst und islamischer Gelehrsamkeit ein Abglanz des zerfallenen Timuriden-Reiches, welches hier seinen geographischen Ursprung hatte. Ein Versuch des indischen Großmoguls Shah Jahan (vgl. S. 171), im Rahmen eines Feldzugs unter dem Kommando seiner Söhne Murad Baksch und Aurangzeb 1645–1647 die alten Stammgebiete seiner Vorfahren, der Timuriden, zurückzuerkämpfen, scheiterte am Widerstand Bucharas. Viel schwerer wogen in dieser Zeit denn auch die Emanzipationsbestrebungen der usbekischen Regionalfürsten in der Provinz sowie im 18. Jahrhundert die Angriffe Persiens. So führten persische Truppen seit 1737 Feldzüge in das Gebiet um Buchara durch, die seit 1740 von Nadir Shah – nachdem dieser aus Indien zurückgekehrt war – selbst geleitet wurden. Während dieses Konflikts konnte sich Muhammad Rahim Bei aus dem Familienverband der Mangiten als Heerführer und nach Kriegsende als Regent behaupten, während die Macht seit den 1750er Jahren nur noch nominell in den Händen der Dschaniden lag. Schließlich setzte dessen Sohn den letzten Dschaniden-Shah Abu'l Ghasz Khan (r. 1758–1785) ab und krönte sich selbst als Shah Murad (r. 1785–1800) zum ersten usbekischen Herrscher der Mangiten-Dynastie. Er konnte die zwischenzeitlich an Persien verlorengegangenen Gebiete südlich des Amu-darja wieder zurückerobern, und unter dem Herrscher Nasrullah (r. 1827–1860) wurden schließlich die Clans in der Provinz zugunsten des Zentrums entmachtet. Diese innere Konsolidierung schützte die Usbeken allerdings nicht vor der russischen Expansion. So wurde Nasrullahs Nachfolger Muzaddar al-din 1868 gezwungen, Schutzverträge mit dem Zarenreich abzuschließen, die dem Khanat von Buchara zwar nominell die Souveränität beließen, tatsächlich aber den Weg für einen wachsenden politischen und militärischen Einfluß Rußlands in dieser Gegend bereiteten. Erst 1920 wurde Buchara jedoch von bolschewistischen Truppen erobert und in die Sowjetunion eingegliedert.

Das **Khanat von Chiwa** stand politisch und militärisch immer im Schatten des größeren Nachbarn Buchara. Die Einheit dieses Staates wurde durch das ethnische Nebeneinander von Usbeken, Tadschiken und Turkmenen gehemmt. Da die Turkmenen bis ins 19. Jahrhundert hinein einen weitgehend nomadischen Lebensstil pflegten und sich dem Islam gegenüber verschlossen, war eine Integration in einen zentral regierten Staat kaum möglich. Ebenso wie Buchara geriet auch das Khanat von Chiwa im Laufe des 19. Jahrhunderts unter russischen Einfluß und fiel 1920 an die Sowjetunion.

Das **Khanat von Kokand** stand ebenso im Schatten Bucharas, auch wenn deren Herrscher immer wieder versuchten, sich durch militärische Expeditionen an ihrem südlichen Nachbarn zu bereichern. Im 19. Jahrhundert erlebte das Fergana-Tal als politisches und ökonomisches Zentrum eine wirtschaftliche Blüte, die durch eine Handelsexpansion und Bewässerungsprojekte begünstigt wurde. Kokand wurde bereits 1876 vom Zarenreich annektiert. Im Zuge der Russischen Revolution versuchten die lokalen Eliten 1917, hier einen souveränen islamischen Staat mit Hauptstadt in Kokand zu gründen, dessen Anfänge aber bereits im darauffolgenden Jahr von bolschewistischen Truppen zerschlagen wurden. 1924 entstanden aus den drei einstigen Khanaten die Sowjetrepubliken von Usbekistan, Tadschikistan und Turkmenistan, was die Hoffnungen auf ein autonomes Gesamt-Turkmenistan im Rahmen der Sowjetunion auf Dauer zunichte machte.

Bis in die 1920er Jahre hatte sich das Russische Reich – später die Sowjetunion – über weite Teile Zentralasiens ausgedehnt. Tibet wurde hingegen dauerhaft in den chinesischen Machtbereich integriert, während die Mongolei vor allem im 20. Jahrhundert zwischen beiden Großmächten stand. Die **Mongolei** war nach dem Zerfall der Mongolen-Herrschaft im 14. Jahrhundert in mehrere Stammeskonföderationen gegliedert, deren bedeutendste in der westlichen Mongolei von den Oiraten dominiert wurde (vgl. S. 271). Das Land wurde in der zweiten Hälfte des 17. Jahrhunderts unter der Mandschu-Dynastie in das chinesische Tributstaatensystem einbezogen, ohne daß aber eine direkte Herrschaft ausgeübt wurde. Im Laufe der Zeit erfuhr die Mongolei eine politische und ökonomische Teilung in die Äußere Mongolei nördlich der Wüste Gobi – die bis ins 20. Jahrhundert hinein politisch vom Stamm der Khalka dominiert wurde – und die Innere Mongolei zwischen der Wüste Gobi und der Mandschurei. Zunächst war das Gesamtterritorium für chinesische Migranten und Kaufleute gesperrt. Erst im Laufe des 19. Jahrhunderts verstärkte sich der wirtschaftliche Einfluß der Chinesen im Land, der mit einer Kolonistenbewegung chinesischer Bauern vor allem in Richtung Innere Mongolei einherging, was dort auf Dauer zum Zusammenbruch des traditionellen mongolischen Herrschafts- und Rechtssystems führte. Auch in der Mongolei entwickelte sich seit dem 19. Jahrhundert ein Nationalismus, der sich aber in Ermangelung einer Stadtkultur vorwiegend auf die Stammeseliten des Landes beschränkte und zudem noch große regionale Variationen aufwies. Allein das große Erbe Dschingis Khans konnte als integrative Klammer dienen.

Im Zuge der chinesischen Revolution erklärten 1911 die Fürsten der Khalka die Äußere Mongolei mit ihrer Hauptstadt Urga (Ulan Bator) für von China unabhängig, was schon im darauffolgenden Jahr vom russischen Zarenreich diplomatisch anerkannt wurde. Durch die Schwächung Rußlands infolge der Revolution begünstigt, marschierten dennoch 1919 chinesische Truppen in die äußere Mongolei ein und erklärten die Unabhängigkeit für nichtig. Im Februar 1921 wurden die Chinesen durch russische antibolschewistische Truppen unter dem Baron von Ungern-Sternberg vertrieben. Dieser brachte allerdings durch seine Brutalität schon nach kurzer Zeit die Mongolen gegen sich auf, die es entsprechend begrüßten, als im Juli desselben Jahres sowjetische Truppen den Baron besiegten. Eine daraufhin einberufene Interimsregierung aus liberalen und kommunistischen Vertretern amtierte bis 1924, als durch sowjetischen Einfluß die **Mongolische Volksrepublik** unter Beseitigung der Macht der traditionellen Eliten entstand. In einem Volksentscheid 1945 befürwortete die mongolische Bevölkerung die völlige Unabhängigkeit von China, deren staatsrechtliche Stellung zum südlichen Nachbarn noch immer unklar war. Im darauffolgenden Jahr wurde die Souveränität der Äußeren Mongolei schließlich von China anerkannt. Nach dem Ende des Kalten Krieges wurden 1992 auf der Grundlage einer demokratischen Verfassung ein Mehrparteiensystem eingeführt und die Planwirtschaft aufgebrochen, was gegenwärtig eine schwere Strukturkrise mit großen sozialen Problemen und Armut zur Folge hat. Verschärft wird die Krise seit 1999 durch Dürreperioden.

Die Mongolen in der Inneren Mongolei standen schon früh unter wesentlich größerem politischem und kulturellem Druck Chinas. Im Westen der seit 1919 von japanischen Truppen besetzten Mandschurei entstand Anfang der 1930er Jahre die autonome mongolische Provinz von Changan. Die Japaner hofften mit diesem Entgegenkommen in der Zeit nach dem Ersten Weltkrieg, ihre Machtposition im mandschurisch-chinesisch-mongolischen Grenzgebiet zu festigen. Um ein politisches Abdriften der restlichen Inneren Mongolei nach der Unabhängigkeit der Äußeren Mongolei zu verhindern, führte China in den nicht von den Japanern kontrollierten Gebieten eine Politik der Sinisierung der Mongolen durch. Als Gegenströmung bildete sich in den 1920er und 1930er Jahren eine Autonomiebewegung in der Inneren Mongolei heraus, die allerdings von der chinesischen Zentralregierung unter Chiang Kaishek kaum als adäquater Gesprächspartner akzeptiert wurde. 1947 wurde dennoch als begrenztes Zugeständnis das **Autonome Gebiet Innere Mongolei** gegründet.

Ebenso wie die Innere Mongolei gehörte auch **Tibet** zur unmittelbaren Interessensphäre Chinas. Die seit dem 17. Jahrhundert in China herrschende Mandschu-Dynastie betrachtete Tibet als Tributärstaat, während der tatsächliche politische Einfluß auf das Priesterkönigtum in Lhasa aber anfangs eher gering war. 1720 wurde Lhasa schließlich doch von Mandschu-Truppen eingenommen, nachdem die Oiraten zwei Jahre zuvor die Stadt in Besitz genommen hatten. In der zweiten Hälfte des 18. Jahrhunderts wurde Tibet in die chinesischen Herrschaftsstrukturen integriert, womit die kaiserlichen Beamten vor Ort schließlich dem Dalai Lama gleichgestellt wurden.

Im Laufe des 19. Jahrhunderts geriet Tibet in zunehmendem Maße auch ins Blickfeld der englischen Kolonialmacht in Indien. Es ging den Engländern einerseits um eine Öffnung der tibetischen Märkte, um damit wachsenden russischen Einfluß in der Gegend zu verhindern, andererseits aber auch um das britische Interesse am kleinen Himalajatstaat Sikkim, der nominell Tibet unterstand, sich aber in unmittelbarer Nähe

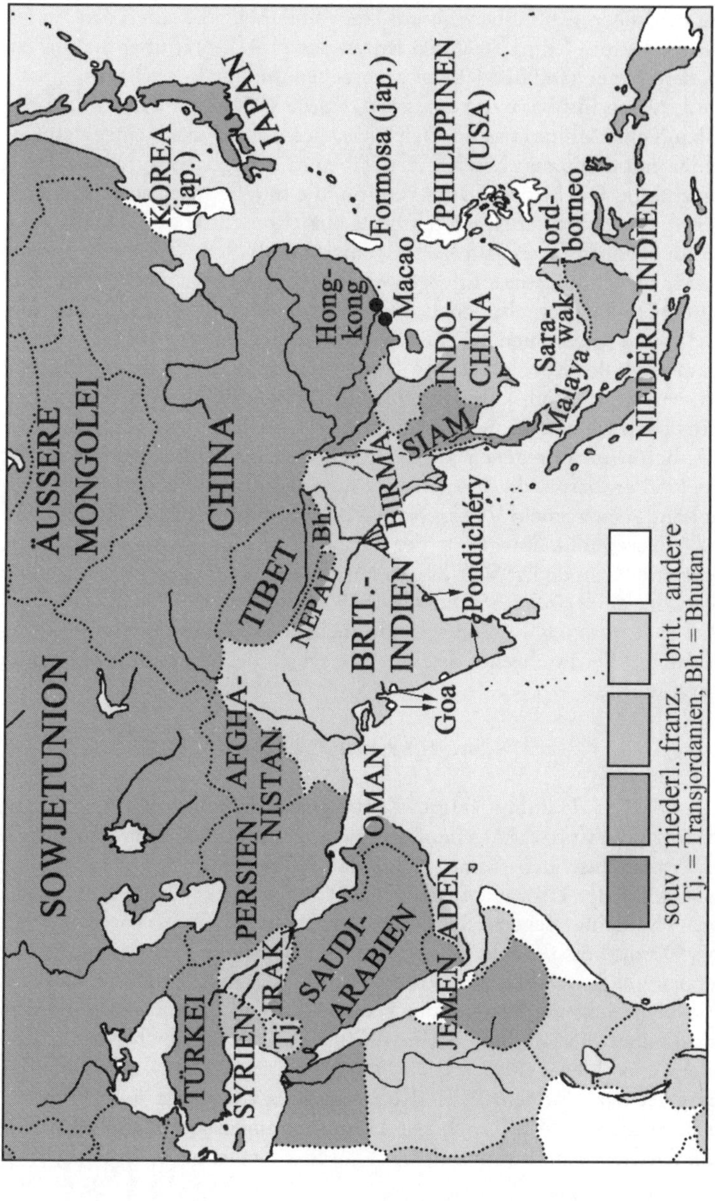

Karte 15: Asien (um 1930)

zum britischen Einflußbereich um Darjeeling befand. Gegen den Willen Tibets erkannte China 1890 den Briten das Protektorat über Sikkim zu. Um den Widerstand der Tibeter zu brechen und die britische diplomatische Position in Lhasa zu verbessern, wurde 1904 unter Francis Younghusband eine Militärmission nach Lhasa gesandt, die nach einzelnen Gefechten mit den kaum bewaffneten Tibetern erfolgreich durch das Land marschierte. Die britische Intervention, die möglicherweise auf die Etablierung eines britischen Protektorats abzielte, wurde aber bereits 1907 nach dem anglo-russischen Vertrag eingestellt (vgl. S. 143), in dem beide Staaten auf ein künftiges Engagement in Tibet verzichteten. Dieser Vertrag ebnete letztlich aber auch den Weg für die militärische Eroberung des de facto souveränen Tibet durch die Mandschu 1908–1910.

Im Zuge der Revolution von 1911 erklärte sich Tibet für unabhängig und vertrieb die sich hier seit 1908 aufhaltenden Chinesen, auch wenn China nach wie vor die Souveränität über Tibet beanspruchte, diese aber in Anbetracht der eigenen Schwäche vorerst nicht durchsetzen konnte. Erst 1950 eroberten die Truppen der nunmehrigen Volksrepublik China das Land. Nach einem Vertrag vom Mai 1951 wurde Tibet vollständig in die Volksrepublik integriert, dem Land aber eine Regionalautonomie zugestanden. In den 1950er Jahren kam es immer wieder zu Aufständen gegen die chinesische Macht, bis 1959 schließlich der Dalai Lama aus Tibet floh, was das Ende der traditionellen tibetischen Zivilverwaltung bedeutete, die durch eine direkte Herrschaft des chinesischen Militärs ersetzt wurde.

Weiterführende Literatur

Allgemein: G. Hambly (Hg.), Zentralasien, (Fischer Weltgeschichte, Bd. 16), Frankfurt a. M.–Hamburg 1966; R. Grousset, Die Steppenvölker. Attila – Dschingis Khan – Tamerlan, München 1970; D. Sinor (Hg.), The Cambridge History of Inner Asia, Cambridge 1990; H. W. Haussig, Die Geschichte Zentralasiens und der Seidenstraße in vorislamischer Zeit, Darmstadt [2]1992; E. Kürsat-Ahlers, Zur frühen Staatenbildung von Steppenvölkern. Über die Sozio- und Psychogenese der eurasischen Nomadenreiche am Beispiel der Hsiung-Nu und Göktürken mit einem Exkurs über die Skythen, Berlin 1994; I. Vásáry, Geschichte des frühen Innerasiens, Herne 1999. *Hsiung-nu/Hunnen:* O. J. Maenchen-Helfen, Die Welt der Hunnen, Wien–Köln–Graz 1978; I. Bóna, Das Hunnenreich, Stuttgart 1991; T. Schäfer, Untersuchungen zur Gesellschaft des Hunnenreiches auf kulturanthropologischer Grundlage, Hamburg 1998.

Turkvölker: P. B. Golden, An Introduction to the History of the Turcic Peoples, Wiesbaden 1992; W.-E. Scharlipp, Die frühen Türken in Zentralasien, Darmstadt 1992. *Mongolen:* J. A. Boyle, The Mongol World Empire, London 1977; T. T. Allsen, Culture and Conquest in Mongol Eurasia, Cambridge 2001. *Tibet:* H. E. Richardson, Tibet. Geschichte und Schicksal, Frankfurt a. M.–Berlin 1964; ders., Tibet and its History, Boston 1987; L. Deshayes, Histoire du Tibet, Paris 1997; T. Shakya, The Dragon in the Land of Snows. A History of Modern Tibet since 1947, London 1999; D. Bronger, Lhasa. Vom Zentrum des tibetischen Buddhismus zu einem chinesischen Regionalzentrum. Historische, strukturelle und funktionale Entwicklung 633–1998 n. Chr., Bochum 2001.

Schlusswort

Wie ein Vergleich der mehr als viertausendjährigen Geschichte Asiens mit der Gegenwart zeigt, ist dieser Kontinent noch immer in großem Maße seinen vielfältigen Traditionen verhaftet. Die Vergangenheit scheint allgegenwärtig – nicht nur in dem aufwendig bewahrten, großartigen architektonischen Erbe, welches weltliche Herrscher und Geistlichkeit seit dem Altertum hinterlassen haben, sondern auch im Kleinen, wie in den von Generation zu Generation weitergegebenen Kenntnissen der Landwirtschaft, des Bootsbaus, der Metallbearbeitung, in der Art, die Speisen zuzubereiten und in der dem Kontinent ganz eigenen Spiritualität. Asiatische Traditionalität wird auch dann deutlich, wenn längst in der Versenkung verschwunden geglaubte Herrscher einer scheinbar vergangenen Zeit wieder als Integrationsstifter herhalten müssen – denken wir an Zahir Shah in Afghanistan oder an Prinz Sihanouk in Kambodscha. Hier wird die Auseinandersetzung mit der eigenen Vergangenheit nicht zum Spielball eines fremdbestimmten Orient-Diskurses, sondern sie tritt in eine mehr oder weniger produktive Wechselwirkung mit der Gegenwart.

Auch die westlichen Ideologien, die im 20. Jahrhundert viele Länder Asiens geprägt haben, konnten diese Traditionen nicht vollständig aufheben. In den Jahren seit dem Ende des Kalten Krieges fanden gerade die von diesen Ideologien beherrschten Länder einen neuen, eigenständigen Weg, seien es China und Vietnam mit einer wirtschaftlichen Öffnung oder Kambodscha mit einem mühsamen politischen Neuanfang, aber einer längst noch nicht bewältigten Vergangenheit. Auch in Korea hat sich der Wind gedreht. Unterhalb der weltpolitischen Ebene, auf der diese letzte Grenze des Kalten Krieges immer noch große Bedeutung besitzt, setzt ein ganz allmählicher Prozeß der Normalisierung ein, und sei es nur, daß erstmals seit einem halben Jahrhundert wieder Koreaner in Nord und Süd einander persönlich begegnen.

Der Blick aus der Außenperspektive auf diesen Kontinent mag ein zwiespältiges Gefühl hinterlassen, hier wirtschaftlicher Wohlstand, die hohe Qualität des Bildungswesens, Nukleartechnik, der Aufstieg der High-Tech-Industrien, dort der mit dem Feuer zündelnde Herrscher im westlichen Asien, religiöse Intoleranz unter Hindus, Muslims und Christen, Luftverschmutzung und Wasserknappheit in Kalkutta, Jakarta und anderswo oder der durch eine Bombe zerplatzte Traum vom Urlaub unter Palmen. In bedrohlicher Weise nimmt in einigen Regionen Asiens wie in Bangladesh die Bevölkerung zu, während in Südostasien Feuer riesige Urwaldgebiete vernichten. Fundamentalistische Strömungen führen zu Unsicherheit und einem Bedrohungsgefühl, das sich weit über Asiens Grenzen hinweg verbreitet hat. Auch wenn bei vielen Problemen, die das moderne Asien prägen, Lösungswege nur schwer oder überhaupt nicht aufgezeigt werden können, zwingen uns politische und ökonomische Globalisierung doch zu einer ständigen Auseinandersetzung damit.

Dieses Buch soll anregen, sich intensiver mit der Geschichte und den gegenwärtigen Problemen Asiens zu beschäftigen und kann kaum mehr als eine knappe Einführung sein, die viele geistesgeschichtlichen und theoretischen Hintergründe unberücksichtigt läßt. Dennoch stellt auch ein solches Buch ein gewisses Wagnis dar, hat vielleicht sogar etwas Anmaßendes, wenn sein Verfasser Frühneuzeithistoriker und kein Asienwissenschaftler ist. Den Greifswalder Studierenden, die sich meines Textes kritisch angenommen haben, schulde ich Dank, besonders Klara Deecke, Dorothea Götze, Jörg Driesner, Ulfhardt Stoewer und Christian Teske. Ebenfalls danke ich für ihre engagierte Unterstützung Prof. Dr. Michael North, Robert Riemer, M.A. (Greifswald) sowie Dr. Peter Borschberg, Dr. Bruce Lockhart (Singapur) und Prof. Dr. Hermann Kulke (Kiel), der mir in vielfältiger Weise immer wieder die Türen nach Asien geöffnet hat, ebenso dem Böhlau-Verlag für die bewährte gute Zusammenarbeit. Ich widme dieses Buch meiner lieben Frau Nimmy.

Greifswald, im August 2003

Karten- und Abbildungsverzeichnis

Karten

Abbildungen

Zeittafel

Hochkulturen des Altertums

7. Jtsd. v. Chr.	Neolithische Revolution in den Randgebieten der Flußtäler Mesopotamiens und des Indus
4. Jtsd.	Seßhaftwerdung und frühe städtische Gemeinwesen in Mesopotamien und im Industal
ca. 3200	piktographische Schrift
ca. 3000	Sumerisches Reich
ca. 2700	Keilschrift
28.–23. Jh.	frühdynastische Zeit; städtisches Königtum
23. Jh.	Sargon von Akkad
23.–22. Jh.	Akkadisches Reich
23.–21. Jh.	Harappa-Zeit
21.–20. Jh.	Neusumerisches Reich
18. Jh.	Altassyrisches Reich; frühes Königtum in Anatolien
18.–16. Jh.	Babylonisches Reich
17.–12. Jh.	Hethiter-Reich
16.–14. Jh.	Mitanni-Reich
13.–11. Jh.	Mittelassyrisches Reich
10.–7. Jh.	Neuassyrisches Reich
626–539	Neubabylonisches Reich

Westliches Asien

ca. 8.–4. Jh. v. Chr.	Königreich von Saba
seit ca. 550 v. Chr.	Expansion des Persischen Reiches
522–331	Achaimeniden-Reich
334–326	Asienfeldzug Alexanders III. von Makedonien
305–Mitte 2. Jh. v. Chr.	Seleukiden-Reich
248–128 v. Chr.	Graeko-Baktrisches Reich
238 v. Chr.–224 n. Chr.	Parther-Reich (Arsakiden)
10 v. Chr.	Gründung des Kushana-Reiches
224 n. Chr.–651 n. Chr.	Sasaniden-Dynastie
632–634	Abu Bakr, erster Kalif
661–750	Ummayaden-Herrschaft
750–1258	Abbasiden-Dynastie

875–999	Samaniden-Reich
932–1055	Buyiden-Reich
969–1171	Abfall Ägyptens, schiitisches Kalifat der Fatimiden
972–1190	Ghasnaviden-Reich
11. Jh.	Expansion des Seldschuken-Reiches
1098–1291	Kreuzfahrerstaaten
1173–1205	Ghuriden-Reich
1256–ca. 1350	Herrschaft der Il-Khane
ca. 1281–1326	Osman I., Gründung des Osmanischen Emirats
1354	Eroberung von Gallipoli durch die Osmanen
1398–1405	Expansion Timurs nach Indien, Persien und Anatolien
1453	Eroberung von Konstantinopel durch das Osmanische Reich
1501–1722	Safawiden-Dynastie
1520–1566	Süleyman der Prächtige
1526	Schlacht von Mohacz
1529	Belagerung Wiens durch die Osmanen
1587–1629	Shah Abbas
seit 1598	Celali-Aufstand
1683	Belagerung Wiens durch die Osmanen
1699	Frieden von Karlowitz
1739	Frieden von Belgrad
1804–1821	Aufstände gegen die Osmanen in Serbien, Ägypten und Griechenland
1829–1909	Tanzimat-Politik im Osmanischen Reich
1853–1856	Krimkrieg
1863	Gründung des Königreichs Afghanistan
1869	Eröffnung des Suezkanals
1907	russisch-britischer Vertrag (Absteckung der jeweiligen Interessensphären)
1912–1913	Erster und Zweiter Balkankrieg
1914–1918	Erster Weltkrieg
1916	Sykes-Picot-Abkommen
1917	Balfour-Deklaration
1923	Gründung der Türkischen Republik und der Republik Libanon
1932	Unabhängigkeit des Irak; Gründung des Königreichs Saudi-Arabien

1945	Gründung der Arabischen Liga
1946	volle Unabhängigkeit Syriens, des Libanon und des Königreichs Jordanien
1948	Gründung des Staates Israel
1956	Gründung der CENTO
1958	Sturz der Monarchie im Irak; Beginn des Bürgerkriegs im Libanon
1961	Unabhängigkeit Kuwaits
1964	Gründung der PLO
1967	Sechstagekrieg; Unabhängigkeit des Südjemen
1973	Jom-Kippur-Krieg; Sturz der Monarchie in Afghanistan
1979	Islamische Revolution im Iran; Friedensvertrag zwischen Ägypten, Jordanien und Israel; Eingreifen sowjetischer Truppen in den Bürgerkrieg in Afghanistan
2000	Ausbruch der Intifada im Westjordanland

Südasien

ca. 15.–10. Jh. v. Chr.	frühvedische Zeit
9.–6. Jh.	spätvedische Zeit, Entstehung der *janapadas*; Gangeskultur
320–185	Maurya-Reich
269–232	Ashoka
2. Jh. v. Chr.–10. Jh. n. Chr.	Reich von Anuradhapura
1. Jh. v. Chr.	Entstehung der Reiche von Kalinga und der Shatavahana
320 n. Chr.–510 n. Chr.	Gupta-Reich
ca. 550–750	frühe Staatlichkeit in Nepal (Liccavi-Dynastie)
606–647	Harsha von Kanauj
6.–10. Jh.	zentralindische Regionalreiche der Chalukya, Pala, Gurjara-Pratihara und Rashtrakuta
7. Jh.	Pallava-Reich in Südindien
8.–13. Jh.	Chola-Reich
12. Jh.–1434	Gajapati-Herrschaft in Orissa
1206	Gründung des Delhi-Sultanats
1290–1320	Khalji-Dynastie
ca. 1336–1565	Reich von Vijayanagara

1345–ca. 1500	Bahmani-Sultanat
1398–1414	Timur-Herrschaft in Nordindien
Ende des 14. Jhs.	Malla-Reich in Nepal
1450–1526	Lodi-Dynastie
1498	Ankunft Vasco da Gamas in Calicut
1510	Einnahme von Goa durch die Portugiesen
1526	Begründung des Mogul-Reiches durch Baber
1556–1605	Akbar
1620	Erwerb von Tranquebar durch die Dänen
1639	Erwerb von Madras durch die Engländer
1658–1707	Aurangzeb
1661–1663	Eroberung von Quilon, Cranganore und Cochin durch die VOC
1672	Erwerb von Pondichéry durch die Franzosen
1668	Erwerb von Bombay durch die Engländer
1690	Erwerb von Kalkutta durch die Engländer
1739	Plünderung Delhis durch Nadir Shah
1757	Schlacht von Plassey
1761	Schlacht von Panipat zwischen Afghanen und Marathen; Entstehung der Marathen-Konföderation
1761–1799	Mysore unter Haider Ali und Tipu Sultan
1773	Regulation Act
1793	Permanent Settlement für Bengalen
1857	Mutiny
1869–1948	Mohandas K. Gandhi
1885	Gründung des indischen Nationalkongresses
1905–1911	Teilung Bengalens
1906	Gründung der Muslim-Liga
1920	Khilafat-Bewegung
1930	Salzmarsch
1947	indische Unabhängigkeit und Teilung des Landes in die Indische Union und Pakistan
1947–1964	Jawaharlal Nehru indischer Ministerpräsident
1948	Unabhängigkeit Sri Lankas
1965	indisch-pakistanischer Krieg
seit 1970er Jahren	tamilische Separatistenbewegung in Sri Lanka
1971	Gründung des Staates Bangladesh
1974	Zündung des ersten Atomsprengkopfes in Indien

1984	Ermordung der indischen Ministerpräsidentin Indira Gandhi
1991	Ermordung des indischen Ministerpräsidenten Rajiv Gandhi
1992	Zerstörung der Moschee in Ayodhya
seit 1998	Atal Bihari Vajpayee indischer Ministerpräsident

Ostasien

ca. 2200–1750 v. Chr.	Xia-Dynastie (?)
ca. 18.–12. Jh.	Shang-Dynastie
11. Jh.–771	Westliche Zhou
770–221	Östliche Zhou
722–481	Frühlings- und Herbstperiode
403–221	Phase der kämpfenden Staaten
4. Jh.	Alt-Choson
221 v. Chr.	Begründung des chinesischen Kaisertums durch Qin Shi Huangdi
206 v. Chr.–5 n. Chr.	Han-Dynastie
9–23 n. Chr.	Herrschaft in China durch Wang Mang
25–220	Östliche Han-Dynastie
ca. 280–616	Westliche Jin-Dynastie
4. Jh.	Entstehung der koreanischen Teilreiche von Kogyrio, Paekche und Silla; Yamato-Herrschaft in Japan
ca. 310	Einfälle der Hsiung-nu nach China
607	Begründung eines japanischen Kaisertums durch die Herrscherin Suiko
618–907	Tang-Dynastie
710–794	Nara-Periode
794–1185	Heian-Periode
9. Jh.	de facto Herrschaft des Fujiwara-Clans in Japan
10.–11. Jh.	Kitan Liao- und Song-Dynastie in Nordchina
10.–13. Jh.	koreanisches Reich von Koryo
Ende d. 11. und 12. Jh.	Klostergouvernement in Japan
12. Jh.	Jin-Dynastie
1211–1234	Eroberung Chinas durch die Mongolen
1260–1294	Khubilai Khan, Begründer der Yuan-Dynastie

1270	Unterwerfung Koryos durch die Mongolen
1274, 1281	mongolische Flottenexpeditionen nach Japan
1336	Gründung des Ashikaga-Shogunats
1368–1644	Ming-Dynastie
15.–16. Jh.	koreanische Choson-Dynastie
1405–1433	Handelsfahrten des Zheng He
seit 1474	Errichtung der Großen Mauer
1615–1868	Tokugawa-Shogunat
1644–1911	Mandschu-Dynastie
1689	Vertrag von Nerchinsk
1793	Macartney-Expedition nach China
1840–1842	Opium-Krieg
1853	amerikanische Expedition unter Mathew Perry nach Japan
1854	Vertrag von Kanagawa
1858	Vertrag von Tianjing
seit 1868	Meiji-Restauration
1895	Frieden von Shimonoseki
1897; 1898	Tsingtao und Kiautschau unter deutscher Herrschaft
1900	Boxer-Aufstand
1905	russisch-japanischer Krieg
1910	Annexion Koreas durch japanische Truppen
1911–1912	Chinesische Revolution, Abschaffung des Kaisertums
1919	Stationierung japanischer Truppen in der Mandschurei
1926–1989	Kaiser Hirohito
1934–1935	Langer Marsch
1936	Antikomintern-Pakt
1941	japanischer Angriff auf Pearl Harbour
1948	Gründung der Republik Korea (Südkorea) und der Demokratischen Volksrepublik Korea (Nordkorea)
1949	Gründung der Volksrepublik China und der Republik China (Taiwan)
1949–1959; 1968–1976	Mao Tsedong chinesischer Staatspräsident
1950–1953	Koreakrieg
1966–1976	Kulturrevolution
seit 1989	Kaiser Akihito

1997; 1999	Übergang Hongkongs und Macaos an die Volksrepublik China

Südostasien

ca. 210 v. Chr.	Entstehung des vietnamesischen Reiches von Au Lac
2. Jh. v. Chr.–10. Jh. n. Chr.	Nordvietnam chinesische Provinz und Protektorat
2. Jh. n. Chr.–ca. 750	Gemeinwesen von Lin-yi in Champa
5. Jh.	Reich von Taruma auf Java
7.–13. Jh.	Srivijaya
8.–9. Jh.	javanische Shailendra-Dynastie; Errichtung der Bauwerke von Borobodur und Prambanan
Beginn des 9. Jhs.	Begründung des Khmer-Reichs von Angkor und des Reichs von Pagan am Irrawady
1009–ca. 1225	Dai Viet unter der Ly-Dynastie
11.–12. Jh.	Blütezeit der Reiche von Angkor und Pagan
1. Hälfte d. 12. Jhs.	Errichtung von Angkor Wat
13. Jh.	Reich von Singharasi
1225–ca. 1400	vietnamesische Tran-Dynastie
1177	Überfall Champas auf Angkor
13. Jh.	Reich von Majapahit
ca. 1270–1300	Zerfall Pagans und Gründung der Regionalstaaten von Pegu, Arakan und Ava
Ende d. 13. Jhs.	Gründung der Reiche von Sukothai und Lan Na
Mitte d. 14. Jhs.	Gründung der Reiches von Ayuthya und Lan Sang
ca. 1400	Gründung der Stadt Malakka
1428–1527	Le-Dynastie im nördlichen Vietnam
1511	Eroberung Malakkas durch die Portugiesen
1529	Vertrag von Saragossa
seit 1530er Jahren	Expansion der Herrscher von Toungoo in Birma
1568; 1582	Gründung der Sultanate von Bantam und Mataram
1619	Aufstieg Batavias zur Hauptniederlassung der VOC
1623	Massaker von Amboina
1752	Begründung der Kon-baung-Dynastie in Birma
seit 1782	Chakri-Dynastie in Siam/Thailand

1819	Gründung einer britischen Niederlassung in Singapur
1824–1825	erster anglo-birmanischer Krieg
1852	zweiter anglo-birmanischer Krieg
bis 1863	Entstehung des französischen Kolonialreichs von Indochina
1898	Übertragung der Philippinen an die USA
1940–1945	Besetzung weiter Teile Südostasiens durch japanische Truppen
1941	Gründung der Viet Minh
1945	Ausrufung der Republik Vietnam (Nordvietnam)
1948	Gründung der Federation of Malaya
1949	Souveränität der Republik Indonesien
1954	Schlacht bei Dien Bien Phu; Genfer Konferenz; Souveränität Südvietnams, Laos' und Kambodschas; Gründung der SEATO
1963	Gründung des Königreichs Malaysia
1963–1973	Vietnam-Krieg
1967	Gründung der ASEAN
1975	Gründung der Demokratischen Volksrepublik Laos
1975–1979	Herrschaft der Roten Khmer in Kambodscha
1976	Gründung der Sozialistischen Republik Vietnam; Militärputsch in Thailand
1984	Unabhängigkeit Bruneis
1992	Beschluß der Schaffung einer Freihandelszone (AFTA)
1999	Unabhängigkeit der Demokratischen Republik Osttimor

Zentralasien

4.–2. Jh. v. Chr.	Expansion der Hsiung-nu
3.–4. Jh. v. Chr.	Reich der Xianbi
seit 174 v. Chr.	Westwanderung der Yuezhi
350 n. Chr.	Einfall der Hjono in Baktrien
2. Hälfte d. 4. Jhs. n. Chr.	Einfall der Hunnen in Europa
5. Jh.	Reich der Juan-juan
451	Schlacht auf den Katalaunischen Feldern

6. Jh.	Türkisches Reich
584	Zerfall des Türkischen Reiches in das Ost- und Westtürkische Reich
seit 630er Jahren	Königtum in Tibet
630, 659	Zerschlagung der Ost- und Westtürkischen Reiche durch die Chinesen
seit ca. 670	Ausdehnung des Islam in den westlichen Regionen Zentralasiens
1. Hälfte d. 8. Jhs.	Zweites Türkisches Reich; Zerfall der zentralen Königsmacht in Tibet
ca. 750–840	Blütezeit der Uiguren-Herrschaft
10. Jh.	Reich der Karachaniden
ca. 1130	Gründung des Reiches der Kara-Kithai
ca. 1200	Reich von Chwaresm
1206–1227	Dschingis Khan
1207–1368	Tibet unter der Herrschaft der Mongolen/ Yuan-Dynastie
1241	Schlachten bei Liegnitz und Mohi
Mitte d. 13.–14. Jh.	Reiche der Goldenen Horde und von Tschagathai
1. Hälfte d. 15. Jh.	Timuriden-Herrschaft
Mitte d. 15. Jhs.	Expansion der Usbeken
16.–19. Jh.	Khanate der Kasachen
1552; 1554	Eroberung der Khanate Kasan und Astrachen durch die Russen
seit 1655	Dalai Lama als politische Führungsperson in Tibet
bis 1700	Herausbildung der Khanate von Buchara, Chiwa und Kokand
1720	Eroberung Lhasas durch chinesische Truppen
1783	Eroberung der Krim durch die Russen
Mitte d. 17. Jhs.–1757	Oiratenreich
1904	Younghusband-Militärmission nach Tibet
1911	Unabhängigkeitserklärung der Äußeren Mongolei; Unabhängigkeitserklärung Tibets
1918–1920	Eroberung der zentralasiatischen Khanate durch sowjetische Truppen
1946	Souveränität der Äußeren Mongolei
1951	Annexion Tibets durch die Volksrepublik China

Register